31 Jahre hinter Gittern

Norbert Henke

31 Jahre hinter Gittern

Ein ehemaliger Anstaltsleiter erzählt

OMNINO.

Impressum

Bibliografische Informationen der Deutschen Nationalbibliothek
Die Deutsche Nationalbibliothek verzeichnet diese Publikation in der Deutschen Nationalbibliografie; detaillierte bibliografische Daten sind im Internet über http://dnb.d-nb.de abrufbar.

ISBN: 978-3-95894-261-5

Inhalt

Einleitung 9

Kapitel 1: Der letzte Diezer Ausbruch und die Sicherheit der Anstalt 13

Kapitel 2: Die JVA Diez, Begegnungen mit Dr. Dieter Bandell und Lebenslangen in der Referendarzeit 22

Kapitel 3: Menschliche Nähe, Beziehungen hinter Mauern und unüberwachte Partnerbesuche 35

Kapitel 4: Die Anstaltsleitersprechstunde, Beschwerdeschreiber, krumme Füße und eine untergeschobene Feile 44

Kapitel 5: Von Geldstrafen, die andere bezahlen, sowie vom Sinn und Unsinn kurzer Freiheitsstrafen und Ersatzfreiheitsstrafen 54

Kapitel 6: Die Alten und die Kranken 66

Kapitel 7: Über das Scheren der Gefangenen über einen Kamm 79

Kapitel 8: Warum Justizvollzugsanstalten so weit von den Verhältnissen in Freiheit entfernt sind 90

Kapitel 9: „Einer muss das ja machen", die Motivation, sein Berufsleben als Anstaltsleiter hinter Gittern zu verbringen, und Gefangene, die Konfetti werfen 97

Kapitel 10: Der fünffache Mörder und der falsche Anstrich 103

Kapitel 11: Die Beamten des allgemeinen Vollzugsdienstes und ihre tragende Rolle in den Gefängnissen 109

Kapitel 12: Dr. Bandell, fürsorgliche Gefangene und eine Verwechselung . . 125

Kapitel 13: Der Lebenslange, der mit einem Panzer aus dem Gefängnis herausfuhr, der Holzpanzer, viel Blut und unschuldige Gefangene 129

Kapitel 14: Drogen und das Verbot, Mohnschnitten zu essen 138

Kapitel 15: Vollzugslockerungen und das Restrisiko 158

Kapitel 16: Die ehrenamtlichen Vollzugshelfer und anderes Engagement . . 163

Kapitel 17: Besuche von der alten Mutter und den Kindern 167

Kapitel 18: Am falschen Ort zur falschen Zeit oder wenn flüchtige Gefangene einem in die Arme laufen, Tätowierungen und andere Erkennungsmerkmale 171

Kapitel 19: Aus der Geschichte der JVA Diez; Gestank und Randale wegen der Klöße 178

Kapitel 20: Vom Sterben in der Justizvollzugsanstalt und von der Verantwortung 181

Kapitel 21: Gefangene mit Migrationshintergrund 193

Kapitel 22: Die inhaftierten Frauen 205

Kapitel 23: Die Opfer und der Film über Schuld und Sühne 217

Kapitel 24: Der Doc und die Suche nach den Serienmördern. 224

Kapitel 25: Arbeitende Gefangenen und die Abschaffung der Zwangsarbeit. 230

Kapitel 26: Wenn Gefangene durch Abwasserrohre kriechen
oder bequem durchs Pfortentor in die Freiheit gehen 244

Kapitel 27: Aggressionsdelikte 249

Kapitel 28: Die chiantiroten Jogginganzüge, die Haftraumfenster
und die Sicherheit der Anstalt 252

Kapitel 29: Wenn Gefangene das Gewehr des Beamten tragen
und andere Hilfestellungen 264

Kapitel 30: Weihnachten und die Amnestie 269

Kapitel 31: Die JVA Koblenz; Zwischenetappe bei den Schängelcher auf
der Karthause, Karneval im Knast und ein singender Gefängnisdirektor . . 274

Kapitel 32: Die Gefängnispfarrer und die Sportzeitungen 280

Kapitel 33: Psychiatrie und das Ende des Schmalspurmodus 292

Kapitel 34: Die Rentenlücke 297

Kapitel 35: Die Gelder der Gefangenen 300

Kapitel 36: Der Fall G. und das Verschieben des Scheiterns auf später 306

Kapitel 37: Die Rückfallquote 311

Kapitel 38: Das Foto von dem unterschenkelamputierten Gefangenen
mit der Fußfessel, Ausführungen zum Arzt und wie ein
mutiger Beamter eine Geiselnahme verhinderte 316

Kapitel 39: Die NS-Zeit in der JVA Diez, Begegnungen mit Opfern und Tätern 321

Kapitel 40: Soziales Training, Spaziergänge und die Kommunikation mit Gefangenen 331

Kapitel 41: Die Diezer Ziergitter, die Hinrichtung des achtfachen Mörders Fritz Angerstein und wie eine rheinland-pfälzische Justizvollzugsbeamtin die Vollstreckung der Todesstrafe an einer Kindermörderin verhinderte 336

Kapitel 42: Vom Strafen, der Resozialisierung und Fernsehgeräten 344

Kapitel 43: Das Freigängerhaus der JVA Rohrbach in Wonsheim 349

Kapitel 44: Die Psychologen 359

Kapitel 45: Sexualstraftäter und Grenzen der Resozialisierung. 367

Kapitel 46: Fesselungen und zerbrochene Menschen in der Einzelhaft 376

Kapitel 47: Schlussgedanken 385

Anmerkungen 390

Einleitung

Als ehemaliger Leiter einer Justizvollzugsanstalt möchte ich einen Blick in die fremde Welt der Gefängnisse ermöglichen.

In 47 Kapiteln habe ich über eine Vielzahl von Themen geschrieben. Berichte über meine Erfahrungen als Anstaltsleiter oder einfach nur Erlebnisse, die mich beschäftigt haben, sollen unterhaltsam und teilweise eher beiläufig über den Justizvollzug informieren.

Einige Kapitel enthalten ironische Passagen. Auch wenn sich Ironie in Deutschland angeblich nicht allgemeiner Beliebtheit erfreut und nicht immer auch als solche erkannt wird, hoffe ich dennoch, dass dies positiven Anklang findet. Die allermeisten Passagen sind jedoch durchaus ernst gemeint, bisweilen sogar sehr ernst.

Der Schwerpunkt der Texte und Beispiele bezieht sich auf den geschlossenen Vollzug mit dem Strafvollzug insbesondere an männlichen Erwachsenen.

Den inhaftierten Frauen, die nur einen Anteil von zwischen ca. 6 und 7 Prozent der Strafgefangenen in Deutschland ausmachen, habe ich zwar nur ein Kapitel gewidmet. Die Texte behandeln allerdings viele Themen, die gleichermaßen Männer und Frauen im Vollzug betreffen.

Den Untersuchungshaftvollzug habe ich nur am Rande thematisiert, da ich mich auf den Strafvollzug konzentrieren wollte.

Ich habe von Erlebnissen berichtet, die sich auf alle vier Justizvollzugsanstalten beziehen, in denen ich tätig war: die JVA Diez, JVA Frankenthal, JVA Koblenz und die bei Wöllstein liegende JVA Rohrbach. Relativ häufig geht es in den Texten um Gefangene, die langjährige oder lebenslange Freiheitsstrafen verbüßen mussten. Dies hängt damit zusammen, dass ich zu diesen Inhaftierten angesichts deren langer

Aufenthaltszeit hinter Gittern am häufigsten Kontakt hatte und sie mir daher auch am meisten in Erinnerung geblieben sind. Zudem verbrachte ich mehr als die Hälfte meiner Dienstzeit in der JVA Diez, wo überwiegend Gefangene mit langjährigen Freiheitsstrafen untergebracht sind. Dort war ich während meiner Ausbildung als Rechtsreferendar, später als stellvertretender Anstaltsleiter und schließlich als Leiter der Einrichtung tätig.

Die meisten Inhaftierten befinden sich dagegen nur überschaubare Zeit in den deutschen Gefängnissen wie auch überwiegend in den weiteren drei rheinland-pfälzischen Einrichtungen, in denen ich gearbeitet habe und von denen ich berichte. Die vermeintlich „dicken Fische", die im Mittelpunkt des Interesses der Öffentlichkeit, der Medien und deshalb auch der Politik stehen, machen die deutlich kleinere Gruppe der Inhaftierten aus. So verbüßen 32,1 % der insgesamt 36.830 männlichen Strafgefangenen nur eine Freiheitsstrafe bis zu 9 Monaten (11.812) und 29,5 % von mehr als 9 Monaten bis 2 Jahre (10.867). Daher haben 61,6 % der Inhaftierten weniger schwere Straftaten begangen.[1] Mehr als 2 Jahre bis 5 Jahre Freiheitsstrafe haben 24,8 % (9.124), mehr als 5 Jahre bis 15 Jahre 9,1 % (3.356) und 4,5 % der Strafgefangene lebenslange Freiheitsstrafen (1.671).

Hinzu kommen noch als kleinste Gruppe die 602 Sicherungsverwahrten in speziellen Einrichtungen, deren Unterbringungsgebäude sich wie auch in Diez zumeist im Gelände der Justizvollzugsanstalten befinden.

Dieses Buch widme ich den vielen Tausend Mitarbeiterinnen und Mitarbeitern, die sich tagtäglich auf diesem oft steinigen Acker der Justiz abmühen. Ihre engagierte Tätigkeit leistet einen wesentlichen Beitrag zur Resozialisierung der Strafgefangenen und damit zugleich für den Schutz potentieller Opfer. Dies wird leider in der Öffentlichkeit zu wenig wahrgenommen, obwohl die Ausgangslage für die Bediensteten in den Justizvollzugsanstalten besonders anspruchsvoll ist. In die Justizvollzugsanstalten kommt nur ein kleiner Teil der Straffälligen. Lediglich 6 bis 7 Prozent der Straftaten wird mit einer unbedingten Freiheitsstrafe geahndet, weil die Kriminalprognose ungünstig ist oder es sich um eine schwerere Straftat handelt, bei der aufgrund der zwei Jahre überschreitenden Strafhöhe eine Bewährungsstrafe ausscheidet.

Dennoch wird nur etwa ein Drittel der erwachsenen Strafgefangenen nach der Entlassung so erheblich rückfällig, dass sie erneut eine Freiheitsstrafe in einer Justizvollzugsanstalt verbüßen müssen.[2] Allein dies ist ein Erfolg.

Den Strafvollzug sollte man weder über- noch unterschätzen. Er ist nicht der Reparaturbetrieb der Gesellschaft, der alle früheren Versäumnisse ausgleichen kann. Die Persönlichkeit, die Stärken und Schwächen eines Menschen sind Ergebnis seiner Sozialisation, seiner Erziehung und Lebensbedingungen.

Nach wie vor sind Menschen aus unteren sozialen Schichten in den Gefängnissen zwar deutlich überrepräsentiert. Doch ist ihr Weg in die Kriminalität keineswegs zwingend. Der in seinen Entscheidungen freie Mensch gehört zu unserem Menschenbild und entspricht dem unseres Grundgesetzes. Auch die Entscheidung, Regeln zu brechen oder einzuhalten, unterliegt uneingeschränkt der Verantwortung eines Menschen, sofern er nicht vom Gericht als schuldunfähig oder eingeschränkt schuldunfähig betrachtet wird. Letztlich ist auch der Strafvollzug nicht in der Lage, einen Menschen gegen seinen Willen zu ändern. Er bietet Chancen. Nicht mehr, aber auch nicht weniger. Diese Chancen sollte man gleichwohl anbieten. Ein Strafvollzug, der die Gefangenen überwiegend verwahrt, hat den gesetzlichen

Auftrag der Wiedereingliederung verfehlt. Resozialisierung bedeutet Opferschutz.

Das Persönlichkeitsrecht der Gefangenen lässt es im Regelfall nicht zu, in den Texten Namen zu nennen, Fälle in allen Einzelheiten darzustellen oder Personen betreffende Informationen dergestalt zu schildern, dass sie identifiziert werden können. Der Konkretisierungsgrad wurde deshalb auf das Notwendige beschränkt und teilweise wurden auch Inhalte verfremdet.

Kapitel 1: Der letzte Diezer Ausbruch und die Sicherheit der Anstalt

Zur Einstimmung soll mit einem Ereignis begonnen werden, das in den Justizvollzugsanstalten selten geworden ist: ein Ausbruch aus dem geschlossenen Vollzug. Der einzige, den ich erlebt habe, und der letzte aus der JVA Diez. Verbesserte Sicherheitstechnik, Gitter aus Manganstahl vor den Zellenfenstern und mit dreifachem Sicherheitsdraht gekrönte Gefängnismauern sollen verhindern, dass Gefangene mit einer altertümlichen Feile mühevoll Gitterstäbe durchsägen, sich mit zusammengeknüpften Bettlaken auf den Gefängnishof herunterlassen und womöglich noch frech winkend über die Mauern klettern. In Spielfilmen über die vergitterte unbekannte Welt ist dies ein Spannungsmoment, das gerne genutzt wird, um den Zuschauer gut zu unterhalten.

1993 an einem schönen Frühsommertag gegen 16.20 Uhr. Die Alarmsirene der JVA Diez schrillte über das Anstaltsgelände. Ein Gefangener fehlte. „Ein bisschen Schwund ist immer", bemerkte einer der zur zentralen Sammelstelle der Anstalt geeilten Beamten. Da ich als Mitglied der Anstaltsleitung schon vor Ort war, sagte niemand etwas zu dieser Bemerkung. Doch besaß sie einen wahren Kern. Einen Tag später sagte ein sehr erfahrener Bediensteter, der die Sicherheit der Anstalt durchaus im Auge hatte: „Vielleicht ist es für das Personal ja ganz gut, wenn einem Gefangenen einmal die Flucht gelingt. So gibt es keine Geiselnahme. Das wäre viel schlimmer." Er dachte offenbar an Vorfälle in anderen Justizvollzugsanstalten, bei denen Bedienstete zum Teil schwer verletzt worden waren.[3]

Nahezu zeitgleich mit der Auslösung des Alarmes meldete sich ein Kollege in der Anstalt, der bereits in den verdienten Feierabend gestartet war. Von seinem Wohnhaus aus hatte er die Flucht beobachtet, jedenfalls den letzten Teil. Die für die zahlreichen Beamten errichteten Dienstwohnungshäuschen wurden 1912, zeitgleich mit dem Preußischen Zentralgefängnis Freiendiez, der heutigen Justizvollzugsanstalt Diez, errichtet. Die Gebäude sind mit dekorativem Schiefer verkleidet. Jedem Grundstück ist ein kleines Gartengelände zugeordnet. Fast eine Idylle, wäre da nicht der ständige Blick auf die Gefängnismauern. Vielleicht ist es auch so zu erklären, dass selten ein JVA-Beamter straffällig wird. Die Häuser stehen unter Denkmalschutz, anders als der nach einem Ausbruch gefährdete Anstaltsleiter, dessen Stuhl in solchen Fällen bedenklich ins Wackeln gerät. Der Mitarbeiter beobachtete, wie der Gefangene sich mit einem Seil geradezu klassisch von der Anstaltsmauer herunterließ und einen lang gezogenen Sprint startete. Wie sich später herausstellte, handelte es sich um einen aus Ex-Jugoslawien stammenden Inhaftierten, Ende 20 und recht sportlich. Dem Gefangenen war es gelungen, nach Arbeitsende in den Werkhallen zu verbleiben. Wie immer erhielten die Gefangenen an der Außentür des Betriebes ihren zum Arbeitsbeginn eingesammelten Arbeitsausweis zurück. Sind sie ausgegeben, weiß der Betriebsbeamte, dass alle den Arbeitsbereich verlassen haben. Zumindest geht er dann davon aus. Der Ausbrecher hatte zwar seinen Arbeitsausweis erhalten, schlüpfte jedoch an dem offensichtlich abgelenkten Mitarbeiter vorbei zurück in die Halle. Der Gefangene hatte damals eine knappe Stunde bis zur nächsten Vollzähligkeitszählung zur Verfügung. Die Zeit nutzte der gut vorbereitete Ausbrecher. Er verschaffte sich Zugang zu einem Trennschneider und einer Zange. Außerdem hatte er bereits ein Seil mit Leinen von einer der vielen Wäschespinnen geflochten, die damals in den Arbeitshallen hergestellt wurden und viele private Hausgärten mehr oder weniger zierten. Am Ende des Seils hatte der handwerklich nicht ungeschickte Gefangene eine ankerartige Vorrichtung befestigt. So ausgestattet gelangte er über einen Lagerraum der Halle an die Außenwand des Gebäudes, das an das große Sportgelände der Anstalt grenzte. Mit dem Trennschneider sägte er das Gitter eines Fensters durch und sprang vom Fenster auf das Sportgelände, das zu diesem Zeitpunkt nicht überwacht war, da zur maßgeblichen Zeit hier kein Sport getrieben wurde. Dort, wo die Außenmauer der Werkhalle mit der Außenmauer des Anstaltsgeländes einen spitzen Winkel bildete, warf er den Wurfanker mit dem Kletterseil über die mehr als fünf Meter hohe Mauer, wo es sich in der Mauerkrone hinter dem Stacheldraht verhakte. Der Ausbrecher konnte den Mauerwinkel wie einen Kamin nutzen, indem er sich mit den Beinen an den beiden Mauerseiten abstemmte und gleichzeitig am Seil hochziehend an die Mauerkrone kletterte. Dort schnitt er mit der Zange den Stacheldraht durch, kletterte auf die Mauerkrone und ließ sich mit dem Seil an der anderen Mauerseite herunter.

Ein Beamter des Gefängnisses, der in einem der unmittelbar an die Außenmauer grenzenden Häuser wohnte und bereits seine dienstfreie Zeit genoss, bemerkte den Ausbrecher und fasste den Vorsatz, dem Fluchtversuch ein Ende zu setzen. So eilte der Mitarbeiter, der noch seine Pantoffeln trug, Anfang 40 und mit einem leicht überdurchschnittlichen Body-Mass-Index ausgestattet war, dem Gefangenen nach. Ein bisschen hatte es etwas von einer Pflichtübung, da dem Mitarbeiter durchaus bewusst war, dass er bei dem Lauf nur den zweiten Platz belegen würde. Er beendete seine sportliche Aktivität und informierte die Anstalt, nicht ohne rechtfertigend sein ungeeignetes Schuhwerk zu erwähnen, das er für seine Niederlage im Rennen verantwortlich machte.

Der Strafvollzug wird in den Augen der Bevölkerung und damit auch der Politiker, die ja auf die Stimmen der Bevölkerung angewiesen sind, mit Wohlwollen betrachtet, sofern dort nichts Schlimmes geschieht. Als eher unschön wird ein Ausbruch bewertet. Dort, wo dies geschehen ist, scheint die Welt hinter Gittern nicht mehr in Ordnung. Der Strafvollzug hat dann kläglich versagt. So die Meinung der Öffentlichkeit. Ein Ausbruch wird als Justizskandal begriffen. Hat doch ein nicht geringer Teil der Bevölkerung wenig Verständnis dafür, dass tatsächlich ein Gefangener die hohen, mit Stacheldraht versehenen Anstaltsmauern überwinden kann. Wenn die Welt vor den Mauern schon nicht in Ordnung ist, muss sie doch wenigstens dahinter funktionieren, ist die Erwartung. Manche gehen in einem irrealen Optimismus von einer geradezu klösterlichen Ordnung aus, in der die evangelischen Räte Armut, Keuschheit und vor allem Gehorsam vermeintlich strikt befolgt werden.

Da man sich gut informiert glaubt, weiß man, dass es keine heile Welt hinter Mauern gibt. Dass man dennoch überzogene und irreale Erwartungen an die Gefängnisse äußert, entspricht wohl dem menschlichen Bedürfnis, einen scheinbar greifbaren Ansatzpunkt für Kritik an den Schwächen und Mängeln des Staates zu besitzen.

Die jeweilige Opposition im Landtag bewaffnet sich nach einem solchen Vorfall und verlangt regelmäßig nach Konsequenzen. Getreu dem Motto, dass der Fisch vom Kopf aus stinkt, soll ein Verantwortlicher in die Wüste geschickt werden. Dies betrifft selten den Justizminister, sondern vielmehr den Anstaltsleiter, obwohl dieser zumeist noch unsportlicher ist als die meisten seiner Mitarbeiter und bei einer Nacheile zweifelsohne auch das Nachsehen gehabt hätte. Der Minister, der in Mainz seinen Platz hat, hätte zwar auch nicht die Möglichkeit gehabt, den Flüchtenden nachzurennen. Er trägt aber Mitschuld an dem Skandal, weil er einen Anstaltsleiter eingesetzt hat, der weder schnell rennen kann noch seine Anstalt so organisiert hat, dass ein Ausbruch ausgeschlossen ist.

Gelingt ein Ausbruch aus dem geschlossenen Bereich, werden oftmals von der Ferne verallgemeinernde Schlüsse gezogen und man kommt zum Ergebnis, dass die Anstalt nicht sicher genug ist.

1993 hat eine Expertenkommission formuliert, was unter Sicherheit im Strafvollzug zu verstehen ist.[4] Danach soll die Sicherheit gewährleisten, dass die Allgemeinheit, die Bediensteten und die Gefangenen keinen Schaden nehmen. Man unterscheidet zwischen der inneren und der äußeren Sicherheit.

Die äußere Sicherheit umfasst die Verhinderung von Gefährdungen der Allgemeinheit, Fluchtversuchen von innen und Fluchthilfe von außen, das Einschleusen unerlaubter Gegenstände und Stoffe, wie unter anderem Betäubungsmittel, Waffen, Briefe, Werkzeuge, verbotene Kontaktaufnahme mit der Außenwelt und Abwehr terroristischer oder sonstiger Angriffe und Sabotageakte.[5]

Bei der inneren Sicherheit geht es insbesondere um den sicheren Verschluss der Gefangenen in den Hafträumen, die Überwachung der Gefangenen, die Verhinderung von kriminellen subkulturellen Strukturen, Erpressung und Unterdrückung von Gefangenen, die Vermeidung von Gefährdungen der Bediensteten und die Aufrechterhaltung geordneter organisatorischer Abläufe.[6]

Auf der Basis des von der Expertenkommission entwickelten Sicherheitsverständnisses gibt es vier Bausteine, die das Fundament dieser äußeren und inneren Sicherheit bilden.[7]

Hierzu gehören die instrumentelle Sicherheit, die bauliche und technische Vorkehrungen wie Mauern, Wachtürme,

Zäune, Videoanlagen umfasst. Das Personal, das die Sicherheitsmaßnahmen umzusetzen und zu kontrollieren hat, ist wesentlicher Aspekt bei diesem Teilbereich der Sicherheit. Ein zweiter Baustein ist die kooperative Sicherheit. Hiermit ist die Qualität der Zusammenarbeit aller am Justizvollzug im weitesten Sinne beteiligten Behörden und Personen gemeint.

Die administrative Sicherheit ist die dritte Säule, auf der die Sicherheit einer Einrichtung ruht. Sie ist erster Linie von den Führungskräften der Anstalt neben dem Justizministerium als Aufsichtsbehörde zu gewährleisten. Dies geschieht, indem gute sicherheitsrelevante Vollzugsabläufe gestaltet werden. So sind zum Beispiel schriftliche Regelungen für den Umgang mit besonderen Vorkommnissen wie Bränden, Geiselnahmen und Ausbrüchen erforderlich. Hierfür werden Alarm- und Sicherungspläne als Vorgabe oder Richtlinie erstellt. Dort wird zum Beispiel auch geregelt, wie häufig und wann Vollzähligkeitskontrollen der Gefangenen zu erfolgen haben.

Der Diezer Ausbrecher konnte es sich zunutze machen, dass erst geraume Zeit nach dem Arbeitsende der Inhaftierten die nächste Zählung erfolgte. So besaß er ein ausreichendes Zeitfenster für die Flucht. Seit diesem Ausbruch wird eine Vollzähligkeitskontrolle unmittelbar nach Ende der Arbeitszeit der Gefangenen eingeführt.

Prägend für die administrative Sicherheit ist der effiziente Personaleinsatz, der sich mit der Frage beschäftigt, wie viele Mitarbeiterinnen und Mitarbeiter für bestimmte Aufgaben eingesetzt werden. Nahezu alle Bediensteten nehmen unabhängig von ihrer konkreten Zuständigkeit zumindest auch Sicherheitsaufgaben wahr. Ist zum Beispiel ein Bereich wie die Anstaltsküche unterbesetzt, besteht die Gefahr, dass die Beamten, die für eine gute Verpflegung der

Gefangenen verantwortlich sind, ihre Aufsichtsaufgaben vernachlässigen. Ist die Nachtdienstbesetzung zu knapp bemessen, kann die Sicherheit bei unvorhersehbaren Vorkommnissen wie einer plötzlich notwendig gewordenen Krankenhausunterbringung erheblich gefährdet sein. Pro Schicht müssen nämlich zwei Mitarbeiter für die Überwachung des Gefangenen abgestellt werden. Sofern sich ein weiteres besonderes Vorkommnis in diesem Zeitraum ereignet, stößt eine Anstalt personell an ihre Grenzen. Der Ausbruch aus der JVA Diez wäre mit hoher Wahrscheinlichkeit verhindert worden, hätte man hinter dem Beamten, der die Arbeitsausweise einsammelte, einen zweiten zur Absicherung eingesetzt.

Alle Aufgaben müssen konkret genug bestimmt sein. Es muss eindeutig sein, wer die Leitungsaufgaben in den einzelnen Arbeitsbereichen wahrnimmt. Die Verantwortlichkeiten müssen klar benannt sein.

Daneben wird die administrative Sicherheit auch von der sachlichen Zuständigkeit einer Anstalt bestimmt, für die das Justizministerium verantwortlich ist. Konzentriert man Strafgefangene mit langen Haftzeiten in einer Anstalt, unterscheiden sich die Sicherheitsanforderungen regelmäßig von denen, die für eine Einrichtung mit kürzeren Freiheitsstrafen gelten. Für die Sicherheitslage einer JVA ist in besonderem Umfang die Binnendifferenzierung innerhalb einer Anstalt maßgeblich. Sie bestimmt das Ausmaß an Freizügigkeit in der Anstalt bzw. innerhalb einer Abteilung. Die Entscheidung, ob die Hafträume in den Wohnbereichen zeitweise offen sind, gehört hierzu. Diese Binnendifferenzierung ist häufig zu wenig ausgeprägt. Deshalb ist ein erheblicher Teil der Inhaftierten in unnötigem Umfang Beschränkungen ausgesetzt, die ausschließlich für problematischere Gefangene notwendig sind.

Als Letztes ist die soziale Sicherheit zu nennen. Sie besitzt eine herausragende Bedeutung und umfasst die Qualität der sozialen Beziehungen zwischen Gefangenen und Bediensteten. Kommunikationsbereitschaft und gegenseitiger Respekt prägen die Atmosphäre einer Einrichtung wesentlich und wirken sich auch unmittelbar auf die Sicherheit aus. Schlagwortartig wird hierzu oftmals von „Sicherheit durch Nähe" gesprochen.

Teilweise wird die soziale Sicherheit, der vierte Tragpfeiler der Sicherheit, als eine eher diffus erscheinende Vorgabe betrachtet und mehr dem Vollzugsziel der Resozialisierung zugeordnet, als sei die Wiedereingliederung der Strafgefangenen eine von der Sicherheitsaufgaben trennbare Größe. Eine solche Einschätzung würde die Zusammenhänge zwischen dem Vollzugsziel der Resozialisierung und der Sicherheitsaufgabe verkennen. Ein Strafvollzug, der die Sicherheit in überzogenem Umfang über alles stellt, wäre ausschließlich ein restriktiver Verwahr- und Wegsperrvollzug. Wolfgang Suhrbier, ein im Justizvollzug tätiger Sicherheitsexperte, hat sich treffend hierzu geäußert:[8]

„Nur eine sinnvolle und sich ergänzende Verknüpfung alle Instrumentarien führt zur Sicherheit in den Anstalten. Im Mittelpunkt aller Überlegungen hat dabei allerdings der Mensch, sowohl das Personal als auch die Inhaftierten, zu stehen. Der personelle Einsatz im Inneren der Anstalt im Zusammenwirken mit Vollzugsmaßnahmen für den Inhaftierten ist allein der Garant für einen sicheren und humanen Strafvollzug. Wenn im Strafvollzug zu beengend und überwachend für die inhaftierten Menschen vorgegangen wird, steigt der emotionale Druck der Häftlinge derart, dass sich die Gefahr von Geiselnahmen erhöht. Beispiele dafür gibt es in den vergangenen Jahren im Bundesgebiet reichlich."[9]

Zum Abschluss dieses Kapitel soll es aber nochmals um einen Ausbruch oder korrekter gesagt einen Ausbruchsversuch in der JVA Koblenz um die Jahrtausendwende gehen. Ein Inhaftierter war offenbar nicht mit der Unterbringung in der JVA Koblenz zufrieden und nahm einige Probebohrungen im Bereich der Außenwand seines Haftraumes vor. Allerdings ohne nennenswerten Erfolg. Um sich zu motivieren, hatte der gescheiterte Ausbrecher vor Arbeitsbeginn an die Haftraumwand geschrieben: „Der Geist besiegt die Materie!" Ich muss einräumen, ein wenig hat mich dieser Versuch der Selbstmotivation schon beeindruckt. Dies hat mich an eine Phase während meines Jurastudiums erinnert. Damals überlegte ich, das Studium, das ich erst im Alter von 24 Jahren begonnen hatte, abzubrechen, um in meinen alten Job als Sozialpädagoge zurückzukehren. Mir kam der Weg bis zum 1. und später 2. Staatsexamen plötzlich unendlich lang vor. Beim morgendlichen Lesen der Tageszeitung stieß ich auf eine kurze Meldung. Sie bestand aus der Überschrift „Jeder 2. bricht ab" und zwei kurzen Sätzen, mit denen berichtet wurde, dass die Hälfte der Jurastudenten abbricht. Ich schnitt diese kleine Meldung aus und versah sie mit dem an mich selbst gerichteten Appell: „Ich nicht!!!" Das Zettelchen legte ich gut sichtbar in mein Portmonee, wo es mir gelegentlich in die Augen fiel. Manchmal war ich allerdings kurz davor, mir das Zettelchen in den Mund zu stecken und aufzuessen. Ballaststoffreiche Nahrung soll schließlich gesund sein.

Kapitel 2: Die JVA Diez, Begegnungen mit Dr. Dieter Bandell und Lebenslangen in der Referendarzeit

1989 während des letzten halben Jahres meiner Referendarzeit, die mich auf das zweite juristische Staatsexamen und mein späteres Berufsleben vorbereiten sollte, durfte ich in der Justizvollzugsanstalt Diez erste Praxiserfahrungen im Justizvollzug sammeln. Damals verbüßten dort von insgesamt etwa 500 Gefangenen die meisten langjährige, davon 120 lebenslange Freiheitsstrafen. Hinzu kam eine in den neunziger Jahren noch recht überschaubare Anzahl von etwa 13 Sicherungsverwahrten. Noch ahnte ich nicht, dass ich in dieser Justizvollzugsanstalt insgesamt mehr als 15 Jahre in der Anstaltsleitung ausharren würde, nämlich zunächst 7 Jahre und 9 Monate als Dezernent und stellvertretender Anstaltsleiter und später ebenso lang als deren Leiter. Bei dem Diezer Gefängnis handelt es sich um einen 1912 erstellten Gefängnisbau, der dem damals üblichen preußischen Modell entsprach. Man spricht von dem panoptischen System. Es ist dadurch gekennzeichnet, dass man von einem zentralen Punkt aus – eben der Zentrale mit der kleinen Bürokanzel – oder mehreren anderen zentralen Punkten in alle Hafthausflügel Einsicht nehmen kann. Wenn ein Anstaltsleiter an dieser Stelle steht, glaubt er den Überblick zu haben. Jedenfalls sofern er naiv genug ist.

Das Hafthaus des geschlossenen Vollzuges besteht aus den drei aus der Erbauungszeit stammenden Gebäudetrakten neben dem 1974 erbauten vierten großen Hafthausflügel. Die älteren drei Flügel besitzen jeweils vier Stockwerke, die nicht mit Zwischendecken voneinander getrennt sind. Vielmehr schließen sich parallel zu den sich auf beiden Seiten der Hafthausabschnitte befindlichen Haftraumreihen

Galeriegänge an, die durch Treppenaufgänge miteinander verbunden sind. Solche martialisch anmutenden Gefängnisbauten werden gerne als Kulisse in Krimis benutzt. Die neueren Bauten besitzen kleinere bauliche und voneinander abgetrennte Einheiten. Darüber hinaus gibt es in der JVA Diez noch das nur wenige Meter von der Außenmauer des geschlossenen Vollzuges entfernt stehende Gebäude des offenen Vollzuges, das Freigängerhaus.

Ich hatte als Referendar die Möglichkeit, mit allen Berufsgruppen ein Gespräch zu führen, und durfte ihnen zeitweise im Dienst über die Schulter schauen. Die meisten begegneten mir recht offen, da sie mich nur als vorübergehenden Gast des Gefängnisses betrachteten und wohl kaum mit meiner Rückkehr als Vorgesetzter rechneten.

Ich hatte eine Justizvollzugsanstalt als letzte Ausbildungsstation der Rechtsreferendarzeit ausgewählt, da ich mir eine Tätigkeit in diesem Bereich der Justiz gut vorstellen konnte. Bereits als Sozialpädagoge hatte ich in der Heimerziehung geraume Zeit mit Menschen zu tun gehabt, denen man auf den Abstellgleisen unserer Gesellschaft einen Platz zugewiesen hatte. Daher erschien mir dieses Arbeitsfeld passgenau. Einen der Jungen, für die ich im Landesjugendheim Ingelheim verantwortlich war, traf ich in der JVA Diez wieder. Wir hatten in der ein wenig abseits vom Zentrum des rheinhessischen Ingelheim gelegenen Einrichtung neben vielen Gesprächen stundenlang Tischtennis im Freizeitraum des Heimes gespielt, erinnerte ich mich. Es stimmte mich ein wenig traurig, als ich ihm wieder begegnete.

Während der Referendarzeit hatte ich jedoch einige Erlebnisse, die meine Motivation, nach dem 2. Staatsexamen im Justizvollzug zu arbeiten, ins Wanken gebracht haben.

In den ersten Wochen in Diez nahm ich an mehreren Dienstschichten des allgemeinen Vollzugsdienstes teil. Dies sind die uniformierten Bediensteten, die insbesondere in den Gefangenenvollzugsabteilungen und den Arbeitsbetrieben tätig sind. Sie stellen mehr als 80 % des Personalkörpers und besitzen den unmittelbarsten und häufigsten Kontakt zu den Gefangenen. Diese Mitarbeitergruppe hat maßgeblichen Einfluss auf ein gutes und menschliches Klima. Sie sind den größten psychischen Belastungen im Berufsalltag ausgesetzt. Die Mitarbeiter müssen sich Tag für Tag auf teilweise sehr schwierige Menschen und manchen Konflikt einstellen. Ein Anstaltsleiter sollte sich dies stets bewusst machen. Er tut gut daran, die engagierte Arbeit dieser Mitarbeitergruppe wertzuschätzen und dies immer wieder zum Ausdruck zu bringen.

Ich begleitete einen in der Zentrale des Hafthauses tätigen Mitarbeiter des allgemeinen Vollzugsdienstes. Die Zentrale ist ein kleiner verglaster Dienstraum, der sich in der Mitte des Diezer Hafthauses befindet. Von dort aus kann der Bedienstete alle Hafthausflügel einsehen. Der Zentralbeamte ist insbesondere für die Organisation des täglichen Ablaufes zuständig und trifft eigenständig viele Entscheidungen, je nach deren Bedeutung auch in Zusammenarbeit und in Absprache mit den Vorgesetzten. Außerhalb der üblichen Dienstzeiten der Verwaltung ist er als Schichtleiter für die gesamte JVA verantwortlich. Bei gravierenden Vorkommnissen informiert er fernmündlich einen Vorgesetzten oder hält Rücksprache bei Fragestellungen, wenn er Unterstützung benötigt.

Bei dem Bediensteten, dem ich einen Tag über die Schulter schauen durfte, handelte es sich um einen Mitarbeiter, der ein ruhiges, bescheidenes Auftreten und aufgrund seiner väterlichen Art einen guten Draht zu den Inhaftierten besaß. Nachdem er seinen Blick in einen der drei Hafthausflügel, die er von seinem Platz aus sehen konnte, hatte schweifen lassen und offenbar einen der inhaftierten Männer erkannt hatte, äußerte er: „Der war auch schon mal hier; kommen alle wieder." Geprägt von meiner sozialpädagogischen Vorbildung und dem hierbei vermittelten beruflichen Optimismus war ich etwas irritiert und verkniff mir einen Kommentar. Wenn man viele Jahre in einer Justizvollzugsanstalt tätig ist, nimmt man zwangsläufig nur die rückfälligen Rückkehrer wahr, sagte ich mir. Ebendiese sieht man; diejenigen, denen es nach einer guten Vorbereitung im Gefängnis in Freiheit gelingt, ihr Leben zu ordnen, dagegen weniger. Man läuft als Mitarbeiter Gefahr, überwiegend die Misserfolge zu sehen, erklärte ich mir die Wahrnehmung des Zentralbeamten.

Einen ungewöhnlichen Kontakt hatte ich zu einem sehr erfahrenen Sozialarbeiter. Er neigte zu einer direkten und offenen Sprache. Wie viele Bedienstete hatte er das Bedürfnis, einem Außenstehenden, der ich als auszubildender Referendar ja noch war, seine beruflichen Sorgen und Nöte mitzuteilen. Der Sozialarbeiter schockierte mich zunächst mit einer recht derben Äußerung. Nachdem ich ihn gefragt hatte, ob er den Eindruck habe, dass seine Arbeit erfolgreich sei, antwortete er sinngemäß: „Ich gehe zweimal täglich auf die Toilette, um dort ein großes Geschäft zu erledigen!" Mit seinen drastischen Worten wollte er zum Ausdruck bringen, dass man nicht überzogen hohe Erwartungen an berufliche Erfolge im Strafvollzug haben dürfe. Er relativierte seine Botschaft jedoch und teilte mir mit, er erhalte immer wieder Anrufe von entlassenen ehemaligen Gefangenen, die stolz darüber berichten, dass sie „draußen" gut zurechtkämen. Dies motiviere ihn immer wieder. Offenbar wollte er einen blutigen Anfänger wie mich nur ein wenig erschrecken.

In einer Einrichtung wie der JVA Diez, wo langjährige Freiheitsstrafen vollzogen werden und manche Gefangene sogar ihr Leben hinter den Mauern beschließen, nahm ich mehr perspektivlose Inhaftierte wahr als in anderen Justizvollzugsanstalten mit überschaubaren Haftzeiten.

Ein Anstaltspsychologe gab mir Gelegenheit, in einer Gesprächsgruppe zu hospitieren, an der einige dieser Menschen teilnahmen. Sie bestand neben dem Therapeuten aus zehn Gefangenen und traf sich wöchentlich in einem in die Jahre gekommenen wenig wohnlichen Gruppenraum, der mit ungepolsterten Holzstühlen ausgestattet war. Die Gefangenen befassten sich mit Hilfe des sehr erfahrenen Psychologen mit dem Thema soziale Beziehungen. Bei dem Therapeuten handelte es sich um einen stets gut gelaunten und sehr engagierten Mann, der mich mit seiner optimistischen Lebenseinstellung beeindruckte.

Die Teilnehmer der Gesprächsgruppe hatten Gelegenheit zur Selbsterfahrung und Weiterentwicklung, da sie außer von dem Therapeuten auch von den Mitgefangenen kritische und konstruktive Rückmeldungen erhielten.

Ein älterer Gefangener fing plötzlich an leise zu weinen; einer von den eher schweigsamen Gruppenmitgliedern, die im Stuhlkreis wenig von sich gaben. Der Mann, der so emotional reagierte, ging auf die siebzig zu, wirkte aber deutlich älter. Gelbe Fingerspitzen wiesen ihn als starken Raucher aus.

Der Psychologe setzte das Gruppengespräch zunächst nicht fort und wartete, bis der Gefangene sich wieder gefasst hatte. Er murmelte lediglich etwas, was sich anhörte wie: „Ich komme nicht weiter!“ Ich wunderte mich darüber, dass der Therapeut nicht näher auf die Reaktion des Gefangenen eingegangen war. Nach Beendigung der Therapiestunde erklärte mir der Psychologe die Gründe hierfür. Der ältere Mann verbüßte schon seit nahezu zwanzig Jahren eine lebenslange Freiheitsstrafe, weil er einen Sexualmord begangen hatte. Die Teilnahme an der Gruppe war eher eine Notlösung, da der Gefangene in einer Einzeltherapie gescheitert war. Ohne eine erfolgreiche Psychotherapie war zum damaligen Zeitpunkt bei dem Gefangenen eine Verlegung in den offenen Vollzug nicht verantwortbar. Er wurde erst in einem Alter entlassen, als er bereits so gebrechlich war, dass ein Rückfall nicht mehr zu befürchten war.

In der Therapiegruppe befand sich auch ein Gefangener, der mehrfach ein Medienereignis war. Seine kriminelle Karriere und die letzte von der Flucht vor der Polizei geprägte Phase vor der 1962 erfolgten Festnahme wurde im Rahmen der Reihe „Stahlnetz" verfilmt. Anfang der 60er-Jahre hatte er – damals war er erst Anfang zwanzig – bei einem Bankraub als Anführer mehrerer Mittäter einen Angestellten erschossen. Bereits zuvor hatte er mehrere Banküberfälle, allerdings als Einzeltäter, begangen.

Die Tat, bei der er den Mord begangen hatte, hatte er als Anführer mehrerer Mittäter verübt. Da sich dies spektakulärer anhört, machte die Presse ihn deshalb schnell zu einem Bandenchef. Bei den Vernehmungen äußerte er: „Wenn einer erschossen wird, ist er selbst daran schuld, woll!" Der Gefangene hängte sehr oft ein „woll" an das Satzende. Er unternahm während der ersten Haftjahre einige Ausbruchsversuche, die nicht erfolgreich waren. Irgendwann gab er auf. Die Ausbruchsversuche, aber auch sich selbst.

Der Inhaftierte äußerte selten Bedürfnisse und stellte kaum Anträge, sondern nur wenn es unbedingt notwendig war. Sein Haftraum war ausgesprochen karg und leer. Nahezu steril. Der Gefangene achtete sehr auf Sauberkeit und Ordnung. Er besaß noch nicht einmal ein Fernsehgerät. Das Innenleben des Gefangenen lag weitestgehend im Dunkeln. Der wortkarge Mann arbeitete viele Jahre in der Anstaltskammer. Unter anderem wird dort die Gefangenenkleidung aufbewahrt und Wäsche ausgegeben. Der väterliche Leiter der Kammer nahm ihn unter seine Fittiche und wurde die wichtigste Bezugsperson für ihn, ohne dass sich jedoch eine menschliche Nähe entwickelte. Dem Gefangenen genügte offenbar das Wissen, dass ihn jemand so, wie er ist, akzeptiert. Als wortkargen und etwas mürrischen Sonderling. Er hatte zu keinem Zeitpunkt Kontakte zu anderen Gefangenen oder nach draußen.

Als ich während der Referendarzeit einige Stunden in der Kammer hospitierte, fiel mir auf, dass der introvertierte Mann einen graublauen Anstaltspullover trug, der sich von denen der dort arbeitenden Mitgefangenen unterschied. Sein Pullover besaß einen roten aufgenähten Streifen an beiden Ärmeln im Bereich der Unterarme. Ein Mitarbeiter erklärte mir, es handele sich um ein sehr altes Anstaltskleidungsstück, das eigentlich nicht mehr ausgegeben werde. Als es noch die Unterscheidung zwischen Zuchthaus- und Gefängnisstrafen gegeben hatte, hatten die Zuchthausgefangenen den Pullover mit dem roten Streifen am Unterarm tragen müssen.[10] Der Gefangene wollte seinen alten Pullover behalten. Vielleicht hat er ihn für seine Identität und Wertigkeit innerhalb der Gefangenengemeinschaft, obwohl er sie mied, benötigt. Gleichsam ein Zeichen dafür, dass er etwas Besonderes ist, oder auch ein Symbol der Abgrenzung gegenüber anderen Menschen. Lasst mir meine Ruhe, wollte er möglicherweise damit sagen.

In einer der Therapiestunden sprach der Psychologe lächelnd den Gefangenen an und fragte ihn, ob er auch etwas zum Besprechungsthema sagen möchte. Der Therapeut rechnete wohl schon damit, dass der Gefangene sich nicht äußern würde. Der Psychologe beabsichtigte offenbar ausschließlich, dass der Inhaftierte erfährt, dass er noch wahrgenommen wird und zu der Gruppe gehört. Der Gefangene murmelte hierauf mit einem scheuen Lächeln etwas Unverständliches, machte eine abwehrende Handbewegung und brachte so zum Ausdruck, dass er lieber in der Zuhörerrolle bleiben wolle.

Als ich dem Gefangenen 1989 begegnete, hatte der 1962 Festgenommene bereits 27 Jahre seiner lebenslangen Freiheitsstrafe verbüßt und sollte, da er nicht mehr als gefährlich galt, auf die Entlassung vorbereitet werden. Der nächste Schritt war kurze Zeit später die Verlegung in den offenen Vollzug. Von dort aus flüchtete er während seiner Tätigkeit in der Anstaltsgärtnerei, wo die Gefangenen, die als Freigänger erprobt werden, nur stichprobenweise kontrolliert werden. Er gelangte in die Gegend südlich von Koblenz, die er sehr gut kannte. Ein Bahnpolizist, der in seiner Freizeit mit seinem Hund unterwegs war, fand den Gefangenen in einem Schuppen. Der Flüchtige nannte ihm bereitwillig seinen Namen. Der passiv und ausgehungert wirkende Mann ließ sich widerstandslos festnehmen und folgte ihm. In der Anstalt hatte man den Eindruck, dass er froh war, wieder in seine gewohnte Umgebung zurückgekehrt zu sein. Warum er flüchtete, vermochte er nicht zu erklären. Möglicherweise eine Kurzschlusshandlung, weil er nach der langen Zeit hinter Mauern endlich in die Freiheit wollte.

Am 27. September 1993 wurde er nach 31 Haftjahren bedingt entlassen und zog in eine Betreuungseinrichtung für ehemalige Strafgefangene. Bereits am ersten Tag suchte er das Weite. Man hörte niemals mehr etwas von ihm. Sein ehemaliger Vollzugsabteilungsleiter, der ihn aus den Jahren im geschlossenen Vollzug sehr gut kannte, vertrat die Meinung, es sei ein Fehler gewesen, ihn in dieser Einrichtung in einem Doppelzimmer unterzubringen.[11] Dies habe der Einzelgänger, der im Gefängnis stets allein in einer Zelle untergebracht gewesen sei, nicht aushalten können. Vielleicht versuche er irgendwo in einem abgelegenen Gebiet, eventuell im Wald, in einem Unterschlupf zu leben. Irgendwann werde man wohl seine Leiche finden, befürchtete der Mitarbeiter.

Die Situation der beiden beschriebenen Gefangenen machte mich sehr nachdenklich. Ich fragte mich, ob ich in einem Arbeitsfeld tätig sein wollte, in dem ich so häufig ein Scheitern erleben würde. Doch wich diese Befürchtung bald, nachdem ich in den kommenden Monaten der Ausbildungszeit erfahren durfte, dass sich viele Gefangenen der Therapiegruppe positiv entwickelten. Sie wurden später im Freigängerhaus erprobt und nach dem erfolgreichen Verlauf der Testphase vom Gericht – der Diezer Strafvollstreckungskammer – bedingt entlassen.

So nahm ich bereits als Referendar einerseits die Situation einiger perspektivloser Gefangenen wahr, andererseits aber auch, dass ein erheblicher Teil der Gefangenen im Strafvollzug nachgereift war oder jedenfalls gelernt hatte, mit seinen Defiziten umzugehen und sich zu kontrollieren. Menschen können sich verändern. Manchmal gibt es erstaunliche, positive Entwicklungen.

Mein Eindruck war, dass sich Resozialisierungsbemühungen lohnen. Dafür stand auch der damalige Anstaltsleiter Dr. Dieter Bandell, der für eine rekordverdächtig lange Zeit, nämlich von 1970 bis 2001, der JVA Diez vorstand und bereits in jungen Jahren seine Laufbahn als Richter zugunsten des Justizvollzugs aufgegeben hatte. Während seines gesamten Berufslebens und sogar nach seinem Ruhestand wohnte er in einer Dienstwohnung in Reichweite der Anstalt und konnte während seiner Freizeit auf die wuchtigen Gebäude des Gefängnisses, dessen Mauern und Stacheldraht blicken. Dr. Bandell war ein eher kleinerer Mann mit schwarzen welligen Haaren. Sein Gesicht zierte viele

Jahre ein kleiner sorgfältig geschnittener Oberlippenbart. Er sprach mit einer kraftvollen Stimme und verkörperte einen väterlichen selbstbewussten Vorgesetzten alter Schule. Zumeist in Anzügen, einem hellen Hemd und Krawatte gewandet, thronte er in dem ausladenden Anstaltsleiterbüro auf einem Lederchefsessel, dessen Rückenlehne ihn ein wenig überragte. Die Krawatten zeichneten sich oft durch ein farbenfrohes, modernes Design aus. Hierfür stand seine Frau Sigrid, die eine künstlerische Vorbildung besaß und ihren Ehemann bei seiner Tätigkeit sehr unterstützte. Sie war jahrzehntelang in der Anstalt als ehrenamtliche Vollzugshelferin tätig und leitete mit einer weiteren Dame eine Gesprächsgruppe für Gefangene. Ich habe sie als kluge und sehr freundliche Frau in Erinnerung. Sie erklärte ihr Engagement für die Gefangenen einmal mit folgender Äußerung: „Die Gefangenen sind meine Nachbarn. Um seine Nachbarn muss man sich kümmern."

Ich erlebte Dieter Bandell, der im Alter von nahezu 80 Jahren 2016 verstarb, als sehr gütigen Menschen mit einem großen Herzen für die Gefangenen. Dies galt auch für den Umgang mit seinen Mitarbeitern. Wenn es notwendig war, griff er zwar durch, konnte aber auch über Fehler und Versäumnisse hinwegsehen, da er stets den gesamten Menschen sah und nicht einen schlechten Tag zum Maßstab machte. Dieter Bandell war Mitbegründer der Bundesvereinigung der Anstaltsleiter und jahrelang deren Vorsitzender. Auch in der Kommunalpolitik engagierte er sich. Ihm wurde das Bundesverdienstkreuz insbesondere für sein Engagement im Strafvollzug verliehen. Nachdem er sein Amt als Anstaltsleiter Anfang der 70er-Jahre angetreten hatte, krempelte er das Diezer Gefängnis mutig um. Innerhalb der Anstalt ermöglichte er den Inhaftierten mehr Freiheit und wirkte vor allem darauf hin, dass die Bediensteten den eher militärisch geprägten und distanzierten Umgangsstil der frühen Nachkriegszeit aufgaben und den Gefangenen als Ansprechpartner auf Augenhöhe und offener begegneten.

Dieter Bandell nahm sich während meiner Diezer Ausbildungsstation Zeit für Gespräche mit mir und hat mich auch motiviert, für eine Stelle im Strafvollzug zu bewerben. Viele Äußerungen dieser beeindruckenden Persönlichkeit sind mir in Erinnerung geblieben und werden in den folgenden Texten auch Erwähnung finden.

Dennoch zögerte ich noch, bevor ich meine Bewerbung abgab. Ich stellte mir die Frage, ob man sich als Mitarbeiter im Strafvollzug verändert? Wird man möglicherweise misstrauischer und pessimistischer? Davor hatte ich ein wenig Angst.

Ein älterer Kollege behauptete, wir würden den Gefangenen im Laufe der Zeit immer ähnlicher. Er meinte damit wohl, dass sich unsere Persönlichkeit im Laufe unseres Gefängnisberufslebens nachteilig verändern könne, da wir tagtäglich mit Tätern, deren Verbrechen und gescheiterten Leben zu tun hätten. „Wenn du zu lange in einen Abgrund blickst, blickt der Abgrund auch in dich hinein", sagte Nietzsche. Dagegen war ich überzeugt, dass eine solche Gefahr allenfalls droht, wenn man bei den Gefangenen ausschließlich die Abgründe wahrnimmt. Ich nahm mir vor, mich auf das Positive, das Erreichbare zu konzentrieren.

Alles in allem hatte ich während der Referendarzeit einen realistischen Eindruck von meinem späteren Arbeitsgebiet erhalten. Die Aufgaben des Justizvollzuges erschienen mir spannend, reizvoll und – so hoffte ich – erfüllend. Ein Lebenssinn gebender Beruf. Diese Erwartung hat sich in den mehr als drei Jahrzehnten hinter Mauern erfüllt.

Damit, dass der Strafvollzug in der öffentlichen Wahrnehmung nicht immer die gebotene Wertschätzung erfährt, muss man als Mitarbeiter leben. Ein ehemaliger Anstaltsleiter, den ich persönlich nicht mehr kennengelernt habe, soll des Öfteren gesagt haben: „Der Strafvollzug ist der Pickel am A… der Justiz." Sicherlich ist diese derbe Formulierung übertrieben, besitzt aber einen wahren Kern. Zu wenig Staatsanwälte und Richter interessieren sich für den Ort, wo die von ihnen verurteilten Menschen verbleiben müssen, um eine Strafe zu verbüßen. Nur einmal habe ich es erlebt, dass Richter den Wunsch hatten, tiefer in die Niederungen der Justiz hinunterzusteigen. Mehrere Richter und eine Richterin des Oberlandesgerichts Koblenz verbrachten einen Tag in der Justizvollzugsanstalt und begleiteten einen Beamten des allgemeinen Vollzugsdienstes im Dienst. Die Vertreter der Gerichtsbarkeit waren für Strafvollzugs- und Strafvollstreckungsangelegenheiten in der zweiten Instanz beim Oberlandesgericht Koblenz zuständig, wozu unter anderem Entscheidungen über die bedingte Entlassung gehören. Die Richterin begegnete bei ihrem Besuch einem Sicherungsverwahrten, den sie selbst als Mitglied einer großen Strafkammer zu einer langjährigen Freiheitsstrafe und der Maßregel der Sicherungsverwahrung verurteilt hatte. Der Mann hatte sie im sogenannten E-Flügel angesprochen, dem erst 1974 erbauten vierten Hafthausabschnitt, wo die Gefangenen bereits auf das Freigängerhaus vorbereitet werden. Im E-Flügel, bei dem anders als in den drei älteren Gebäudeteilen die Stockwerke voneinander abgetrennt sind, leben Inhaftierte, von denen viele eine positive Entwicklung genommen haben. Die Haftraumtüren in den wohngruppenartigen Bereichen stehen dort anders als in den drei älteren Gebäudetrakten des geschlossenen Vollzuges tagsüber zumeist offen. Der Sicherungsverwahrte sprach die Richterin freundlich an, die ihn auch unmittelbar erkannte. Er teilte ihr mit, dass er lange Zeit mit der Verurteilung gehadert, aber im Laufe der

Zeit eingesehen habe, dass es ohne die harte Reaktion nie zu einer Veränderung bei ihm gekommen wäre. Der Gefangene wurde einige Monate später in den offenen Vollzug verlegt und konnte nach einer intensiven Zeit der Vorbereitung auf die Freiheit bedingt entlassen werden.

Kapitel 3: Menschliche Nähe, Beziehungen hinter Mauern und unüberwachte Partnerbesuche

„Ich begrüße die Gefangenen immer mit Handschlag“, sagte mir ein Anstaltsseelsorger. Die Gefangenen erleben dies als Zeichen des Respekts. Wenn ich einem Menschen die Hand gebe, berühre ich ihn. Körperlich und, gerade wenn dies die einzige Form der Berührung ist, auch emotional.

Wenn ich ein Gespräch mit Gefangenen zum Beispiel in der Sprechstunde führte, habe ich ihnen auch sehr häufig die Hand zur Begrüßung gegeben. Allerdings habe ich dies von der Situation abhängig gemacht. Man spürt, wann es passt und wann nicht.

Es gibt Gefangenengruppen, bei denen es als ehrenrührig gilt, Bedienstete per Handschlag zu begrüßen, vor allem wenn Mitgefangene dies beobachten können. Bei den Russlanddeutschen, einer Gruppe, in der ein ausgeprägter subkultureller Anpassungsdruck besteht, habe ich dies erlebt. In der JVA Rohrbach findet in den Sommermonaten parallel zur Europa- oder Weltmeisterschaft ein bei den Gefangenen sehr beliebtes Fußballkleinfeldturnier statt. Zwei Mitarbeiter des allgemeinen Vollzugsdienstes, die Sportbeamten, wie sie gemeinhin genannt werden, organisieren mit viel Herzblut dieses Gefängnis-Highlight. Jede Station der Vollzugsabteilungen, die jeweils mit ca. 22 Gefangenen besetzt ist, stellt ein Team und repräsentiert eine der Nationen, die an der jeweiligen EM oder WM teilnehmen. Das kleine Außenfußballfeld ist von einem Ballfangzaun umgeben, an dem die Flaggen der Teilnehmerländer angebracht sind. Ein buntes schönes Bild. Nach dem Endspiel findet eine kleine Feier in der Sporthalle statt. Meine Aufgabe war es, den Teams die Pokale und Medaillen zu überreichen. Den

Gefangenen habe ich per Handschlag gratuliert. Ich war zugegebenermaßen irritiert, als einer der Sportler mir den Handschlag verweigerte. Er befolgte die ungeschriebenen Regeln der inhaftierten Russlanddeutschen, zu denen er gehörte. Distanz gegenüber den Beamten ist eines der Gebote. Unter vier Augen sprach ich ihn am Ende der Abschlussfeier auf sein unhöfliches Verhalten an. Er antwortete kurz, er dürfe das nicht. Realität hinter Mauern, die ich so stehen lassen musste.

Körperlicher Kontakt zu Bezugspersonen wie vor allem Familienangehörigen ist in den großen Besucherräumen der rheinland-pfälzischen Justizvollzugseinrichtungen zumeist nur bei der Begrüßung und Verabschiedung erlaubt. Gefangene und Besucher sitzen sich in den großen Räumen getrennt voneinander gegenüber. In der Mitte der Tische befindet sich eine 30 Zentimeter hohe durchsichtige Scheibe.

Die despektierlich von manchen Medien als Liebeszellen bezeichneten Partnerbesuchsräume, in denen ein unüberwachter Besuch stattfindet, gibt es in Rheinland-Pfalz ausschließlich in der JVA Diez, wo langjährige Freiheitsstrafen vollzogen werden. Außenstehende verbinden diese Besuchsräume ausschließlich mit Sexualität. Hier geht bei manchem Bürger, Politiker und auch Medienvertreter die Fantasie durch. Die ablehnende Skepsis der Kritiker beruht offenbar auf deren Grundeinstellung zu den Aufgaben des Strafvollzuges, dem man nur sehr eingeschränkt zutraut, Menschen zu resozialisieren. Vielmehr wird der Strafzweck der Vergeltung und des Schuldausgleichs in den Mittelpunkt gestellt. Die vermeintlichen „Liebeszellen" seien damit nicht vereinbar, sondern sichtbarer Ausdruck eines allzu laschen Kuschelvollzuges.

Es ist lebensfremd anzunehmen, dieser Besuch diene überwiegend dem sexuellen Kontakt. Die Gefangenen, die diese Besuchsform nutzen, wollen oftmals nur alleine eine Zeit lang mit ihrer Partnerin zusammen sein, ohne dass ihnen jemand zuschaut oder zuhört. Welchen Anteil die Sexualität hat, die zu einer Partnerbeziehung gehört, mag offenbleiben. Nicht wenige Partnerinnen weigern sich zudem, die inhaftierten Männer im Ehepartnerbesuchsraum zu besuchen, da sie sich vorkommen wie eine Prostituierte, die einem Freier zugeführt wird.

Diese Besuchsform soll dazu beitragen, dass bereits vor der Inhaftierung bestehende tragfähige Beziehungen aufrechterhalten werden können. Bei diesen Kontakten können leicht Drogen eingebracht werden, die zuvor in den Körperöffnungen versteckt wurden. Zu den unüberwachten Besuchen werden daher ausschließlich Gefangene zugelassen, bei denen keine Sicherheitsbedenken wie beispielsweise eine Drogenabhängigkeit bestehen. Weitere Voraussetzungen sind, dass der Häftling eine stabile Persönlichkeit besitzt und keine Kontakte zur Gefangenensubkultur pflegt. Auch ist bei einem Gefangenen, der sich am unteren Ende der Knasthierarchie befindet, vorsichtig zu verfahren, da er eher unter Druck dazu veranlasst werden kann, Drogen für andere einzuschmuggeln, selbst wenn er selbst kein Konsument ist.

Nicht nur wie bislang bei den Inhaftierten mit langen Freiheitsstrafen, sondern auch bei Gefangenen mit kürzeren oder mittleren Freiheitsstrafen sollten unüberwachte Partnerbesuche ermöglicht werden, sofern die Beziehung bereits vor der Inhaftierung bestand. Es sollten vermehrt Freiräume geschaffen werden, innerhalb derer eine Beziehung, zu der auch der sexuelle Kontakt gehört, gelebt werden kann. Eine normal gelebte Beziehung begünstigt die Resozialisierung der Gefangenen. Da die Mehrzahl der Gefangenen eine Freiheitsstrafe bis maximal ein Jahr verbüßt, überdauern vor der Haft bestehende Partnerbeziehungen noch die Monate der Abwesenheit. Diese Beziehungen verdienen es, Unterstützung zu erfahren.

Dagegen ist sehr zurückhaltend bei Partnerbeziehungen zu verfahren, die erst während der Haft begründet werden. Insbesondere männliche Gefangene mit langen Freiheitsstrafen begründen Brieffreundschaften zu zumeist in Freiheit lebenden Frauen. Deren Motive sind vielschichtig und nicht selten kritisch zu sehen. Zum Teil liegt bei den Frauen ein Helfersyndrom vor, zum Teil sind es einsame Menschen, die einen Partner suchen. Der Gefangene ist dagegen ein Mann, der nicht weglaufen kann. Einzelne klammern sich an die Inhaftierten, die sie oft in der Anfangszeit des Kontaktes mit sensiblen Liebesbriefen zu beeindrucken verstehen, aber dabei von sich ein Bild vermitteln, das nicht der Realität entspricht. Manchmal hilft auch ein talentierter Mitgefangener beim Verfassen der Schreiben. Es schließen sich Besuchskontakte an und im Einzelfall wird sogar eine Ehe geschlossen. Eine Ehe, die naturgemäß weit entfernt vom Lebensalltag ist und sich von Hoffnungen und Wünschen nährt. Nicht selten werden manche der mitunter naiv erscheinenden Partnerinnen ausgenutzt und für den eigenen Vorteil missbraucht.

Ein Mitarbeiter des Ministeriums hatte noch eine weitere Erklärung für das Interesse an Beziehungen zu Gefangenen parat. Sinngemäß äußerte er mit leicht frustriertem Gesichtsausdruck Folgendes: „Die Knackis haben doch ein spannendes Leben im Vergleich zu unserem langweiligen Beamtendasein. Kein Wunder, dass dies manche Damen interessant finden. Um wie viel langweiliger ist mein Lebensrhythmus. Ich bin täglich etwa zehn Stunden außer Haus, esse zumeist dreimal täglich, abends bin ich an Arbeitstagen zumeist müde, schaue noch ein wenig Fernsehen, schlafe meistens beim Programm ein und gehe dann schlafen." Ich hätte antworten können: „Im Gefängnis kann ich nicht über Langeweile klagen." Eine solche Rückmeldung habe ich mir allerdings verkniffen, um keine Neidgefühle aufkommen zu lassen.

Manchmal scheinen in Justizvollzugsanstalten wie der JVA Rohrbach, wo Männer und Frauen untergebracht sind, Gefangene zueinandergefunden zu haben. Doch handelt es sich eher um eine von irrealen Hoffnungen genährte flüchtige Beziehung zwischen zwei Gestrauchelten, die hoffen, einander Halt zu geben. Dies ist kaum eine Basis für eine tragfähige Partnerschaft. Die Erwartungen an den anderen sind in der unwirklichen Umgebung einer vergitterten, abgeschiedenen Welt übermäßig hoch und an Äußerlichkeiten wie Aussehen oder einem witzigen Spruch bei einer zufälligen kurzen Begegnung auf dem Gefängnisflur geknüpft.

Für manche Insassen der JVA Diez waren die Vermögensverhältnisse der Damen, für die sie sich interessierten, nicht unwichtig, wie ich bereits während meiner Referendarzeit erfahren hatte. Ich erinnere mich noch an einen Gefangenen, der wegen unzähliger Vermögensdelikte zum wiederholten Mal hinter schwedische Gardinen kam. Mit einem gewissen Stolz berichtete er mir, er gelange nach der bald anstehenden Entlassung in sehr geordnete Verhältnisse. Er zeigte mir ein Foto seiner Brieffreundin, die ihn kürzlich besucht habe. Die Dame sei eine gut verdienende „höhere" Beamtin, habe sich in ihn verliebt und wolle ihn heiraten. Auf dem Foto war eine gepflegt wirkende Endfünfzigerin mit einer etwas langweiligen Frisur und einem bemühtem Lächeln zu sehen.

In der Dienst- und Vollzugsordnung vom 1.12.1961 (Fassung vom 1.5.1971), der Vorläuferin des erst ab dem

1.1.1977 geltenden Strafvollzugsgesetzes, gab es mit Nr. 149 eine Vorschrift, die verhindern sollte, dass Gefangene bereits in einem frühen Haftstadium auf dem Heiratsmarkt aktiv werden:[12]

„Heiratsinserate

Unverheiratete erwachsene Gefangene dürfen innerhalb des letzten Jahres vor der voraussichtlichen Entlassung Heiratsinserate aufgeben und beantworten. Der Anstaltsleiter kann dies auch schon früher gestatten."

Im Strafvollzug wird den Inhaftierten außerhalb der unüberwachten Besuche die partnerschaftliche Sexualität entzogen. Auch dies ist mit einer Freiheitsstrafe verbunden.

Während meiner Zeit als Rechtsreferendar in der JVA Diez 1989 bezeichnete ein Lebenslanger seine Sexualität derb als Einhandbetrieb. Sexualität in Form der Selbstbefriedigung, bei der es das Gegenüber ausschließlich in der Vorstellung gibt. Dies entsprach durchaus der Realität der Gefangenen in den Einrichtungen des geschlossenen Vollzuges.[13]

Einzelne, eigentlich heterosexuell orientierte Inhaftierte haben homosexuelle Kontakte als Ersatzbefriedigung während der Haftzeit. Homosexuelle männliche Gefangene verstecken ihre sexuelle Orientierung zumeist, um nicht von Mitgefangenen abgelehnt zu werden. Insbesondere von ausländischen Inhaftierten und Gefangenen mit Migrationshintergrund werden sie verachtet. Gleichgeschlechtliche echte Freundschaften gibt es selten. Sexuelle Kontakte mit gleichgeschlechtlichen orientierten Mitgefangenen sind ausschließlich möglich, wenn die Inhaftierten Situationen nutzen können, in denen sie unbeobachtet sind. Inwieweit hierfür die Gelegenheit besteht, hängt von den baulichen und organisatorischen Bedingungen der einzelnen Anstalten ab. In Einrichtungen, wo sich die Gefangenen ausschließlich in Freizeiträumen treffen können, sind sexuelle Begegnungen weniger wahrscheinlich, sofern nicht irgendwelche Überwachungslücken ausgenutzt werden. Können sich die Gefangenen auch in den Hafträumen treffen, sieht dies anders aus.

Homosexuelle Frauen gehen im Vergleich zu männlichen Gefangenen zumeist offener mit ihrer Sexualität um. In der JVA Rohrbach gab es nicht selten Konflikte zwischen den Frauen, manchmal auch mehr oder weniger große Eifersuchtsdramen.

In der JVA Diez begegnete ich einem Gefangenen, der für Reinigungsarbeiten eingesetzt wurde. Ein unauffälliger Mann, den man leicht übersehen hat. Der Gefangene verbüßte eine längere Freiheitsstrafstrafe. In den 50er-Jahren hatte er eine erste Freiheitsstrafe von drei Monaten wegen einer sexuellen Beziehung zu einem erwachsenen Mann erhalten. § 175 StGB, der endgültig erst 1994 gestrichen wurde, ermöglichte bis 1969 noch Verurteilungen wegen sexueller Beziehungen zwischen erwachsenen Männern. Erst 2017 wurden die Verurteilten rehabilitiert und die Urteile aufgehoben. Möglicherweise hat das Urteil eines Nachkriegsrichters, der bereits wie die meisten Strafrechtler in der NS-Zeit eine traurige Stütze des Terrorregimes war, in dem homosexuelle Menschen wie Abschaum behandelt und viele in Konzentrationslagern ermordet wurden, den Gefangenen aus der Bahn geworfen. Der im Gefängnis alt gewordene Mann wurde schließlich aus der JVA Diez entlassen, doch hörte ich bereits wenige Monate danach wieder etwas von ihm. Er hatte eine Bank überfallen, indem er zu Fuß zu dem Geldinstitut ging und mit einer Spielzeugpistole bewaffnet die Herausgabe eines größeren Geldbetrages einforderte. Wenige Minuten nach der laienhaft durchgeführten Straftat wurde er festgenommen. Ich bin mir sicher, dass es ihm nicht um den Geldbetrag ging, sondern dass er in erster Linie wieder in den Strafvollzug zurückwollte, der seine Heimat geworden war.

Es ist eine traurige Realität, dass sexuelle Bedürfnisse im Strafvollzug auch unter Anwendung von Gewalt oder Erpressung befriedigt werden. Diese Delikte sind schwer aufklärbar. Nur selten gibt es Hinweise. Hier muss man von einer Dunkelziffer ausgehen. Mir sind wenige Fälle bekannt, wo Gefangene, die zu sexuellen Handlungen gezwungen worden waren, überführt und verurteilt werden konnten. Nachgewiesen werden konnte zum Beispiel ein Fall, in dem ein Inhaftierter unter Einsatz eines Besenstiels vergewaltigt wurde. Hier ging es überwiegend um die Bestrafung und Demütigung des Opfers.

Manche Bürger, die den Strafvollzug als nicht abschreckend genug betrachten, vertreten offenbar die Auffassung, dass zu einer Strafe auch der Entzug jeglicher Sexualität gehöre. So zeigte sich ein Kommunalpolitiker irritiert darüber, dass Gefangene einen Sender schauen durften, der sich tagsüber überwiegend mit Sport beschäftigte und in den späten Stunden – nicht pornographische – Sexfilmchen zeigte. Bevor dieses nächtliche Unterhaltungsprogramm den Gefangenen zur Verfügung stand, machte ein Mitarbeiter der JVA Koblenz die Erfahrung, wie findig Gefangenen sein können, wenn es darum ging, menschlichen Bedürfnissen Rechnung zu tragen. Während des Nachtdienstes, einer Zeit, in der die Anstalt nur sehr knapp mit Personal besetzt ist, machte der Bedienstete einen Rundgang durch die JVA Koblenz und bemerkte etwa gegen 23.00 Uhr, dass die Geräuschkulisse im Hafthaus etwas anders war als sonst. Es war ungewöhnlich ruhig. Der aufmerksame Mitarbeiter, der tagsüber in der Sicherheitsabteilung tätig war, hatte angesichts der ungewöhnlichen Stille, die nahezu an klösterliche

Verhältnisse erinnerte, eine plötzliche Eingebung. Er legte sein Ohr an eine Haftraumtür und vernahm Stöhngeräusche, die vom Lautsprecher des Fernsehgerätes abgesondert wurden. Daraufhin öffnete er, so leise es nur ging, die kleine sogenannte Kostklappe, die sich in den Haftraumtüren befindet. Er kippte sie vorsichtig ein Stück zu sich und hatte unmittelbar die Erklärung für die besondere Atmosphäre in dieser Nacht. Dafür hatte der Gefangene gesorgt, der für das Einspeisen von Videofilmen in die Fernsehanlage der Anstalt zuständig war. Der Inhaftierte hatte die Aufgabe, den Gefangenen neben den Fernsehprogrammen, die den Gefangenen über die kleinen Mietfernsehgeräte zugänglich waren, den ein oder anderen Film oder auch dokumentarischen Beitrag zukommen zu lassen. Für die Aufnahmen nutzte er damals gebrauchte Videokassetten, die der Anstalt zumeist als Spenden zugewendet worden waren. Es sollen auch Kassetten dabei gewesen ein, die von Polizeibehörden beschlagnahmt worden waren und nicht mehr als Beweismittel gebraucht wurden. Üblicherweise handelte es sich um gelöschte Videokassetten, es gab aber offensichtlich aus Versehen Ausnahmen. Unser Filmvorführer entdeckte einen noch nicht gelöschten Pornofilm, der glücklicherweise keine strafrechtliche Relevanz besaß. Er informierte einige Mitgefangenen im Hafthaus, die die Nachricht in Windeseile verbreiteten, so dass die meisten Häftlinge mit großem Interesse und Konzentration den seichten Streifen mit den mehr oder weniger stöhnenden Hauptdarstellern anschauten.

Kapitel 4: Die Anstaltsleitersprechstunde, Beschwerdeschreiber, krumme Füße und eine untergeschobene Feile

Ein Strafgefangener, der eine lebenslange Freiheitsstrafe vor sich hatte, verfasste unzählige Beschwerdeschreiben und Rechtsbehelfe an das Justizministerium, den Bürgerbeauftragten und das Gericht. Er beschwerte sich zum Beispiel häufig über das Anstaltsessen. Eine Formulierung ist mir noch gut in Erinnerung. Es gab an einem Tag das recht beliebte Gericht Schinkennudeln. Der Gefangene behauptete, es habe sich um „übel verbratenen Speck" gehandelt. Außerdem gab er an, er sei nicht in der Lage, einer Arbeit in der Anstalt nachzugehen, da man ihm orthopädisches Schuhwerk verweigere, dass er unbedingt benötige.

Der Häftling wurde von den Bediensteten als notorischer Beschwerdeschreiber betrachtet, mit dem man nicht reden könne. Einer, der seine Wut auf sich selbst und sein gescheitertes Leben auf seine Umwelt ablade. Ich wollte mir selbst einen Eindruck von dem Mann verschaffen und bat den Gefangenen zu einem persönlichen Gespräch. Die Fronten zwischen dem Gefangenen und der Anstalt waren offenbar verhärtet. In der Hoffnung, den Gefangenen bei einem persönlichen Kontakt erreichen zu können, erkundigte ich mich zuvor bei dem Sanitätsdienstleiter, ob an der Behauptung, dass der Beschwerdeführer geeignete Arbeitsschuhe benötige, etwas dran sei. Der Mitarbeiter verneinte dies. Der Gefangene sei wegen dieses Themas bereits beim Anstaltsarzt gewesen. Ich hatte das Gefühl, bei dem Gespräch mit dem Gefangenen auf das Thema Arbeit und Arbeitsschuhe näher eingehen zu müssen. Erfahrungsgemäß reduziert sich die Frequenz der Eingaben erheblich, wenn der Autor ausgelastet ist. Eine regelmäßige tägliche

Beschäftigung in den Anstaltsbetrieben tut das Ihre hierzu. Bei dem Gefangenen handelte es sich um einen sehr großen und stämmigen Mann im Alter von ungefähr 40 Jahren, der wegen eines Raubmordes verurteilt worden war. Er zeigte sich recht wortkarg und besaß stets eine ernste angespannte Miene. Sein Gesicht war von einem dichten Bart verhüllt.

Ich fragte den Häftling, der mich erwartungsvoll und zugleich skeptisch anschaute, ob er an einer Arbeit bzw. Beschäftigung interessiert sei. Meistens möchten die Gefangenen arbeiten, damit sie aus der Zelle herauskommen, Kontakt zu anderen Gefangenen und eine sinnvolle Tagesstruktur haben. Zudem können sie sich ein regelmäßiges, wenn auch überschaubares Einkommen erarbeiten. Ein eher kleinerer Teil – etwa ein Viertel – der Gefangenen möchte nicht arbeiten. Manche sind aus psychischen oder körperlichen Gründen auch nicht dazu in der Lage.

Meine Frage nach der Arbeitsmotivation bejahte der Gefangene, sodass sich zwangsläufig meine nächste Frage anschloss, was denn bislang die Hinderungsgründe gewesen seien. Der Häftling erklärte, er benötige orthopädische Schuhe. Daraufhin fragte ich ihn, welches medizinische Problem er denn habe. Der Gefangene antwortete, seine Zehen seien verkrümmt. Ich bat den vor mir sitzenden Gefangenen, er möge mir doch einmal seine Füße zeigen. Er schaute sehr überrascht auf, um sich dann etwas zögerlich seiner Schuhe und Strümpfe zu entledigen. Mein laienhafter Blick auf die Füße des Mannes erbrachte keine neuen Erkenntnisse. Der Gefangene nahm dies offenbar wahr und führte ergänzend aus, dass man die Fehlbildung nicht sehen könne, solange er sitze. Ich bat ihn sodann, er möge sich stellen. Stehend veränderte sich automatisch die Haltung einiger Fußzehen, die sich krallenartig nach oben krümmten. Man nennt diese Fehlstellung passend Krallenzehe. Diese Vorführung überzeugte mich. Ich sagte dem Gefangenen zu, er erhalte alsbald orthopädisches Schuhwerk. Der Mann wurde dem Anstaltswirtschaftsbetrieb zugeteilt, der unter anderem für die Reinigung und Pflege des Gefängnisgeländes sowie die Abfallentsorgung zuständig war. Er verfasste seit dem ersten Arbeitstag keinerlei Beschwerden und Eingaben mehr.

Ein Anstaltsleiter aus Nordrhein-Westfalen äußerte einmal zur Kommunikation mit Gefangenen: „Wer schreibt, der will auch reden." Bei dem Lebenslangen mit den schiefen Fußzehen traf es jedenfalls zu.

Die meisten Inhaftierten lernte ich im Lauf der Zeit bei verschiedenen Anlässen persönlich kennen. Einen ersten Kontakt mit allen Gefangenen hatte ich in Diez im sogenannten Zugangsgespräch, das ich mit jedem neu in die Anstalt gekommenen Gefangenen führte. Damit wollte ich mir einen groben ersten Eindruck über den Menschen verschaffen, der nun über viele Jahre hier verbleiben musste. Außerdem wollte ich dem Gefangenen signalisieren, dass ich für seine Anliegen auch persönlich ansprechbar war. Da wöchentlich drei bis maximal fünf Gefangene in der JVA Diez aufgenommen wurden, war es mir anders als in den Einrichtungen für kürzere Freiheitsstrafen zeitlich möglich, die Zugangsgespräche zu führen, die eine wichtige Informationsquelle für mich waren. So kannte ich viele Diezer Gefangene.

Weitere Begegnungen mit Gefangenen hatte ich in der Anstaltsleitersprechstunde, die ich den Gefangenen vor allem regelmäßig in meiner Diezer Zeit angeboten hatte. Mein verdienter Vorgänger Dieter Bandell hatte mir empfohlen, die Anstaltsleitersprechstunde persönlich durchzuführen und möglichst nicht zu delegieren. Er sagte zu mir, er halte diese Sprechstunde für ungemein wichtig, da man hierdurch ein Gespür für die in der JVA herrschende Atmosphäre erhalte und bisweilen auch Schwachstellen wahrnehme, die man vom Schreibtisch unmittelbar nicht erkennen könne.

Zwischen Behördenleiter und Gefangenen gibt es in der Hierarchie der Einrichtung viele Zwischenstufen, wo manches hängen bleibt, was besser frühzeitig zum Anstaltsleiter gelangen sollte. Leitet man ein Gefängnis vom grünen Tisch aus, schafft man einen Nährboden für Betriebsblindheit. Ein Gefängnisdirektor muss seinen Laden kennen. Auch dem dient die Anstaltsleitersprechstunde. Im skandinavischen Raum machte eine Untersuchungskommission nach mehreren Geiselnahmen die Beobachtung, dass in Einrichtungen, wo die Gefangenen keinen persönlichen Zugang zum Anstaltsleiter hatten, häufiger solche Vorfälle vorkamen.[14]

§ 101 Absatz 1 des rheinland-pfälzischen Landesstrafvollzugsgesetzes sieht sogar ein Recht des Gefangenen vor, sich in eigenen Angelegenheiten an den Anstaltsleiter zu wenden. In der Gesetzesbegründung hierzu wird argumentiert, es handele sich um eine rechtlich garantierte Möglichkeit der Gefangenen, im Gespräch mit dem Anstaltsleiter oder der Anstaltsleiterin Problem- und Konfliktlösungen zu erreichen. Der Gefangene könne auch im Gespräch Wünsche äußern oder Schwierigkeiten mitteilen.[15] Der Leiter ist zwar befugt, das Gespräch zu delegieren. Von dieser Möglichkeit habe ich aber erst in meinen letzten Berufsjahren in der JVA Rohrbach Gebrauch gemacht. In der JVA Diez hätte ich dies bei dem besonders schwierigen Gefangenenklientel nicht getan. Trotz des hohen zeitlichen Aufwandes von wöchentlich ca. einem Arbeitstag bei durchschnittlich 6 bis 8 Gesprächen einschließlich Vor- und Nachbereitung habe ich hierauf nicht verzichtet. Insbesondere in einer Einrichtung, in der langjährige Freiheitsstrafen vollzogen werden, sollten die Inhaftierten das Gefühl haben, dass es bei Problemen eine persönlich erreichbare oberste Instanz gibt, die Angelegenheiten abschließend entscheiden bzw. regeln und bei individuellen Notlagen helfen kann. Für manche Gefangenen nimmt man sogar eine Vaterrolle ein. Oft ist Zuhören das Wichtigste. Zuhören bedeutet Ernstnehmen und Respekt. Das Wissen, dass es mit dem Anstaltsleiter eine Instanz gibt, die die Hand über alles hält, hat für viele Gefangene etwas Beruhigendes.

Ein Anstaltsleiter darf jedoch seine Mitarbeiter nicht entmündigen, indem er alles besser weiß und deren Entscheidungen korrigiert. Doch kann er eine Vermittlerrolle einnehmen oder einen Anstoß geben.

Von wenigen Ausnahmefällen abgesehen führte ich die Gespräche zumeist alleine. Dies hatte den Vorteil, dass die Gefangenen sich eher trauten, offen zu sprechen, sofern sie im Gespräch mit mir den Eindruck hatten, dies habe keine Nachwirkungen. Ich nutzte in der Diezer Anstalt für die Sprechstunde zumeist ein kleines karges Räumchen in der Nähe des eigentlichen Hafthauses. Gelegentlich kam es vor, dass ein Inhaftierter nach der Sprechstunde gegenüber Mitgefangenen oder Bediensteten tönte, er habe mir jetzt aber einmal die Meinung gesagt. Mit dieser Angeberei konnte ich leben. Bisweilen behaupteten Gefangene auch, ich hätte irgendwelche Zusagen über Vollzugslockerungen gemacht. Wenn nötig, holte ich den Gefangenen für ein weiteres Gespräch, um für Klarstellung zu sorgen.

Eine kleine Anzahl der Gefangenen zeigte jedoch wenig Interesse an Gesprächen mit der Anstaltsleitung und zog schriftliche Aktivitäten vor. Hierbei ragten Gefangene mit Aggressionsdelikten wie Totschlag oder Mord heraus. Kam bei einzelnen Inhaftierten noch eine zwanghafte Persönlichkeitsstörung mit einer querulatorischen Neigung hinzu, wuchs das Beschwerdeaufkommen zeitweise in astronomische Höhen.

Das Schreiben war offenbar teilweise auch ein Abreagieren, indem die Verwaltung der JVA, externe Stellen wie das Justizministerium und der Bürgerbeauftragten mit Beschwerden und Eingaben beschäftigt werden sollten. In der JVA Diez richteten Inhaftierte darüber hinaus auch sehr häufig Anträge auf gerichtliche Entscheidung an die Strafvollstreckungskammer. Dies brachte zwar für die Gefangenen ein Kostenrisiko mit sich. Die engagiertesten Autoren hielt dies dennoch nicht von Rechtsbehelfen ab. Gerne wurde bei Zurückweisung des Antrages auch noch die nächste Instanz in Form des Oberlandesgerichts Koblenz zum Arbeiten gebracht.

Ich erinnere mich noch an einen Gefangenen, der monatlich einen Taschengeldantrag stellte. Sein Anliegen wurde regelmäßig zurückgewiesen, weil bekannt war, dass der Inhaftierte über ein externes Konto verfügte, jedoch nicht bereit war, Auskunft hierüber zu geben. Ein Gefangener, der mangels einer Beschäftigung der Anstalt kein Einkommen hat, kann Taschengeld erhalten, sofern er bedürftig ist. Die Strafvollstreckungskammer Diez, an die sich der Gefangenen mit der ihm eigenen Penetranz Monat für Monat gewandt hatte, lehnte die Anträge stets als unbegründet ab. Dennoch legte der Gefangene den Rechtsbehelf der sofortigen Beschwerde an das Oberlandesgericht Koblenz als nächster Instanz ein, das sich sodann mit dem Anliegen befassen musste. Nach einiger Zeit wurden die Anträge von beiden Gerichten als unzulässig abgelehnt, weil offensichtlich war, dass es sich um reine Schikaneanträge handelte. Ein Gesprächsversuch blieb fruchtlos, da der Gefangene stets die Auffassung vertrat, er sei im Recht.

Auch wenn viele der in der JVA Diez untergebrachten Gefangenen schwerste Straftaten verübt und Opfern viel Leid zugefügt haben, handelt es sich um Menschen, die oftmals ein ausgeprägtes Gerechtigkeitsempfinden besitzen und wie jeder das Bedürfnis haben, ernst genommen zu werden. Die Einteilung der Menschen in Gut und Böse funktioniert auch im Gefängnis nicht. Zwischen schwarz und weiß gibt es viele Zwischentöne. Deshalb sollte man sich davor hüten, allzu schnell diese Menschen in Schubladen einzusortieren. Als Anstaltsleiter muss man insoweit Vorbild sein. Im Bewusstsein der Gefangenen, aber auch der Bediensteten sollte er die entscheidende Instanz sein, die für Gerechtigkeit innerhalb der Mauern steht und das Steuer in der Hand hat. Dies macht es notwendig, Beschwerden von Gefangenen ernst zu nehmen, auch wenn man auf den ersten Blick den Eindruck hat, dass sie unbegründet sind. Werden gegenüber den Gefangenen Fehlentscheidungen getroffen, kann dies fatale Auswirkungen haben.

Ein Gefangener der JVA Diez hatte eine sehr lange Freiheitsstrafe zu verbüßen. Mit Unterbrechungen verfasste er sehr viele Eingaben und Beschwerden, die – wie es mir schien – allesamt unbegründet waren. Der Gefangene pflegte stets einen guten Kontakt zu den Beamten, war überaus freundlich und besaß auch einen gewissen Humor. Im persönlichen Kontakt grinste er ununterbrochen, so auch in meiner Anstaltsleitersprechstunde, deren regelmäßiger Gast er war. Immer wieder ging ich auf den Gefangenen zu, wenn er wieder einmal eine seiner längeren Phasen hatte, in denen er unzählige Eingaben und Beschwerden verfasste. Es ging ihm nach meinem Eindruck ausschließlich darum, die Justiz zu beschäftigen, in der Hoffnung, man wolle ihn, irgendwann mürbe geworden, loswerden. Manchmal gelang es mir, ihn dazu zu bewegen, eine gewisse Ruhepause einzulegen und seine Schreibmaschine zur Seite zu stellen.

In einer für ihn schwierigen Situation konnte ich ihm helfen. Um es vorwegzunehmen: Seine Dankbarkeit war nicht von Dauer.

Bei einer Haftraumkontrolle wurde hinter der an der Wand angebrachten Lampe eine Feile gefunden. Daher mussten wir davon ausgehen, dass der Gefangenen im Begriff war, einen Ausbruch vorzubereiten. Es folgten massive besondere Sicherungsmaßnahmen wie – jedenfalls in der Anfangsphase – Einzelhaft. Auch wurde der persönliche Besitz im Haftraum, drastisch reduziert, um häufige Haftraumkontrollen zu erleichtern und Versteckmöglichkeiten zu reduzieren.

Dies war für den Gefangenen ein Anlass, zu meiner Sprechstunde zu kommen. Er behauptete, er habe nichts von der Feile gewusst. Er sei erst seit drei Monaten in dieser Zelle untergebracht. Der Haftraum sei, seitdem er dort untergebracht sei, noch nie mit einem neuen Anstrich versehen worden. Man möge doch die Feile genau untersuchen. Vielleicht gebe es Hinweise dafür, dass sie bereits vor der Renovierung in der Zelle gewesen sei. Ich machte mir daraufhin persönlich ein Bild von der Angelegenheit. Glücklicherweise gab es Listen des hauswirtschaftlichen Dienstes, der die Zellen regelmäßig renoviert, auf denen festgehalten wird, wann die einzelnen Haftraumwände gestrichen wurden. Ebenso wird regelmäßig registriert, welcher Gefangene in welchem Zeitraum in einem bestimmten Haftraum untergebracht wurde. Ich schaute mir außerdem die Feile genau an. Das im Strafvollzug früher beliebte Ausbruchswerkzeug besaß Farbanhaftungen, die mit der Farbe der Haftraumwände völlig identisch waren.[16] Der Haftraum war demzufolge vor dem Einzug des Lebenslangen gestrichen worden. Daher stand fest, dass die Feile bereits in der Zelle war, bevor der Gefangene dorthin verlegt worden war. Dass der Inhaftierte von der Feile wusste, war zwar nicht ausschließbar, aber nach meiner Einschätzung weniger wahrscheinlich. Angesichts der damals noch mit Türmen gesicherten Anstaltsmauer, auf denen Bedienstete mit einer Langwaffe wachten, war ein Fluchtversuch mit Hilfe einer Feile und angesichts des Lebensalters des nur mäßig sportlichen Gefangenen von ca. 45 Jahren zudem wenig wahrscheinlich.

Die Art und Weise, wie man hier als Anstaltsleiter bei der Behandlung von Beschwerden vorgeht, ist eine Gratwanderung. Manche Mitarbeiter erleben es bereits als Vorverurteilung, wenn man eine Beschwerde, die sich gegen sie richtet, aufgreift und um eine Stellungnahme zu einer Beschwerde bittet. Ich habe den Bediensteten regelmäßig signalisiert, dass ich ihnen als Mitarbeiter grundsätzlich Glauben schenke. Auch wenn es einige wenige Fälle gab, bei denen mir dies nicht leichtgefallen war.

Gerade Mitarbeiter, die einen konsequenten und geradlinigen Führungsstil gegenüber den Gefangenen haben, alle gleich behandeln, aber auch erwarten, dass Gefangene die Regeln strikt einhalten, werden nicht selten zum Gegenstand von Anfeindungen einzelner Inhaftierter. Die Gefangenen verfolgen oftmals das Ziel, den Mitarbeiter mit Hilfe von Beschwerden zu verunsichern und mürbe zu machen. Sie haben die Erwartung, dass der Bedienstete künftig eher einmal Fünfe grade sein lässt. Ein Vorgesetzter darf sich nicht aufs Glatteis führen lassen und sollte ein Gespür dafür haben, was Dichtung und Wahrheit ist. In den langen Jahren als Anstaltsleiter habe ich die Erfahrung gemacht, dass die Anzahl ernsthafter und begründeter Beschwerden über das Personal gering ist. Die Bediensteten gehen von wenigen Ausnahmen abgesehen freundlich und respektvoll mit den Gefangenen um und spielen ihre zweifelsohne vorhandene Machtposition nicht aus.

Gelegentlich schickten Mitarbeiter Gefangene, nachdem diese von ihm vor Ort mit einem Anliegen „genervt" worden waren, zum Gefängnisdirektor, um selbst ihre Ruhe zu haben. Wohl geht man davon aus, dass derjenige, der überwiegend in einem vergleichsweise großen Büro stundenlang vor dem Schreibtisch sitzt, ein größeres Zeitfenster zur Verfügung hat. Dies wurde mir kurz vor dem eigenen Ruhestand nochmals überdeutlich, als eine Mitarbeiterin der JVA Rohrbach äußerte: „Ich weiß ja nicht, was Sie so genau machen." Ein wenig überrascht war ich durchaus über diese Bemerkung. Angesichts meines überschaubaren Zeitfensters erwiderte ich grinsend: „Ich bin eigentlich ganz gut beschäftigt!" Ich vermied es, dies zu konkretisieren. Doch lag es mir auf der Zunge, Beschäftigungen wie Sudokus oder Ähnliches zu erwähnen. In meiner Heimat Rheinhessen sagt man bei einem Menschen, der den Müßiggang ins Zentrum seines Lebens stellt: „Der bleesd joo nur Fedderscher in die Luft!" (Übersetzung: Der bläst ja nur Federchen in die Luft.) Ich zog es vor, lächelnd zu schweigen. Die Gefahr, dass man einen spaßhaft gedachten Spruch als ernsthafte Äußerung begriffen hätte, war mir doch zu groß.

Kapitel 5: Von Geldstrafen, die andere bezahlen, sowie vom Sinn und Unsinn kurzer Freiheitsstrafen und Ersatzfreiheitsstrafen

In der JVA Koblenz, wo ich von 1999 bis 2001 Anstaltsleiter war, begegnete ich bei einem Rundgang durch die Hafträume einem Gefangenen, der kränklich und sehr angegriffen wirkte. Ich sehe ihn heute noch vor mir. Ein großer, sehr dünner Mann um die 50, mit hochrotem Gesicht und einer von vielen hervortretenden Äderchen durchzogenen knolligen Nase. Offenbar war er vom jahrzehntelangen Alkoholmissbrauch gezeichnet. Ein alkoholkranker Mensch, dem – so war mein Eindruck – jeglicher Lebensmut fehlte.

Ich erfuhr, dass er eine kurze Ersatzfreiheitsstrafe von zwei Monaten aufgrund einer vom Strafrichter verhängten Geldstrafe, die er nicht bezahlen konnte, verbüßen musste. Sie war wegen Diebstahls von zwei Flaschen Barcadi und mehreren Päckchen Zigaretten verhängt worden. Möglicherweise hatte der Richter den Gedanken, den Menschen zwangsweise für kurze Zeit vom Alkohol wegzubringen. Wenigstens eine Entgiftung, die ihm eine kurze Pause vor weiteren Abstürzen ermöglichen sollte. Die kurze Haftzeit konnten der Sozialdienst und letztlich auch der Gefangene nicht annähernd nutzen. Der alkoholkranke Mann benötigte bereits eine gewisse Zeit für den körperlichen Entzug mithilfe von Medikamenten. Der körperlich bereits sehr angeschlagene Gefangene hatte schon lange aufgegeben. Auch das Angebot des Sozialdienstes, eine Therapie zur Behandlung seiner Alkoholsucht vorzubereiten, lehnte er ab.

Ein erheblicher Teil der kurzen Strafen sind Ersatzfreiheitsstrafen. Sie treten an die Stelle von Geldstrafen, wenn der Verurteilte nicht zahlt. Geldstrafen werden bei Delikten mit geringerer Schwere verhängt. Bei einer Geldstrafe setzt das Gericht eine bestimmte Anzahl von Tagesätzen je nach der Schwere der Straftat fest. Die Höhe des einzelnen Tagessatzes ist dagegen vom Einkommen abhängig. Ist ein Angeklagter zum Beispiel zu 60 Tagessätzen in Höhe von je 20 Euro verurteilt, musste er bislang, sofern er nicht zahlte, 60 Tage als Ersatzfreiheitsstrafe verbüßen. Am 22. Juni 2023 hat der Bundestag einem Gesetzentwurf zugestimmt, wonach der Umrechnungsmaßstab einer Geld- in eine Ersatzfreiheitsstrafe halbiert werden soll. Um bei dem Beispiel zu bleiben, blieben dann nur noch 30 Tage Ersatzfreiheitstsrafe übrig.

Wenn die Betroffenen die Summe nicht zahlen können, bietet die Staatsanwaltschaft Ratenzahlung oder, sofern dies dem Verurteilten nicht möglich ist, die gemeinnützige Arbeit als Möglichkeit an, die Geldstrafe ersatzweise zu begleichen. Das sind der Allgemeinheit dienende Tätigkeiten, die salopp als „Schwitzen statt Sitzen" bezeichnet werden. Oft scheitert dies mangels geeigneter Angebote, nicht selten auch an der fehlenden Motivation der Verurteilten. Manche versäumen die Zahlung aber auch schlichtweg aus Nachlässigkeit oder verdrängen die strafrichterliche Sanktion. Die Verurteilten erhalten schließlich eine Ladung zum Strafantritt von der Staatsanwaltschaft. Einige werden dann endlich aktiv und bemühen sich um eine Zahlung. Andere, die nicht über ausreichende finanzielle Mittel verfügen, kommen eigenständig in der Anstalt, um die Ersatzfreiheitsstrafe hinter sich zu bringen. Wer in keiner Weise reagiert, wird irgendwann von der Polizei festgenommen und der Anstalt zugeführt.

Nicht selten besinnt sich ein Gefangener, nachdem er eine solche Ersatzfreiheitsstrafe angetreten hat, eines großzügigen Sponsors aus dem familiären Bereich oder

Freundeskreis. Gelegentlich springt auch ein Arbeitgeber ein. Nicht selten wird die Geldstrafe bereits am ersten Hafttag bezahlt. Dies führt dazu, dass der Gefangene sehr zügig die Gefängnismauern wieder hinter sich lässt und es bei einer Stippvisite bleibt.

Eine stichprobenweise Datenerhebung ergab für die JVA Rohrbach ein Ergebnis, das am Sinn von Geldstrafen zweifeln lässt. Von April bis Oktober 2011 wurden dort insgesamt 221 Gefangene nach vollständiger oder teilweiser Verbüßung der Ersatzfreiheitsstrafe entlassen. Bei 76 Gefangenen, daher 34,4 %, wurde die Geldstrafe von externen Kontakt- beziehungsweise Bezugspersonen entrichtet. Von den Einzahlenden waren nach Angabe der Inhaftierten 43 Angehörige, 9 Bekannte, 21 Freunde und 3 Arbeitgeber. In nur 36 von den insgesamt 76 Fällen erklärten die befragten Gefangenen, sie müssten den Einzahlungsbetrag möglicherweise zurückzahlen, für mehr als die Hälfte galt dies daher nicht. Auch ein erheblicher Anteil derjenigen, die die Geldstrafe rechtzeitig zahlen, um eine Festnahme zur Verbüßung einer Ersatzfreiheitsstrafe zu vermeiden, wird nicht auf eigene Mittel zurückgegriffen haben.

Bei dem alkoholkranken Gefangenen gab es einen solchen großzügigen Sponsor nicht.

In der Sendung Landesschau Rheinland-Pfalz vom 4.11.2022 wurde anschaulich gezeigt, wie unterschiedlich die Situation bei den einzelnen Menschen ist, die zu einer Geldstrafe verurteilt wurden und sie nicht bezahlt haben. Zwei Koblenzer Polizisten suchten die Wohnung eines Mannes auf; eigentlich um einen Haftbefehl zu vollstrecken. Der Verurteilte wäre dann in die JVA Koblenz gebracht worden. Die Beamten, die einen zugewandten und sympathischen Eindruck machten, suchten gemeinsam mit den Verurteilten nach einem Weg, um die Vollstreckung des Haftbefehls abzuwenden. Der Verurteilte gab glaubhaft an, er sei Krebspatient, worauf auch seine gänzlich fehlenden Haare hindeuteten. Er bat darum, die Geldstrafe in Höhe von 600 Euro in zwei Raten bezahlen zu dürfen. Ein Beamter machte sich die Mühe, bei der zuständigen Rechtspflegerin anzurufen, die damit allerdings nicht einverstanden war. Der Verurteilte habe schon zweimal Ratenzahlung bewilligt bekommen, aber nicht reagiert. Einer der Beamten fragte ihn daraufhin, ob er eine Möglichkeit sehe, das Geld aufzutreiben. Ein Anruf bei einer Kontaktperson verlief jedoch erfolglos.

Die Polizisten machten einen weiteren Versuch, um dem Mann zu helfen, und fragten, ob er jemand kenne, der die Strafe bezahlen könne. Er überlegte kurz und erinnerte sich an seine hilfsbereiten Nachbarn, die in der Wohnung über ihm wohnten. Der Polizist ging mit dem Verurteilten zu den Nachbarn, einem Ehepaar, das unmittelbar erklärte, sie seien in der Lage und willens zu helfen. Der Nachbar war offenbar selbst schwer erkrankt – er nutzte ein mobiles Sauerstoffgerät. Die Vermögensverhältnisse des Ehepaares erschienen nicht übermäßig gut. Der kranke Helfer in der Not erklärte, das Geld werde er von seiner Zusatzrente nehmen. Er habe 40 Jahre auf dem Bau gearbeitet. Ein beeindruckender Fall von nachbarlicher Hilfsbereitschaft und zugleich ein Beispiel, wie sozial kompetente Polizeibeamte den ein wenig abgedroschenen Slogan „Die Polizei dein Freund und Helfer" mit Leben erfüllt haben. Die EC-Karte der Nachbarn wurde in das Kartenlesegerät eingeführt, das die Polizisten mit sich führten. Einer der Beamten sagte noch zu dem im wahrsten Sinne des Wortes befreit wirkenden Verurteilten, er solle eine Regelung finden, wie er den geliehenen Betrag „vernünftig" zurückzahle, damit es keinen Ärger untereinander gebe. Die Polizisten waren sich einig, dass sie den Verurteilten nur ungern zum Gefängnis gefahren hätten.[17]

Ansätze für eine Behandlungsarbeit im Sinne einer Crashkursresozialisierung sind aufgrund der Kürze der Haftzeit bei Ersatzfreiheitsstrafen nicht gegeben. Die Aufgabe des Sozialdienstes der JVA erschöpft sich zumeist in der Hilfestellung bei der Suche nach Personen, die die Geldstrafe übernehmen. Bei Obdachlosen besteht die Hilfestellung darin, dass dem Gefangenen die Anschriften von Einrichtungen benannt werden, bei denen er wenigstens tageweise unterkommen kann. Zumeist kennt er sie schon. Manche meiden auch diese Einrichtungen.

Findet der Verurteilte wie hier eine Person, die die Geldstrafe bezahlt oder wenigstens den Betrag leiht, geht auch der ohnehin fragliche Abschreckungseffekt von Geldstrafen bzw. des Druckmittels der Ersatzfreiheitsstrafe ins Leere.

Sofern die Gefangenen wie bei Ersatzfreiheitsstrafen die Erwartung haben, alsbald entlassen zu werden, befinden sie sich nicht mehr mit dem Kopf hinter der Mauer, sondern eher bereits draußen. Ansätze für eine aus zeitlichen Gründen ohnehin nur sehr eingeschränkt mögliche Behandlungsarbeit sind dann kaum gegeben. Anders ist dies zu beurteilen, wenn aus der Sicht des Gefangenen kein externer Retter zur Verfügung steht. Besitzt der Inhaftierte Klarheit über die Haftdauer, wird er eher empfänglich für Maßnahmen sein, die seiner Resozialisierung dienen.

Für Ersatzfreiheitsstrafen entsteht zudem ein unverhältnismäßig großer personeller und organisatorischer Aufwand für die Anstalt. Hinzu kommen die finanziellen Ausgaben für die Justiz. Ein Hafttag kostet ca. 180 Euro.[18] 30 Tage beziehungsweise ein Monat Ersatzfreiheitsstrafe verursachen somit Kosten von 5400 Euro. Von dem Geldbetrag könnte man für den gleichen Zeitraum zum Beispiel das Gehalt eines Sozialarbeiters finanzieren, dessen Hauptaufgabe es wäre, haftvermeidende Hilfen und Unterstützung für Menschen, die zu einer Ersatzfreiheitsstrafe verurteilt wurden, zu leisten. Es wird geschätzt, dass Ersatzfreiheitsstrafen den Staat 200 Millionen Euro jährlich kosten. Viel Geld, das Justitia in die vermeintliche Gerechtigkeit zu Lasten der ganz kleinen Fische investiert. Die Augenbinde, die die oft dargestellte Göttin trägt, erhält hier einen ganz eigenen Sinn. Eine Brille für Kurzsichtige wäre passender.

Längere Zeit wurde im rechtspolitischen Bereich über die Sinnhaftigkeit von Ersatzfreiheitsstrafen gestritten, die jederzeit mit Begleichung der Geldstrafe beendet werden kann und zudem die ohnehin oft überbelegten Anstalten sehr belastet. Nachdem sich der Gesetzgeber nunmehr dazu aufraffen konnte, die Dauer der Ersatzfreiheitsstrafen zu halbieren, werden die oft überbelegten Justizvollzugsanstalten erheblich entlastet. Zudem reduzieren sich deutlich die Kosten für den Vollzug der Ersatzfreiheitsstrafen. Dagegen konnte man sich bislang noch nicht entschließen, klassische Armutsdelikte wie das Schwarzfahren von einem Straftatbestand auf eine Ordnungswidrigkeit herabzustufen oder sogar Ersatzfreiheitsstrafen für diese Verstöße gänzlich abzuschaffen.

In den letzten Jahren gab es immer häufiger aus sozialpolitischen Gründen Kritik an dieser Sanktion. Vielfach sind Menschen betroffen, die ihr Leben nicht in den Griff bekommen oder sogar verelendet sind. Insofern ist auch die weitere Gesetzesänderung zu begrüßen, wonach die Weiterleitung von Daten über Menschen, die eine Geldstrafe nicht bezahlt haben, an Träger der freien Straffälligenhilfe erleichtert wird. Diese Einrichtungen können sich dann rechtzeitig bemühen, gemeinnützige Arbeitsmöglichkeiten als Ersatz für die Geldstrafe zu vermitteln oder auch selbst anzubieten.

Nicht selten gelangen Menschen mit hochgradigen Persönlichkeitsstörungen aufgrund einer Ersatzfreiheitsstrafe ins Gefängnis. Sie sind in einer solchen Einrichtung fehl am Platz und belasten zudem die Mitarbeiter unverhältnismäßig. Ein Gefangener, der während meiner Zeit in der JVA Rohrbach sehr ausgeprägte Verhaltensauffälligkeiten zeigte, wahrscheinlich sogar eine psychiatrische Erkrankung hatte, provozierte ständig und verunreinigte den Haftraum in ekelerregender Weise. Der Inhaftierte hatte eine sehr kurze Ersatzfreiheitsstrafe erhalten, der ein geringer Geldstrafenbetrag – nach meiner Erinnerung etwa 80 Euro – zugrunde lag. Zwei Mitarbeiter erbarmten sich, wohl in erster Linie zugunsten der Kollegen, zugleich aber auch im Interesse des Gefangenen, und zahlten den Geldbetrag in der Anstaltszahlstelle ein. Da ich dies erst im Nachhinein erfahren hatte, gefiel mir einerseits das eigenmächtige Handeln nicht. Eigentlich dürfen Mitarbeiter des Justizvollzuges nicht auf diesem Weg faktisch einen Gnadenakt erlassen, da dies allein den Staatsanwaltschaften vorbehalten bleibt. Allerdings war das menschliche Handeln der Kollegen für mich nachvollziehbar.

Wie bei Ersatzfreiheitsstrafen fragt es sich, welchen Sinn kurze Freiheitsstrafen haben, die nur wenige Monate bis ein Jahr dauern.

In vielen Fällen ist die Aufarbeitung der bisherigen Lebensführung mit ihren negativen Konsequenzen und dem Scheitern innerhalb weniger Haftmonate nicht leistbar. Eine Wiedereingliederung von Menschen, die draußen gescheitert sind, insbesondere, wenn sie weder über einen

Arbeitsplatz, soziale Bindungen sowie eine Wohnung verfügen und womöglich eine Suchtproblematik hinzukommt, ist bei kurzen Freiheitsstrafen kaum erreichbar. Fällt die Wiedereingliederung aus, erinnert dies an eine abgesagte Theatervorstellung, bei der die Zuschauer und Künstler trotzdem vor Ort sind und nutzlos mehrere Stunden bis zum fiktiven Ende der Ausführung ausharren. Dann bleibt bei diesen überschaubaren Haftzeiten allein der Abschreckungseffekt als spärlicher Rest des Strafvollzuges übrig, dessen Reichweite fraglich erscheint.

In der JVA Koblenz bin ich mehrfach Gefangenen begegnet, bei dem der Strafvollzug an Grenzen stieß. Einer dieser Menschen kam wenige Tage vor seiner Entlassung in meine Sprechstunde.

Der unscheinbare Mann musste wegen eines Vermögensdeliktes in der JVA Koblenz eine Freiheitsstrafe von sechs Monaten verbüßen. Irgendwann einmal in seinem Leben hatte er eine Ausbildung als Buchhalter absolviert. Nach der Scheidung, dem Verlust der Wohnung und des Arbeitsplatzes war der alkoholabhängige Mann auf der Straße gelandet. Er hielt sich häufig in Nähe des Koblenzer Hauptbahnhofes auf. Der kleingewachsene Gefangene, Mitte fünfzig, volles seitlich wie mit dem Lineal gescheiteltes braunes Haar, wirkte auf den ersten Blick körperlich wenig angeschlagen. Der Gefangene hatte sich wenige Tage vor seiner Entlassung bei mir zur Anstaltsleitersprechstunde vorgemeldet. Hilflos, scheu und zurückhaltend fragte er mich, ob nicht eine Stelle in der Verwaltung des Gefängnisses frei sei. Ein wenig peinlich berührt versuchte ich ihm zu vorsichtig zu vermitteln, dass ich in unserer Einrichtung keine Möglichkeiten sähe. Ich wollte ihn nicht mit Ablehnungsgründen wie Sicherheit oder einer fraglichen persönlichen Eignung bewerfen, um ihn nicht zu verletzen. Er tat mir einfach leid. Ich konnte nichts für ihn tun, außer beim Sozialdienst nachzufragen, wie es denn um Maßnahmen zur Vorbereitung der Entlassung stehe. Die Rückmeldung stimmte mich nicht optimistisch. Der Sozialdienst äußerte eine gewisse Hilflosigkeit. Wenige Wochen danach – ich benutzte damals regelmäßig die Bahn für die Fahrt von Koblenz zu meinem Wohnort Mainz – bemerkte ich ihn im Bahnhofsbereich, wo er ziellos hin und her lief. Ein Tag, an dem mir einmal mehr meine beruflichen Grenzen bewusst wurden.

Der geschilderte Fall hatte für mich etwas Trostloses. Welchen Sinn haben diese kurzen Haftzeiten denn, wenn die Gefangenen das Gefängnis durch eine Drehtür verlassen sollen, die sie immer wieder zurückschleudert?, fragte ich mich.

Es ist ein größerer politischer Mut notwendig, für die Außenseiter der Gesellschaft mehr Geld in die Hand zu nehmen. Vor allem sollte die sozialarbeiterische Begleitung der Inhaftierten in der Haftzeit insbesondere in der letzten Phase vor der Entlassung, in der Zeit des Übergangs in die Freiheit und der Zeit danach intensiviert werden. Ohne eine qualitativ gute und engmaschige Begleitung in der Übergangsphase vergrößert sich die Rückfallgefahr deutlich. Resozialisierung bedeutet Opferschutz. Gerade auch deshalb lohnen sich Investitionen in die Wiedereingliederung straffällig gewordener Menschen.

Einen wichtigen Schritt in die richtige Richtung ist man in den meisten Bundesländern wie auch in Rheinland-Pfalz gegangen, indem man das Übergangsmanagement eingeführt hat, das insbesondere eine enge Verzahnung der Sozialarbeit der Justizvollzugsanstalt und der Bewährungshilfe sowie anderer für die Entlassungsvorbereitung wichtiger Institutionen wie der Jobagentur vorsieht.

Das gute Konzept, das hierzu entwickelt wurde, sollte noch weiter verbessert werden, um den Übergang der Gefangenen in die Freiheit reibungsloser zu gestalten. Zwischenzeitlich hat man in den Justizvollzugsanstalten zwar mehr Fachpersonal für die Aufgabe des Übergangsmanagements eingesetzt, nachdem zunächst oftmals gerade einmal eine Teilzeitkraft zur Verfügung stand. Es fehlen allerdings immer noch angemessene personelle Kapazitäten.

Bei kurzen Freiheitsstrafen entsteht zudem mit der Entlassung eine Betreuungslücke. Die Bewährungshilfe wird zumeist nämlich nicht zuständig, wenn – wie überwiegend bei überschaubaren Haftzeiten – keine bedingte Entlassung erfolgt.[19] Diese Lücke könnte dadurch geschlossen werden, dass anstelle eines Bewährungshelfers der Sozialdienst der JVA zuständig wird, der dann auch die Nachbetreuung nach der Entlassung des Gefangenen übernimmt. Das Übergangsmanagement bliebe dann vollständig in der Hand eines Sozialarbeiters, der den Gefangenen vor und nach der Entlassung begleiten würde. Dies hätte den Vorteil, dass eine einheitliche und danach effizientere Zuständigkeit eines einzigen Mitarbeiters gegeben wäre.

Die Zuständigkeit einer Person vor und nach der Entlassung könnte unabhängig von der Straflänge auch generell ein Modell für das Übergangsmanagement sein. Die Zusammenarbeit zwischen den Sozialarbeitern des Justizvollzuges und der Bewährungshilfe gestaltet sich in der Praxis oft schwierig. Der zusätzliche und damit unnötige Zeitaufwand für Absprachen und gegenseitige Information beider Sozialdienstbereiche entfiele dann.

Trotz der begrenzten Möglichkeiten, mit den Mitteln des Strafvollzugs einen erheblichen Beitrag zur Resozialisierung von Gefangenen mit Ersatzfreiheitsstrafen oder kurzen Freiheitsstrafen zu leisten, sollte man dennoch nicht aufgeben. Vielmehr sollte jede Chance genutzt werden, um die Weichen für ein straffreies Leben zu stellen. Einer der Anstaltspsychologen der JVA Rohrbach hielt ein überzeugendes Plädoyer hierfür:

„Die Haft überrascht die Gefangenen in der Weise, dass sie als Stopp im Leben erlebt wird. Gut ist es, wenn diese abrupte Unterbrechung sogar positiv gewertet wird, indem sie zum Nachdenken darüber zwingt, ob man sein Leben so weiterführen möchte. Voraussetzung dafür, dass ein Gefangener Bereitschaft zeigt, sein Leben zu ändern und seinen bisherigen Weg zu hinterfragen, ist, ob er einen Zusammenhang zwischen der Haft und seiner bisherigen Lebensführung erkennt.

Bei kurzen Strafen fehlt das Zermürbende einer langen Haftzeit. Man hat eher noch das Gefühl, die Zügel in der Hand zu haben, verfügt vielleicht noch über die Wohnung und die Arbeitsstelle zum Entlassungszeitpunkt. Private Bindungen wie zur Familie oder Partnerin werden nicht einer allzu langen Belastungsprobe ausgesetzt, wenn das Haftende in Sicht ist.

Bisweilen werden von den Gefangenen überraschende Entscheidungen getroffen, sofern eine grundsätzliche Bereitschaft besteht, Dinge zu ändern, die als schädlich im Leben empfunden wurden. So wird zum Beispiel eine belastende Beziehung beendet. Ein anderer Gefangener, dessen Verhältnis zu den Eltern zwiespältig war, schreibt zum Beispiel einen sehr offenen ehrlichen Brief an die Eltern. Dann stellt sich die Frage, wie geht der Gefangenen mit der Antwort um. Konsequenz kann sein, dass er entscheidet, einen großen Abstand zur Familie zu halten. Wichtig ist auch, dass der Gefangenen Menschen aufsucht, die ihm bei der Reflexion helfen, indem er zum Psychologen geht, einen Anstaltsseelsorger aufsucht, einen Ansprechpartner aus dem allgemeinen Vollzugsdienst findet oder einen Mitgefangenen zur Seite hat. Bei kurzen Haftzeiten ist maßgeblich dafür, dass ein Gefangener Bereitschaft zeigt, sein Leben zu ändern und seinen bisherigen Weg zu hinterfragen, ob er einen Zusammenhang zwischen der Haft und seiner bisherigen Lebensführung erkennt."

Kapitel 6: Die Alten und die Kranken

„Ihr wollt ihn jetzt rausschmeißen!", sagte ein Gefangener der JVA Diez zu mir. Die Bemerkung war anerkennend gemeint. Es ging um einen 74-jährigen Mann, der den überwiegenden Teil seines Lebens hinter Gittern verbracht hatte. Ein hagerer kleiner Mann mit strähnigen zurückgekämmten Haaren. Sein Aussehen erinnerte ein wenig an den amerikanischen Tänzer, Sänger und Schauspieler Fred Astaire in späten Jahren. Der hinter Gittern alt gewordene Gefangene war ein mehrfach rückfälliger Einbrecher. Seine kriminelle Aktivität wurde von langen Freiheitsstrafen unterbrochen. Körperlich verletzt hatte er während seiner traurigen kriminellen Karriere keinen Menschen. Darauf war er sogar ein wenig stolz. Dass ein Einbruch in Wohnhäuser bei den Opfern oft lebenslang tiefgehende Ängste hinterlässt, verdrängte er. Mit der letzten Freiheitsstrafe, wegen der er in die Diezer Anstalt kam, wurde zusätzlich noch die Sicherungsverwahrung verhängt.

Vor einigen Jahren hatte sich der gealterte Mann ungefragt eine Auszeit vom Diezer Knast genommen. Damals wurde er in der Schmerzklinik in Mainz wegen eines Rückenleidens behandelt. Damit, dass der damals schweren Schrittes gehende Häftling mit dem vermeintlichen schweren Rückenleiden das Weite suchen würde, hatte man nicht gerechnet. Offenbar waren die Schmerzen des gegenüber dem Personal stets freundlichen Gefangenen doch nicht allzu gravierend. Nachdem er sein Mittagessen erhalten hatte, war er von einem Moment auf den anderen plötzlich spurlos verschwunden. Andere Patienten wollen beobachtet haben, dass der Kranke recht behände vom Flur durch das Treppenhaus hinunterging, das Gebäude verließ und in ein Taxi einstieg, um sich an seinen Zielort, den er uns bedauerlicherweise nicht verraten hatte, bringen zu lassen.

Bis zu seiner Festnahme war der Gefangene mehr als ein Jahr untergetaucht und lebte vermutlich bei einem Bekannten in einer kleinen Stadt am Mittelrhein.

Geflüchtete haben, gerade wenn der Strafrest noch sehr hoch ist oder wie bei dem damals 74-Jährigen zusätzlich noch die Sicherungsverwahrung verhängt ist, nach der Wiederergreifung für lange Zeit keine Aussicht, in den offenen Vollzug verlegt, geschweige denn entlassen zu werden. Eine Flucht oder ein Ausbruch zieht zwar keine strafrechtliche Verurteilung nach sich, sofern dies nicht mit weiteren Straftaten verbunden ist. Taucht ein Gefangener unter, spricht dies jedoch dafür, dass er sein weiteres Leben in der Illegalität einrichten möchte. Eine positive Kriminalprognose als Voraussetzung einer bedingten Entlassung lässt sich dann kaum begründen. Auch Vollzugslockerungen kommen regelmäßig für geraume Zeit nicht mehr in Betracht. Doch da die Gesundheit des Knastseniors bereits sehr angegriffen war, wurde er nach einer einjährigen Pause schließlich erneut ins Freigängerhaus verlegt. Unser Plan war, seine Entlassung in ein Altersheim zu betreiben.

Der Inhaftierte erhielt regelmäßig Urlaub zu einem Freund. Im Herbst 2006 gelangte er allerdings nicht bei ihm an. Vom Hauptbahnhof der Diezer Nachbarstadt Limburg aus sollte er eigentlich nachmittags den Zug zur Urlaubsadresse nehmen. Während der Wartezeit trank er in einer Gaststätte ein Glas Rotwein.

Einige Stunden später gegen 23 Uhr war der Einbruchsmelder einer Limburger Firma ausgelöst worden und hatte einen Großeinsatz der Polizei ausgelöst. Mögliche Fluchtwege wurden gesichert und der Gebäudetrakt mit einem Diensthund durchsucht. Die Polizisten zeigten sich sehr überrascht, als sie den schwächlich erscheinenden Mann entdeckten. Er hatte sich hinter einem Aktenschrank eines Büros versteckt. Zuvor hatte er mehrere Büros durchsucht, um Bargeld zu finden. Der Erfolg war gering. Es gelang es ihm lediglich knapp 20 Euro in kleinen Geldstücken zu finden. Dazu musste er sogar auch noch ein Sparschwein zerbrechen.

Was war nur in ihn gefahren?, fragten sich die Mitarbeiter unserer Anstalt. Vielleicht hatte der Sicherungsverwahrte Angst vor der Freiheit. Vielleicht drückte ihn auch die Aussicht nieder, den Rest seines Lebens nach den vielen Haftjahren wieder in einer Einrichtung verbringen und wohl auch dort beschließen zu müssen. Vielleicht hatten sich bei ihm auf dem Weg zum Bahnhof eine gewisse Gleichgültigkeit und Schwermut breit gemacht, so dass er diese unsinnige Straftat beging.

Trotz dieses überraschenden Rückfalls war mein Ziel nach wie vor, den alten Mann zeitnah in die Freiheit zu bringen. Ich betrachtete den gescheiterten Einbruch als letzten Ausrutscher. Im geschlossenen Vollzug angekommen veränderte sich das Aussehen des gesundheitlich angeschlagenen Mannes nach und nach erheblich. Man hatte den Eindruck, dass er aufgegeben hatte. Während er zuvor stets ein gepflegtes Erscheinungsbild hatte, ließ er sich einen wilden Bart wachsen, der mich an das Aussehen eines älteren Obdachlosen, der mir früher häufig in der Fußgängerzone meines Wohnortes Mainz begegnet war, erinnerte. Als ob er sich hinter dem Bart verstecken wollte. Bei einem Gespräch mit dem Häftling, der in einer Wohngruppe des geschlossenen Vollzuges untergebracht war, teilte ich ihm mit, dass ich seine Entlassung betreiben möchte. Er schaute mich überrascht an und lächelte unsicher. Seiner Miene war auch eine gewisse Skepsis zu entnehmen. Doch hatte er wohl genug von der Haft und wollte einfach raus. Nochmals wurde er in das Diezer Freigängerhaus verlegt. Dort pflegte er die Blumenrabatte vor dem Eingangsbereich. Einmal traf ich ihn bei dieser Tätigkeit an. Der betagte Mann lächelte mich wie immer freundlich an, als ich ihn ansprach und fragte, wie es ihm gehe. Ich gewann den Eindruck, dass er sich mit seinem gescheiterten Leben arrangiert hatte und nach den vielen Jahren hinter den Diezer Gefängnismauern bereit war, den letzten Lebensabschnitt in Ruhe und behütet in einer Senioreneinrichtung zu verbringen. Behütet. Dies war ihm unter anderen Vorzeichen vertraut und nicht neu. Vielleicht ging er davon aus, dass der Unterschied zwischen dem Freigängerhaus und dem Altersheim gar nicht so groß sei.

Nachdem auch die Strafvollstreckungskammer ein Einsehen hatte und auf der Basis eines Sachverständigengutachtens die bedingte Entlassung des betagten Mannes beschlossen hatte, durfte er in ein Seniorenheim umziehen. Rückfälle gab es wie erwartet nicht mehr. Ich habe nichts mehr von dem Entlassenen gehört und hoffe, dass er noch einige gute Jahre in der Senioreneinrichtung verbrachte.

Ältere Gefangene haben in einer Einrichtung für Inhaftierte mit langjährigen Freiheitsstrafen einen besonderen Status. Manchmal werden sie von den Mitgefangenen wie der eigene Großvater behandelt. Sie begegnen ihnen freundlich und zuvorkommend. Die Straftaten, die sie oftmals vor Jahrzehnten begangen haben, spielen nur noch eine geringe Rolle in den Augen der anderen Männer. Oft ist den anderen das Delikt gar nicht bekannt. Im Gefängnis gibt es mehr als vor den Mauern Respekt vor dem Alter. Dies hängt in Anstalten, in denen Gefangene mit langjährigen Freiheitsstrafen leben, auch mit der Angst zusammen, man würde selbst in einer Justizvollzugsanstalt alt werden und dort einen Großteil des Lebens verbringen müssen. Der

Umgang mit den Alten wird zugleich von einem gewissen Mitleid geprägt.

1987 besuchte ich zu Beginn meiner Ausbildung als Rechtsreferendar die JVA Diez, in der ich später über so viele Jahre tätig war. Die nur eintägige und daher wenig ergiebige Besichtigung zur Einführung in den Strafvollzug wurde in die strafrechtliche Ausbildungsstation des Rechtsreferendariats integriert. Ziel dieses Besuches war, den späteren Staatsanwälten, Richtern und Rechtsanwälten wenigstens einen kurzen, groben Eindruck von dem zu vermitteln, was hinter den Mauern geschieht. Dazu gehörte auch ein längerer Rundgang in einer Langstrafenanstalt wie Diez. Die 30-köpfige Besuchergruppe, zu denen überwiegend junge Referendarinnen gehörten, betrat auch die Werkhallen des Gefängnisses. Viele der dort arbeitenden Gefangenen freuten sich darüber, die jungen Frauen zu sehen. Damals gab es in den Anstalten, in denen wie in Diez ausschließlich Männer inhaftiert waren, nur wenige Mitarbeiterinnen; neben einigen Kräften in der Verwaltung und im Besuchsbereich eine Psychologin und eine Sozialarbeiterin. Seit den 90er-Jahren gehören weibliche Mitarbeiterinnen erfreulicherweise zur Normalität im Justizvollzug. Sie haben das Betriebsklima in dieser früher reinen Männerwelt deutlich verbessert.

Manche Gefangene gafften die jungen Damen recht ungehemmt an. Andere drehten jedoch den Besuchern den Rücken zu oder schauten weg, um nicht angestarrt zu werden. Sie mögen sich wie Tiere im Zoo vorgekommen sein. Bei der Führung durch die Werkhallen rief ein Gefangener einem Besucher ärgerlich zu: „Hast du ne Banane dabei?"

Solche Besichtigungen führte man in späteren Jahren nicht mehr in Bereichen wie den Arbeitshallen durch, wo sich viele Gefangene aufhalten. Um einen unmittelbaren Kontakt zu Inhaftierten herzustellen, wurde stattdessen ein Gespräch mit einer kleinen Gruppe interessierter Gefangener, zumeist der gewählten Interessenvertretung der Inhaftierten, ermöglicht.[20]

Bei dem damaligen Rundgang fiel mir in einem der Betriebe ein sehr betagter Gefangene auf; ein kleiner dünner Mann, der nur noch wenige Haare am Kopf trug und auf einen Krückstock gestützt zwar in einem der Betriebe umherging, aber offensichtlich dort keine Arbeiten mehr verrichtete. Nachdem wir die Werkhallen verlassen hatten, wurde uns Referendaren erklärt, dass es sich um einen Gefangenen handele, der in recht hohem Alter zu einer lebenslangen Freiheitsstrafe verurteilt worden sei. Der betagte Mann war nahezu 80 Jahre alt und seit etwa 10 Jahren in Haft. Damit er sich einen großen Teil des Tages außerhalb seiner Zelle aufhalten konnte und mehr Kontakt zu anderen Menschen hatte, durfte er täglich in die Arbeitshallen. Der Senior trug freiwillig die blaue zweiteilige Arbeitskleidung, die auch die arbeitenden Mitgefangenen benutzten. Ein Zeichen, dass er noch dazugehören wollte.

JVA Diez besitzt derzeit wie alle anderen rheinland-pfälzischen Einrichtungen keine Seniorenabteilung oder Einrichtung für ältere Gefangener. In Singen am Bodensee gibt es ein Gefängnis für Senioren. Diese wohnlich ausgestattete Einrichtung besitzt einen schönen Garten und hat einen geringeren, aber genügenden Sicherheitsstandard.

Im Diezer Gefängnis gibt es im geschlossenen Vollzug ein Hafthaus, den sogenannten E-Flügel, der freizügigere Strukturen besitzt und am ehesten für ältere Gefangene geeignet ist. Die Hafträume in den Wohnbereichen sind tagsüber zumeist offen. Dort sind neben Inhaftierten, die auf den offenen Vollzug vorbereitet werden, auch einige eher ältere Gefangene mit lebenslangen Freiheitsstrafen untergebracht. Nicht alle besitzen eine überschaubare Entlassungsperspektive. Der Anteil an älteren Gefangenen, die man im Strafvollzug bereits bei einem Alter von ca. 55 Jahren ansetzt, war in meinen ersten Berufsjahren noch überschaubar, hat aber im Lauf der Jahre zugenommen. Das Durchschnittsalter der Gefangenen liegt knapp unter 40 Jahren. Kriminalität ist generell eher den jüngeren männlichen Jahrgängen zuzuordnen. Je älter ein Mensch ist, desto weniger neigt er regelmäßig zu kriminellem Verhalten.

Bei der kleinen Gruppe der älteren Inhaftierten der JVA Diez handelt es sich zumeist um Gefangene, die zu einer langen Freiheitsstrafe bis lebenslang verurteilt oder immer wieder erheblich rückfällig wurden und bereits mehrfach Freiheitsstrafen verbüßen mussten. Hinzu kommen die Sicherungsverwahrten, deren Perspektive ohnehin vergleichsweise ungünstiger ist. Bei Sicherungsverwahrten ist der Altersdurchschnitt im Vergleich zu Strafgefangenen deutlich höher. Die Sicherungsverwahrung wird bei besonders gefährlichen Gefangenen als sogenannte Maßregel der Besserung und Sicherung zusätzlich zu einer zumeist längeren Freiheitsstrafe verhängt. Vor einer Gesetzesänderung vor vielen Jahren war sie auf maximal zehn Jahre begrenzt. Heute ist sie dagegen unbefristet und kann im Ergebnis auch lebenslang andauern. Ob die weitere Vollstreckung weiterhin notwendig ist, muss das Gericht jährlich, nach zehn Jahren sogar im Abstand von neun Monaten prüfen.

Wesentliche Voraussetzung für die Anordnung der Sicherungsverwahrung ist, dass der Täter „infolge eines Hanges zu erheblichen Straftaten, namentlich zu solchen, durch welche die Opfer seelisch oder körperlich schwer geschädigt werden, zum Zeitpunkt der Verurteilung für die Allgemeinheit gefährlich ist“. Unter den Sicherungsverwahrten stellen die Sexualstraftäter die größte Gruppe. Rechtlich gesehen handelt es sich bei der Sicherungsverwahrung um keine

Strafe, sondern um eine präventive Maßnahme. Dennoch ähneln die Unterbringungsbedingungen denen einer Freiheitsstrafe, wenngleich sie sich erheblich verbessert haben. Ursächlich hierfür ist eine Entscheidung des Bundesverfassungsgerichts von 2011. Danach muss sich die Art und Weise des Vollzuges der Sicherungsverwahrung erheblich von dem der Strafhaft unterscheiden. Die Richter haben dies als Abstandsgebot bezeichnet. In der JVA Diez wurde 2013 aufgrund dieser Gerichtsentscheidung ein eigenes, deutlich besser ausgestattetes Gebäude mit einem Gartenbereich erstellt. Die Unterbringung erfolgt in größeren Räumen und im Regelfall im Wohngruppenvollzug.

Dass es mehr ältere Gefangene gibt, hat einen weiteren Grund. So sind die Sachverständigen, die von den Gerichten für eine Entscheidung über eine bedingte Entlassung herangezogen werden, gerade bei Gewalt- und Sexualstraftätern deutlich vorsichtiger geworden. Seit geraumer Zeit werden konsequent die aktuellsten wissenschaftlichen Erkenntnisse zugrunde gelegt. Insbesondere werden neuere Testverfahren angewandt. Dies war zuvor nach meiner Einschätzung nicht bei allen Gerichtsgutachten der Fall. So gab es in Rheinland-Pfalz früher einige wenige „Haus- und Hofgutachter", die von den Gerichten bei Entscheidungen über Gefangene mit lebenslangen Freiheitsstrafen regelmäßig mit der Erstellung eines Gutachtens beauftragt wurden. Ich kann mich an ein Gutachten über einen Lebenslangen erinnern, das sehr knapp gehalten war und sich neben dem Aktenstudium überwiegend auf wenige Explorationsgespräche mit dem Gefangenen stützte. Ein Sachverständiger geht heute nachvollziehbarer Weise kein Risiko mehr ein. Er muss de lege artis arbeiten und die üblichen Standards und Testverfahren anwenden. Irrt er sich und scheitert eine Entlassung, indem der von ihm mit einem positiven Ergebnis Begutachtete rückfällig wird, kann er verklagt werden. Nebenbei verliert er an Renommee und möglicherweise eine wichtige Einnahmequelle, da die Gerichte ihm nicht mehr vertrauen.

Die „handwerklich guten" Sachverständigengutachten sind nach meiner Erfahrung allerdings nicht unbedingt treffsicherer als manches der bisweilen oberflächlich erscheinenden früheren Werke, an die ich mich erinnere. Die Ergebnisse dieser Gutachten „älterer Machart", mit denen die bedingte Entlassung eines Langstrafigen befürwortet oder abgelehnt wurde, konnte ich zumeist nachvollziehen. Sie beruhten nach meinem Eindruck in erster Linie auf der langjährigen Berufserfahrung eines Sachverständigen und dem persönlichen Eindruck, den er bei den Explorationsgesprächen mit den Gefangenen gewonnen hatte. Ein solches zumindest auch von Intuition geprägtes Vorgehen ist seit vielen Jahren nicht mehr denkbar. Die flapsige Bemerkung eines Sachverständigen, der während einer Tagung im Pausengespräch zu einem Diezer Psychologen sagte: „Ich mache mir doch wegen eines Dissozialen nicht meine Karriere kaputt!", spricht Bände.

Die meisten älteren Gefangenen würden lieber in einem Bereich untergebracht werden, der mehr Freiheiten ermöglicht. Das Leben gemeinsam mit den jüngeren und oft auch weniger angepassten Gefangenen wird zudem als stressig und zu unruhig empfunden. Auch besteht die Gefahr, dass ältere Inhaftierte von Mitgefangenen ausgenutzt und vielleicht sogar ausgebeutet werden, da sie manchmal leichter zu Opfern gemacht werden können.

Doch einige Senioren ziehen es vor, Kontakt zu jüngeren Gefangenen zu haben, und lehnen ein Leben in einer auf ihre Altersgruppe zugeschnittene Abteilung ab. Bei diesen Männern ist die Situation vergleichbar mit der von in Freiheit lebenden Menschen, die es möglichst zu vermeiden suchen, ihre Wohnung zugunsten der Senioreneinrichtung aufzugeben. Alteneinrichtungen werden emotional mit der letzten und überschaubaren Lebensphase verknüpft, was einen Menschen ängstigen und deprimieren kann. Die bedrückende Konfrontation mit dem immer näher rückenden Tod und dem Sterben ist weniger präsent, wenn man mit jüngeren Menschen zusammen ist. Ist man ausschließlich von Senioren umgeben, nimmt man dagegen wahr, dass die Einschläge immer dichter werden.

In der Gruppe der älteren Gefangenen befinden sich auch vermehrt Inhaftierte mit Behinderungen. Aber auch jüngere Häftlinge mit schweren Handicaps gehören hierzu. Zweifelsohne muss man behinderten Menschen in unserer Gesellschaft deutlich bessere Lebensbedingungen schaffen. Hier gibt es große Defizite. Dies gilt gerade auch für die Gefängnisse, zudem eine Freiheitsstrafe einen Menschen mit Handicap deutlich mehr als einen gesunden Gefangenen belastet.

Die Gefängnisse sind bei der Unterbringung behinderter Menschen oftmals überfordert, weil die baulichen und organisatorischen Bedingungen häufig unzureichend sind. Darum wissen die betroffenen Gefangenen. Manche versuchen die missliche Situation auszunutzen, um Vorteile zu erhalten wie eine frühzeitige Verlegung in den offenen Vollzug oder eine bedingte Entlassung. Sie ziehen hierfür alle Register, die ihnen zur Verfügung stehen. Andere versuchen, aus der Haftsituation das Beste zu machen, und zeigen sich kooperativ.

Zu den Letzteren gehörte ein älterer Gefangener, der gemeinsam mit seinem Sohn zu einer langen Freiheitsstrafe verurteilt worden war. Sie stammten aus einem südeuropäischen Staat. Beide Männer töteten gemeinsam ein Familienmitglied, von dem sie sich gekränkt gefühlt hatten.

Der ältere der beiden Gefangenen, ein kleiner unauffällig erscheinender, etwas übergewichtiger Mann mit Stirnglatze, hatte einen Schlaganfall erlitten. Er war zu einem Pflegefall geworden und nur noch sehr eingeschränkt mobil. Pflege und Betreuung wurden zunächst bereitwillig von dem Sohn wahrgenommen, der auch den Haftraum mit dem Vater teilte. Dies war eine für den Vater wie auch die Anstalt gute Lösung. Letztlich war es jedoch eine weitere Zumutung für den Sohn und Mittäter. Nach einigen Jahren wurde er mit seiner Zustimmung in sein zur EU gehörendes Heimatland zur weiteren Verbüßung seiner lebenslangen Freiheitsstrafe überstellt.

Ein blinder Gefangener war zu einer mehrjährigen Freiheitsstrafe wegen Drogenhandels verurteilt worden. Zunächst wussten wir nicht, wie wir die Betreuung des behinderten Menschen gewährleisten sollten. Eigentlich wäre eine Begleitung des Inhaftierten durch einen Bediensteten bei jedem Aufenthalt außerhalb der Zelle sinnvoll gewesen. Angesichts des stets knappen Personalbestandes fand sich glücklicherweise ein geeigneter und zuverlässiger Gefangener, der mit personeller Unterstützung diese Aufgabe übernahm.

Andere Gefangene mit Behinderungen taktierten dagegen überwiegend, um mit Hilfe des Behindertenstatus früher den geschlossenen Vollzug Richtung Freigängerhaus oder in die Freiheit verlassen zu können.

So war zum Beispiel ein kaum noch bewegungsfähiger Gefangener inhaftiert. Sein Handicap hatte ihn nicht daran gehindert, Straftaten zu begehen. Da der Mann überwiegend im Bett liegen musste, musste er von einem externen Pflegedienst versorgt werden. Die Pflegerinnen hatten den Eindruck, dass der behinderte Mann selbständiger war, als er vorgab. Dies war allerdings nicht nachweisbar.

Die Schwierigkeiten der Justiz, adäquate Bedingungen für behinderte Gefangene zu schaffen, machten sich immer wieder Inhaftierte zu Nutze, indem sie ein Handicap nur vortäuschten. So waren während meiner Dienstzeit zwei Gefangene inhaftiert, die auf den Rollstuhl angewiesen waren. So dachten wir jedenfalls, wenngleich gewisse Zweifel vorhanden waren.

Einer verbüßte eine Freiheitsstrafe wegen Betruges. Er bewegte sich für die Dauer von ca. zwei Jahren ausschließlich mit dem Rollstuhl in der Anstalt. Für ihn lagen uneindeutige ärztliche Befunde vor. Der Gefangene hatte keine Querschnittslähmung, besaß aber eine stark geschädigte Wirbelsäule, so dass er nicht selbstständig laufen konnte. Davon ging der Anstaltsarzt jedenfalls aus. Schließlich gelangte er in den offenen Vollzug. Von dort aus durfte der Häftling regelmäßig ein öffentliches Krankenhaus aufsuchen, wo er physiotherapeutische Maßnahmen erhielt. Eines schönen Tages erhielt ich von einem Kollegen im Freigängerhaus einen Anruf. Der Kollege sagte bei dem Telefonat zu mir einleitend: „ Es ist ein Wunder geschehen! Der Gefangene kann wieder laufen!“ Bevor ich nachfragen konnte, sagte er: „Der Physio-Bereich im Krankenhaus sollte eine Wallfahrtsstätte werden!“ Der Kollege erklärte mir weiter, der Gefangene habe ihm berichtet, er sei auf den feuchten Fliesen ausgerutscht und mit der Halswirbelsäule auf eine Kante gefallen. Dieser Unfall habe offensichtlich etwas eingerenkt. Ich sagte so etwas in der Art wie: „Prima!“ Etwas Besseres fiel mir nicht ein. Offensichtlich war dem Gefangenen weniger eine Wunderheilung zuteilgeworden, vielmehr war ihm wohl das Leben im Rollstuhl zu anstrengend geworden. Damit hatte er allerdings zugleich seine Chancen auf eine bedingte Entlassung verschlechtert, zudem er einige Vorstrafen wegen Betruges hatte. Seine Persönlichkeit hatte sich offenbar wenig geändert. Wahrhaftigkeit war eben nicht eine der Tugenden, die in seinem Leben im Vordergrund standen. Im Übrigen kann man ohnehin trefflich über die Resozialisierungsfähigkeit von notorischen Betrügern streiten, zu denen er gehörte. Oft fehlen jegliches Unrechtsbewusstsein und Empathie für die betrogenen Opfer.

Einen ähnlichen Verlauf nahm die Haftzeit eines stets souverän auftretenden Gefangenen. Im ersten Haftjahr nutzte er einen Rollstuhl. Der Anstaltsarzt war hinsichtlich seines Gesundheitszustandes zwar skeptisch. Es lagen jedoch Befunde vor, die auf ein neurologisches Rückenleiden hinwiesen. Nachdem der Inhaftierte sich entschlossen hatte, einer Arbeit nachzugehen, um ein regelmäßiges Einkommen zu erhalten, trat eine Spontanheilung ein. Da er wieder die erforderliche körperliche Fitness besaß, war es möglich, ihn in der Anstaltsküche einzusetzen, ein recht beliebter Arbeitsplatz, wie man sich vorstellen kann. Als er mir einige Wochen später zufälligerweise begegnete, war er gerade leichten Fußes auf dem Weg zu seinem Haftraum.

Bei vielen Gefangenen und gerade älteren Inhaftierten liegen zum Teil schwere Krankheitsbilder vor. Viele haben auch vor der Inhaftierung wenig auf ihre körperliche Verfassung geachtet. Bei mehr als der Hälfte der Inhaftierten lag ein langjähriger Drogen- und Alkoholkonsum vor. Bei den meisten handelte es sich um starke Raucher. Nicht wenige Inhaftierte mit langjährigen Freiheitsstrafen verstarben während der Haft. Einige mir bekannte Gefangene verstarben nach schweren Krebserkrankungen. Auch Herz-/Kreislauferkrankungen lagen bei vielen Männern vor, die das 50. Lebensjahr überschritten haben. Ich erinnere mich an einen Gefangenen der JVA Diez, der unablässig rauchte und nach und nach beide Beine verlor.

Kapitel 7: Über das Scheren der Gefangenen über einen Kamm

Manchen Wünschen von Gefangenen begegnet der Justizvollzug mit Zurückhaltung. Dies hängt damit zusammen, dass bei Entscheidungen über Anträge stets geprüft wird, ob die Sicherheit tangiert ist. Zumeist ist weniger die Persönlichkeit des Antragstellers Maßstab als die Verhältnisse der gesamten Gefangenenpopulation einer Einrichtung. Unbewusst wabert der Grundsatz vor sich hin, dass eine Kette nur so stark ist wie ihr schwächstes Glied. Die Gefangenen des geschlossenen Vollzugs sind zumeist buntgemischt gemeinsam untergebracht; die Inhaftierten, die sich an Regeln halten, und die Gefangenen, die dies weniger oder gar nicht tun. Das unter Sicherheitsgesichtspunkten schwächste Glied ist der problematische Gefangene, nicht der „pflegeleichte", der sich gut führt und an seiner Wiedereingliederung mitarbeitet. Dies treibt bisweilen seltsame Blüten.

In einer Anstalt stieß ich in meinen ersten Berufsjahren auf ältere Unterlagen, in denen eine damals bereits schon überholte Praxis aus den 80er-Jahren dokumentiert war. In einem Fall wurde ein Antrag auf Kauf einer Thermoskanne abgelehnt. Neben dem Kontrollaufwand wegen der Hohlräume des Behältnisses wurde argumentiert, die Kannen besäßen zumeist quecksilberhaltige Beschichtungen. Diese könne man abkratzen und damit Beamte vergiften. Die Gründe waren letztlich an den Haaren herbeigezogen. Später wurden die Thermoskannen allgemein zugelassen.

In der JVA Diez begegnete ich einem Zauberer, der offenbar manchen Mitarbeitern Kopfzerbrechen bereitete. Ein Gefangener, der seine Brötchen in Freiheit als Illusionist und Zauberer in Touristenhochburgen verdient hatte, musste viereinhalb Jahre Strafhaft hinter sich bringen, weil er mit Hilfe von Betrügereien ein einträgliches Nebengeschäft betrieben hatte. Als mir die Gefangenenpersonalakte in der JVA Diez irgendwann einmal in die Hände fiel, belustigte mich die Anmerkung eines Bediensteten der Untersuchungsanstalt, in der der Zauberer zunächst inhaftiert war: „Vorsicht! Entfesselungskünstler!“ Der Vermerk war nicht mit den Namen des Mitarbeiters versehen. Vielleicht war der Hinweis auch nicht ernst gemeint. Der Gefangene stellte später einen Antrag, sich ein Zauberlehrbuch bei einem Verlag bestellen und zusenden zu dürfen. Er wolle das Buch nutzen, um sich die Fähigkeiten zu erhalten, nach der Haft wieder gewerblich als Bühnenillusionist beziehungsweise Zauberer arbeiten zu können.

Doch der Antrag wurde aus Sicherheitsgründen abgelehnt. Man befürchtete, der Gefangene werde neue Zaubertricks erlernen, die es ihm ermöglichen würden, Drogen besser zu verstecken. Mit Hilfe von Zaubertricks „unsichtbar“ gemacht, würde man die Drogen bei Haftraum- oder Personenkontrollen nicht mehr entdecken können. Gegenüber dem Gefangenen, der das Buch erwerben wollte, bestanden solche Bedenken zwar nicht. Man ging aber davon aus, der verhinderte Zauberer könne das Buch an andere weitergeben, die beim Lesen des Werkes gewonnene Erkenntnisse zu einer Erleichterung des Drogenhandels in der Anstalt verwerten würden.

Weil man die Sicherheitsbedenken wohl für nicht überzeugend genug hielt, argumentierte man außerdem damit, der Beruf des Zauberers diene nicht der Eingliederung, denn er sei weder ein anerkannter Ausbildungs- oder Weiterbildungsberuf noch ein Studium, sondern falle bei der Bundesagentur für Arbeit unter die Gruppe der „Tätigkeiten mit unterschiedlichen Zugängen“.

Daraufhin wandte sich der Gefangenen an das Gericht, in der Hoffnung, dieses treffe eine freundlichere Entscheidung. Das Gericht befasste nicht mit den Sicherheitsfragen, die die Anstalt ja ausgeklammert hatte, sondern ausschließlich damit, ob ein Zauberbuch der Eingliederung des Gefangenen dient. Es kam zu folgendem Ergebnis: „Nach ausführlicher Recherche im Internet kommt die Kammer zu dem Schluss, dass der Beruf des Zauberers eine anerkannte, respektierte und erfolgversprechende gewerbliche Beschäftigungsmöglichkeit darstellt und insofern unter § 70 Landesjustizvollzugsgesetz subsumiert werden kann." Die eher halbherzig vorgetragenen Sicherheitsbedenken teilte das Gericht ebenfalls nicht.

Indem man sich bei Entscheidungen wie dem nicht alltäglichen Fall zu wenig an den für den einzelnen Gefangenen geltenden Umständen orientiert, wird man den unterschiedlichen Persönlichkeiten der Inhaftierten nicht gerecht.

Individuellere an dem einzelnen Gefangenen und nicht der Gesamtheit der Inhaftierten ausgerichtete Entscheidungen setzen voraus, dass man die unterschiedlichen Gefangenengruppen mehr voneinander trennt. Die problematischen Inhaftierten, die einer ausgeprägteren Überwachung bedürfen, bringt man sinnvollerweise getrennt von den kooperativen und mitarbeitswilligen Inhaftierten in unterschiedlichen Wohnbereichen unter.

Da eine Trennung und Differenzierung im geschlossenen Vollzug nur in sehr begrenztem Umfang erfolgt, gelten die organisatorischen und baulichen Sicherheitsvorkehrungen für alle Inhaftierten. Die Vorkehrungen gegen Flucht, kriminelle Handlungen innerhalb der Anstalt, Unterdrückung von Gefangenen durch Mitgefangene, Gewalt, Drogenhandel und -konsum erfassen die meisten Gefangenen des geschlossenen Vollzuges trotz deren Unterschiedlichkeit. So sind die Haftbedingungen für die meisten gleich und somit, ohne dass dies erforderlich ist, in gleichem Umfang unnötig restriktiv.

Im Strafvollzug gibt es Ersttäter ohne kriminelle Vergangenheit, vorbestrafte Gefangene, die endlich ihr Leben in den Griff bekommen wollen, Gefangene, deren Kriminalität verfestigt erscheint, Gefangene, die sich in kriminelle Subkulturen innerhalb der Anstalt eingliedern oder eingliedern lassen und problematische Machtpositionen einnehmen, psychisch kranke Inhaftierte, Gefangene mit Suchtproblematik, mit Aggressionsproblematik, Sexualstraftäter, Gefangene mit traumatischen Erfahrungen aus Kriegsgebieten, Inhaftierte mit und ohne Migrationshintergrund, Menschen aus den untersten sozialen Schichten. Man findet Gefangene mit und ohne tragfähige soziale Beziehungen wie zu Ehe- oder Lebenspartnerinnen und -partnern, Kindern, Eltern oder Geschwistern, Gefangene, zu denen die meisten gehören, die nicht über einen schulischen und beruflichen Abschluss verfügen. Man trifft auf Inhaftierte mit hohen Schulden, Inhaftierte, die vor der Inhaftierung obdachlos waren, junge und ältere Menschen, kranke und leidlich gesunde Inhaftierte, Gefangene, die dem nachteiligen Einfluss von Mitgefangenen unterliegen oder die sich erpressen lassen, Inhaftierte, die Behandlungsangebote wie therapeutische Gruppen, Einzeltherapie und Selbsthilfegruppen wie die der Anonymen Alkoholiker motiviert in Anspruch nehmen, andere, die dies strikt verweigern. In Justizvollzugsanstalten wird man weniger auf Menschen aus der Mittelschicht stoßen, noch seltener der oberen Mittel- oder der Oberschicht.

Trotz dieser Unterschiedlichkeit leben nahezu alle Gefangenen des geschlossenen Vollzuges hinter hohen Mauern mit Stacheldraht, aufwendiger Sicherheitstechnik und in

Hafträumen mit karger Ausstattung. Alle haben eine geringe Bewegungsfreiheit in den Hafthäusern und müssen zum Beispiel Besucherräume nutzen, die fast ausschließlich unter Sicherheitsgesichtspunkten konzipiert sind.

Die mit Sicherheitserwägungen begründeten restriktiven Haftbedingungen sind jedoch nur für die Minderheit der Gefangenen notwendig. Für die meisten Gefangenen sind deutlich geringere organisatorische, bauliche und technische Sicherheitsvorkehrungen erforderlich. Auch innerhalb des geschlossenen Vollzuges könnte einem Großteil der Inhaftierten deutlich mehr Freiheiten eingeräumt werden, die sich denen des offenen Vollzuges annähern. Freiheiten, die Lernfelder für die Gefangenen eröffnen, wie zum Beispiel tagsüber weitestgehend offene Hafträume statt verschlossener Türen. Ob ein Gefangener soziale Kompetenz besitzt oder sich an Regeln halten kann, bleibt im Dunkeln, wenn er überwiegend eingesperrt ist. Ob er in der Lage ist, sich selbst zu versorgen und mit seinen Einkünften zu wirtschaften, wird man nur erfahren können, wenn man Selbstversorgung, Einkaufen und Kochen – wenngleich hinter den Mauern – ermöglicht. Dies setzt eine ausreichende Bewegungsfreiheit innerhalb der Gefangenenwohnbereiche voraus.

Viele Beschränkungen hängen mit Sicherheitsmaßnahmen zusammen, die die Gefahr reduzieren sollen, dass Drogen in die Anstalten eingebracht werden. Die Vielzahl der Gefangenen mit einer Drogenproblematik beeinflusst den Umfang der Restriktionen. Es ist daher insbesondere überfällig, mehr zwischen Gefangenen mit und ohne Drogenproblematik zu differenzieren, bei den Gefangenen mit Suchtproblematik zudem nach dem Umfang der Gefährdung.

Die allzu dürftig ausgeprägte Differenzierung zwischen den Gefangenengruppen des geschlossenen Vollzuges hat zur

Folge, dass das gesetzliche Vollzugsziel der Resozialisierung der Gefangenen weniger konsequent verfolgt werden kann.

Neben einer guten Organisationsstruktur ist die Sicherheit der Anstalt zwar Voraussetzung für deren Funktionsfähigkeit. Eine Einrichtung, in der alles drüber und drunter geht und die kriminelle Elite der Gefangenen wie in vielen Gefängnissen in Süd- und Mittelamerika das Sagen haben, wäre sicherlich ein Graus. Dennoch ist nicht die Sicherheit das Vollzugsziel, sondern nach dem Landesjustizvollzugsgesetz die Resozialisierung das zentrale Anliegen. Die Sicherheit ist zwar eine der wichtigsten Grundlagen, um überhaupt resozialisierungsorientiert arbeiten zu können, aber kein Selbstzweck. Sie besitzt eine wichtige, aber eben doch nur dienende Funktion.

Trotzdem greift ein hohes Sicherheitsniveau für die meisten Gefangenen des geschlossenen Vollzuges und nicht ausschließlich für die problematischen Inhaftierten. Würden unterschiedliche Maßstäbe gelten, könnten sich die Bediensteten deutlich mehr Zeit für die Einzelbetreuung und vor allem die Kommunikation mit den Gefangenen nehmen. Beispielsweise könnte man die zeitlichen Intervalle für die regelmäßigen aufwändigen Durchsuchungen der Hafträume im geschlossenen Vollzug bei Gefangenen, die unter Sicherheitsaspekten unproblematisch sind, deutlich vergrößern, würde man sie in getrennten Haftbereichen oder Justizvollzugsanstalten unterbringen.

Eine der wichtigsten Voraussetzungen dafür, dass Sicherheitslücken und aktuelle Gefährdungen von den Mitarbeitern wahrgenommen werden können, ist eine gute und intensive Kommunikation mit den Gefangenen. Mancher Hinweis stammt von Inhaftierten. Ist eine gute Beziehung vorhanden, wird man Ratschläge von Inhaftierten erhalten; Tipps zu Gefangenen, die andere erpressen oder zu Drogenkonsum verleiten, Hinweise auf Gefangenen, die sich in einer psychischen Krise befinden. So wies mich ein Gefangener im Gespräch auf eine bauliche Schwachstelle in der JVA Diez hin, die damals für einen Ausbruch hätte genutzt werden können. Über ein Tor in der Nähe der Werkhallen hätte man damals leicht auf das Dach eines Gebäudes klettern und sich von dort weiter Richtung Außenmauer fortbewegen können. Ein selbst durchgeführter Kletterversuch überzeugte mich von dieser baulichen Sicherheitslücke.

Der Arbeitsalltag des allgemeinen Vollzugsdienstes darf nicht übermäßig auf Sicherheits- und Ordnungsaufgaben reduziert werden. Der Beruf ist, wie während der Ausbildungszeit in der Justizvollzugschule in Wittlich vermittelt wird, zu einem erheblichen Teil ein pädagogischer und sozialer Beruf. Auch mein Vorgänger als Anstaltsleiter der JVA Diez Dr. Bandell vertrat offensiv diese Auffassung. Das Selbstverständnis dieser Mitarbeiter entwickelt sich aber in eine andere Richtung, wenn der Arbeitsalltag überwiegend von Sicherheits- und Ordnungsaufgaben bestimmt wird.

Die „Justizvollzugsgeschichte“ rund um den Besitz von Fernsehgeräten in den Hafträumen zeigt, wie sich ein Maßstab ändern kann. Das Strafvollzugsgesetz – damals ein bundesdeutsches Gesetz – sah früher nur im Ausnahmefall den Besitz von Fernsehgeräten im Haftraum vor. Grundsätzlich wurden die Gefangenen auf die Nutzung der Geräte in den Gemeinschaftsfreizeiträumen verwiesen. Dort mussten sich die Gefangenen auf einen der damals wenigen Sender einigen. Wer die kräftigsten Oberarme hatte, bestimmte die Programmauswahl. Dieter Bandell ging Anfang 1990 davon aus, dass bald eine Änderung des Strafvollzugsgesetzes zum Fernsehempfang ins Haus bzw. Gefängnis stehen würde. Einzelgeräte sollten künftig im Haftraum zugelassen werden. Im Vorgriff auf die neue gesetzliche Regelung wies der Anstaltsleiter die Vollzugsabteilungsleiter an, sie mögen doch Fernsehgeräte großzügig genehmigen. Mitarbeiter gaben den Gefangenen Tipps, wie sie am besten die Anträge begründen sollten. So wurde argumentiert, man habe schreckliche Schweißfüße und wolle sich bei einem Aufenthalt im Freizeitraum zum Fernsehen nicht den Aggressionen der Mitgefangenen aussetzen. Dieses sehr einleuchtende Argument, das zugleich dafürsprach, dass die so argumentierenden emphatischen Inhaftierten auf dem Pfad der Tugend schon weit fortgeschritten waren, führte stets zu wohlwollenden Entscheidungen.

Eine Differenzierung zwischen den Gefangenen und Gefangenengruppen auch in Zeiten voll belegter Gefängnisse ist zumindest in kleinen Schritten umsetzbar, um deutlich mehr Gefangenen als bislang individuellere und damit humanere Haftbedingungen zu gewährleisten. In der JVA Rohrbach, die kleinteilige bauliche Untergliederungen mit Stationen, die mit 20 bis 25 Gefangenen belegt sind, besitzt, sind in einigen dieser Wohneinheiten große Zeitfenster vorgesehen, innerhalb derer sich die Gefangenen in den Stationen frei bewegen können. So können die Gefangenen Kontakt zueinander aufnehmen und sich treffen. Neben dem Sportangebot, das maximal zweimal wöchentlich in Anspruch genommen werden kann, der täglichen Stunde Aufenthalt im Hof und der Arbeit oder Ausbildung, zu der viele Inhaftierte jedoch mangels eines ausreichenden Angebots oder anderen Gründen keinen Zugang haben, bieten die Zeiten mit offenen Hafträumen zudem die Möglichkeit, der Einsamkeit der Zelle zu entfliehen.

Die offene Freizeit hat sich bewährt. Sie hat für Entspannung im Hafthaus gesorgt, denn „Zellenvollzug“, der überwiegend die Gefangenen wegsperrt, ist schädlich und letztlich gefährlich. Dauerhaftes Einschließen erzeugt einen enormen psychischen Druck bei den Inhaftierten. Auch steht den Bediensteten mit der offenen Freizeit ein Beobachtungsfeld zur Verfügung, indem wahrgenommen werden kann, ob ein Gefangener soziale Fertigkeiten besitzt, kommunikationsfähig ist und sich an Regeln halten kann.

Eine sinnvolle Differenzierung der Gefangenen begegnet jedoch einigen Hindernissen. In den meisten rheinland-pfälzischen Einrichtungen findet man als Differenzierungsmöglichkeit in den Gefängnissen zumeist nur das Freigängerhaus und allenfalls die ein oder andere Vollzugsabteilung des geschlossenen Vollzuges, wo die Gefangenen über größere Bewegungsfreiheiten verfügen. Einer weitergehenderen Untergliederung der Einrichtungen steht zumeist entgegen, dass die Justizvollzugsanstalten zumindest voll, oftmals sogar überbelegt sind. Dann besteht wenig Spielraum für eine größere räumliche Aufteilung der Anstaltsbereiche nach Behandlungs- und Sicherheitskriterien, weil jeder Haftplatz ausgenutzt werden muss. Sobald ein Haftraum frei wird, muss er unmittelbar neu belegt werden, ohne dass stets darauf geachtet werden kann, ob der neu in die JVA gekommene Gefangene in den jeweiligen Haftbereich passt. Es müssten daher mehr Haftplätze geschaffen werden, damit Belegungsspitzen besser aufgefangen werden können.

Auch die Zuständigkeit der rheinland-pfälzischen Justizvollzugsanstalten unterscheidet sich kaum nach den für die einzelnen Gefangenen geltenden Sicherheits- und Behandlungsanforderungen. Abgesehen von der JVA Zweibrücken, wo ein Teil der dort untergebrachten Gefangenen eine Berufsausbildung absolvieren kann, der sozialtherapeutischen Anstalt in Ludwigshafen, die nur über 66 Haftplätze verfügt und einer kleinen sozialtherapeutischen Abteilung der JVA Diez, wird die Zuständigkeit der Justizvollzugsanstalten ausschließlich von der Höhe der zu verbüßenden Freiheitsstrafen und davon, wo ein Gefangener seinen letzten Wohnort hatte, bestimmt. Die Haftdauer korreliert jedoch nicht ohne Weiteres mit den für die einzelnen Gefangenen geltenden unterschiedlichen Sicherheitsanforderungen. Eine höhere Freiheitsstrafe muss nicht zwingend mit einem größeren Sicherheitsrisiko verbunden sein. Auch unter den Gefangenen mit längeren Freiheitsstrafen gibt es zum Beispiel Inhaftierte ohne Drogenprobleme und Gefangene, bei denen die Straftat nur ein Einzelereignis im Lebenslauf ist. Daher gibt es unabhängig von der Strafhöhe einen größeren Differenzierungsbedarf bei der Zuständigkeit der Anstalten, die individueller nach den Sicherheits- und Behandlungsanforderungen ausgerichtet werden sollten.

Es mag überraschen, dass der Gedanke der Differenzierung in der Geschichte des Strafvollzuges schon einige Jahre auf dem Buckel hat. So gab es in der „Vorläufigen Vollzugsordnung“ für Rheinland-Pfalz vom 24.01.1951, die später von anderen Regelungen und erst 1976 von einem Bundesgesetz abgelöst wurde, eine Vorschrift, die diesen Gedanken enthielt. In den Nummern 156 bis 161 war für Gefangene, die erstmals eine Freiheitsstrafe verbüßten, der sogenannte Erstvollzug geregelt. Er sah eine für diese Inhaftiertengruppe eine im Vergleich zu den anderen Gefangenen nach damaligen Maßstäben deutlichere Resozialisierungsorientierung und erleichterte Haftbedingungen mit mehr Behandlungsangeboten und auch Vergünstigungen vor. Nummer 157 beschrieb dessen Aufgabe:

„Der Erstvollzug soll erwachsene Verurteilte, deren Tat ein Straucheln und nicht der Ausdruck einer verbrecherischen Persönlichkeit ist, davor bewahren, ins Verbrechertum abzugleiten. Diese Sonderaufgabe fordert verstärkt Aufmerksamkeit darauf, dass das Ehrgefühl des Gefangenen, seine Widerstandskraft gegenüber Versuchungen, das Bewusstsein seiner Verantwortung gegenüber der Gemeinschaft und sein Selbstvertrauen gestärkt, und das ihm am Aufbau eines neuen Lebens geholfen wird."

Wenngleich der Text der Vorschrift nach heutigen Maßstäben kritisch zu sehen ist, imponiert der Gedanke einer Separierung von Ersttätern. Allerdings wäre der Gesichtspunkt der Erstinhaftierung zu eng. Für einen mehr behandlungs- und weniger sicherheitsorientierten Strafvollzug eignen sich letztlich alle zu einer Mitarbeit am Vollzugsziel der Resozialisierung motivierten und unter Sicherheitsgesichtspunkten geeigneten Inhaftierten.

Kapitel 8: Warum Justizvollzugsanstalten so weit von den Verhältnissen in Freiheit entfernt sind

Gefängnisse machen zumeist einen kargen und sterilen Eindruck. Man könnte sagen: naturgemäß, denn mit Mauern, Sicherheitsdraht, Gitter und übersichtlichen Hafträume wird die Sicherheit der Anstalten gewährleistet. Die Landesstrafvollzugsgesetze enthalten allesamt den sogenannten Angleichungsgrundsatz, der auf den ersten Blick suggeriert, dass sich die vergitterte Welt nicht allzu sehr von der vor den Mauern abheben sollte. In § 7 der rheinland-pfälzischen Vorschrift heißt es: „Das Leben im Vollzug ist so weit wie möglich den Verhältnissen in Freiheit anzugleichen." „So weit wie möglich". Doch sind die Möglichkeiten insbesondere aufgrund der Sicherheitsanforderungen begrenzt. Pflanzen und Tiere, die Sinneseindrücke vermitteln, oder Begegnungen mit der Natur sind in den Anstalten rar gesät.

Das beliebte Kinderbuch von Leo Lionni über die Maus Frederick, die Sonnenstrahlen und Farben einsammelt, um besser die grauen Tage des Winters zu überstehen, erinnerte mich an die Gefängnisse, in denen ich tätig war. Dort sind die grauen Tage in der Überzahl. Frederick hätte wenig Gelegenheit zum Sammeln gehabt. Die Sonne spürt man zumeist nur eine Stunde beim täglichen Hofgang, sofern dieser nicht zu einer Zeit stattfindet, wenn die Mauern noch oder bereits wieder ihre Schatten auf die Umhergehenden werfen.

Tom Hanks spielt im Film „The Green Mile" den Oberaufseher eines Todestraktes. Der zu Unrecht wegen Mordes verurteilte John Coffey, verkörpert von dem riesenhaften Michel Clarke Duncan, verlässt in einer Szene das Gefängnis in Begleitung mehrerer Aufseher, um mit seinen übernatürlichen Kräften die todkranke Frau des Gefängnisdirektors zu heilen. Der Weg führt sie durch die Natur. Als der offenbar unschuldig verurteilte John Coffey, der das reine Herz eines Kindes besitzt, auf vom nächtlichen Tau feuchtes Laub tritt, bückt er sich plötzlich, nimmt eine Handvoll Erde und welker Blätter. Er berührt damit sein Gesicht, atmet tief ein und genießt lächelnd den erdigen blumigen Geruch der Natur, zu der er im Todestakt keine Berührung mehr hat.

JVA Diez. Der katholische Gefängnisseelsorger begleitete gemeinsam mit einem Beamten einen Gefangenen, der eine langjährige Freiheitsstrafe verbüßte und nun im Ausgang erprobt werden sollte. Ähnlich wie John Coffee erblickte er nach den vielen Jahren hinter Gittern erstmals wieder eine junge Katze und bückte sich spontan, um sie zu streicheln. In einem späteren Gespräch nach der Rückkehr ins Haftgebäude bezeichnete er dies als seltenen und lange nicht erlebten Glücksmoment. Die Fähigkeit, Positives wahrzunehmen, geht in Haft glücklicherweise bei den meisten Gefangenen nicht verloren, wenngleich das Gefängnisleben von Kargheit und Grautönen geprägt ist. Nach langer Abstinenz von den vielen Dingen, die aus den Gefängnissen verbannt sind, weil oft Sicherheitsgründe entgegenstehen, entfalten sich Emotionen umso stärker.

Ein anderer Gefangener, der eine lebenslange Freiheitsstrafe zu verbüßen hatte, ging nach vielen Jahren weit weg von der Außenwelt erstmals wieder an einem Weizenfeld vorbei. Er brach eine reife Ähre ab, roch vorsichtig an ihr und biss auf die Weizenkörner, um deren Geschmack auf der Zunge zu spüren. Als mir dies berichtet wurde, fragte ich mich, wann ich dies das letzte Mal gemacht habe.

Wie draußen hat man es in einer JVA mit Menschen zu tun, die seelisch berührbar sind und Verluste wahrnehmen. Manche mehr, andere weniger. Indem die Strafe die Freiheit entzieht, entfernt sie die Gefangenen auch von Erlebniswelten, in denen einem freien Menschen Glück und positive Emotionen möglich sind.

Einem Gefangenen der JVA Rohrbach fiel es schwer, die pflanzenarme Welt hinter Mauern zu ertragen. Er hatte den Traum, in seinem Haftraum ein Birnbäumchen zu pflanzen und zu einer Größe heranwachsen zu sehen, die noch mit den überschaubaren Maßen seines zehn Quadratmeter großen Wohnraums vereinbar war. Ohne eine Erlaubnis hierfür einzuholen, hatte er einen Birnenkern in einem mit Erde gefüllten Joghurtbecher zum Keimen gebracht. Ängstlich streckten sich auf einem Stängel sitzend zwei kleine Blättchen Richtung Zellenfenster zum Sonnenlicht. In einem Gefängnis benötigt man für unzählige Dinge eine Erlaubnis. Wünsche, die man sich draußen ohne Schwierigkeiten erfüllen kann, können in einer JVA an haushohe Hürden stoßen. So könnte zum Beispiel die Sicherheit der Anstalt beim Besitz eines Gegenstandes tangiert sein, weil er über einen Hohlraum verfügt, in dem man etwas verstecken kann. Auch scharfe Gewürze sind tabu und können eine Gefahr darstellen, wie das Beispiel des Räubers Hotzenplotz zeigt, der bei Überfällen gerne eine Pfefferpistole einsetzte. So ist das Antragswesen – mündlich oder besser noch schriftlich – sehr ausgeprägt und ein Beweis dafür, dass in den Gefängnissen tatsächlich allen konservativen Unkenrufen zum Trotz die Freiheit in einem nicht unerheblichen Umfang entzogen wird. Es mag einleuchten, dass man nicht ungefragt eine Baumschule in der Zelle eröffnen darf.

Der den Pflanzen so zugewandte Gefangene nutzte meine Anstaltsleitersprechstunde, um sein Anliegen persönlich vorzutragen. Er erklärte, der Leiter seiner Vollzugsabteilung habe seinen Antrag auf Genehmigung des kleinen Pflänzchens abgelehnt. In der Pflanzenerde und dem Wurzelwerk könne man Drogen verstecken. Die Pflanze müsse somit der Biotonne zugeführt werden.

Dem Gefangenen blieb als letztes Fünkchen Hoffnung, dass ich als Behördenleiter ein Auge zudrücken und dem Pflänzchen das Leben retten könne. Hätte der Fragesteller vor der Pflanzung gefragt, wäre es wohl bei der Ablehnung geblieben. Angesichts des wachsenden Keimlings ging es jedoch um Leben oder Tod, so dass mein Gewissen sich dezent, aber doch hartnäckig bemerkbar machte.

Er erklärte mir, er werde gelegentlich von den Mitgefangenen belächelt, weil er verbotener Weise immer wieder versuche, aus Samenkernen kleine Pflänzchen aufzuziehen. Den Samen dafür erhalte er aus Essensabfällen, zum Beispiel wenn es zum Nachtisch eine Scheibe Kürbis gebe. Er nutze die Kürbiskerne als Pflanzgut. In dem Wissen, dass Kürbisse oft erhebliche Ausmaße erreichen, stellte ich mir bildlich vor, wie sehr sich die Zelle bei mehreren Kürbissen mit Rekordgröße verändern würde. Gerade in der Herbstzeit, wenn uns die ersten grauen und kühleren Tage unfreundlich begrüßen, zöge allerdings eine gewisse Gemütlichkeit, wie sie der durchschnittliche Deutsche gerne mag, in die Zelle ein.

Nun aber ging es dem Mann um einen Birnbaum und nicht einen Kürbis. Der Gefangene teilte mir mit, er sehe es ein, dass die Pflanzen, die nun eben mal nicht generell zugelassen seien, von den zuständigen Beamten der Station entfernt werden müssten. Dennoch wolle er verstehen, welche Sicherheitsprobleme denn mit harmlosen Pflänzchen in Verbindung gebracht würden. Dies sei doch schade, da ein kleines Pflänzchen etwas Lebensfreude in die karge Welt des Vollzuges bringe und die Räume so besser von einer mittelalterlichen Mönchszelle unterscheidbar seien.

Wenngleich ich großes Verständnis für das Anliegen besaß, kam ich nicht umhin, ihm höflich zu erklären, warum sein Birnbäumchen nicht dauerhaft in seiner Zelle verbleiben könne. Ich entgegnete ihm geduldig, dass immer wieder einmal Drogen in der Anstalt in Umlauf seien. Bei den Kontrollen des Haftraumes müsse man jedoch darauf achten, dass nicht Verstecke für Drogenlager vorhanden seien. Bei Pflänzchen jeglicher Art sei eine Kontrolle unmöglich, ohne das Wurzelwerk zu beschädigen und letztlich die Pflanze zu zerstören. Der Gefangene entgegnete, dies sehe er ein. Ob er wirklich davon überzeugt war, lasse ich einmal dahingestellt. Erfreulicherweise nahm er dieses Thema nicht zum Anlass, mich in eine Diskussion über Sicherheitsstandards in Gefängnissen zu verwickeln.

Nun äußerte er die entscheidende Bitte. Er fragte, ob man das Pflänzchen nicht irgendwo außerhalb des Haftgebäudes setzen könne, da es ja ansonsten zum Tode verurteilt sei, obwohl das unschuldige Lebewesen ja kein schweres Verbrechen begangen habe. Er selbst habe zwar eine Straftat verübt, aber doch nicht das Pflänzchen. Zugegebenermaßen amüsierte ich mich über dieses doch aus dem Rahmen des Üblichen fallende Anliegen. So fühlte ich mich verpflichtet, dem Problem abzuhelfen. Ich teilte dem Bittsteller mit, ich würde schon irgendeinen Weg finden, wir hätten ja eine Ausgleichsfläche mit Obstbäumen außerhalb des umwehrten Bereiches der Justizvollzugsanstalt. Dort werde man sicherlich einen geeigneten Platz finden, wo der Keimling sich in den kommenden Jahrzehnten anders als in der Zelle zu einem ausgewachsenen Birnbaum entwickeln könne. Der Gefangene zeigte sich sehr zufrieden und wir konnten entspannt das Gespräch beenden.

Fast mit einem gewissen Stolz über mein pragmatisches Vorgehen erfüllt, griff ich unmittelbar zum Telefonhörer und rief den zuständigen Vollzugsabteilungsleiter an, der eigentlich ein humorvoller Mensch ist. Nachdem ich einige wenige Einleitungssätze gesprochen hatte, entgegnete er mir spontan: „Ich glaube, es hackt!" Ich wusste, dass ich nicht der Adressat dieser Äußerung war, sondern eher der Besucher meiner Sprechstunde. Zumindest interpretierte ich die Bemerkung dergestalt und fügte hinzu: „Ich bin mir sicher, dass unser für die Pflege des Außenbereiches verantwortlicher Beamter einen guten Platz für das Birnbaumpflänzchen findet!" Auch der Vollzugsabteilungsleiter stimmte zu und fühlte sich nunmehr auch mit für das Birnbaumpflänzchen zuständig und persönlich verantwortlich.

Einige Monate später erkundigte ich mich bei den Mitarbeitern, ob sich denn der Traum des Gefangenen verwirklicht habe und das Birnbaumpflänzchen im Freien angewachsen sei. Traurigerweise konnte sich keiner mehr an dieses in meinem Berufsleben so markante Ereignis erinnern. Möglicherweise haben die Kollegen die Angelegenheit wirklich vergessen oder es ist nie zu dieser Anpflanzung gekommen. Ein ungelöstes Rätsel. Ein Mitarbeiter teilte mir mit, dass in der Ausgleichsfläche schon seit langer Zeit mehrere Birnenbäume stünden. Vielleicht sei der Birnbaum des Gefangenen ja dabei. Offen gestanden vermutete ich, dass der Kollege mir das Gefühl geben wollte, meine Entscheidung sei umgesetzt worden. Insofern wäre seine sich im Grenzbereich der Wahrheit bewegende Rückmeldung gut gemeint gewesen.

Der eigentlich unter Sicherheitsaspekten unproblematische Hobbygärtner war daher wieder einmal ein Opfer des schon angesprochenen leidigen Prinzips, dass im geschlossenen Vollzug die meisten Inhaftierten über einen Kamm geschoren werden und selbst den Freunden der Flora der Garaus gemacht wird. Gerade den ja überwiegend männlichen Gefangenen täte es gut, eine Beziehung zu Pflanzen aufzubauen und eine Verantwortung für Lebewesen aus dem Bereich der Flora zu übernehmen.

Was für die Flora gilt, lässt sich auch auf die Haltung von Tieren in einer Justizvollzugsanstalt übertragen. Ich erinnere mich noch gut an den Anblick eines Sicherungsverwahrten der JVA Diez, der gerne mit einem Nymphensittich auf der Schulter durch den Flur seines Haftbereiches schritt. Doch sind Tiere in den Justizvollzugsanstalten eher selten anzutreffen, sieht man von den wenig willkommenen Tauben, die sich an Essensresten erfreuen, den nachts über die Gefängnishöfe huschenden Ratten oder Kakerlaken in Versorgungsschächten älterer Anstalten einmal ab. Käfige von Kleintieren wie Vögel, Hamster, Meerschweinchen und Zwergkaninchen, die selten in Justizvollzugseinrichtungen eine Heimat finden, müssen wie alles, was sich im Haftraum befindet, kontrolliert werden. Würde eine größere Differenzierung zwischen problematischen Gefangenen und zuverlässigen Inhaftierten bei einer weitgehenden getrennten Unterbringung erfolgen, könnte man auch vermehrt Vogelgezwitscher und andere Tiergeräusche in den JVA-Fluren hören. So bleibt mir ausschließlich das Pfeifen eines ehemaligen Diezer Kollegen in Erinnerung, der seine stets gute Laune zeigte und auf mich übertrug.

Kapitel 9: „Einer muss das ja machen", die Motivation, sein Berufsleben als Anstaltsleiter hinter Gittern zu verbringen, und Gefangene, die Konfetti werfen

Während meiner Zeit als Stellvertreter von 1990 bis 1999 und später als Anstaltsleiter der JVA Diez von 2001 bis 2009 quälte ich mich morgens über eine Strecke von 75 Kilometern von meinem Wohnort Mainz nach Diez. Eines Morgens kaufte ich mir in einer Raststättentankstelle eine Zeitung. Ich kam kurz mit der Mitarbeiterin ins Gespräch, die mich fragte, was ich beruflich mache. Ich antwortete wahrheitsgemäß, dass ich Gefängnisdirektor sei. Korrekt hätte es geheißen „Leiter einer Justizvollzugsanstalt". Doch mit der antiquierteren Berufsbezeichnung können die meisten eher etwas anfangen. Darauf sagte die Tankstellenmitarbeiterin spontan: „Einer muss das ja machen." Ich entgegnete nur kurz: „Eben." Die Mitarbeiterin an der Kasse verband ein Gefängnis offensichtlich mit etwas Unangenehmem, um das man besser einen Bogen machen sollte.

Ich habe trotz der ein oder anderen dunklen Wolke, die an manchen Arbeitstagen über dem Gefängnishimmel aufgezogen war, meine Entscheidung, mehr als drei Jahrzehnte im Justizvollzug zu arbeiten, nie bereut. Mein Aufgabengebiet war sehr verantwortungsvoll, abwechslungsreich, interessant und spannend. Kaum ein Arbeitstag war wie der andere.

Man arbeitet je nach Größe der Einrichtung mit 150 bis 250 Mitarbeitern aus unterschiedlichen Berufsgruppen zusammen wie dem allgemeinen Vollzugsdienst, den Vollzugs- und Verwaltungsabteilungsleitern, die die mittlere Führungsebene bilden, Psychologen, Sozialarbeitern, Anstaltsseelsorgern, Ärzten und den anderen Mitgliedern der Anstaltsleitung.

Besonderen Wert sollte die Anstaltsleitung darauf legen, dass die Mitarbeiter bei ihrer Tätigkeit das Vollzugsziel der Wiedereingliederung im Vordergrund sehen. Sie sollten ein Menschenbild besitzen, das vom Gedanken einer natürlichen Würde des Menschen geprägt ist. Dies bedeutet, dass man den Gefangenen respektvoll und auf Augenhöhe begegnet.

Als Anstaltsleiter verfügt man über einen großen Freiraum und ausgeprägten Entscheidungsspielraum, den ich auch gerne genutzt habe. Das rheinland-pfälzische Landjustizvollzugsgesetz benennt diesen Grundsatz ausdrücklich im ersten Absatz des § 106, der die Überschrift Anstaltsleitung trägt, wo Folgendes ausgeführt wird: „Die Anstaltsleiterin oder der Anstaltsleiter trägt die Verantwortung für den gesamten Vollzug und vertritt die Anstalt nach außen."

Andererseits kann dieser gesetzliche Appell an die Gesamtverantwortung in manchen Situationen belastend sein. Gibt es nämlich medienwirksame spektakuläre Vorkommnisse und Skandale, geht dies mit dem Anstaltsleiter nach Hause, der als Beamter auf Lebenszeit weniger nach Hause als eher in eine andere Anstalt gehen muss. Ein Anstaltsleiter bemerkte in seiner Abschiedsrede vor dem Ruhestand: „Als Anstaltsleiter ist man manchmal ein ganz einsames Schwein." Der damalige Justizminister sprach in seiner Laudatio von Fortune, das einen Anstaltsleiter auch begleiten müsse. Als Nachfolger des angehenden Ruheständlers und mit bereits einigen Jahren Berufserfahrung ausgestattet hörte ich aufmerksam zu und verkniff mir mit Mühe ein bestätigendes Nicken. Beides trifft zu. Manchmal ist es knapp und der Anstaltsleiter schlittert mit seinem Gefängnis knapp am beruflichen Abgrund vorbei. Letztlich bleibt jegliches Scheitern bei dem Leiter einer Einrichtung hängen. Geht etwas schief, richtet sich der Blick auf ihn. So wechseln sich Licht und Schatten bei dieser Aufgabe ab. Die dunkleren Seiten waren aber dennoch die selteneren und somit erträglich. Eben wie in jedem anderen Job.

Meinen Wohnort Mainz habe ich nie aufgegeben, obwohl ich in den Wintermonaten die große Fahrstrecke nach Diez manchmal verflucht habe. Wenn mich jemand gefragt hat, ob ich nicht doch irgendwann umziehen möchte, habe ich entgegnet: „Mainz liegt günstig, wenn ich hier rausfliege, kann ich immer noch die meisten Anstalten mit dem Auto erreichen." Die Antwort sorgte meist für Erheiterung und ersparte mir weitere Nachfragen. Während meiner Dienstzeit wurden insgesamt zwei Anstaltsleiter nach besonderen Vorkommnissen in ihrer Einrichtung abgelöst. Unter anderem kostete ein spektakulärer Ausbruch einen Behördenleiter den Job. In den letzten zehn Jahren traf es keinen Kollegen, wenngleich es einmal recht knapp war. Gelegentlich wurde ich von einem Vorgesetzten im Beisein von Mitarbeitern mit der Drohung der Versetzung in eine andere JVA konfrontiert, nachdem ich mich für die Lockerung der sehr strengen Sicherungsmaßnahmen bei einem Lebenslangen eingesetzt hatte, die bereits zu psychiatrischen Reaktionen geführt hatten. In diesem Ausnahmefall hatte sich das Ministerium die Zustimmung hierfür vorbehalten. „Wenn das schiefgeht, sehen wir uns in einer anderen Anstalt wieder!", war die unmissverständliche Botschaft. Dennoch plädierte ich weiter für eine teilweise Reduzierung der Sicherungsmaßnahmen. Mit Erfolg. Es ging nicht schief. Ähnliche Ankündigungen wie die des Ministerialbeamten blieben eine unrühmliche Ausnahme.

Angst ist bekanntlich ein schlechter Ratgeber. Jedenfalls konnte ich sie wohl gut verdrängen. Sie hätte mich bei meiner Arbeit blockiert und weniger entscheidungsfreudig gemacht.

Als Anstaltsleiter sollte man keinesfalls der Gefahr erliegen, ängstlich alles im Gefängnis kontrollieren und regeln zu wollen, um Gefahren für die Sicherheit auf ein Minimum zu reduzieren. Zum einen ist dies in einem solch komplexen Gefüge mit hunderten Gefangenen und Mitarbeitern und deren unterschiedlichen Persönlichkeiten nicht möglich. Zum anderen würde man bei einem Diktat der Sicherheit eine sterile, kalte und restriktive Atmosphäre in der Justizvollzugsanstalt schaffen, die auf den Inhaftierten wie auch den Mitarbeitern gleichermaßen lasten würde. Ein am Behandlungs- und Resozialisierungsziel orientierter Strafvollzug würde an seine Grenzen stoßen.

„Allzu spitz sticht nicht", sagte Dieter Bandell gerne, wenn er Mitarbeiter bremsen wollte.

Ein überreglementiertes Gefängnis, das Bedienstete wie Gefangene regelrecht einschnürt, war für mich unvorstellbar. Zu einem Psychologen soll Dieter Bandell sogar augenzwinkernd gesagt haben, ein bisschen Unordnung tue einem Gefängnis gut. Er meinte damit, dass es in einem solch sensiblen Gebilde wie einer JVA Institution Nischen geben müsse, in denen Ungeregeltes und vielleicht sogar Grenzwertiges seinen Platz haben. Ebenso wie eine Stahlbetonbrücke Dehnungsfugen besitzen muss, damit es infolge der ständigen Belastung nicht zu gefährlichen Rissen kommt. Ein erfahrener Mitarbeiter der Sicherheitsabteilung beschrieb die Grenzen beim Versuch, alles regulieren und kontrollieren zu wollen, mit den Worten: „Das Wasser sucht sich seinen Lauf." Es ist besser, man versucht diese Ströme zu kanalisieren, weil man um sie weiß, als von einer plötzlichen Flutwelle überrascht zu werden. Überraschungen und Ungeplantes gibt es immer wieder in den Anstalten.

Der letzte Tag war für den Gefangenen, der aus dem Mainzer Raum stammte, angebrochen. Die Entlassung erfolgt regelmäßig möglichst früh. Die schon den Duft der Freiheit Schnuppernden sollen Gelegenheit haben, noch am Entlassungstag Behörden oder andere Stellen aufzusuchen, um auf den letzten Drücker wichtige Angelegenheiten zu erledigen. Dies war auch bei dem gut gelaunt erscheinenden Mann, der bereits seine Häftlingskleidung gegen das eigene ansehnlichere Outfit getauscht hatte, sinnvoll. Auf dem Weg vom Hafthaus Richtung Verwaltungstrakt, wo noch einige letzte Formalitäten zu erledigen waren, musste er über den langen verglasten Flur der JVA Rohrbach gehen, der die Hafthäuser mit anderen Gebäuden verbindet. In diesem Gang befindet man sich laufstegähnlich auf dem Präsentierteller. Auf dem Weg wurde der Gefangene wie üblich von einem Beamten begleitet. Plötzlich griff der Gefangene in seine Hosentasche, kramte etwas heraus und warf es lachend in die Luft. Es handelte sich um Konfetti. Rosenmontag in der JVA Rohrbach. Ein gut vorbereiteter Gag und zugleich wohl Ausdruck seiner wieder erwachten Lebensfreude. Offenbar hatte er sich intensiv auf diese Aktion vorbereitet und in der Zelle viele Stunden mit einem Locher die runden Papierblättchen hergestellt. Auf ein lautes Helau-Rufen, das durchaus zur rheinhessischen Region, wo die JVA Rohrbach liegt, gepasst hätte, verzichtete er.

Die kleine Aufführung des Entlassungskandidaten sorgte allerdings nicht bei allen Bediensteten für ausgelassene Heiterkeit. So trug man mir verärgert vor, der Konfettiwerfer möge seinen Unrat gefälligst selbst entfernen. Man solle den Gefangenen erst durch die Pforte gehen lassen, wenn er den Flur gereinigt hätte. Der Gefangene weigerte sich jedoch zunächst, seinen Scherz ungeschehen zu machen.

Ich fand zugegebenermaßen das Ganze nach wie vor recht erheiternd und fragte, wo der Gefangene sich denn jetzt aufhalte. Man müsse ihn jedenfalls alsbald ziehen lassen. Um einerseits niemand unnötig zu verärgern und andererseits dem Gefangenen die alsbaldige Freiheit zu ermöglichen, entschloss ich mich, zu dem Konfettiwerfer zu gehen.

Gesagt, getan, eilte ich in den kleinen Raum, in dem man den Gefangenen untergebracht hatte, grüßte den mir bekannten Mann und forderte ihn auf, den Staubsauger zu ergreifen, um das Konfetti aufzusaugen. Nach ein, zwei Sätzen von beiden Seiten gab der zunächst etwas mürrisch reagierende Gefangene schließlich nach und entfernte sein humoristisches Produkt. Ich muss einräumen, dass ich mir im Laufe meines Berufslebens mehr solcher Szenen gewünscht hätte, da der Himmel über dem Gefängnis oft genug wolkenverhangen ist und gelegentliche Aufhellungen verträgt.

Einige Monate später begegnete mir der Gefangene zufälligerweise nach einem Heimspiel meines Heimatfußballvereins Mainz 05. Er stand an einer Haltestelle und wartete auf den Shuttlebus Richtung Innenstadt, während ich zu einer anderen Haltestelle musste. Wir grüßten uns kurz und freundlich. Nach einer Bemerkung zu dem Fußballspiel, das nach meiner Erinnerung nicht berauschend war, ging ich weiter. Offenbar hatte der ehemalige Gefangene mir die letzte Begegnung im Gefängnis nicht übelgenommen. Zumindest war sie für ihn wohl Schnee beziehungsweise Konfetti von gestern.

Kapitel 10: Der fünffache Mörder und der falsche Anstrich

Ein Untersuchungsgefangener der JVA Koblenz hat einen bleibenden Eindruck bei mir hinterlassen. Dies mag zum einen mit den Verbrechen zu tun haben, die er begangen hat, fußt jedoch vor allem auf einer kurzen persönlichen Begegnung. Es handelte sich um einen Inhaftierten, der bereits zuvor in Nordrhein-Westfalen eine lebenslange Freiheitsstrafe wegen Mordes verbüßt hatte und nach vielen Haftjahren zur Entlassungsvorbereitung im offenen Vollzug untergebracht worden war. Am 2. Dezember 1998 ergriff er jedoch die Flucht. Seine Spur verlor sich schnell, die Fahndungsmaßnahmen der Polizei blieben lange Zeit erfolglos. Am 21. März 1999 ermordete er in Remagen vier ältere Menschen. Dazu gehörte ein 71-jähriger Mann, der ihn erkannt hatte. Der Flüchtige erstach ihn deshalb. Das Opfer befand sich in einem Gebäude, das gerade renoviert wurde. Als sein Handy klingelte, meldete sich der Straftäter und erklärte der anrufenden Ehefrau seines Opfers, ihrem Mann sei etwas zugestoßen. Alles Weitere wolle er ihr in einem persönlichen Gespräch mitteilen. Nachdem ihm die schockierte Ehefrau ihre Adresse genannt hatte, suchte er sie in ihrem Haus auf, tötete sie, ihren ebenfalls dort anwesenden Bruder und dessen Ehefrau auf die gleiche Weise. Danach setzte er seine Flucht fort, auf der er sich mit Geld aus Raubüberfällen und diversen Aushilfsjobs über Wasser hielt. Darüber hinaus beging er eine Vergewaltigung. Am 19. August 1999 konnte der Flüchtige nach vielen Ermittlungspannen der Polizei festgenommen werden. Gravierendster Vorfall war, dass infolge der Verwechslung eines Zeugen, der glaubte, den Gefangenen erkannt zu haben, die Polizei bei dem Versuch der Festnahme die verwechselte Person erschoss. Die tödlichen Schüsse hatten sich nach den Ermittlungsergebnissen versehentlich gelöst.

Da wir in der JVA Koblenz zunächst wenig Kenntnis von der Persönlichkeit des Gefangenen besaßen, gingen wir angesichts dessen trostloser Perspektive, nochmals zu einer lebenslangen Freiheitsstrafe in Verbindung mit Sicherungsverwahrung verurteilt zu werden, davon aus, dass neben einer hohen Fluchtgefahr eine latente Suizidgefahr bestand. Der Festgenommene wurde in einer sogenannten Überwachungszelle untergebracht. Ein solcher Haftraum ist ohne gefährdende Gegenstände ausgestattet. Die Tür ist mit einem Sichtfenster versehen, durch das sich in regelmäßigen Abständen ein Mitarbeiter einen Eindruck von dem Zustand des Gefangenen verschaffen solle. Dieses Sichtfenster war in Kopfhöhe eines durchschnittlich großen Beamten angebracht. Einer der Mitarbeiter ertrug es mit Humor, dass die Kollegen ob seiner eher geringen Körpergröße lästerten. Der kleingewachsene Mann erklärte mir, er müsse einen Hocker benutzen, um Einblick in die Zelle nehmen zu können. Der ehemalige Kollege aus dem allgemeinen Vollzugsdienst, den ich als sehr ausgeglichenen und stets positiv gestimmten Menschen in Erinnerung habe, besaß die nötige Selbstironie für ein Berufsleben hinter Mauern.

Nach meiner Erinnerung informierte mich der damalige Leiter der Sicherheitsabteilung darüber, dass der Häftling nicht mit dem grünen Anstrich der Zelle einverstanden war. Dies war für mich der Anlass, mir einen persönlichen Eindruck von dem Gefangenen zu verschaffen. Vor mir saß ein unaufgeregt wirkender Mann, der mir mit ruhigem Tonfall zu vermitteln suchte, man möge doch bitte seinen Haftraum mit einem anderen Anstrich versehen. Die knallige grüne Farbe mache ihn nervös. Außerdem bat er darum, ihm eine

Sportzeitung zukommen zu lassen, damit er ein wenig Abwechslung hätte.

Es gelang mir während meines Berufslebens zumeist, den inhaftierten Menschen gedanklich von den Straftaten, die er begangen hatte, zu trennen, ohne dass es mich viel Mühe kostete. Dem Mörder muss man in gleicher Weise gegenübertreten wie dem wegen Fahrens ohne Fahrerlaubnis verurteiltInhaftierten. Dennoch fiel es mir nicht leicht, bei den Bitten des hochgradig kriminellen Gefangenen, der solch unermessliches Leid verursacht hatte, emotional völlig unbefangen zu bleiben. Während des kurzen Gespräches hielt der Inhaftierte ununterbrochen Blickkontakt. Er wirkte geradezu aufreizend gelassen und kühl. Mir war bewusst, dass solche Gefangenen eine zweifelhafte Prominenz besitzen und ihnen die Aufmerksamkeit der Medien und der Bevölkerung gewiss ist. Vor allem darf in solchen Fällen nichts mehr passieren. Gelegentlich hat die jeweilige Opposition im Landtag ein gesteigertes Interesse an vermeintlichen Fehlern im Verantwortungsbereich der Parteien, die gerade die Regierung stellen und das Amt des Justizministers mit einem Getreuen besetzen dürfen. Ein Justizskandal wie ein neuerlicher Fluchtversuch hätte mit Sicherheit den Justizminister zu Fall gebracht.

Ein ehemaliger Anstaltsleiter äußerte einmal im Rahmen einer Dienstbesprechung: „Ich sehe es als meine Hauptaufgabe an, dem Minister den Rücken freizuhalten." Der vor einigen Jahren verstorbene ehemalige Kollege, bei dem es sich um einen sehr behandlungs- und resozialisierungsorientierten Behördenleiter handelte, hat dies sicherlich etwas überspitzt formuliert. Er wollte zum Ausdruck bringen, woran der Erfolg der Arbeit eines Ministers der Justiz und natürlich auch eines Anstaltsleiters gemessen wird, nämlich dass es in seinem Gefängnis keine negativen Ereignisse gibt.

Läuft irgendetwas im Strafvollzug schief, geht man unmittelbar davon aus, dass seine Mitarbeiter oder auch er selbst Fehler gemacht haben. Schnell findet eine Vorverurteilung statt. Es wird bisweilen mit einer befremdlichen Automatik von Versäumnissen und Unzulänglichkeiten ausgegangen. Im Zweifel ist stets der Anstaltsleiter schuld, der seinen Laden vermeintlich nicht im Griff hat. Erst an zweiter Stelle wackelt man am Stuhl des zuständigen Ministers. Für die Resozialisierungserfolge interessiert man sich dagegen in den Medien und der Öffentlichkeit deutlich weniger. Auf Jubelarien kann man hier weniger hoffen. Ich weiß, dass der verstorbene Kollege dies, wie wohl alle Anstaltsleiter, bedauerte, aber es als Realität hingenommen hat, dass nicht in erster Linie die Erfolge des Strafvollzuges von der Öffentlichkeit wahrgenommen werden, sondern nahezu ausschließlich die vermeintlichen Misserfolge.

Aktivitäten im Strafvollzug mit dem Ziel, den Gefangenen eine sinnvolle Freizeitgestaltung zu ermöglichen und wie in der JVA Diez einmal jährlich ein Highlight in Form eines großen Sportfestes anzubieten, werden von manchen Medien als Gefühlsduselei belächelt. Dies gilt vor allem, wenn sie Volkes Stimme bedienen möchten. So erinnere ich mich an eine Artikelüberschrift der Zeitung mit den vier großen Buchstaben vor vielen Jahren, die „Herr Wärter, noch eine Wurst!" lautete. Der Journalist meinte ein Sportfest in einer anderen Anstalt, bei dem sich die Gefangenen eine gegrillte Bratwurst kaufen konnten. Die wenig versteckte Botschaft des Autors lautete, wo denn noch die Strafe sei, wenn Beamte für Gefangene Würste grillten. „Wo kommen wir denn da hin?", hätte der Untertitel der Zeitungsmeldung lauten können.

Mir war daher im Fall des Koblenzer Gefangenen bewusst, dass gerade bei ihm nichts, aber auch gar nichts passieren durfte. Dazu gehörte es auch, dass sich der Inhaftierte nicht dem Verfahren durch Suizid entziehen sollte. Aufgrund meiner Berufserfahrung, die mir eine gewisse Menschenkenntnis vermittelt hatte, war ich allerdings überzeugt, dass der Festgenommene nicht suizidgefährdet war. Dennoch wollte ich nicht das geringste Risiko eingehen, zumal die Haftbedingungen in einem Überwachungshaftraum zweifelsohne sehr belastend sind. So sagte ich ihm zu, für einen anderen Farbanstrich zu sorgen. Auch eine Sportzeitung werde man ihm zukommen lassen.

Eine Sportzeitung wurde dem Gefangenen alsbald ausgehändigt. Einige Tage später wurde mir mitgeteilt, der Überwachungshaftraum sei mit einem neuen Anstrich versehen worden, der Inhaftierte habe sich jedoch damit nicht zufrieden gezeigt. Bevor ich bei einem Mitarbeiter nachfragen konnte, was der Hintergrund der Beschwerde sei, berichtete mir der zuständige Vollzugsabteilungsleiter, dass ein Versehen passiert sei. Der verantwortliche Mitarbeiter der hauswirtschaftlichen Abteilung sei nämlich davon ausgegangen, dass lediglich ein neuer Anstrich vorgenommen werden müsse. Dass auch eine andere Farbe als das übliche Grün zu verwenden sei, sei ihm offenbar nicht bekannt gewesen. Daher leuchtete die Zelle aufgrund der frischen Farbe noch intensiver grün, als dies vorher der Fall war. Ich ließ dem Gefangenen mitteilen, es habe sich um ein Missverständnis gehandelt. Der Betroffene akzeptierte es auch, dass nunmehr von einem nochmaligen Anstrich abgesehen wurde, zudem zwischenzeitlich auch feststand, dass er bald in eine andere Anstalt überführt wird.

Hätte nicht zeitnah die Verlegung des Gefangenen angestanden und er ausdrücklich auf eine nochmalige Handwerkeraktivität verzichtet, hätte ich sicherlich abermals veranlasst, dass der Haftraum umgestaltet wird. Gegenüber den

Gefangenen muss man Zusagen und Versprechen einhalten, wie man dies generell gegenüber seinen Mitmenschen sollte. Dies hat etwas mit Ehrlichkeit und Respekt zu tun, für den es ohne zwingenden Grund grundsätzlich keine Ausnahmen geben sollte. Auch nicht für einen Gefangenen, der insgesamt fünf Menschen kaltblütig ermordet hat.

Ein Bediensteter sollte verlässlich und ehrlich gegenüber den Gefangenen erscheinen. Nur dann hat man die Chance, von ihnen akzeptiert zu werden. Hält man alltägliche Zusagen nicht ein, zeigt das, dass man sein Gegenüber nicht ernst nimmt. Es wird einem im Strafvollzug tätigen Bediensteten kaum möglich sein, einen Gefangenen positiv zu beeinflussen, wenn er gegenüber den Inhaftierten Gleichgültigkeit und Nachlässigkeit zeigt. Ein Häftling, der von den Mitarbeitern Wertschätzung erfährt, wird eher bereit sein, diese Bediensteten im einen oder anderen Fall auch einmal zu unterstützen oder zu helfen. Ich erinnere mich an mehrere Situationen, wo ein Inhaftierter Bedienstete angriff und ein Gefangener dem Mitarbeiter zur Seite gestanden hat, bis andere Mitarbeiter eintrafen. Auch wiesen einzelne Häftlinge Bedienstete darauf hin, dass sich Mitgefangene in Krisensituationen befinden und Unterstützung benötigen. Weiter kommt es vor, dass dem Personal illegale Machenschaften wie Drogenhandel mitgeteilt werden. Sicherlich kann hierbei zwar auch Motiv sein, gegenüber der Anstalt Pluspunkte zu sammeln. Ich habe es aber auch erlebt, dass einzelne Gefangene strikt gegen den Konsum und den Handel von Drogen waren, insbesondere um zu verhindern, dass jüngere Mitgefangene im Drogensumpf versinken.

Kapitel 11: Die Beamten des allgemeinen Vollzugsdienstes und ihre tragende Rolle in den Gefängnissen

Die Mitarbeiter des allgemeinen Vollzugsdienstes – kurz AVD – stellen etwa 80 % des Personals. Da es keine griffige Berufsbezeichnung gibt, werden die Mitarbeiter des allgemeinen Vollzugsdienstes von den Medien leider oftmals despektierlich als Schließer, Wärter oder – dies war früher sogar die offizielle Bezeichnung – Aufseher bezeichnet. Dass sie neben den Sicherheits-, Ordnungs- und Organisationsaufgaben in einem erheblichen Umfang einen Sozialberuf ausüben, wird nicht genügend in der Öffentlichkeit wahrgenommen.

Die sperrige Bezeichnung „Beamter des allgemeinen Vollzugsdienstes“ bezieht sich auf die Mitarbeiterinnen und Mitarbeiter, die den Charakter einer Justizvollzugsanstalt prägen und entscheidend dafür sind, ob in einer Einrichtung eine behandlungsfreundliche und von gegenseitigem Respekt geprägte Atmosphäre herrscht. Ohne ein solches von allen Mitarbeitern getragenes Klima fehlt der Nährboden für sämtliche Bemühungen um die Resozialisierung der Gefangenen. Die Bediensteten des allgemeinen Vollzugsdienstes sind darüber hinaus für die Sicherheit und Ordnung der Anstalt, zu denen reibungslose Funktionsabläufe gehören, verantwortlich. Werden dies Aufgaben nicht ernsthaft und sorgfältig genug wahrgenommen, wäre eine am Vollzugsziel der Resozialisierung orientierte Arbeit von vorneherein zum Scheitern verurteilt. Beispielsweise müssen die regelmäßigen Haftraumkontrollen und Kontrollen der Besucher sorgfältig durchgeführt werden. Ansonsten würde die Anstalt mit Drogen überschwemmt werden.

Die meisten Bediensteten dieser Personalgruppe sind in den Gefangenenvollzugsabteilungen eingesetzt, wo sich die Hafträume und Gemeinschaftsräume befinden. Dort haben sie einen ständigen und unmittelbaren Kontakt zu den Gefangenen.

Außerhalb der Vollzugabteilungen gibt es eine Reihe weiterer Aufgabengebiete, für die die Beamten des allgemeinen Vollzugsdienstes eingesetzt werden. Sie stellen unterschiedliche Anforderungen an die Mitarbeiter. Hierzu gehören der in der Küche arbeitende Beamte, dem es gelingt, ein Gefangenenteam so zu führen und zu motivieren, dass ein gutes Mittagessen zubereitet wird; der in der Transportabteilung tätige Mitarbeiter, der einen großen Transportbus mit zwanzig Gefangenen sicher zur nächsten Anstalt bringt; der Sanitätsbeamte, der den Anstaltsarzt bei seiner Arbeit unterstützt und fehlerfrei die verordneten Medikamente an die Gefangenen ausgibt; der Verwaltungsmitarbeiter, der für organisatorische Abläufe wie etwa die Verwaltung der Finanzen verantwortlich ist; der in den Arbeitsbetrieben eingesetzte Kollege, der den Gefangenen berufliche Fertigkeiten vermittelt und sie zu guten Arbeitsergebnissen zu motiviert; der Sportübungsleiter, der den Gefangenen ein ansprechendes Angebot macht; der Pfortenbeamte, der externe Besucher freundlich behandelt und deren Kontrollen sorgfältig vornimmt; der Mitarbeiter, der die Besuche überwacht und seiner Aufgabe mit Fingerspitzengefühl nachgeht; der Sicherheitsbeamte, der sich mit Augenmaß um die Einhaltung der Sicherheitsvorgaben und die Verbesserung der Sicherheitsabläufe bemüht.

Mitarbeiterinnen und Mitarbeiter betreuen und begleiten die Gefangenen während der gesamten Haftzeit. Gleich in welchem Bereich sie tätig sind, haben sie eine tragende Rolle bei der Verfolgung des gesetzlichen Auftrags der Resozialisierung und Wiedereingliederung der

Inhaftierten. Insbesondere in den Vollzugsabteilungen, aber auch überall dort, wo Kontakt zu den Gefangenen besteht, sind sie deren Ansprechpartner. Sie sollen ihnen zuhören können, ein Vorbild sein, indem sie respektvoll und emphatisch mit ihnen umgehen. Sie sollten in der Lage sein, sensibel gruppendynamische Prozesse innerhalb der Gefangenenwohnbereiche wahrzunehmen und sie zu steuern. Sofern sie erkennen, dass einzelne Gefangene eine Außenseiterposition innehaben, und hierauf aufmerksam reagieren, können sie im Extremfall suizidale Handlungen verhindern. In der JVA Diez habe ich einmal in einem Hafthausflügel für die Dauer von zwei Wochen ermitteln lassen, wer seinen Haftraum nicht oder nur sehr selten verlässt. Die Mitarbeiter hielten in Listen fest, wer weder an der Hofstunde, dem Sport oder den Angeboten der ehrenamtlichen Vollzugshelfer teilnimmt. Sie registrierten, ob ein Inhaftierter während der abendlichen Freizeit Kontakt zu Mitgefangenen sucht. Das erschreckende Ergebnis war, dass etwa ein Viertel der Inhaftierten aus unterschiedlichen Gründen jeglichen Kontakt mied. Persönlichkeitsstörungen, psychiatrische Auffälligkeiten, Außenseiterstellung zum Beispiel bei Sexualstraftätern, Erpressung von Gefangenen, können ursächlich hierfür sein. Allerdings gab es auch Gefangene, die von der täglichen Arbeit abgesehen bewusst für sich bleiben wollten. Die Beamten sollten auch wahrnehmen, ob sich ein problematisches subkulturelles Gefüge mit kriminellen Aktivitäten in der Gefangenengemeinschaft aufbaut, das Abhängigkeiten und Erpressungen oder Isolation zur Folge hat.

Im Arbeitsalltag haben Sicherheits-, Ordnungs- sowie organisatorische Aufgaben eine große Bedeutung. Da der Personalbestand regelmäßig zu knapp bemessen ist, schieben sich oftmals die zumeist wenig gestaltbaren

Tätigkeiten wie zum Beispiel Haftraumkontrollen und die Beaufsichtigung der Hofstunden zu Lasten der pädagogischen Aufgaben in den Vordergrund. Doch auch bei diesen Tätigkeiten können die Beamten dem Betreuungs- und Behandlungsauftrag Rechnung tragen. Dies gilt zum Beispiel für den Mitarbeiter, der einem Gefangenen, den er vom Besuchsraum abholt und ins Hafthaus zurückbringt, zuhört und sich Zeit für ein kurzes Gespräch nimmt, nachdem dieser ihm erzählt hat, seine Partnerin wolle sich von ihm trennen. Oder für den im Sanitätsbereich tätigen Beamten, der die medizinischen Sorgen, die ihm ein Inhaftierter mitteilt, zugewandt und mit Ernsthaftigkeit zur Kenntnis nimmt.

Selbst bei der Durchführung einer der klassischen Sicherheitsaufgaben wie der Haftraumkontrolle kommen pädagogische Aspekte zum Tragen. Stellt der Bedienstete fest, dass der Haftraum des Gefangenen überladen und deshalb nicht mehr kontrollierbar ist. Dies muss er dem Gefangenen mit Fingerspitzengefühl so vermitteln, dass dieser es akzeptiert. Er sollte mit dem Inhaftierten ein Gespräch führen und – wenn möglich – ein Zeitfenster einräumen, innerhalb dessen er überzählige Gegenstände herausgibt.

Dennoch muss ein Anstaltsleiter darauf achten, dass Sicherheits- und Organisationsaufgaben nicht in einem Umfang den Dienst dominieren, dass sie im Bewusstsein der Mitarbeiter des allgemeinen Vollzugsdienstes als alleiniger Schwerpunkt der Tätigkeit betrachtet werden. Betreuung und Behandlung setzen Kommunikation voraus. Als Anstaltsleiter muss man deshalb darauf achten, dass das für die Resozialisierungsaufgabe zur Verfügung stehende Zeitfenster groß genug ist.

In meinem Berufsleben prägten sich insbesondere Mitarbeiter ein, zu denen ich ein besonderes Vertrauensverhältnis besaß und die ich als Ratgeber schätzte. Von einem dieser vielen Mitarbeiter soll nun die Rede sein.

Mit ihm habe ich ein längeres Gespräch geführt. Er war über viele Jahre in der JVA Diez im Stationsdienst in einer Gefangenenabteilung des geschlossenen Vollzuges tätig. Dort, und später auch im Freigängerhaus, wurde er als Abteilungsdienstleiter und somit Vorgesetzter einer Dienstplangruppe eingesetzt. Er erinnerte sich an manche Begebenheit in seinen vielen Dienstjahren: „Einmal wollte ein Gefangener nach Ende der abendlichen Freizeit nicht in seinen Haftraum zurückkehren. Die Freizeit, innerhalb der sich die Gefangenen gegenseitig in den Hafträumen der Abteilung besuchen konnten, endet etwa 40 Minuten vor der Nachtschicht, die gegen 22 Uhr beginnt. Der Inhaftierte hatte sich über irgendetwas geärgert und wollte sich dessen wohl auf diesem Weg Luft machen. Ich sagte zu dem Gefangenen nur kurz und ruhig: „Sie wissen ja, dass Sie in die Zelle zurückmüssen. Bald beginnt der Nachtdienst. Ich gehe in ein paar Minuten nach Hause." Der Gefangene reagierte zunächst nicht, beobachtete mich jedoch aufmerksam dabei, wie ich meine Jacke anzog und meine Tasche nahm. Ich sagte nochmals zu dem auf dem Flur stehenden Gefangenen: „Ich gehe jetzt und muss ihre Zelle wie die anderen auch zuschließen. Sie müssen dann eben auf dem Gang schlafen." Dies beeindruckte den Gefangenen, der entgegnete: „Nein, das will ich nicht. Dann geh' ich eben in meine Zelle."

Ich verfügte damals schon über eine längere Berufserfahrung und wusste, dass der Gefangene nicht zu den besonders sturen Männern gehörte, die mit dem den Kopf durch die Wand wollen. Als jüngerer Mitarbeiter hätte ich mich möglicherweise nicht getraut, so vorzugehen. In den ersten Berufsjahren neigt man manchmal dazu, sich um jeden Preis und schnellstmöglich durchzusetzen, um Stärke zu zeigen.

Man benötigt eine gewisse Zeit, um das notwendige Fingerspitzengefühl und eine gewisse Souveränität im Umgang mit den Gefangenen zu entwickeln. So vermeidet man zumeist eine unnötige Eskalation.

In vielen Fällen ist es nicht notwendig, Gefangene, wie dies früher häufiger getan wurde, vorschnell in einen besonders gesicherten Haftraum zu verlegen.[21]

In einem Fall war es einem Gefangenen gelungen, ein Feuerzeug in den besonders gesicherten Haftraum hineinzuschmuggeln. Möglicherweise hatte er es im Mund oder After versteckt. Damit zündete er die Matratze an. Der Gefangene wäre innerhalb kürzester Zeit an einer Rauchvergiftung verstorben, wenn nicht ein Mitarbeiter von einem der Türme, die damals noch besetzt wurden, einen Feuerschein im Fenster wahrgenommen hätte. Das war knapp.

Einmal stand ein Gefangener mit einem Fäustel in der Hand in seinem Haftraum und drohte, er würde jeden, der sich traue, die Zelle zu betreten, erschlagen. Offenbar war er in den Arbeitsbetrieben an den Hammer gelangt und mit ihm durch die Kontrollen geschlüpft. Er war nicht bereit, die Waffe herauszugeben. Da er sich einem Gespräch nicht zugänglich zeigte, war es geboten, den Gefangenen mit vereinten Kräften zu überwältigen und ihm den Fäustel abzunehmen. Solche und ähnliche Situationen waren die belastendsten in meinem Berufsleben, da man nicht wusste, was einen in der Zelle erwartet. Im Laufe der Jahre wurden die Beamten immer besser auf solche Ereignisse vorbereitet. In meinen ersten von insgesamt 35 Dienstjahren hatten wir noch nicht mal Schilde, um uns ausreichend zu schützen. Damals hat man manchmal einem randalierenden Gefangenen einen Eimer Wasser übergeschüttet, um unter Ausnutzung dieses Überraschungsmoments den renitenten Häftling leichter überwältigen zu können. Ich erinnere mich an einen Inhaftierten, der im Haftraum mit einer Rasierklinge bewaffnet stand und drohte, sich und jeden, der seinen Haftraum betritt, zu verletzen, wenn seinem Anliegen nicht Rechnung getragen werde. Er hatte wegen eines Fehlverhaltens eine Disziplinarmaßnahme erhalten und fühlte sich ungerecht behandelt. Erst nach einem längeren Gespräch beruhigte sich der Mann und gab freiwillig die Rasierklinge heraus.

Es ist meistens schon ein erster Schritt zur Deeskalation, wenn ein Beamter ruhig mit dem Gefangenen spricht und versucht, die Ursache für sein aggressives Verhalten in Erfahrung zu bringen. Zuhören hilft oft, damit der Gefangene sich ernst genommen fühlt.

Ich habe stets in ruhiger Tonlage mit den Gefangenen gesprochen, auch wenn sie mich angeschrien haben. Man sollte dies nicht immer persönlich nehmen. Im Umgang mit den Inhaftierten sollte man nicht nach Schema F vorgehen, wenn man mit ihnen kommuniziert. Es gibt sehr sensible Menschen, die man mit Samthandschuhen anfassen muss. Es gibt aber auch vollzugserfahrene Haudegen, alte Knackis, mit denen man durchaus auch mal Klartext reden muss und etwas salopper und deutlicher formuliert, weil sie diese Sprache besser verstehen. Ich denke hier zum Beispiel an einen aus dem Wormser Raum stammenden Gefangenen, der mehrfach zwangsweise Gast der JVA Diez war. Er hatte schon das 60. Lebensjahr überschritten, als er mit Krücken bewaffnet erneut eine Strafe antrat. Sein orthopädisches Problem hatte ihn nicht daran gehindert, in seinem Heimatort mithilfe einer Krücke bei einer Auseinandersetzung einen anderen Mann erheblich zu verletzten. Seine Sprache war sehr derb. Bei früheren Inhaftierungen hatte der Gefangene die unangenehme Angewohnheit, Bediensteten, die er nicht mochte oder mit dessen Entscheidungen er nicht einverstanden war, das nackte Hinterteil entgegenzustrecken. Bei den Mitgefangenen war er nicht unbeliebt, weil es sich um ein Original handelte. Trotz mehrfacher Belehrungsversuche war er allerdings nicht in der Lage, die Beamten zu siezen. Dies war möglicherweise kein böser Wille. Dennoch habe ich ihn wie auch ausnahmslos alle Gefangenen mit „Sie" angesprochen. Dies ist eine Frage des Respektes.

Man sollte stets Vorbild sein. Keineswegs darf man als Bediensteter einzelnen Gefangenen eine Sonderrolle zukommen lassen oder Privilegien einräumen. Ich habe auch niemals von Gefangenen etwas angenommen. Es kam vor, dass mir ein Inhaftierter, der sich in der Teeküche etwas zum Essen zubereitet hatte, eine Kostprobe hiervon geben wollte. Stets habe ich dies höflich abgelehnt, um nicht den Anschein gegenüber anderen Gefangenen zu erwecken, dass dieser Häftling ein besseres Standing mir gegenüber hat. Gefangene sind sehr gute Beobachter. Sie interpretieren gerne ihre Wahrnehmungen. Diese kochen später in Situationen hoch, in denen sie sich benachteiligt fühlen. Schnell führen sie dies darauf zurück, dass ein Bediensteter sie weniger schätzt als andere Inhaftierte oder sie sogar ablehnt. Die einzige Ausnahme war, dass ich dem einen oder anderen Gefangenen, der über keinen Tabak mehr verfügte, eine Zigarette angeboten habe. Dies galt allerdings für alle Inhaftierte, die sich in einer solchen „Notlage" befanden.

Sehr zur Beruhigung des Haftalltages hat beigetragen, dass die Gefangenen seit Anfang der 90er-Jahre eigene Fernsehgeräte besitzen durften. In den Zeiten davor kam es sehr häufig zu Zellenzertrümmerungen. Das heißt, ein Gefangener hatte einen, wie wir es bezeichneten, „Haftraumkoller" und zerlegte aus Frust, Verzweiflung oder Wut seinen Haftraum. Man hat die Schläge, wenn der Gefangene zum Beispiel die herausgerissene Keramiktoilettenschüssel gegen die Zellentür schlug, in der hellhörigen Diezer Anstalt schon aus größerer Entfernung außerhalb des Gefängnisses wahrgenommen.

Eine im Haftalltag schwierige Gefangenengruppe sind Inhaftierte, die Sexualstraftaten begangen haben, insbesondere wenn die Opfer Kinder waren. Die Mitgefangenen bezeichneten diese als verächtlich als „Kinderficker“. Sie befinden sich am unteren Ende der Knasthierarchie. Ein wegen eines solchen Deliktes bestrafter Gefangener, der im Vergleich zu den meisten Mitgefangenen einer eher höheren Gesellschaftsschicht zuzuordnen war, zeigte sich oftmals arrogant gegenüber anderen Inhaftierten. Dies war seine Methode, um sich gegenüber den anderen Männern abzugrenzen und gegen Anfeindungen zu wehren. Er trug ein Haarteil. Eines Tages beschwerte er sich bei mir, dass ein anderer Gefangener offenbar das Haarteil, das er vorübergehend abgelegt hatte, in die Toilettenschüssel geworfen habe, nachdem er seinen Haftraum gerade kurzzeitig verlassen hätte. So schwamm der Fiffi, wie die Perücke in Anlehnung an die Bezeichnung für ein kleines Hündchen von den anderen Gefangenen genannt wurde, im Wasser. Ich empfahl dem Gefangenen, nicht allzu viel Aufhebens von diesem Vorfall zu machen, da dies nur ein Erfolgserlebnis für die anderen Inhaftierten bedeute, wenn er seinen Ärger deutlich zeige. Zudem seien die Chancen, den Übeltäter zu finden, gering. Er befolgte meinen Rat.[22]

Im Gedächtnis haften blieben auch Suizide. So erinnere ich mich an einen sehr umgänglichen Gefangenen, der als Hausarbeiter für Reinigungsarbeiten, die Ausgabe von Wäsche und sonstige Hilfstätigkeiten in einer Vollzugsabteilung eingesetzt wurde. Für uns Mitarbeiter sehr überraschend hat er sich das Leben genommen. Offenbar hatte er sich auf der

Basis seiner etwas größeren Bewegungsfreiheit als Hausarbeiter in illegale Geschäfte mit Mitgefangenen verstrickt, aus denen er nicht mehr heraus gelangte. Vor allem hatte er Angst um seine Familie, wie sich aus einem Abschiedsbrief ergab. Andere Gefangene hatten ihn offenbar massiv bedroht.

In der zweiten Phase meines 35-jährigen Berufslebens war ich als stellvertretender Abteilungsdienstleiter und später viele Jahre auch als Abteilungsdienstleiter einer Gefangenenvollzugsabteilung in einer Vorgesetztenfunktion tätig und für die Mitarbeiter dieser Dienstplangruppe verantwortlich. Ich habe immer versucht, meine Mitarbeiter mit Augenmaß und gerecht zu führen. Insgesamt hatte ich stets mit guten Teams zu tun. Schwierig war es manchmal, Mitarbeitern zu vermitteln, warum bei Beförderungsentscheidungen oder der Besetzung von hervorgehobenen Dienstposten ein anderer Kollege vorgezogen wurde. Wesentliches Entscheidungskriterium war eben, dass Mitbewerber geeigneter waren und sich vor allem in der Vergangenheit engagierter gezeigt hatten.

Ich habe meine Berufswahl zu keinem Zeitpunkt bereut. Die Tätigkeit im Strafvollzug ist sehr abwechslungsreich, oft auch spannend. Man hat mit den unterschiedlichsten Menschentypen zu tun und lernt, sich darauf einzustellen. Hiervon profitiert man auch im Privatleben.

Reizvoll ist es auch, in einem Team zu arbeiten, in dem man zusammenhält. Auch hat man im Laufe seines Berufslebens im Justizvollzug die Möglichkeit, den Einsatzbereich innerhalb der Anstalt zu ändern und zum Beispiel von einer Vollzugsabteilung in einen Arbeitsbetrieb der Anstalt zu wechseln. Ein maßgeblicher Grund nicht nur für mich, sondern wohl für die meisten Mitarbeiter des allgemeinen Vollzugsdienstes ist es, einen sicheren Arbeitsplatz als Beamter zu erhalten. Man muss sich allerdings den Umgang mit schwierigen Menschen zutrauen und darf keine ablehnende Haltung gegenüber Straftätern haben. Den Respekt, den man generell gegenüber seinen Mitmenschen haben sollte, muss auch gegenüber den Inhaftierten vorhanden sein, die spüren, wenn ein Mitarbeiter Straftäter für Menschen zweiter Klasse hält.

Wenn mich jemand fragt, ob der Strafvollzug erfolgreich ist und zur Resozialisierung der Gefangenen beträgt, bejahe ich dies aus meiner Erfahrung heraus. Jedenfalls für einen Teil der Gefangenen gilt dies. Ich erinnere mich insbesondere an Gefangene mit langen zeitlichen oder auch lebenslangen Freiheitsstrafen, die Monate und zum Teil auch Jahre im Freigängerhaus erprobt wurden, außerhalb der Anstalt regelmäßig einer Arbeit nachgingen und dies auch nach der Entlassung fortsetzten. Manche haben auch wieder Partnerinnen gefunden oder wenigstens Bekannte oder Freunde als Kontakt- oder Bezugspersonen. Besonders wichtig war, dass sie nicht in ihr altes Umfeld zurückkehrten. Gerade die Langstrafigen sind teilweise in der Nähe von Diez und Limburg geblieben und lebten somit weit von ihrem alten Wohnort entfernt.

Wenn jemand aus dem privaten Bereich Interesse äußert, im Justizvollzug zu arbeiten, mache ich stets Werbung für unser Arbeitsfeld. Dahinter stehe ich. Wenn ich allerdings den Eindruck habe, dass die persönliche Eignung nicht vorhanden ist, äußere ich mich eher zurückhaltend. Man muss - wie gesagt - eine zwar positive, aber durchaus auch realistische Grundeinstellung gegenüber den Gefangenen besitzen. Wer eine naive Blauäugigkeit oder ein Helfersyndrom besitzt, ist fehl am Platze. Ein Bewerber darf nicht ängstlich sein und sollte über eine ausgeglichene Persönlichkeit verfügen, das heißt mit sich im Reinen sein. Auch das Auftreten sollte sicher sein."

Nach dem Gespräch mit dem ehemaligen Kollegen wurde mir wieder einmal bewusst, wie sehr man als Behördenleiter insbesondere von den Mitarbeitern des allgemeinen Vollzugsdienstes abhängig ist, deren Motivation, Engagement, Pflichtbewusstsein, Zuverlässigkeit und Loyalität. Mein Gesprächspartner war dafür das beste Beispiel. Die allermeisten gaben mir die Sicherheit und das Vertrauen, meine Aufgabe als Anstaltsleiter gemeinsam mit ihnen schultern zu können. Dafür bin ich im Rückblick auf meine Zeit im Justizvollzug auch heute noch sehr dankbar.

Zu meinen wichtigsten Aufgaben gehörte es, bei der Personalauswahl für den allgemeinen Vollzugsdienst geeignete Bewerber zu finden. Leider wurde es wie in vielen Arbeitsfeldern immer schwieriger, Nachwuchs zu gewinnen. Verzweifelt anmutende Werbeaktionen, wie beispielsweise großflächige Aufkleber auf Dienstfahrzeugen, halfen wenig. So besteht immer mehr die Gefahr, dass man Abstriche bei der Qualität der Bewerber macht, da ein dauerhafter Personalmangel die vorhandenen Mitarbeiter übermäßig belastet und überfordert. Eine problematische Gratwanderung. Eine höhere Entlohnung und größere Aufstiegschancen erscheinen mir daher geboten, wenngleich dies kein Allheilmittel ist. Die jüngere Generation achtet mehr auf eine Work-Life-Balance, bei der der Beruf nicht die dominierende Rolle besitzt. Gute Arbeitsbedingungen sollen von einem ausreichend großen Freizeitfenster begleitet sein. Der Schichtdienst, der für die meisten Mitarbeiter des allgemeinen Vollzugsdienstes die Regel ist, die Erwartung und Notwendigkeit, bei plötzlich eingetretenen Personalengpässen kurzfristig zum Dienst zu kommen, erscheinen nicht sonderlich anziehend. Insoweit sind seitens der Vorgesetzten noch mehr Kreativität und Flexibilität hinsichtlich der Arbeitszeiten der Mitarbeiter gefragt. Das Justizministerium muss gemeinsam mit dem

Innenministerium, das für die grundsätzlichen Regelungen der Arbeitszeiten verantwortlich ist, den Rahmen hierfür liefern. Eine Reduzierung der Wochenarbeitszeit bei vollem Lohnausgleich wäre wohl ein geeignetes Mittel. Derzeit gilt in Rheinland-Pfalz für Beamte noch die 40-Stunden-Woche.

Bei den Beamten des allgemeinen Vollzugsdienstes handelt es sich regelmäßig um einen Zweitberuf. Zentrales Motiv ist die Arbeitsplatzsicherheit als Beamter und ein im Vergleich zum vorherigen Beruf oft höheres Gehalt.

Ein beruflicher Wechsel in den Beamtenanwärterstatus wird trotz einer Ausbildungsphase mit einer überschaubaren Besoldung, zu der ein Anwärtersonderzuschlag gehört, in Kauf genommen. Dass die Ausbildungszeit von 24 auf 18 Monate heruntergesetzt wurde, hilft, diese Durststrecke zu überbrücken. An die Anwärterzeit schließt sich fast ausnahmslos eine Übernahme in ein festes Beamtenverhältnis an. Wenn die Partnerin, der Partner oder die Eltern noch einen Teil zum Lebensunterhalt beisteuern können, ist die Ausbildungszeit angesichts der Beamtenperspektive finanziell überbrückbar. Alles in allem eine recht gute Gelegenheit, eine passabel vergütete und zeitlich überschaubare Ausbildung zu absolvieren, um dann als ausgebildeter Beamter des allgemeinen Vollzugsdienstes zu starten. Im Laufe des Berufslebens ist nach der in absehbarere Zeit erfolgten Ernennung zum Beamten auf Lebenszeit regelmäßig mit wenigstens zwei Beförderungen zu rechnen. Die letzte Einstufung, daher nicht das durchschnittliche Einkommen während der gesamten Dienstzeit, ist maßgeblich für die Höhe des Ruhegehaltes, wenn die Beförderung nicht weniger als zwei Jahre zurückliegt. „Der Beamtenrock ist kurz, hält aber warm", hört man manchen Vertreter dieses Berufsstandes sagen.

Zwar sind unter den Bewerbern seltener Interessenten mit ausgeprägten pädagogischen Ambitionen dabei, für die das Vollzugsziel der Resozialisierung als Hauptmotiv ihres beruflichen Interesses im Vordergrund steht. Dennoch ist für viele Bewerber der Umgang mit Menschen ein wichtiger Aspekt für die Berufswahl. Letztlich unterscheidet sich die Motivation nicht wesentlich von der, die bei der Entscheidung für viele andere Arbeitsfelder maßgeblich ist. Als Traumberuf wird die Tätigkeit im Gefängnis eher selten von den Bewerbern gesehen. Wäre dies der Fall, wären möglicherweise Enttäuschungen vorprogrammiert.

Eingestellt wurden Bewerber, bei denen ich den Eindruck besaß, dass sie die für den anspruchsvollen Dienst im Justizvollzug erforderlichen Charaktereigenschaften besitzen. Es sollte sich um ausgeglichene Personen handeln, die die Bereitschaft und den Willen besitzen, Verantwortung zu übernehmen. Es sollte sich um Persönlichkeiten handeln, die ein der Menschenwürde verpflichtetes Menschenbild besitzen, grundsätzlich anderen Personen respektvoll begegnen und in der Lage sind, während ihres gesamten Berufslebens dazuzulernen. Es gehört darüber hinaus eine ausgeprägte psychische Belastungsfähigkeit dazu, insbesondere die Fähigkeit, auch Niederlagen und Enttäuschungen auszuhalten. Ein Mitarbeiter muss außerdem fähig sein, sich mit Geradlinigkeit und Konsequenz bei den Gefangenen durchzusetzen und im Einzelfall auch notwendige restriktive Maßnahmen umzusetzen.

An die Mitarbeiter des allgemeinen Vollzugsdienstes werden daher hohe Anforderungen gestellt, die zum Teil auch widersprüchlich erscheinen. Sie müssen für Ruhe und Ordnung sorgen und im Konfliktfall bereit sein, Gewalt anzuwenden. Unmittelbarer Zwang, wie der Begriff im Strafvollzugsgesetz genannt wird, kann zum Beispiel notwendig sein, um einen Gefangenen, der jemanden angegriffen hat, gegen seinen Willen in einen besonders gesicherten Haftraum zu verbringen. Andererseits wird erwartet, dass die Bewerber soziale Kompetenz besitzen. Sie sollten Gefangenen gegenüber sensibel, interessiert und empathisch sein. Ein ständiger Spagat, der zu bewältigen ist.

Mitarbeiter müssen eine gute Teamfähigkeit besitzen. Gegenüber den Gefangenen müssen die Bediensteten als Einheit auftreten und dürfen sich nicht ausspielen lassen. Mitarbeiter, die Liebling der Gefangenen sein wollen und Nachgiebigkeit mit guter Pädagogik verwechseln, erschweren den Dienst der Kollegen, die dann aus Sicht der Inhaftierten als Hardliner erscheinen und abgelehnt oder sogar angefeindet werden. Offene Kommunikation und sorgfältige gegenseitige Information sind unabdingbar und können im Extremfall sogar lebensrettend sein. Wer zum Spätdienst um 14 Uhr kommt, muss wissen, was vormittags los war, muss wissen, ob ein Gefangener sich auffällig verhalten hat.

In einer der Einrichtungen, in denen ich tätig war, verletzte ein Gefangener einen Mitarbeiter des allgemeinen Vollzugsdienstes mit einem Kung-Fu-Tritt erheblich. Dem zu einer langjährigen Freiheitsstrafe verurteilten psychiatrisch auffälligen Gefangenen war kurz zuvor mitgeteilt worden, dass sein Antrag auf Wiederaufnahme des Verfahrens vom Gericht abgelehnt worden sei. Der erstbeste Beamte, der hierüber nicht oder jedenfalls nicht umfassend informiert worden war und ihm zufällig über den Weg lief, wurde Opfer des hoch-aggressiven Gefangenen und erlitt einen Knochenbruch. Bei einer besseren Information wäre dies möglicherweise vermeidbar gewesen.

Unentbehrlich ist letztlich auch die Bereitschaft, sich in die hierarchischen Strukturen einer JVA einzuordnen und den Vorgesetzten gegenüber loyal zu sein. Mitarbeiter, die einen „eigenen Vollzug“ machen wollen, weil ihnen die Linie des Strafvollzugs allgemein oder des Anstaltsleiters zu lasch erscheint, muss deutlich die Grenzen aufgezeigt werden. Notfalls ist auch eine Umsetzung auf einen anderen Dienstposten in der Anstalt geboten, wo der Betreffende weniger Einfluss auf andere, insbesondere weniger diensterfahrene Mitarbeiter nimmt. Schnell kann jemand zu einem negativen Vorbild werden, lebt er eine resozialisierungsskeptische Grundeinstellung im Arbeitsalltag, wie dies insbesondere in den Gefangenenvollzugsabteilungen äußerst schädlich wäre. Glücklicherweise handelt es sich insoweit um Ausnahmen, allerdings um solche, die der besonderen Aufmerksamkeit eines Vorgesetzten bedürfen.

Kapitel 12: Dr. Bandell, fürsorgliche Gefangene und eine Verwechselung

Dieter Bandell war ein sehr fürsorglicher Vorgesetzter. Dies galt für Bedienstete wie Gefangene. Er stand für einen menschlichen Umgang mit den Gefangenen. Die Inhaftierten nahmen dies mehrheitlich auch so wahr und schätzten den väterlichen Gefängnisleiter. Viele Zitate meines ehemaligen Vorgesetzten sind mir dauerhaft in Erinnerung geblieben. Manchmal sagte er: „Wenn man im Strafvollzug arbeitet, muss man einen sozialen Tick haben." Er milderte diesen Ausspruch dann ein wenig ab und erklärte, man müsse ein Faible für die Underdogs in unserer Gesellschaft haben. Jedenfalls die meisten Gefangenen seien als schwächere und benachteiligte Menschen zu begreifen. Besitze man eine ablehnende Haltung gegenüber den Inhaftierten, werde man keinen persönlichen Zugang zu ihnen gewinnen. Eine positive Beziehung und damit Einflussnahme auf die Inhaftierten seien so ausgeschlossen.

Ein Gefangener zeigte sich ihm gegenüber sehr fürsorglich, indem er ihm einen wohlmeinenden Brief schrieb: „Lieber Onkel Dieter! Ich würde dir empfehlen, Urlaub zu machen. Du siehst so schlecht aus. Jaja, die bösen Ganoven ärgern dich ja so, was natürlich eine Lüge ist."[23]

Auch ich musste bei einem Rundgang durch die Anstalt feststellen, dass mich einzelne Gefangene als Onkel bezeichneten. Die Hafträume sind mit Pinnwänden ausgestattet, an die die Gefangenen Poster und Fotografien heften dürfen. Überrascht erblickte ich auf einer Pinnwand eine Fotografie von mir, auf die der Gefangene mit dickem Filzstift „Onkel Nobby" geschrieben hatte. Des Rätsels Lösung war, dass bei dem alljährlich stattfindenden Sportfest für die Diezer Gefangenen, gerne auch Knastkirmes genannt, ein Fotograf zum Einsatz kam. Er fertigte auf Wunsch gegen Bezahlung Fotos von Inhaftierten und Gruppenbilder zum Beispiel von siegreichen Sportlerteams an, die sie Freunden oder Angehörigen zuleiten durften. Ohne es bemerkt zu haben, hatte der Fotograf auch ein Einzelfoto von mir gemacht. Da ich oft auch im Dienst eher Freizeitkleidung trug und mein Sakko, mit dessen Hilfe ich mich gelegentlich als Anstaltsleiter verkleidet hatte, im Büro hängen ließ, fiel ich optisch wohl nicht sehr unter der Vielzahl Gefangener und externer Besucher auf.

Alle Fotos wurden nach dem Entwickeln nummeriert und Gefangenen an einem zentralen Ort zugänglich gemacht, die die Bilder dann zum Kauf auswählen konnten. So gehörte der stämmige Gefangene, der aus dem Rockermilieu kam und es in Diez zum Vorsitzenden der Gefangeneninteressenvertretung gebracht hatte, zu den Käufern des Gefängnisdirektorenfotos. Grinsend in der Zelle stehend bemerkte er meinen überraschten Blick. Irgendwie erheiterte mich das Ganze. Es gibt sicher Unangenehmeres, als von einem Gefangenen als „Onkel“ betrachtet zu werden, brachte dies doch zum Ausdruck, dass Gefangene mich nicht als Hardliner erlebten. Jedenfalls wertete ich dies so.

Ein anderer Inhaftierter verfasste einen Brief an Dr. Bandell, auf dem er den Vermerk „Top Secret“ angebracht hatte: „Um von gewissen Ereignissen in der JVA Diez abzulenken, was käme da gelegener, als eine Revolte wie in Hamburg zu veranstalten?

Bitte stellen Sie mir unverzüglich eine lange Leiter zur Verfügung. Ich werde dann aufs Kirchendach steigen und beschriftete Laken wedeln lassen. Es wäre doch gelacht, wenn wir nicht eben so einen Presseauflauf hinbekämen wie die Strolche in Hamburg. Natürlich wird keiner merken, dass wir uns abgesprochen haben. Ich werde, wenn ich ein

Megaphon von ihnen bekomme, auch etwas von Isolationsfolter, seelischer Grausamkeit etc. daherreden, damit die Sache echt aussieht.

Wenn ich dann also mit einigen Mitläufern da oben hocke und die Öffentlichkeit ihre Augen auf uns gerichtet hält und die Einführung der Todesstrafe fordert, werden wir in Schlichtungsgespräche eintreten. Sie können auch gerne zu mir raufklettern, damit die Leute sehen, dass sie ritterlich und furchtlos und schwindelfrei sind. Damit wir uns in schwindelnder der Höhe nicht über Straffreiheit unterhalten müssen, rege ich an, dass sie mir jetzt schon, aus reinen Zeit- und Organisationsgründen, erklären, dass ich straffrei ausgehen werde. Wäre doch Unsinn, wenn wir dies womöglich im Regen besprechen müssten.

Ich erkläre mich auch damit einverstanden, dass ich schärfstens bestraft werde. Imagepflege muss sein."[24]

Dr. Bandell berichtete einmal von einem tragikomischen Erlebnis: „Ich erinnere mich, dass ein zu lebenslanger Freiheitsstrafe verurteilter junger amerikanischer Soldat denselben Nachnamen hatte wie ich. Als seine Einheit in die USA zurückverlegt wurde, teilte er seinen Eltern mit, dass er nicht nach Hause komme, weil er hier in Deutschland eine deutsche Frau und einen guten Job gefunden habe. Auch habe er mittlerweile einen kleinen Sohn. Die Eltern wollten nun ihren Sohn mit einem unangemeldeten Besuch überraschen. Sie ließen sich mit einem Taxi von Limburg zur Wohnung Bandell im Anstaltsgelände fahren. Voll Freude grüßten sie meine Frau als ihre noch unbekannte Schwiegertochter, fragten nach ihrem Enkelkind und bewunderten das große Direktorenhaus. Für die Eltern war es ein fürchterlicher Schlag, als sie erfahren mussten, dass ihr Sohn sie in allem angelogen hatte und eine lebenslange Strafe wegen eines unter Drogeneinfluss begangenen Mordes an einem jungen Mädchen verbüßen musste."[25]

Dr. Bandell ermöglichte den Eltern darauf kurzfristig einen Besuch des Sohnes.

Kapitel 13: Der Lebenslange, der mit einem Panzer aus dem Gefängnis herausfuhr, der Holzpanzer, viel Blut und unschuldige Gefangene

Ein intelligenter und redegewandter Gefangener war wegen eines Raubüberfalles zu einer hohen Freiheitsstrafe verurteilt worden. Der Gefangene akzeptierte die lange Freiheitsstrafe jedoch nicht und empfand sie als deutlich zu hoch. Wie so viele Inhaftierte, die die Haft nicht akzeptieren, verfiel er auf das Schreiben von Beschwerden. Es ging ihm hierbei nicht um die vielfältigen Anliegen, die er schriftlich vortrug und an die Anstalt, das Gericht, den Bürgerbeauftragten und das Ministerium verschickte. Seine Aktivität war vielmehr ein Ventil, um der Verzweiflung über sein verpfuschtes Leben Luft zu machen. Der Vollzugsabteilungsleiter, der für den Mann zuständig war, war zwar ein geduldiger und einfühlsamer Mitarbeiter. Bei dem Beschwerdeschreiber stieß er jedoch an seine Grenzen. Die vielen Schreiben, die er bearbeiten musste, machten ihn an manchen Tagen regelrecht mürbe. Wenn ein einziger Gefangene 30 % der wöchentlichen Arbeitszeit in Anspruch nimmt, fühlt ein Mitarbeiter sich missbraucht. Die berufliche Tätigkeit wird dann so erlebt, als müsse man mit einer Gabel einen See ausschöpfen.

Die Haft wurde bei dem Gefangenen durch einige wenige bessere Phasen unterbrochen. Leider hielt dies nicht lange an. Um den Inhaftierten von der Zelle herunterzuholen und abzulenken, wurde er im arbeitstherapeutischen Betrieb eingesetzt. Dort fertigten die Gefangenen verschiedene Bastel- und Holzarbeiten an. Der Mitarbeiter, der die Gefangenen anleitete und beaufsichtigte, ließ dem Vielschreiber viele Freiheiten und machte ihm wenig Vorgaben. So ließ der Inhaftierte seiner Kreativität freien Lauf.

Der Vollzugsabteilungsleiter, mit dem ich mich wieder einmal über den schwierigen Gefangenen unterhielt, zeigte mir amüsiert eines der Produkte, die der Gefangene im therapeutischen Betrieb gefertigt hatte. Es handelte sich um einen recht grob gearbeiteten Holzpanzer, der hellblau gestrichen war und mit der Aufschrift InterRent versehen war. Eine Firma, die Fahrzeuge vermietet, weniger Panzer. Ein eigenartiger Humor. Vielleicht ein Versuch, sich über Sinn und Zweck der Arbeitstherapie lustig zu machen und deren Sinn zu hinterfragen.

Einige Jahre später, der Gefangene war schon längst in eine andere rheinland-pfälzische Justizvollzugsanstalt verlegt worden, weil er dringend eine Luftveränderung benötigte, sollten unverkäufliche Produkte des arbeitstherapeutischen Betriebs ausgesondert werden. Dass hierzu auch der skurrile Holzpanzer gehörte, kann man sich denken. Ich griff spontan zu und nahm das Spielgerät als Erinnerungsstück mit nach Hause, allerdings um es einige Zeit später zu entsorgen. Dies hat auch damit zu tun, dass ich keinen geeigneten Platz für das gute Stück fand und es nicht auf ein Regal des Wohnzimmerschranks stellen wollte. Bei Besuchern hätte dies für Missverständnisse sorgen und mich in Erklärungsnöte bringen können.

Der Panzerbauer stellte bisweilen auch ungewöhnliche Anträge an das Gericht. So beantragte er seine Entlassung bereits nach einem Drittel der Freiheitsstrafe. Das Strafgesetzbuch sieht eine solch frühzeitige Entlassung auch bei allerbester Prognose nicht vor, was dem Gefangenen bekannt war. Er stellte sich sicherlich die ratlosen oder vielleicht auch verärgerten Richter vor, die über seinen Scherzantrag entscheiden mussten und ihn – juristisch korrekt – als unzulässig ablehnten.

Eines Nachts sorgte der Gefangene bei den wenigen Bediensteten, die regelmäßig in der Zeit zwischen 22 und

6 Uhr in der Anstalt Dienst leisteten, für große Aufregung. Denn unter der Zellentür des Inhaftierten floss eine Blutlache heraus. Davon ging der Mitarbeiter, der dies wahrnahm, jedenfalls aus. Er befürchtete einen Suizid und alarmierte noch einige Kollegen, um dann die Haftraumtür zu öffnen. Der Gefangene lag putzmunter auf seinem Bett und empfing die Bediensteten mit einem schallenden Lachen. An diesem Tag bestand die mittägliche Verpflegung aus Rindfleisch mit Meerrettichsauce, Kartoffeln und Rote Bete. Letztere vermischte er mit der sämigen hellen Soße, so dass das Produkt an Blut erinnerte. Der Vollzugsabteilungsleiter, der insgeheim amüsiert war, reagierte mit einer eher milden Disziplinarmaßnahme. Lächelnd berichtete er mir von dem Vorfall.

Ein anderes Ereignis in der JVA Diez hat dagegen mit einem echten Panzer zu tun. Im August 1993 wurde ein Gefangener in die JVA Diez gebracht, der im April dieses Jahres aus der Justizvollzugsanstalt Schwalmstadt von einem ehemaligen Mitgefangenen mithilfe eines gestohlenen Panzers befreit worden war. Fehlt es den Medien an Themen, wird auch gerne mal im Sommerloch an solche spektakulären Ausbrüche wie diesen erinnert.[26]

Ein bereits aus der Justizvollzugsanstalt Schwalmstadt entlassener ehemaliger Strafgefangener stahl aus der Herrenwald-Kaserne in Stadtallendorf einen Transportpanzer Typ Fuchs der Bundeswehr. Unmittelbar danach fuhr er zu seiner alten Anstalt zurück, durchbrach eines der Haupttore, indem er in voller Fahrt darauf zusteuerte und das Tor regelrecht plattwalzte. Dann durchfuhr er noch drei weitere Metalltore, als handele es sich um Papierwände. Der Panzer kam in einem der Gefängnishöfe zum Stehen, in dem mehrere Gefangene gerade ihre tägliche Stunde im Freien hatten. Einer davon war ein wegen dreifachen Mordes an seiner Ehefrau,

Geliebten und einer weiteren Person zu einer lebenslangen Freiheitsstrafe verurteilter, damals 52-jähriger Inhaftierter. Mit dem Fluchthelfer hatte sich der Panzerfahrgast während seiner Gefängniszeit angefreundet. Möglicherweise glaubte er der Unschuldsbeteuerung seines väterlichen Freundes und wollte ihm deshalb zur Freiheit verhelfen.

Schnell kletterte der Häftling durch eine von innen geöffnete Luke in den Panzer, der – wenig überraschend – ungehindert aus dem Gefängnishof hinausfahren konnte. Das Militärfahrzeug wurde zwar bald aufgefunden, der Gefangene und sein Helfer waren jedoch bereits entkommen. Der Ausbrecher wurde drei Monate später in Frankreich festgenommen, nachdem sein Helfer bereits kurze Zeit nach der Flucht in die Fänge der Polizei geraten war.

Das Spektakel in der JVA Schwalmstadt hatte nach der Erinnerung eines der damaligen Beamten allenfalls fünf Minuten gedauert. Als Alarm mit der Information gegeben worden sei, dass ein Panzer in die JVA eingedrungen sei, habe er zunächst an einen verspäteten Aprilscherz geglaubt. Die anderen Gefangenen, die sich im Gefängnishof befanden, seien schnell in den Unterkunftsbereich gegangen, den die Beamten unmittelbar aufgeschlossen hätten. Man sei an Szenen wie in einem Actionfilm erinnert worden. Die Inhaftierten hätten wohl an ein Attentat geglaubt und sich in Sicherheit bringen wollen.[27] Erst im März 1993 hatten nämlich Terroristen der Rote Armee Fraktion (RAF) einen Sprengstoffanschlag auf die damals im Bau befindliche JVA Weiterstadt verübt, so dass diese Annahme nicht gänzlich abwegig erschien.

Gefangene, die in einem anderen Bundesland ausgebrochen sind, werden nach altbewährter Tradition in ein Gefängnis eines anderen Bundeslandes verlegt. So kam der Lebenslange von Hessen nach Diez in Rheinland-Pfalz.

Ein menschliches Motiv für den Gefängniswechsel ist wohl auch, dass die Mitarbeiter nicht durch die weitere Präsenz des Gefangenen in der JVA, aus dem ihm die Flucht gelungen war, ständig an einen besonders schwarzen Tag erinnert werden wollten und der Gefahr einer anhaltend schlechten Laune einen Riegel vorschieben wollten.

Auch in der Diezer Anstalt behauptete der Gefangene weiterhin, er sei unschuldig verurteilt worden.

Gegen ihn wurden in der Zeit, in der er in der JVA Diez untergebracht war, strenge Sicherungsmaßnahmen verhängt. Anfangs wurde er mehr oder weniger von seinen Mitgefangenen isoliert. So verbrachte er die tägliche Hofstunde allein, später mit wenigen anderen Gefangenen.

Der Inhaftierte besaß eine imposante Erscheinung. Er war groß und sehr muskulös, zugleich etwas übergewichtig. In den Sommermonaten bewegte er sich im Hof vorzugsweise mit freiem Oberkörper. Sein Kopf war nahezu kahl. Lediglich am Hinterkopf prangte ein größeres Haarbüschel, sodass er wie ein gealterter Catcher erschien. Gegenüber den Bediensteten zeigte er sich stets umgänglich und gut gelaunt, bisweilen schon übermäßig heiter. So trat er auch bei den Mitgefangenen auf. Aufgrund des spektakulären Ausbruchs stand er innerhalb der Gefangenenhierarchie recht weit oben, ohne dass er dies auszunutzen schien. Dass er in der Anstalt, von der aus er fliehen konnte, einen ehemaligen Gefangenen dazu überreden konnte, ihn mit einem Panzer zu befreien, mahnte uns allerdings zu einer gewissen Vorsicht.

Eines Tages erhielten wir einen Anruf von einem Redakteur der Nassauischen Presse, nachdem ein besorgter Limburger Bürger - die Stadt liegt unmittelbar in der Nachbarschaft von Diez - die Zeitung angerufen hatte. Er hatte dem Journalisten aufgeregt mitgeteilt, mehrere uniformierte

Beamte hätten einen rotgewandeten großen und kräftigen Mann, der mit Hand- und Fußfesseln versehen gewesen sei, über den Limburger Marktplatz geführt. Der Gefangene mit seinem martialisch anmutenden Erscheinungsbild hatte offenbar Eindruck gemacht.

Die unansehnliche rote Gefangenenkleidung musste der Gefangene wie die meisten Diezer Häftlinge wegen des Wiedererkennungswertes im Falle einer Flucht aus Sicherheitsgründen auch bei Ausführungen und somit außerhalb des Gefängnisses tragen. Der Anrufer war einerseits neugierig und erschrocken, andererseits fand er es nicht gut, dass ein solches Schauspiel in der Öffentlichkeit stattfand.

Der Ablauf von Ausführungen lässt sich allerdings nur wenig verändern. Gefangene müssen bei medizinischem Bedarf zu Fachärzten geführt werden, da in der Anstalt kein spezielles Equipment zur Verfügung steht. Dort praktizieren zumeist nur der Anstaltsarzt – in der Regel ein Allgemeinmediziner – und ein Zahnarzt. Für die weiblichen Gefangenen hält eine Gynäkologin die Sprechstunde in der Anstalt ab. Termine und Örtlichkeiten können sich die Anstalten nicht immer aussuchen. Ein Zahnarzt hat in einem Gefängnis einen verhältnismäßig großen Zustrom. Viele Inhaftierte, vor allem Drogenkonsumenten, kümmern sich in Freiheit wenig um ihre Kauwerkzeuge und streben erst hinter den Anstaltsmauern eine Generalsanierung ihres Gebisses an. An den Kosten müssen sie sich beteiligen. Teilweise werden die Beträge gestundet und müssen in Raten abgestottert werden. Die Begeisterung mancher externen Fachärzte, sich mit Gefangenen abzugeben, ist überschaubar. Sie möchten die eventuell in der Praxis geduldig wartenden Patienten nicht verschrecken. Zumeist wird eine dezente Zuführung in die Praxis organisiert, durch den Hintereingang oder am Rande der üblichen Sprechstundenzeiten. Die Transportfahrzeuge werden stets möglichst in der Nähe der Arztpraxen abgestellt. Es lässt sich allerdings nicht immer vermeiden, noch einige Schritte in der Öffentlichkeit zu tun.

Der Ausbrecher verstarb Jahre später in einem Hospiz. Erst nachdem sich sein körperlicher Zustand so verschlechtert hatte, dass nicht mehr von einer Gefährlichkeit ausgegangen werden konnte, gelangte er in der letzten Lebensphase in die Freiheit. Er gehörte zu der Gruppe der Gefangenen, die sehr schwere Straftaten begangen haben, aber konsequent während der gesamten Haftzeit behaupteten, sie seien unschuldig. Allein in der JVA Diez, wo lebenslange Freiheitsstrafen vollstreckt werden, sind mir sechs Lebenslange begegnet, die die Straftaten leugneten, ein weiterer in der JVA Rohrbach. Ich erkannte in keinem Fall Anhaltspunkte dafür, dass Fehlurteile vorlagen.

In fünf Fällen handelte es sich um Mehrfachtäter. Drei haben jeweils drei Menschen ermordet oder – in einem Fall – einen anderen zu diesen Taten angestiftet. Ein weiterer Gefangener hat zwei Morde begangen. Ein Inhaftierter verbüßte zum zweiten Mal wegen eines Mordes eine lebenslange Freiheitsstrafe, bestritt aber beide Taten. Möglicherweise wollten die Lebenslange nicht mit diesen besonders schweren Taten identifiziert werden.

Das Leugnen der Taten erhält manchmal den Kontakt zum sozialen Umfeld, zu Freunden, Bekannten und Familienmitgliedern, die während der Haftzeit eher zu einem vermeintlich Unschuldigen stehen. Würden die Gefangenen während der Haft ein spätes Geständnis ablegen, würden sie gegenüber ihren Bezugspersonen als Lügner erscheinen und zudem als Täter besonders schwerer Delikte. Die Legende wäre zerstört. Die Gefangenen haben Angst, ihre Kontaktpersonen zu verlieren und damit die Zuwendung, auf die jeder Mensch angewiesen ist. Ein Lebenslanger, der seine Frau getötet hatte, erhielt sich so den Kontakt zu seiner Tochter, die seinen Unschuldsbeteuerungen Glauben schenkte. Ein weiterer hielt auf diesem Weg die Verbindung zu seinem minderjährigen Sohn aufrecht, obwohl er dessen Mutter ermordet hatte.

Auch lassen sich während der Haft leichter neue Beziehungen zu Partnerinnen begründen, die sich mitleidig auf einen vermeintlich zu Unrecht hinter Gittern Sitzenden einlassen und in dessen Betreuung manchmal eine traurige Lebensaufgabe finden.

Die Tatleugner nehmen es hin, deutlich länger in Haft bleiben zu müssen. Je länger diese Gefangenen leugnen, umso verfestigter wird ihre Haltung. Ein Zurück ist bei dieser besonderen Lebenslüge kaum noch zu erwarten. Möglicherweise glauben manche Gefangenen irgendwann selbst an ihre Unschuld.

Da die Gefangenen die Straftaten leugnen, ist keine Tataufarbeitung möglich. Eine positive Kriminalprognose als Voraussetzung einer bedingten Entlassung kann so kaum gestellt werden. Anders als dies in den Medien bisweilen kolportiert wird, erfolgt die Entlassung eines zu einer lebenslangen Freiheitsstrafe Verurteilten nicht „automatisch“ nach 15 Jahren, sondern dauert bei denjenigen, die entlassen werden, durchschnittlich 21 bis 22 Jahre. Durchaus werden zwar einige Gefangene nach 15, 16 oder 17 Jahren entlassen, viele jedoch deutlich später, vor allem bei denen das Gericht im Urteil eine besondere Schuldschwere festgestellt hat.

Bei den drei- oder zweifachen Morden ist eine besondere Schuldschwere allein aufgrund der Anzahl der Opfer zu bejahen. Diese zusätzliche Hürde für eine eventuelle bedingte Entlassung bejahen die Gerichte auch im Fall, dass neben einem Mord noch andere schwere Delikte wie eine Vergewaltigung begangen wurden. Dies bedeutet, dass ein

Lebenslanger selbst im Falle einer ausgesprochen positiven Kriminalprognose nicht bereits nach 15 Jahren bedingt entlassen werden kann. Vielmehr setzt das zuständige Gericht frühestens nach zehn Haftjahren fest, wie lange unter dem Gesichtspunkt der Schuldschwere noch eine weitere Vollstreckung der lebenslangen Freiheitsstrafe geboten ist. In einem Diezer Fall, bei dem es sich allerdings nicht um einen Tatleugner handelte, hatte das Gericht eine Mindestverbüßungszeit von 30 Jahren beschlossen, weil der Täter drei Raubmorde begangen hatte. Mehrfachtäter wissen um diese ungünstige Entlassungsperspektive. Manche beharren deshalb auf ihre Unschuld und klammern sich an die Hoffnung eines Wiederaufnahmeverfahrens mit dem Ziel eines Freispruchs als einziger Chance, frühzeitig entlassen zu werden.

Kapitel 14: Drogen und das Verbot, Mohnschnitten zu essen

Ein Freigänger der JVA Rohrbach stand im Verdacht, Cannabis konsumiert zu haben. Eine Urinkontrolle bestätigte dies. Der Gefangene trug als verzweifelten Entlastungsversuch vor, er habe kein Haschisch geraucht. Er könne sich das positive Ergebnis der Urinprobe nur dadurch erklären, dass er einen Tag vor der Kontrolle drei Mohnschnitten gegessen habe. Die Kuchenstückchen seien ein Sonderangebot einer Bäckerei am Mainzer Hauptbahnhof gewesen, so dass er zugegriffen habe. Schließlich habe er ja nicht wissen können, dass es verboten sei, Kuchen zu essen. Mit Letzterem lag er natürlich richtig. Es ist schon im Interesse der Bäckerinnungen nicht verboten, Kuchen zu konsumieren. Als ich mich kurz danach in Mainz aufhielt, prüfte ich selbst, ob die Einlassung des Gefangenen glaubhaft war, und besuchte die Bäckerei. Zu meiner Überraschung gab es tatsächlich ein Sonderangebot in der Bahnhofsbäckerei. Drei Mohnschnitten für drei Euro. Wer würde da Nein sagen. Weitere Recherchen ergaben, dass der Konsum größerer Mengen des bei Kuchen verwendeten Mohns durchaus zu einem positiven Ergebnis wie dem bei dem Freigänger festgestellten führen kann. Ein interessiertes Mitglied der Anstaltsleitung einer anderen rheinland-pfälzischen Einrichtung, das von der Ausrede unseres Freigängers Kenntnis erhalten hatte, führte zwei Selbstversuche durch. Zunächst fanden größere Mohnkuchenmengen und wohl mit einem gewissen zeitlichen Abstand auch eine Vielzahl Mohnbrötchen den Weg in den Magen der Testperson. Die anschließend abgegebenen Urinproben wiesen tatsächlich auf Cannabiskonsum hin. Es ist übrigens nicht bekannt, ob sich kurzfristig eine Verhaltensänderung der Testperson ergeben hatte. Konsequenz dieser kleinen Posse war, dass die Gefangenen des offenen Vollzuges die Weisung erhielten, keine mohnhaltigen Produkte zu essen.

Im Freigängerhaus fallen Gefangene im Vergleich zum geschlossenen Vollzug deutlich seltener mit dem Konsum von illegalen Drogen auf. Die Eignung der Gefangenen für den offenen Vollzug wird sehr sorgfältig geprüft. Sofern eine ausgeprägte Suchtproblematik vorliegt, ist ein Häftling nicht für den offenen Vollzug geeignet.

Bei etwa 60 % der Gefangenen des geschlossenen Vollzuges liegt eine Drogenproblematik unterschiedlicher Ausprägung vor. So gibt es einerseits Inhaftierte, bei denen der Drogenkonsum lediglich Ausdruck einer kriminellen Lebensweise, daher eher eine Begleiterscheinung ist, ohne dass eine Sucht im engeren Sinne besteht. Andererseits gibt eine große Gruppe mit einer ausgeprägten Drogenabhängigkeit. Zumeist handelt es sich um harte Drogen. Der Drang, auch im Gefängnis an Drogen zu gelangen, ist bei diesen Gefangenen besonders ausgeprägt.

Sollte man, wie dies auch Gegenstand aktueller Gesetzesvorhaben ist, für die Gesundheitsminister Lauterbach steht, zwischen weichen Drogen wie insbesondere Cannabis und harten Drogen differenzieren und von einer strafrechtlichen Verfolgung des Besitzes kleinerer Cannabismengen absehen? Sollte dies dann auch für Gefangene gelten? Die Mohnkuchenstory würde insofern geradezu lächerlich anmuten. Warum machen die Gefängnisse so viel Aufhebens wegen ein bisschen Cannabis, könnte mancher Bürger fragen.

Unproblematisch ist eine Liberalisierung keineswegs und bliebe ein Experiment mit ungewissem Ausgang. Insofern bin ich über die Sorglosigkeit und den Optimismus auf der politischen Spielwiese überrascht. Hier verfügen manche Protagonisten offenbar über hellseherische Fähigkeiten.

Dagegen mögen allenfalls vorsichtige, von unabhängigen Fachleuten begleitete Pilotprojekte ein vertretbarer Anfang sein, um eine pauschale Kriminalisierung der Cannabiskonsumenten mit zum Teil fatalen sozialen Folgen zu vermeiden. Dennoch bleibt es ein Experiment, dessen Ausgang ich mich nicht traue zu prognostizieren. Politische Hauruckverfahren, bei denen man vorzugsweise auf Wählerstimmen schielt, erscheinen mir dagegen wenig verantwortungsvoll. Dass dem Vorhaben einige Anstaltsleiter mit Skepsis begegnen, ist wenig überraschend.

Der Weltdrogenbericht 2022 der UN weist auf einen Zusammenhang zwischen gestiegenem Cannabis-Konsum und der Zunahme psychischer Störungen hin, der auf die weltweit fortschreitende Legalisierung von Cannabis zurückzuführen sei. In Nordamerika habe dies insbesondere den Konsum bei jungen Erwachsenen erhöht. Auch werde eine Zunahme von Menschen mit psychiatrischen Störungen, Selbsttötungen und Krankenhauseinweisungen beobachtet.

Der Bericht legt den Regierungen nahe, dringend Maßnahmen zum Schutz der Menschen zu ergreifen.

Notwendig sei es, die Prävention und die Behandlung von Drogenkonsum zu stärken und das illegale Drogenangebot zu bekämpfen. [28]

Eine im Fachblatt „Psychological Medicine" veröffentlichte Studie hat den Zusammenhang zwischen problematischen Cannabiskonsum und Schizophrenie untersucht. Merkmale von Cannabiskonsumstörungen (CUD; englisch: cannabis use disorder) sind hoher Konsum, starkes Verlangen nach der Droge oder die Aufgabe oder Einschränkung wichtiger sozialer, beruflicher oder Freizeitaktivitäten. Die Untersuchung beruht auf umfassenden Daten aus Dänemark und kommt zu einem noch deutlicheren Ergebnis als der Weltdrogenbericht. Nach dieser Analyse hätten 15 % aller Schizophrenien bei Männern in Dänemark vermieden werden können. Referenzjahr war 2021. Bei Frauen war der Anteil nur 4 %. Ein ausgesprochen hoher mit einem Anteil von bis zu 30 % war sogar in der Altersgruppe der Männer zwischen 21 und 30 Jahren festzustellen. Eben dies ist auch die Altersgruppe, die in den Gefängnissen zu finden ist. Es fällt auf, dass seit etwa dem Jahr 2000 eine stetig wachsende Anzahl von Gefangenen mit psychiatrischen Erkrankungen wie Schizophrenie neben schweren Persönlichkeitsstörungen in die Gefängnisse gelangen.[29] Ein Einflussfaktor ist nach dieser Studie auch der bei Cannabisprodukten gestiegene THC-Gehalt, der 2006 noch 13 %, jedoch 2016 bereits 30 % betrug.[30]

Diese Erkenntnisse legten nahe, dringend Maßnahmen zum Schutz der Menschen zu ergreifen. Drinnen wie draußen.

Justizvollzugsanstalten, die von Drogen jeglicher Art überschwemmt werden, wären ein Nährboden für die Entwicklung von Abhängigkeit bei Gefangenen, die in Freiheit keine Drogen konsumiert haben. Sie liefen Gefahr, aufgrund der belastenden Haftsituation und Verführungssituationen zu Konsumenten zu werden und insbesondere, soweit es sich um Jugendstrafgefangene handelt, psychiatrische Krankheitsbilder zu entwickeln.

Ungeachtet einer möglichen teilweisen Legalisierung des Cannabisbesitzes würde sich in den Justizvollzugsanstalten kaum etwas ändern. Der Besitz kleinerer Cannabismengen hätte zwar keine strafrechtliche Ahndung mehr zur Folge. Nach wie vor wären hinter Gittern der Besitz und Konsum ebenso wie bei Alkohol verboten.[31] Grundlage für dieses Verbot sind die Landesjustizvollzugsgesetze, die es den Justizvollzugsanstalten ermöglichen, aus Gründen der Sicherheit und Ordnung der Anstalten restriktiv zu verfahren. Die Gefangenen werden hierauf in den Hausordnungen hingewiesen. Regelverstöße können mit Disziplinarmaßnahmen geahndet werden. Vor allem aber entfällt bei Gefangenen mit einer Suchtproblematik die Eignung für Vollzugslockerungen und den offenen Vollzug. Für Gefangene mit einer Suchtproblematik, die zur Straffälligkeit führte, liegt dies auf der Hand. Entsprechend gilt dies jedoch auch für Inhaftierte, die mit Drogenbesitz aufgefallen sind, da nahe liegt, dass sie Mitgefangene in Versuchungssituationen bringen.

Wäre Cannabis in den Gefängnissen legal verfügbar, wäre bei diesen Gefangenen über den Zwischenschritt des Cannabiskonsums ein erneuter Einstieg in den Konsum harter Drogen nicht unwahrscheinlich. Der Handel mit harten Drogen über subkulturelle Gruppierungen würde sich in den Justizvollzugsanstalten bei einer Freigabe von Cannabis nicht reduzieren. Cannabis kann man anders als die meisten harten Drogen noch viele Wochen nach dem Konsum bei Urintests nachweisen. Nach wie vor werden Suchtkranke daher auf die deutlich gefährlicheren harten Drogen ausweichen. Ein ausgeprägter von subkulturellen Inhaftierten und Kontaktpersonen außerhalb der Justizvollzugsanstalten gesteuerter Markt wäre zweifelsohne vorhanden. Im Falle einer Legalisierung des Cannabisbesitzes wäre diese Droge zudem leichter verfügbar und könnte vermehrt in die Anstalten eingebracht werden. Die Anzahl der Drogenkonsumenten könnte sich deshalb erhöhen.

Wie in dem UN-Bericht gefordert, ist unter den schwierigen Bedingungen der Justizvollzugsanstalten Prävention der entscheidende Faktor, um ein straffreies Leben nach der Entlassung zu fördern. Sucht ist eine

Erkrankung und rationalen Entscheidungen wenig zugänglich, solange sie nicht erfolgreich behandelt wurde.

§ 35 Betäubungsmittelgesetz (BtmG) sieht auf Antrag des Gefangenen die Möglichkeit vor, die weitere Vollstreckung der Freiheitsstrafe zugunsten einer suchttherapeutischen Maßnahme in einer Einrichtung außerhalb des Justizvollzuges zurückzustellen. Dieses Gesetz greift jedoch ausschließlich bei der Abhängigkeit von Betäubungsmitteln im engeren Sinn, das heißt illegalen Drogen, dagegen nicht bei der legalen Droge Alkohol. Voraussetzung ist, dass eine ernsthafte Therapiemotivation und -eignung vorhanden sind. Zudem darf der Strafrest nicht mehr als zwei Jahre betragen. Außerdem müssen ein Kostenträger – die Kranken- oder Rentenkasse – und ein Therapieplatz zur Verfügung stehen. Weitere Hürde ist, dass die Straftat auf der Betäubungsmittelabhängigkeit beruht. Für diese Entscheidung über die Zurückstellung der weiteren Vollstreckung der Freiheitsstrafe ist die Staatsanwaltschaft zuständig. Zudem muss das Gericht, das mit der Unterbrechung der Haft und der Therapie in einer Einrichtung, aus der sich die Inhaftierten ohne Weiteres entfernen können, einverstanden sein. Ist die Therapie erfolgreich, wird die Zeit in der externen Einrichtung auf die Haftzeit angerechnet, bis zwei Drittel der Strafe erledigt sind. Das zuständige Gericht, die Strafvollstreckungskammer, trifft nach einer erfolgreichen Therapie im Regelfall eine positive Entscheidung über die bedingte Entlassung.

Innerhalb eines Gefängnisses ist es allerdings schwierig, die Gefangenen auf eine therapeutische Maßnahme in einer externen Therapieeinrichtung vorzubereiten. Am ehesten gelingt dies in einer Wohngruppe, in der ausschließlich therapiebereite und -geeignete Gefangene untergebracht sind. Wer in einer solchen Wohngruppe mit Drogenkonsum auffällt, muss sie verlassen. Erste Wohngruppen dieser Art gibt es in Rheinland-Pfalz, unter anderem in der JVA Wittlich. Die Gefangenen verpflichten sich vor der Aufnahme gegenüber der Anstalt in einem Vertrag, der letztlich ein Selbstappell ist, keine Drogen zu konsumieren, sich zur Kontrolle regelmäßigen Tests zu unterziehen und an den Behandlungsmaßnahmen und -angeboten teilzunehmen.

Um die Therapiemotivation aufrechtzuerhalten, werden die Gefangenen intensiv von Fachkräften begleitet. Hierzu gehören der psychologische und der soziale Dienst sowie vor allem auch der externe Drogenberater. Es handelt sich hierbei um eine Kraft, die einer anderen Institution angehört wie zum Beispiel einer Beratungsstelle der Caritas oder Diakonie. Da diese externen Mitarbeiter von Extremfällen wie einer konkreten Bedrohungslage abgesehen ein Schweigerecht haben, gelingt es ihnen besonders gut, ein Vertrauensverhältnis zu den Inhaftierten aufzubauen und damit sich ein realistisches Bild von der Persönlichkeit eines Gefangenen zu machen.

Eine Behandlung der Drogenabhängigkeit in den Gefängnisräumen ist dagegen nicht erfolgversprechend, da unter den Haftbedingungen des geschlossenen Vollzuges die zwingend notwendigen Erprobungsphasen mit weitgehenden Freiheiten und zu bewältigenden Versuchungssituationen gehören, nicht durchführbar sind. So muss man sich zwangsläufig auf die Vorbereitung einer späteren Therapie in einer externen suchttherapeutischen Einrichtung beschränken.

Bei kurzen Freiheitsstrafen von unter einem Jahr scheitert eine Zurückstellung der weiteren Strafvollstreckung zugunsten einer Therapie allerdings bereits daran, dass das Zeitfenster für die Vorbereitung einer solchen Maßnahme zu knapp bemessen ist. Statt der kurzen und kaum für Behandlungsmaßnahmen geeigneten Freiheitsstrafen sollte es für Suchtkranke mehr Therapieangebote in geeigneten Einrichtungen geben. Dort, wo Therapieversuche mehrfach gescheitert sind oder aus anderen persönlichkeitsbedingten Gründen therapeutische Interventionen nicht mehr erfolgversprechend sind, wie bei älteren Abhängigen, ist die Aufnahme in behütenden Einrichtungen sinnvoll. Doch sind solche Angebote rar.

Viele betäubungsmittelabhängige Gefangene befinden sich nicht zum ersten Mal im Justizvollzug und sind bereits in früheren Therapiemaßnahmen gescheitert. Die Therapieeignung als Voraussetzung für eine Maßnahme nach § 35 Betäubungsmittelgesetz erscheint dann oft zweifelhaft. In manchen Fällen fielen die Inhaftierten während der Haftzeit durch den Konsum von Drogen auf. Trotz eines noch grundsätzlich vorhandenen Willens, von der Sucht loszukommen, erscheint es dann fraglich, ob der Gefangene eine weitere Therapiemaßnahmen durchhält, ohne rückfällig zu werden. Es besteht vielmehr die Gefahr, dass die Therapie abrupt abgebrochen wird, um dann in der Illegalität unterzutauchen. Dennoch trägt die Justizvollzugsanstalt in Grenzfällen auch einen letzten zweiten oder sogar dritten Therapieversuch mit. Umso trauriger ist es, zu erfahren, dass sich ein Gefangener in der Freiheit nach vielen gescheiterten Therapien den „goldenen Schuss“ gesetzt hat. Die Mutter eines Verstorbenen hatte vor einigen Jahren einen der Anstaltsseelsorger hierüber informiert, der es an mich weitergab. Selten erfahren die Mitarbeiter der Anstalt nichts von einem solch tragischen Scheitern nach der Entlassung.

Einige Gefangene empfanden Festnahme und Inhaftierung im Nachhinein sogar als Erlösung vom Kreislauf des

Konsums und der Beschaffungskriminalität, als vielleicht letzte Chance zu einem Neustart.

Andere, die nach dem strafrichterlichen Urteil Eigentumsdelikte begangen hatten, um den Drogenkonsum zu finanzieren, behaupteten dagegen in Haft, sie besäßen überhaupt keine Suchtprobleme. Ihr Anwalt habe ihnen lediglich dazu geraten, dies gegenüber dem Gericht zu behaupten. Auf diesem Weg könnten Milderungsgründe geltend gemacht werden, die das Strafmaß reduzieren würden. Durch eine solche Aussage haben sich die Gefangenen, sofern die Kehrtwende überhaupt der Wahrheit entsprach, in eine Sackgasse manövriert. Die JVA ist bei Entscheidungen letztlich darauf angewiesen, von dem im Urteil gehaltenen Sachverhalt auszugehen, somit von einer Suchtproblematik. Eine Kehrtwende wird daher häufig der Versuch sein, um eine Therapie herumzukommen.

Einige von Opioiden – zumeist Heroin – abhängige Gefangene nehmen an einem Substitutionsprogramm teil, sofern sie ausreichend zuverlässig erscheinen und nicht zu erwarten ist, dass sie illegale Drogen als sogenannten Beikonsum zu sich nehmen. Die Gefangenen werden psychosozial von einem Anstaltsarzt betreut und erhalten Medikamente wie Methadon. Ziel ist es, eine dauerhafte Abstinenz von illegalen Drogen zu erreichen oder, sofern auf Dauer eine Substitution notwendig ist, eine Minimierung der gesundheitlichen Schäden infolge des Konsums zu vermeiden. Die soziale Situation der Patienten soll auf diesem Weg verbessert werden. Illegale Aktivitäten wie Beschaffungskriminalität sollen hierdurch verhindert werden.

Den Bediensteten der Justizvollzugsanstalten ist bewusst, dass illegale Drogen in mehr oder weniger großem Umfang in jede Einrichtung des Justizvollzuges ihren Weg finden. Sie sind hierdurch zusätzlichen Gefahren ausgesetzt.

Für die Mitarbeiter des allgemeinen Vollzugsdienstes besteht bei der Durchführung von Haftraumkontrollen die Gefahr, sich an sorgfältig versteckten und zumeist selbst gebastelten Injektionsspritzen, an denen sich noch Blutanhaftungen befinden, zu verletzen und sich so eine HIV- oder Hepatitis-Infektion zuzuziehen. Glücklicherweise weiß ich während meiner beruflichen Zeit nur von einem Krankheitsfall, da das Personal im Lauf der Jahre mit durchstichsicheren Schutzhandschuhen ausgestattet wurde. In einem anderen Fall kam ein Mitarbeiter bei der Haftraumkontrolle versehentlich mit harten Drogen in Berührung, so dass er Kreislaufprobleme bekam.

Viele Bürger fragen sich zumeist verständnislos, warum und wie Drogen überhaupt in ein Gefängnis gelangen. Diese könnten doch wohl nur von Bediensteten eingebracht werden, vermuten manche. Sie gehen davon aus, dass die eingesperrten und beaufsichtigten Gefangenen kaum als Quelle in Betracht kommen. Viele Menschen besitzen ein festgefügtes und von Boulevardmedien geprägtes, sehr kritisches Bild vom Strafvollzug, das sie für plausibel halten. Seltene und medial mehrfach aufbereitete Fälle, dass Bedienstete Drogen eingebracht haben, werden gerne verallgemeinert.

Solche Vermutungen kann ich nicht bestätigen. Vielmehr sind äußerst selten Beamte die Täter. In den vier Einrichtungen, in denen ich mehr als 30 Jahre tätig war, konnte ein einziges Mal nachgewiesen werden, dass ein Beamter Alkohol und Drogen in die Anstalt eingebracht und an Gefangene verkauft hatte. Ich habe meine Mitarbeiter durchweg als zuverlässig und pflichtbewusst erlebt. Die Beamten wären zudem sehr unsichere Komplizen für Gefangene, die befürchten müssten, dass eine solche Bezugsquelle früher oder später auffliegt. Erfahrungsgemäß halten nicht alle Gefangenen bei illegalen Geschäften dicht. Dies gilt insbesondere, wenn sie selbst unter Druck geraten, etwa weil sie mit Drogenkonsum aufgefallen sind und mit ihren Plaudereien wieder Pluspunkte bei der Anstalt sammeln wollen. Auch müssten sich Gefangene, die Bedienstete in Drogengeschäfte einbinden wollen, äußerst sicher sein, dass der Beamte einen Anwerbeversuch nicht unmittelbar seinen Vorgesetzten meldet.

Die Drogen kommen am ehesten bei Besuchen von Angehörigen und anderer Kontaktpersonen der Gefangenen in die Justizvollzugsanstalten. Doch wollte man das Risiko bei den Besuchen ausschließen, müsste man ausnahmslos Trennscheibenbesuch durchführen. Ein steriler Besuch in Boxen mit einer Scheibe zwischen Fußboden und Decke sowie ungünstigen akustischen Bedingungen, die einen zwischenmenschlichen beziehungsfördernden Kontakt erschweren, ist jedoch abzulehnen. Mit Resozialisierung hätten solche Besuchsbedingungen nichts mehr zu tun.

Drogen können auch von Gefangenen, die aus dem geschlossenen Vollzug heraus Vollzugslockerungen wie Urlaub und Ausgang haben, eingebracht werden. Die Gefahr, dass Gefangene unter Druck gesetzt werden und, obwohl sie selbst keine Konsumenten sind, Drogen in der Anstalt einbringen, kann nicht gänzlich ausgeschlossen werden. Immer wieder gibt es glaubhafte Hinweise, dass den Gefangenen gedroht wurde, sie müssten auf ihre Familie aufpassen, wenn sie sich weigern würden.

Hier zeigt sich erneut, wie wichtig und sinnvoll es wäre, die Gefangenen differenzierter unterzubringen. Die Haftbedingungen sollten nicht wie bislang maßgeblich davon geprägt sein, dass wenigstens 60 % der Gefangenen eine Suchtproblematik besitzen. Bei einem Teil der Inhaftierten kann man von Sucht im engeren Sinne sprechen, bei anderen ist von einem unregelmäßigen Konsum zumeist weicher Drogen auszugehen. Die Gefangenen mit einer ausgeprägten Suchtproblematik, somit nicht die Gelegenheitskonsumenten, sollten möglichst in einer eigenen Einrichtung oder jedenfalls einer eigenständigen Abteilung untergebracht werden, wobei auch bei diesen Inhaftierten differenziert werden sollte. Gefangene, die bereit sind, sich mit ihrer Sucht auseinanderzusetzen, sollten in eigenen Abteilungen oder Einrichtungen untergebracht werden, keinesfalls gemeinsam mit Inhaftierten, denen Leidensdruck und Behandlungsbereitschaft fehlen.

Ein Indiz dafür, wie viel Drogen sich in der Anstalt befinden, ist der Preis, den die Gefangenen dafür entrichten müssen. Der ein oder andere Beamte, der in den Haftbereichen arbeitet und oft einen guten Draht zu einzelnen Gefangenen besitzt, erhält bisweilen wertvolle Informationen über Drogenverstecke oder Konsumenten. Ein Mitarbeiter des allgemeinen Vollzugsdienstes der JVA Diez, der einen ausgezeichneten Zugang zu den Inhaftierten hatte, wusste mir stets die genauen Preise für illegale Drogen zu nennen. Selbst mir, mit meinen eher überschaubaren Kontakten zu Gefangenen als Anstaltsleiter, offenbarte sich einmal ein Gefangener der JVA Diez, der wegen Drogenkonsums aus dem offenen in den geschlossenen Vollzug zurückverlegt worden war. Er verpfiff mehrere Drogen konsumierende Mitgefangene. Davon konnten die meisten auf der Basis von Urinproben überführt werden. Der Gefangene hoffte, aufgrund seiner Kooperativität nicht allzu lange wieder im geschlossenen Vollzug schmoren zu müssen und noch eine Chance auf die Verlegung ins Freigängerhaus zu haben sowie vor allem auf eine vorzeitige bedingte Entlassung. Drogenfunde konnten bei der Kontrolle der Hafträume der aufgeflogenen Drogenkonsumenten jedoch nicht gemacht werden. Die Stoffe gelangen zumeist in überschaubaren

Mengen in die Anstalt, werden zügig portioniert und an die einzelnen Abnehmer verteilt. Hinzu kommt, dass trotz regelmäßiger Haftraumkontrollen der Fantasie der Gefangenen, gute Verstecke zu finden, kaum Grenzen gesetzt sind. Zudem werden Drogen zum Teil auch an neutralen und unübersichtlicheren Orten wie den Werkhallen deponiert, so dass sich die Stoffe bei einem Fund nicht einem einzelnen Gefangenen zuordnen lassen.

Der Einsatz von Hunden, die in Rheinland-Pfalz im Rahmen der Amtshilfe von der Polizei zur Verfügung gestellt werden, verspricht regelmäßig nur einen geringen Erfolg bei der Suche nach Drogen. Abgesehen davon, dass die Hunde sehr schnell müde werden und längere Pausen benötigen, fällt bereits mit Beginn der sich durch Bellgeräusche ankündigenden Suchaktion auf, dass vermehrt die Toilettenspülungen der Hafträume bestätigt werden, weil Gefangene noch schnell ihre Drogen entsorgen möchten. Immerhin erzielt der Einsatz der Polizeihunde einen gewissen Abschreckungseffekt und bewirkt zugleich eine vorübergehende Reduzierung des Drogenbestandes.

Regelmäßige Urinkontrollen sind ein Mittel, um wenigstens einige Gefangene vor dem Drogenkonsum abzuschrecken. Allerdings wird man damit allenfalls die Gelegenheitskonsumenten erreichen. Diejenigen, bei denen eine Suchtproblematik vorliegt, wird man kaum vom Konsum abhalten können. Die Inhaftierten, die erwischt werden, erhalten für eine erhebliche Zeit Sicherungsmaßnahmen. So haben die betroffenen Gefangenen zunächst ausschließlich hinter Trennscheiben Besuch, so dass jeglicher körperlicher Kontakt – selbst bei der Begrüßung – ausgeschlossen ist. Oftmals machen Angehörige den Gefangenen, die mit Drogenkonsum aufgefallen sind und nun ebenso wie er mit veränderten strengeren Besuchsbedingungen konfrontiert sind, Vorwürfe, so dass der Inhaftierte in Erklärungsnöte kommt. Dennoch sind die Gefangenen aus Furcht vor Repressalien der Drogenlieferanten äußerst selten bereit, ihre Bezugsquellen anzugeben.

Die Abwicklung der Drogengeschäfte findet überwiegend außerhalb der Anstalt statt, indem Bezugspersonen eines Konsumenten den Geldbetrag auf ein externes Konto überweisen oder bar übergeben. Die Bezahlung innerhalb der Anstalt erfolgt unter anderem mit Zigaretten, einem beliebten Zahlungsmittel.

Seit einigen Jahren gibt es Drogen, die nur sehr schwer bei Kontrollen auffindbar sind. Es handelt sich um die sogenannten neuen psychoaktiven Substanzen (NPS). Dies sind synthetische Drogen, die legalen Kräutern beigemischt sind. Sie werden auch Legal Highs genannt, sind nahezu unsichtbar und gelangen zumeist auf Briefen und Postkarten, die mit den Drogen getränkt oder beschichtet sind, zu den Konsumenten. Die Häftlinge, die vor der Zusendung erfahren haben, wo zum Beispiel auf einer Briefseite sich die Legal Highs befinden, etwa im Bereich eines bestimmten Wortes im Brieftext, zerkleinern die Papierstellen und rauchen die Drogen. Die Wirkung dieser Drogen, deren Zusammensetzung sich immer wieder ändert, ist völlig unberechenbar und sehr gefährlich für die Inhaftierten. Bewusstlosigkeit, Atmungsstörungen und Kreislaufzusammenbrüche gehören zu den Symptomen. In mehreren Fällen mussten Gefangene als Notfälle in einem Krankenhaus behandelt werden, da sie einen plötzlichen körperlichen Zusammenbruch nach dem Konsum erlitten hatten. Auch Spürhunde, die im rheinlandpfälzischen Vollzug in Amtshilfe von der Polizei eingesetzt werden, schlagen auf diese Stoffe selten an, weil sich deren Zusammensetzung häufig ändert und so ein effizientes Training der Hunde sehr schwierig ist.

In Rheinland-Pfalz werden seit 2019 zum Auffinden dieser gefährlichen Stoffe sogenannte Drogenscanner eingesetzt. Dies sind technische Geräte, die auf die bekannten Stoffe programmiert sind. Da sich die Zusammensetzung der Legal Highs immer wieder ändert, muss das Gerät entsprechend nachgerüstet werden.

Werden mit Drogen beschichtete Briefe entdeckt, muss der Urheber eindeutig zugeordnet werden können, um ein Strafverfahren mit Erfolgsaussichten einleiten zu können. Sofern die Briefe unter einer falschen Anschrift zum Beispiel unter dem Namen einer Angehörigen zugesandt werden, ist die Beweislage schwierig. Die Gefangenen, denen ein solches Schreiben zugeleitet werden sollte, behaupten dann regelmäßig, sie hätten diese Schreiben nicht veranlasst und seien von einem Mitgefangenen missbraucht worden.

In einigen Gefängnissen in Deutschland werden Briefe wegen der vielschichtigen Problematik deshalb ausschließlich in Kopie an Gefangene ausgegeben. Es gibt zudem immer wieder Hinweise, dass Drogen vermehrt von Personen, die zu Geldstrafen verurteilt worden sind, eingebracht werden. Die Verurteilten zahlen absichtlich nicht und stellen sich dann selbst zur Verbüßung der Ersatzfreiheitsstrafe in der Anstalt. Dort scheiden sie die zumeist im Analbereich versteckten Drogen aus, um sie an den Adressaten weiterzugeben. Nach wenigen Tagen wird eine Kontaktperson die Geldstrafe bezahlen und damit die Entlassung des „Kurzzeitgefangenen“ erwirken.

Andere lassen sich entsprechend vorbereitet in der Wohnung festnehmen. In meiner Dienstzeit in der JVA Koblenz hatte sich ein Gefangener bei der Festnahme durch die Polizei ein Überraschungsei als Drogendepot in den After gesteckt. Nachdem die Polizei den Gefangenen in die Anstalt gebracht und entsprechende Hinweise gegeben hatte, lag es an uns, eine Gefährdung des Gefangenen auszuschließen. Der Inhaftierte verhielt sich völlig unkooperativ, so dass ich eine Verlegung in ein örtliches Krankenhaus veranlasst habe. Das Krankenhaus weigerte sich zunächst mit dem Argument, es sei schließlich keine Suchtklinik. Erst nachdem ich darauf hingewiesen hatte, der Gefangene könne versterben, wenn sich das Ei im Körper öffne, so dass sich dann die Frage einer unterlassenen Hilfeleistung stelle, erfolgte widerwillig die Aufnahme. Der Gefangene wurde medizinisch überwacht, bis sich das Überraschungsei auf natürlichem Weg vom Körper verabschiedet hatte.

Auch Gefangene, die sich in einem Substitutionsprogramm befinden, müssen sorgfältig überwacht werden. Immer wieder gibt es Versuche, das Medikament an Gefangene weiterzugeben. In einem Fall deponierte ein Gefangener einen kleinen Schwamm in der Wangentasche, um das Substitutionsmittel so auffangen und weitergeben zu können.

Bevor die illegalen Drogen auf den Markt kamen, war der Konsum von in der Anstalt hergestelltem Alkohol ein großes Problem. Die Inhaftierten stellten den sogenannten Selbstangesetzten her, ein widerlich riechendes Getränk, das mithilfe von Obstsaft und Hefe produziert wird. Statt der für Gefangene schwer erhältlichen Hefe wird Brot verwendet. Obwohl diese Flüssigkeiten deutlich leichter als illegale Drogen in den Hafträumen auffindbar sind, versuchten Gefangene immer wieder auf diesem Weg ein Rauscherlebnis zu haben. Mit Aufkommen der illegalen Drogen wurde Selbstangesetzter zur Ausnahme. Zu Beginn meiner beruflichen Tätigkeit in der JVA Diez berichteten mir Bedienstete mit einer gewissen Bewunderung von einem Gefangenen, dem es gelungen war, eine zerlegbare Destillieranlage in seiner Zelle aufzubauen. Es handelte sich sicherlich um ein recht einträgliches Geschäft. Insbesondere in den Nachtstunden ging der Gefangene seiner Arbeit nach. Dass sein Beliebtheitsgrad innerhalb der Gefangenengemeinschaft recht groß war, versteht sich von selbst.

An dem Tag in den 90er-Jahren, an dem mein ehemaliger Vorgesetzter Dieter Bandell in der JVA Diez sein 25-jähriges Jubiläum als Anstaltsleiter gemeinsam mit den Bediensteten feierte, gab es einen gravierenden Vorfall, der bei einem anderen Verlauf dem dienstlichen Event ein jähes Ende gesetzt hätte. Zwei Gefangene, die an der nachmittäglichen Hofstunde teilnehmen wollten, fielen den Beamten aufgrund ihres schwankenden Ganges auf. Bei einer unmittelbaren Kontrolle und Befragung wurde ermittelt, dass die beiden Männer offenbar Methylalkohol getrunken hatten, den sie bei ihrer Tätigkeit in der Druckerei beiseitegeschafft hatten. Sie wurden unmittelbar in ein öffentliches Krankenhaus gebracht. Ohne zeitnahe medizinische Maßnahmen hätten sie nicht überlebt.

Im Ergebnis sollte man die Drogenproblematik und die Möglichkeiten, diese einzudämmen, realistisch betrachten. In jeder Anstalt befinden sich Drogen und werden konsumiert. Dennoch darf man den engagierten Kampf gegen die Suchtmittel nicht aufgeben. Neben dem therapeutischen Angebot, mit dem man leider nur einen Teil der Gefangenen erreicht, bemühen sich die Justizvollzugsanstalten, das Ausmaß der Drogenproblematik möglichst kleinzuhalten. Ein Kollege in der Diezer Anstaltsleitung sprach insoweit von einer „Strategie der kleinen Nadelstiche“. Intensive Haftraumkontrollen, Urinproben, körperliche Kontrollen zum Teil mit Entkleidung und intensive Überwachung der Besucher gehören dazu. Aber selbst bei mit Entkleidung verbundenen körperlichen Kontrollen der Gefangenen gelingt es selten, Drogen aufzufinden, da diese oftmals in Körperöffnungen wie dem Afterbereich versteckt werden.

Ausschließlich wenn ein Verdacht sehr konkret ist, ist ein medizinischer Eingriff wie Röntgen oder eine Ultraschalluntersuchung rechtlich zulässig.

Um Manipulationen oder Täuschungshandlungen wie die Verwendung von Fremdurin möglichst auszuschließen, erfolgen die Urinabgaben unter Aufsicht, um Manipulationen der Probe zu verhindern. Immer wieder werden Häftlinge dabei ertappt, dass sie ein kleines Behältnis mit „sauberem" Urin mit sich führen, um diesen für den Fall eines Drogenscreenings statt des eigenen Urins abzugeben. Wieder andere Gefangene verweigern unter diesen Bedingungen die Abgabe einer Urinprobe mit der Begründung, sie seien hierzu nicht in der Lage. Es mag sein, dass dies vielfach eine Ausrede ist. Doch kann ich mir durchaus vorstellen, dass im Einzelfall eine psychosomatische Barriere die Inhaftierten daran hindert, an einem Drogenscreening mitzuwirken.

Auch Inhaftierte, bei denen keine Drogenproblematik vorliegt, müssen stichprobenweise eine Urinprobe abgeben. Gefangene, die selbst nicht suchtgefährdet sind, kommen dennoch regelmäßig im Strafvollzug mit Drogen in Berührung, zudem sofern sie auch in Freiheit Gelegenheitskonsumenten waren. Dass einige dieser Inhaftierten unter Haftbedingungen eine Suchtproblematik entwickeln, liegt nicht fern. Dies wäre vermeidbar, würde man konsequent Gefangene mit Drogenproblematik von Inhaftierten ohne eine solche Gefährdung trennen. Ob die Praxis, bislang nicht mit Drogenkonsum Aufgefallene stichprobenartig Urinkontrollen zu unterziehen, rechtmäßig ist, erscheint jedoch fraglich. Das Bundesverfassungsgericht hat zu einem Fall in Nordrhein-Westfalen in seinem Beschluss vom 22. Juli 2022 moniert, Gefangenen, bei denen keine konkrete Verdachtslage vorliege, müsste statt der Urinprobe ein Bluttest angeboten werden, sofern sie damit einverstanden seien. Auch die regelmäßigen Haftraumkontrollen gewährleisten nicht, dass Drogen vor den Anstaltsmauern bleiben. Dennoch dienen sie der Abschreckung und erschweren es den Gefangenen, die Substanzen zu verstecken, wenngleich man einräumen muss, dass die Effizienz der Durchsuchungen ihre Grenzen hat. Da die Mitarbeiter des allgemeinen Vollzugsdienstes die Hafträume in regelmäßigen Abständen intensiv zu kontrollieren haben, muss sich der Zeitaufwand aus personellen Gründen in einem vertretbaren Ausmaß bewegen. Hierfür ist in Rheinland-Pfalz ein maximaler Zeitaufwand bei dem Einsatz von zwei Mitarbeitern pro Haftraum von vier Stunden vorgesehen.

Möchte man den Kampf gegen Drogen intensivieren und perfektionieren, besteht die Gefahr, dass man übertreibt und die JVA in einen sterilen und kalten Hochsicherheitstrakt verwandelt. Das Sicherheitskonzept muss mit Augenmaß gestaltet werden. Man muss sich bewusst sein, dass eine umfassende Kontrolle und das Ausschalten aller theoretischen Schwachstellen illusorisch sind. Zum Beispiel ist es angesichts der Vielzahl der LKWs, die die Anstalt tagtäglich anfahren, um Arbeitsmaterial in den Werkhallen abzugeben oder abzuholen, nicht ausschließbar, auf diesem Weg Drogen einzuschleusen. Es ist illusorisch, das gesamte Arbeitsmaterial so gründlich zu kontrollieren, dass dies ausgeschlossen ist. Möchte man dieses Schlupfloch schließen, müsste man die Arbeitsangebote in den Haftanstalten nahezu gänzlich abschaffen. Die Gefangenen säßen fast ausschließlich in ihren Zellen. Strafvollzug würde sich auf einen Verwahrvollzug reduzieren. Resozialisierung als Ziel des Strafvollzuges stünde dann nur noch auf dem Papier. Die meisten Gefangenen hätten zudem kein legales Einkommen mehr. Subkulturelle Aktivitäten zwischen Gefangenen würden sich stärker ausprägen. Ein Zuviel an vermeintlicher Sicherheit reduziert letztlich das Sicherheitsniveau in den Anstalten.

Kapitel 15: Vollzugslockerungen und das Restrisiko

Der Gefangene der JVA Diez ging auf die Sechzig zu, wirkte stets gut gelaunt und klopfte gerne Sprüche. Er war viele Jahre im geschlossenen Vollzug, bevor er wenige Monate vor dem Strafende in den offenen Vollzug verlegt wurde und dort regelmäßig Ausgänge erhielt. Im geschlossenen Vollzug fiel er mir dadurch auf, dass er gerne im Vordergrund stand. Jüngere Gefangenen nahmen ihn im Laufe der Zeit weniger ernst als die älteren. Er hatte Gewalttaten und auch Vermögensdelikte begangen.

Ich kann mich noch daran erinnern, als er als Zugang, nachdem er die Untersuchungshaft in einer anderen Anstalt verbracht hatte, Anfang der 90er-Jahre im unteren Flur des Verwaltungsgebäudes stand, ein sehr auffälliges buntes Hemd trug und eine Pilotenbrille mit getönten großen Gläsern auf der Nase hatte. Seine etwas längeren Haare waren gelockt. Hier hatte offenbar ein Friseur Unterstützung geleistet, denn die Locken waren im Laufe der Untersuchungshaftzeit bereits an den unteren Rand der Mähne gewandert. Der Mann sprach recht laut und selbstbewusst mit dem Beamten, der ihn zur Kammer führte, wo die Neuzugänge die alle gleichmachende Anstaltskleidung erhalten und die private Kleidung abgeben müssen. Ich hatte den Eindruck, dass jemand aus dem Rotlichtmilieu zu uns kam, der nicht zum ersten Mal einen Knast gesehen hatte. Einer, der es versteht, andere Gefangene um sich zu scharen, und daher Probleme bereiten könnte, befürchtete ich. Es stellte sich heraus, dass ich mich geirrt hatte. Die Mitgefangenen nahmen bald wahr, dass er ein Blender war. Jahre später war er äußerlich nur noch ein Schatten seiner selbst. Die Haare hatte er verloren. Der kleingewachsene Mann sah bleich und krank aus. Die einzige Auffälligkeit war sein ausgeprägter Appetit. Nach jeder Essensausgabe bat er um einen Nachschlag. Dies brachte einen zu seinem ständigen Heißhunger passenden Spitznamen ein.

Da sich die Kriminalprognose des Gefangenen während der Haft kaum verbessert hatte, wurde er recht spät, nämlich ein halbes Jahr vor dem Strafende, ins Freigängerhaus verlegt. Etwa drei Monate vor der Entlassung brachte die Polizei den Gefangenen in die Anstalt zurück. Er hatte in einem nahegelegenen Supermarkt, wo die Gefangenen des offenen Vollzuges regelmäßig einkaufen gingen, Waren im Wert von gerade einmal zehn Euro gestohlen. Der Gefangene musste in den geschlossenen Vollzug zurückkehren, um dort die restliche Haftzeit zu verbringen. Einen oder zwei Tage nach der Rückverlegung hängte er sich überraschend auf. Vielleicht hatte das mit seinem Versagen zu tun. Vielleicht ahnte er, dass er nach der Entlassung draußen nicht zurechtkommen würde. Vielleicht hatte er die Überzeugung gewonnen, sein Leben sei endgültig gescheitert. Die Mithäftlinge konnten nicht nachvollziehen, dass einer wie er, der stets eine dicke Lippe riskiert hatte, wegen eines Diebesguts von lächerlichem Wert zurück ins „Mutterhaus" musste, wie die Bediensteten den geschlossenen Vollzug nennen. Hätte der Gefangene dagegen einen Bankraub begangen, wäre der Ansehensverlust bei manchem Mitgefangenen geringer gewesen.

Während meines Berufslebens war er der einzige Gefangene, der nach einer Rückverlegung aus dem offenen Vollzug so verzweifelt war, dass er sich das Leben genommen hat. Schließlich stand der Freigänger im Zeitpunkt der unfreiwilligen Rückkehr nur wenige Monate vor der Rückkehr in die Freiheit.

Im Nachhinein stellte sich leider heraus, dass der verstorbene Gefangene mit den Freiheiten des offenen Vollzuges überfordert war. Wäre es eine bessere Alternative gewesen, ihn auch in den letzten drei Haftmonaten noch im geschlossenen Vollzug zu lassen und auf den Versuch einer Entlassungsvorbereitung gänzlich zu verzichten? Dann hätte man ein noch größeres Risiko, zu scheitern, auf die Zeit in Freiheit verschoben, versuchte ich mich mühevoll zu rechtfertigen.

Bei der Frage, ob einem Gefangenen Vollzugslockerungen zur Vorbereitung der Entlassung gewährt werden, findet man bei den Entscheidungsträgern bisweilen eine ausgeprägte Angst, Fehler zu machen. Flieht zum Beispiel ein Gefangener während eines ihm gewährten Urlaubs und begeht eine Straftat, wird dies unmittelbar von den Medien aufgegriffen. Zumindest unterschwellig wird die Frage gestellt, wie so etwas passieren konnte, und der zuständigen Justizvollzugsanstalt grobe Fahrlässigkeit unterstellt.

Bei jeder Entscheidung über vollzugsöffnende Maßnahmen ist eine Risikoprognose zu treffen, ob Flucht- oder Missbrauchsgefahr vorliegt. Hierüber wird in einer Konferenz entschieden, an der der Leiter der Vollzugsabteilung teilnimmt, wenigstens ein Mitarbeiter des allgemeinen Vollzugsdienstes, ein Sozialarbeiter und, wenn der Gefangene ein schwereres Delikt begangen hat, ein Psychologe. Die Entscheidung – jedenfalls bei erstmaligen Lockerungen – trifft letztlich zumeist ein Mitglied der Anstaltsleitung. Doch gibt es kein Röntgengerät für die menschliche Psyche, schon gar kein Instrument, das glaskugelartig mit unbegrenzter Treffsicherheit in die Zukunft schauen kann. Es ist nicht mathematisch berechenbar, wie sich ein Mensch außerhalb der Justizvollzugsanstalt unter nur unvollständig erfassbaren Bedingungen verhält und entscheidet. Es bleibt stets ein Prognoseversuch. Bei vollzugsöffnenden Maßnahmen gibt es stets ein Restrisiko.

Ansonsten sind Resozialisierung und Entlassungsvorbereitung nicht möglich. Die Entscheidungen haben ausschließlich den Einzelfall im Blick und werden nach einer gründlichen Abwägung aller Gesichtspunkte getroffen. Sie bleiben eine Gratwanderung. Je schwerer das Delikt ist, umso höher sind die Anforderungen, desto niedriger muss das eingegangene Risiko sein. Dies gilt insbesondere bei Gewalt- und Sexualstraftätern.

Wer als Anstaltsleiter bei seinen Entscheidungen eine Null-Risiko-Politik fahren möchte, gibt eine Bankrotterklärung gegenüber dem gesetzlichen Ziel des Strafvollzuges, der Resozialisierung, ab. Er handelt nicht besonders verantwortungsvoll gegenüber dem Bürger und potentiellen Opfern, wie man oberflächlich betrachtet annehmen könnte, sondern scheut vielmehr die Verantwortung aus Angst, Fehler zu begehen. Das Risiko wird auf die Zeit nach der Entlassung verlagert.

In den letzten Jahrzehnten hat sich nach und nach ein schleichender Stimmungswandel in der Gesellschaft eingestellt. Man misstraut dem Strafvollzug, hält ihn für wenig erfolgreich und zu lasch. Dies hat dazu geführt, dass eine sachliche und an dem gesetzlichen Resozialisierungsziel orientierte Arbeit im Vollzug deutlich erschwert wurde. Die blauäugige Anfangseuphorie der 68er-Generation mit dem grenzenlosen und deshalb auch naivem Behandlungsoptimismus, der ohnehin nicht tief in der Gesellschaft verankert war, gehört schon lange der Vergangenheit an.

Zu dem Thema dieses Kapitels gab der ehemalige Diezer Anstaltsleiter Dieter Bandell ein eindeutiges Statement bei einer Podiumsdiskussion anlässlich des Tages des Strafvollzuges ab:

„Ein Strafvollzug ohne Behandlung, ohne Vollzugslockerungen, ohne Urlaub, ohne offenen Vollzug und ohne realisierbare Chance eine Entlassung führt bei Gefangenen, Bediensteten und auch in der Gesellschaft zu Perspektivlosigkeit und Resignation. Dies gefährdet dann wieder in nicht mehr kalkulierbarem Maße die Sicherheit des Strafvollzuges und der Gesellschaft. Unter Gefangenen gilt dann der Grundsatz: ‚Ob sie dich lieben oder hassen, am letzten Tag wirst du entlassen.'"[32]

„Das Problem: ‚Entweder Risiko während des Vollzuges oder Risiko nach der Entlassung' lässt sich nicht lösen."[33]

Dem ist nichts mehr hinzuzufügen. Letztlich ist der Anstaltsleiter dafür verantwortlich, ob und in welchem Umfang ein Gefangener mit vollzugsöffnenden Maßnahmen erprobt und auf die Entlassung vorbereitet wird. Deren Scheitern ist im Ergebnis sein Scheitern. Die Verantwortung, die er bei den Entscheidungen über Vollzugslockerungen hat, ist diejenige, die am schwersten auf seinen Schultern lastet. Wenn ich bei meinem täglichen Weg in den frühen Morgenstunden vom Parkplatz zur Hauptpforte JVA Diez auf den mächtigen hohen Turm des Verwaltungsgebäudes blickte, erschien mir dieser manchmal als Symbol für die auf mir lastende Verantwortung als Anstaltsleiter. An schlechten Tagen hoffte ich allerdings, dass dieser Turm nicht über mir zusammenbricht und mich begräbt. Doch blieben solche Tage die Ausnahme.

Kapitel 16: Die ehrenamtlichen Vollzugshelfer und anderes Engagement

Ehrenamtliche Vollzugshelfer sind für die Gefangenen eine Tür zu den Menschen außerhalb der Gefängnismauern. Sie besuchen Gefangene regelmäßig, hören ihnen geduldig zu, versuchen sie aufzubauen. Für Inhaftierte, die draußen oft niemand mehr haben, sind sie eine seelische Stütze. Immer wieder hat es mich beeindruckt, dass Menschen bereit sind, ihre Freizeit für die Außenseiter der Gesellschaft zu opfern, einzelne Inhaftierte zu betreuen und auch Gruppenangebote zu machen. Hierzu gehören beispielsweise in der JVA Rohrbach die Gruppen der Anonymen Alkoholiker oder des Kreuzbundes. Beide kümmern sich um Inhaftierte mit Suchtproblemen. Hervorzuheben sind darüber hinaus die kreativen Freizeitgruppen der Studenten der Katholischen Hochschule Mainz sowie schon seit Jahrzehnten die Juragruppe der Universität Mainz, genannt Knastgruppe, eine Gruppe, die aus Studenten insbesondere aus dem Fachbereich Rechtswissenschaften besteht, engagierte junge Menschen, die sich durch eine ausgeprägte soziale Grundeinstellung auszeichnen.

Unter den ehrenamtlichen Vollzugshelfer, die ich kennenlernen durfte, ragte Dieter Sahmer heraus. In der Justizvollzugsanstalt Diez leitete er über vier Jahrzehnte einen Posaunenchor. Vom Justizminister Herbert Mertin wurde er mit der rheinland-pfälzischen Justizmedaille dafür ausgezeichnet. Mit seinen Proben hat er den betreuten Gefangenen nicht nur abwechslungsreiche Stunden bereitet, sondern vielen auch geholfen, den Weg zurück in ein normales Leben in Freiheit zu finden. Er verstand es, die Gefangenen zu begeistern.

Dieter Sahmer, der regelmäßig die Treffen der ehrenamtliche Vollzugshelfer besuchte, wies oftmals darauf hin, dass sein Engagement außerhalb der Anstalt von den meisten Mitbürgern wenig gewürdigt werde. Häufig sei er angesprochen worden, warum er sich im Gefängnis engagiere. Es gebe doch so viele sinnvollere Betätigungsfelder für Ehrenamtliche. Botschaft solcher Fragen ist wohl, Gefangene hätten es nicht verdient, dass man sich um sie kümmert und sie unterstützt. Über diese mangelnde Wertschätzung des Ehrenamtes hinter den Mauern einer JVA setzte sich Dieter Sahmer hinweg, weil er vom Sinn seines Engagements überzeugt war. Der engagierte Mann war ein Glücksfall für die JVA Diez. Es ist ihm und allen Vollzugshelfern zu wünschen, dass ihr ehrenamtliches Engagement mehr Wertschätzung erfährt.

Unter den Ehrenamtlichen gab es viele mit einem großen Herzen, von denen einzelne leider auch Lehrgeld zahlen mussten. Manche Gefangenen versuchten, die Ehrenamtlichen für ihre Anliegen einzuspannen. Es gab Vollzugshelfer, die sich dafür einsetzten, dass Gefangene Vollzugslockerungen wie Urlaub erhalten sollten. Dies war menschlich verständlich und entsprach der Einschätzung der Persönlichkeit des Gefangenen, so wie sie der Ehrenamtliche erlebte. Die Einschätzung der zuständigen Fachleute der Anstalt war jedoch oftmals eine gänzlich andere. Vollzugshelfern wurde stets geraten, sich auf die unmittelbare Betreuung der Gefangenen zu beschränken, Zeit für sie zu nehmen, ihnen zuzuhören, letztlich als Mensch für sie da zu sein. Dies sei das Wichtigste. Die allermeisten Vollzugshelfer griffen diesen Rat auf und waren für die Gefangenen eine wichtige und manchmal einzige Brücke zur freien Gesellschaft, aus der die Inhaftierten vorübergehend entfernt worden waren.

Der wohl prominenteste ehrenamtliche Vollzugshelfer in rheinland-pfälzischen Gefängnissen war der 2021 verstorbene Norbert Thines, Präsident des 1. FC Kaiserslautern von 1988 bis 1996. Ein überaus sozial engagierter Mann, der das Herz auf dem rechten Fleck hatte. Er betreute bis zur Auflösung der JVA Kaiserslautern auch einzelne Strafgefangene dieser Einrichtung. Norbert Thines wurde mit dem Bundesverdienstkreuz ausgezeichnet, war Ehrenbürger von Kaiserslautern und Ehrenpräsident des 1. FC Kaiserslautern. In der JVA Diez besuchte er immer wieder einen von Kaiserslautern verlegten Gefangenen, der FCK-Fan war. Er machte dem Mann, der eine lebenslange Freiheitsstrafe zu verbüßen und das Glück hatte, dass seine Familie nach wie vor zu ihm hielt, eine große Freude mit den mitgebrachten Stadionzeitungen.

2014 lud ich den engagierten Mann in die JVA Rohrbach zu einer Veranstaltung mit den Gefangenen ein. Norbert Thines unterhielt sich angeregt mit ihnen. Ein Mensch, der anderen auf Augenhöhe begegnet. Er erzählte von seinem Leben und sozialen Aktivitäten. Mit Norbert Thines sind die Gefangenen einem Menschen begegnet, der als Vorbild dienen kann. Ich hatte den Eindruck, dass sein Besuch den ein oder anderen berührt hat.

Ebenfalls aus dem Fußballbereich stammte Horst Eckel, der 2021 verstorbene Spieler der legendären Fußballweltmeistermannschaft von 1954, der sich regelmäßig ehrenamtlich für Gefangene einsetzte. Der langjährige Repräsentant der Sepp-Herberger-Stiftung, die sich für die Integration insbesondere junger Gefangener engagierte, ließ sich auf ein unbefangenes Gespräch mit den Gefangenen der JVA Rohrbach ein. Ein beeindruckender und sehr bodenständiger Mensch. Auch manche Bedienstete bringen ihr Hobby zugunsten der Gefangenen in den Gefängnisalltag ein. Da sie hierbei auch teilweise ihre Freizeit zur Vorbereitung nutzen, hat dieses Engagement ehrenamtlichen Charakter. So war die Oldtimer-Ausstellung eine schöne Abwechslung für die Gefangenen im tristen Gefängnisalltag der JVA Rohrbach. Ein Mitarbeiter der Anstalt, der selbst im Besitz eines alten Fiat 600 und Mitglied eines Oldtimer-Clubs war, organisierte das Event mit Herzblut. Ein toller Anblick, wenn 60 Fahrzeugbesitzer durch die Pforte ins Anstaltsgelände fuhren und ihre Schätze in einem der Anstaltshöfe zur Schau stellten. Vom BMW Isseta bis zum Jaguar XK, Baujahr 1952 konnten die Gefangenen Oldtimer bewundern. Es entwickelten sich viele interessante Gespräche zwischen Gefangenen und Ausstellern.

Kapitel 17: Besuche von der alten Mutter und den Kindern

Während meiner ersten beruflichen Station in der JVA Frankenthal meldete sich ein Gefangener zu meiner Sprechstunde. Er war wegen Handels mit Drogen in größeren Mengen in Haft und ging bereits auf das 60. Lebensjahr zu. Bevor er auf Abwege geriet, übte er einen Handwerksberuf aus. Regelmäßig erhielt er Besuch von seiner hochbetagten Mutter. Mit den Besuchsbedingungen zeigte er sich nicht einverstanden. In der Mitte der Tische des Besuchsraumes befand sich eine 30 cm hohe Vorrichtung aus durchsichtigem Kunststoff, die Gefangene und Besucher daran hindern sollte, Gegenstände zu übergeben. Angesichts der Vielzahl der Gefangenen mit Suchtproblematik soll so das Einbringen von Drogen verhindert, aber auch anderen Gefahren für die Sicherheit vorgebeugt werden (z. B. Weitergabe von Kassibern, das sind kleine Zettel mit Nachrichten an andere Gefangene). Berühren ist während des Besuches untersagt. Ein kurzer Körperkontakt ist ausschließlich bei der Begrüßung und Verabschiedung gestattet.

Der Inhaftierte bat inständig darum, bei den Besuchen seiner Mutter die Kunststoffglasscheibe zu entfernen. Er schilderte mir sehr anschaulich den Ablauf der Besuche. Seine Mutter sei sehr klein und schon etwas altersgebeugt, so dass ihr Kopf hinter der Trennvorrichtung verschwinde. Da sie zudem noch schwerhörig sei, sei es kaum möglich, sich durch die Scheibe zu verständigen. Weil die Angaben des Mannes zutreffend waren, machte ich eine Ausnahme und ließ die Trennvorrichtung für die Besuche der Mutter entfernen.

In einer Institution wie einem Gefängnis, in der grundsätzlich klare und eindeutige Regelungen den Arbeitsalltag für das Personal erleichtern, werden solche Ausnahmeregelungen, die ein Anstaltsleiter vermeintlich am grünen Tisch trifft, nicht immer gerne gesehen. So wird teilweise befürchtet, dass die eine Ausnahme die nächste nach sich zieht und Einzelfallregelungen den Keim der Unordnung in sich tragen. Doch sehen die meisten Bediensteten auch den Einzelfall und machen selbst die ein oder andere Ausnahme, wenn sie denn begründet ist. Möchte ein Gefangener ein Telefonat außerhalb der üblichen Zeiten führen, weil ansonsten die berufstätige Partnerin nur schwer erreichbar ist, wird durchaus einmal ein Auge zugedrückt.

Während meiner Zeit als Anstaltsleiter der JVA Diez wurde zwischen 2003 und 2006 ein Neubau, das sogenannte Wirtschaftsgebäude, erstellt, wo auch der Besuchsbereich untergebracht wurde. Zunächst beabsichtigte das Justizministerium den großen Besuchsraum so zu gestalten, dass die Besuchsbedingungen für alle Gefangenen gleich waren. Dies hätte bedeutet, dass Besucher und Gefangene sich strikt voneinander getrennt gegenübergesessen hätten. Auf der Tischmitte war eine 30 Zentimeter hohe Ordnungsscheibe aus durchsichtigem Kunststoff vorgesehen. Doch setzte ich mich bei den Planungen nachdrücklich dafür ein, den großen Besuchsraum differenziert zu gestalten. Zuverlässige Gefangene, bei denen nicht zu erwarten war, dass über Besucher Drogen in die Anstalt eingebracht wurden, sollten bei Besuchen von Familienangehörigen und Partnerinnen eine offene Tischordnung haben. So sollte eine größere menschliche Nähe hergestellt werden. Gefangene, bei denen ein Missbrauch der Besuche zu befürchten war, mussten mit den Tischen vorliebnehmen, auf denen sich die Ordnungsscheibe befand. Gleiches sollte allgemein auch für Besuche von Personen gelten, die nicht zum engeren familiären Umfeld gehörten oder keine Lebenspartner waren.

Das Ministerium war trotz mehrfacher und mit guten Argumenten unterlegten Berichten lange Zeit nicht bereit, meinen Vorstellungen zu folgen. Erst als ich mit den positiven Erfahrungen anderer Bundesländer argumentiert hatte, konnte ich die vorgesetzte Ebene überzeugen.

Besuche können einerseits dazu beitragen, dass die familiären Beziehungen aufrechterhalten werden, jedoch bedeuten sie zugleich eine große emotionale Belastung für alle Beteiligten. Ein Gefangener verbüßte eine kurze mehrmonatige Freiheitsstrafe. Der Richter hatte offenbar die Nase von gutmütig verhängten Bewährungsstrafen voll, nachdem der Inhaftierte mehrfach mit Delikten im Straßenverkehr rückfällig geworden war. Es waren keine Trunkenheitsfahrten, sondern Verstöße gegen das Pflichtversicherungsgesetz, da der in der Unterhaltungsbranche tätige Unternehmer die Versicherungsgebühren für seine Fahrzeuge nicht mehr bezahlen konnte. Er hatte eine Frau und zwei gemeinsame Kinder. Bitterlich weinend verließen die kleinen Jungen mit ihrer Mutter den Besucherraum. Bevor die Familie des Gefangenen ihn so niedergeschlagen verlassen musste, hatte sie eine Stunde Besuch mit ihm im Familienbesuchsraum. Hierbei handelt es sich um ein Zimmer, in dem sich ein Gefangener und dessen Partnerin mit den Kindern in einer angenehmeren Atmosphäre aufhalten können. Auf der Wand des Familienbesuchsraums befindet sich ein großes Wandgemälde, ein kindgerechtes, von einem Gefangenen geschaffenes Bild mit einer fröhlichen Ausstrahlung, ein Kind, ein Teich, Tiere. Der Raum ist mit Kindermöbeln und Spielzeug ausgestattet. Die Besuchsgruppe ist mit Ausnahme des Beamten, der den Besuch überwacht, allein in dem Raum, der über eine offene Tischordnung verfügt. Man kann sich frei um einen kleinen Tisch gruppieren, sich berühren, umarmen und küssen, die Kinder auf den Schoß nehmen.

Vielen Gefangenen ist bewusst, dass ihre Familie mitbestraft ist, wenn sie ins Gefängnis muss. Manche haben deshalb große Schuldgefühle. Ein Inhaftierter, der mehrere Jahre in Haft in der JVA Diez bleiben musste, wollte seiner kleinen vierjährigen Tochter keinen Besuch im Gefängnis zumuten und ließ ihr von der Ehefrau mitteilen, eine Zeit lang müsse er in einem großen Schloss wohnen. Das Mädchen malte ein Bild mit ihrem Papa und dem Schloss. Die Mutter schickte es dem Häftling. Gefangene, die Kinder haben, haben statt der für alle Inhaftierten möglichen zwei Stunden monatlich vier Stunden Besuch, die sie auf vier Termine aufteilen können. Allerdings kann man nur für eine Stunde monatlich auf den Familienbesuchsraum zurückgreifen. Mehr geben die personellen und zeitlichen Kapazitäten der JVA Rohrbach nicht her. Das zeitliche Kontingent für Besuche der engsten Bezugspersonen ist zu gering. Gäbe es mehr eigenständige Untergliederungen innerhalb eines Gefängnisses oder spezialisierte an unterschiedliche Sicherheitsbedürfnisse angepasste Justizvollzugsanstalten, könnte man die Besuchsbedingungen individueller gestalten. Möglich wären längere mehrstündige Besuchszeiten in kleinen Einzelbesuchsräumen mit einer Spielecke für Kinder. Die Überwachung würde nur stichprobenartig erfolgen. Polsterstühle und Sessel gehörten zum Inventar ebenso wie eine Teeküche, wo man sich ein Getränk oder eine kleine Mahlzeit während des Besuches zubereiten könnte. Da es bei Gefangenen mit geringen Sicherheitsanforderungen nicht notwendig wäre, die Besuche im bisherigen Umfang optisch zu überwachen, wäre der personelle Aufwand geringer als bislang und hätte deshalb ein größeres Zeitfenster für Besuche zur Verfügung.

Kapitel 18: Am falschen Ort zur falschen Zeit oder wenn flüchtige Gefangene einem in die Arme laufen, Tätowierungen und andere Erkennungsmerkmale

Im Frühsommer 1990, als ich meine erste berufliche Station in der Justizvollzugsanstalt Frankenthal hatte, nahm ich an dem jährlichen Betriebsausflug teil. Eines der Zwischenziele der Wanderung war eine Grillhütte in einem Waldgebiet, wo es einen Imbiss geben sollte. Ich unterhielt mich gerade mit einer kleinen Gruppe von Mitarbeiterinnen und Mitarbeitern, als eine junge Sozialarbeiterin plötzlich bemerkte: „Das ist doch der M.!", und sprach dann weiter: „Der hatte doch kürzlich Urlaub und ist nicht mehr in die Anstalt zurückgekehrt." Glücklicherweise hatten andere Bedienstete diese Äußerung nicht mitbekommen, so dass keine unnötige Unruhe in der Wandergruppe entstand, die der Flüchtige hätte mitbekommen können. Eine Festnahme durch Mitarbeiter der Anstalt wollten wir nicht riskieren. Schließlich hätte der Gefangene bewaffnet sein können, so dass eine Eskalation nicht gänzlich unwahrscheinlich gewesen wäre. Also sollte die Polizei schnellstmöglich informiert werden. Der entlaufene Gefangene saß in einer Entfernung von 100 Metern auf einem Baumstamm. Er schaute in eine andere Richtung und bemerkte die Wandergruppe offenbar nicht. Wir bogen ein großes Stück von dem Flüchtigen entfernt nach rechts Richtung Grillhütte ab. Gemeinsam mit der aufmerksamen Sozialarbeiterin und einem weiteren Mitarbeiter entfernte ich mich vorsichtig von der Gruppe. Wir kehrten um und gingen ein kleines Stück durch den Wald, um wieder auf einen Weg zurückzukehren. Damals besaß kaum jemand ein Mobiltelefon, so dass wir das nächste Haus aufsuchen mussten, um die Polizei zu informieren. Leicht gesagt! Das nächste Haus! Wo befand es sich denn? Ohne Google Maps! Wir gingen den Weg ein Stück zurück, um schließlich ein einzelnstehendes Haus zu entdecken. Glücklicherweise öffnete uns eine freundliche Frau die Tür. Sie erinnerte uns jedenfalls nicht an das Märchen von Hänsel und Gretel, so dass wir unbefangen unser Anliegen vortrugen. So konnten wir unmittelbar fernmündlich Kontakt mit der Polizei aufnehmen. Bei dem Gefangenen handelte es sich um einen jüngeren Mann, der wegen nicht allzu schwerer Delikte wie Diebstahls noch eine Freiheitsstrafe von einem Jahr zu verbüßen hatte. Die Polizeibeamten, die recht bald in Uniform erschienen und mit denen wir in die Nähe des Festnahmeortes fuhren, nahmen die Sache recht locker. Der offensichtlich sehr überraschte Gefangene ließ sich widerstandslos festnehmen. Sein Fluchttrieb war wohl auch nicht übermäßig stark ausgeprägt. Der Gefangene wusste, dass er ohnehin irgendwann einmal den Rest der Freiheitsstrafe absitzen musste. Ein klassischer Fall aus der Rubrik „dumm gelaufen". Da befindet sich ein entlaufener Gefangener bei schönem Wetter mitten im Wald und macht entspannt eine Zigarettenpause, als die halbe Anstalt ihm sich nähert. Interessant wäre es gewesen, wie der Gefangene reagiert hätte, wären wir in einem Pulk von hundert Mitarbeitern geradeaus an dem Gefangenen vorbei weiter spaziert.

Mitte der 90er-Jahre. Diesmal ein privater Ausflug. Die sympathische Cousine meiner Ehefrau besuchte uns mit ihrem Partner an einem Wochenende im Sommer. Den Vorschlag meiner Frau, Heidelberg zu besuchen, griffen alle freudig auf. So kamen wir am frühen Nachmittag in der romantischen Stadt am Neckar an. Der schönste Blick auf Stadt und Schloss bietet sich vom Philosophenweg aus, der sich an den Berghängen gegenüber der Stadt auf der anderen Flussseite entlangzieht. Im oberen Bereich befand sich damals ein Kiosk; eine Bausünde, die man später korrigiert hat. Neben dem Kiosk ein wenig nach hinten versetzt stand eine Bank. Ein idealer Platz, um sich nach dem etwas anstrengenden Aufstieg ein wenig auszuruhen und den Blick auf die wunderschöne alte Stadt zu genießen. Leider war die Bank besetzt, so dass wir weitergingen. Ich hatte nur flüchtig Richtung Bank geschaut und eine männliche Person, neben der ein großer Rucksack stand, wahrgenommen, die diesen Logenplatz belegte. Irgendetwas kam mir an dem Mann, den ich nur beiläufig aus den Augenwinkeln wahrgenommen hatte, bekannt vor. Seine Unterarme waren mit größeren Tätowierungen dekoriert. Solche Verzierungen waren damals anders als heute eher selten und noch überwiegend ein Erkennungsmerkmal bei Seeleuten und Gefangenen. Ich murmelte zu meinen Begleitern, dass ich möglicherweise einen flüchtigen Inhaftierten erkannt hätte, ich mich davon aber noch mal überzeugen wolle. Unterhalb des Kiosks und des Philosophenweges befindet sich eine beschauliche kleine Gartenanlage. Ich ging in diesen Bereich hinein, um mich hinter einen Busch stehend davon zu vergewissern, ob es sich wirklich um einen vor einigen Wochen beim Freigang geflüchteten Strafgefangenen handelte. Ich hatte mich nicht getäuscht. Nun war schnellstmöglich die Polizei zu informieren. Da ich damals Mitte der 90er-Jahre noch nicht mit einem Mobiltelefon ausgestattet war, rannte ich, nachdem ich mich über die Gartenanlage aus dem Blickfeld des Gefangenen entfernt hatte, den Weg hinunter Richtung Stadt. Man kann sich vorstellen, dass die stattlichen Villen, die den Philosophenweg im unteren Bereich säumen, begüterte Bewohner beherbergen, die eine gewisse Grundangst vor Kriminalität besitzen. Die Villen waren zumeist mit Kameraanlagen ausgestattet. Ich klingelte an zwei Häusern, ohne dass jemand reagierte. Im dritten

Gebäude meldete sich eine Dame, der ich mein Anliegen schilderte. Ich versuchte dies möglichst ruhig und sachlich zu tun und bat darum, ihr Telefon benutzen zu dürfen. Die offenbar überaus ängstliche Person, die meine Story wohl etwas abenteuerlich fand, erklärte sich zögerlich wenigstens bereit, selbst die Polizei zu informieren. Ich bedankte mich höflich, meine Verärgerung, soweit es ging, verbergend, und machte sicherheitshalber weitere Versuche, selbst unmittelbar mit der Polizei Kontakt aufzunehmen. Glücklicherweise bemerkte ich, wie sich ein Mann in Tenniskleidung auf den Eingang seines Wohnhauses zubewegte. Wenngleich ich auch bei ihm einen skeptischen Blick bemerkte, nahm er mich in seine Wohnung mit, so dass ich dort die Polizei informieren konnte. Wir gelangten mit dem Fahrstuhl unmittelbar in sein Refugium. Man gönnt sich ja sonst nichts.

Wieder zurück am Philosophenweg angelangt sah ich mit Erschrecken, wie sich bereits etwa fünfzig Meter von mir entfernt ein Polizeifahrzeug langsam Richtung Kiosk bewegte. Offenbar hatte die Dame, die ich zuvor angesprochen hatte, rechtzeitig die Polizei benachrichtigt. Angesichts der vielen Spaziergänger konnten die Polizisten glücklicherweise nur ein sehr gemächliches Tempo einlegen. Ich spurtete deshalb dem Einsatzfahrzeug hinterher, um es noch rechtzeitig außerhalb des Blickfeldes des Gefangenen aufhalten zu können. Nachdem ich schließlich das Auto erreicht hatte, klopfte ich an die Scheibe. Der Fahrer schaute mich fragend an. Ich erklärte ihm, dass ich der Anrufer gewesen sei. Die Polizeibeamten hielten an, stiegen aus, gingen das letzte Stück zu Fuß und nahmen den Gefangenen fest, der hierbei keinerlei Widerstand leistete und mich – ich stand in der Nähe der Polizeibeamten – verdutzt und ein wenig grimmig anschaute. An diesem schönen Sommertag hatte ich wohl keinen neuen Freund gewonnen.

Vor der Flucht hatte ich einige Gesprächskontakte zu dem Gefangenen, da ich damals der für das Freigängerhaus zuständige Dezernent war. Hierbei berichtete der Inhaftierte mir, er interessiere sich für Kunst und Kultur. Dass er gerade Heidelberg aufgesucht hatte, passte somit zur Auswahl seines Ausflugsortes. Der Gefangene wurde zunächst im Gefängnis dieser Stadt aufgenommen und von dort aus einige Tage später nach Diez zurückgebracht. Er musste noch ein weiteres Jahr Freiheitsstrafe absitzen, um dann vom geschlossenen Vollzug aus, da die Kriminalprognose trotz der Flucht im Ergebnis positiv war, entlassen zu werden. Übrigens war seitens der Staatsanwaltschaft auf die Ergreifung des in Heidelberg aufgegriffenen Gefangenen eine Belohnung in Höhe von 3000 DM ausgesetzt. Mein Chef hatte ohne mein Wissen die Staatsanwaltschaft darüber informiert, dass ich für die Festnahme des Flüchtigen gesorgt hatte. Mein Vorgesetzter wollte mir die Belohnung zukommen lassen. Leider prasselte dieser Geldregen nicht auf mich nieder, da es richtigerweise zu den Aufgaben eines Mitarbeiters gehört, entlaufene Gefangene an der Fortsetzung der Flucht zu hindern.

Zwischenzeitlich haben – jedenfalls zumeist – schönere Tattoos, als sie der flüchtige Gefangene trug, einen festen Platz im ästhetischen Bewusstsein vieler Bürger gefunden. Wenngleich kein solches Bildnis meinen Körper schmückt, abgesehen davon, dass mir kein vernünftiges Motiv einfällt, habe ich mich an den Anblick dieser mehr oder weniger kunstvollen Arbeiten gewöhnt. Besonders begeistert mich, dass die Bildchen so lebendig erscheinen, indem sie sich im Laufe des Lebens verändern und dem Körper anpassen. Das Bildnis der ersten Liebe vergrößert oder verkleinert sich oftmals, so wie die Herzensdame sich möglicherweise ja auch im Laufe des Lebens verändert. Manche späte Falte oder Bindegewebsschwäche verleiht dem Tattoo eine besondere optische Note und macht den Träger interessanter, manchmal sogar geheimnisvoller, insbesondere wenn man das Motiv nicht mehr erkennt. Auch im Gefängnis haben die kleinen Kunstwerke an Bedeutung gewonnen. Doch können sie durchaus auch ein Konfliktpotential darstellen, etwa wenn sie nationalsozialistische oder andere provokante Symbole enthalten. Die Anstalt muss dann verhindern, dass Mitgefangene diese Zeichen wahrnehmen. Befinden sich die Tätowierungen unter der Kleidung, werden solche Gefangene generell nicht mit anderen Inhaftierten gemeinschaftlich in einer Zelle untergebracht. Auch dürfen sie nur einzeln den Duschraum aufsuchen.

In den Justizvollzugsanstalten gibt es immer wieder begabte Zeichner, die Mitgefangenen gegen Bezahlung Tattoos in die Haut stechen. Hierfür verwenden die Tätowierer umgebaute Rasierapparate. Dies ist verboten, da es sich um Geschäfte unter Gefangenen handelt, die zu Abhängigkeiten führen können. Zudem können beim Tätowieren schwere Erkrankungen wie Hepatitis C oder AIDS übertragen werden. In der Zelle eines Hobby-Tätowierers wurde bei einer Kontrolle eine Vielzahl von Tattoo-Vorlagen gefunden, für deren Qualität sich der Besitzer eines Tattoo-Studios nicht hätte schämen müssen. In seltenen Fällen kam es vor, dass Gefangene sich ihre Tattoos entfernen lassen wollten, insbesondere wenn die Bildnisse sie zweifellos als ehemalige Inhaftierte identifiziert hätten. Dies gilt zum Beispiel für die sogenannte Knastträne, die wenige Zentimeter unterhalb des Auges platziert wird. Für die Entfernung durch Lasern besitzen die Gefangenen zwar zumeist nicht die notwendigen finanziellen Mittel, sie können aber im Einzelfall einen Zuschuss von der Anstalt erhalten, sofern die Motivation glaubhaft die Verbesserung der Eingliederungschancen war.

Während meiner Dienstzeit als Anstaltsleiter der JVA Diez in den Jahren 2001-2009 kamen die Körperbilder einmal zu besonderen Ehren, indem sie künstlerisch verwertet wurden. Anlass war, dass die JVA Diez ein neues Gebäude erhielt, das unter anderem die Küche und den Besuchertrakt beherbergte. Bei Neubauten muss ein bestimmter Prozentsatz der Bausumme für Kunst am Bau investiert werden. So gab es eine Ausschreibung für interessierte Künstler. Ich gehörte neben einigen externen Personen zum Auswahlgremium, das unter den vorgelegten Entwürfen den besten auswählen sollte. Die Wahl fiel auf die Künstlerin Conny Theis. Sie gestaltete drei Tischgruppen mit jeweils einem Glastisch und zwei Bänken aus Edelstahl und farbigem Glas für den großen Freistundenhof der Anstalt. Hierbei verwendete sie die Grundfarben Rot, Gelb und Blau. Die Gefangenen wirkten bei dem Projekt mit. In den Glasplatten der Tische sind Fotografien von ihren Tätowierungen und Fragmente mit von Inhaftierten verfassten Gedichten und Texten collagenartig eingearbeitet. So blieben die Relikte einzelner Gefangener auch nach der Entlassung in der Anstalt.

Bis Ende der 90er-Jahre trugen zwar viele Gefangene Tattoos, selten aber Bedienstete. Bis etwa 2015 mussten sie nach einer Verwaltungsvorschrift im Dienst verdeckt werden, so dass den Betroffenen in der wärmeren Jahreszeit das Tragen von kurzärmeligen Hemden zwangsläufig untersagt war, weil man um das Ansehen der Beamten fürchtete. Mit diesem Thema musste sich sogar ein rheinland-pfälzisches Verwaltungsgericht beschäftigen, an das sich der Betroffene erfolglos gewandt hatte. Nachdem die gesellschaftliche Akzeptanz sich zugunsten der Körperbilder erhöht hatte, hob man die strenge Regelung auf.

Kapitel 19: Aus der Geschichte der JVA Diez; Gestank und Randale wegen der Klöße

Kaum vorstellen können sich heutige JVA-Mitarbeiter, unter welchen Bedingungen in vielen Einrichtungen noch in den 60er-Jahren gearbeitet wurde. Bedingungen, die nicht nur für die Gefangenen, sondern auch das Personal belastend waren. Der ehemalige Leiter der Arbeitsverwaltung und der Bauabteilung der JVA Diez Heinz Wendenburg beging seinen 90. Geburtstag. Bei einem Besuch anlässlich seines Ehrentages berichtete mir der 1979 pensionierte ehemalige Mitarbeiter temperamentvoll von seiner Dienstzeit in der JVA Diez und übergab mir mehrere Mappen mit schriftlichen Aufzeichnungen über seine Zeit hinter den Mauern.[34] Heinz Wendenburg erinnerte sich noch an die Zeit, als in den Zellen noch keine Toiletten, sondern Kübel standen, die morgens geleert wurden: „... zuallererst aber war das Hauptproblem anzugehen, nämlich die Beseitigung der Geruchsbelästigung im Zellenhaus. Ich rieche den bestialischen Gestank heute noch, wenn ich mich in jene Zeit zurückversetze. Kurz gesagt folgende Situation: Früh morgens war Wecken im Zellenhaus. 550 Gefangene standen auf und setzen sich fast zeitgleich auf ihren Kübel in der Zelle. Wenn dann der diensthabende Beamte Aufschluss befahl, wurden die Zellen aufgeschlossen und von den Gefangenen die vollen Kübel mit den Fäkalien auf den Flur gestellt, wo sie dann von den Kalfaktoren (Hausarbeitern) an das Ende des D-Flügels transportiert wurden, um dort in einem großen Abflussrohr entleert zu werden. Also innerhalb von ca. 1 Stunde 550 Kübel."[35]

Der Einbau sanitärer Einrichtungen in den Hafträumen der Diezer Anstalt erfolgte erst von 1964 bis 1967. Bei meinem Besuch erzählte der ehemalige Mitarbeiter schmunzelnd, das Staatsbauamt hätte entgegen seinem ausdrücklichen Rat zunächst zu schmal bemessene Abschussrohre eingebaut, da sie nicht daran gedacht hätten, dass morgens nahezu zeitgleich die Kanalisation belastet würde. Es sei dann das geschehen, womit er gerechnet habe. Die Rohre seien ständig verstopft gewesen. So hätte man sie wieder entfernen und Leitungen mit einem ausreichenden Durchmesser einbauen müssen. In der heutigen Zeit würde eine Unterbringung ohne sanitäre Anlagen von den Gerichten zu Recht als Verstoß gegen das grundgesetzliche Gebot, die Menschenwürde zu achten, beanstandet. Das Bundesverfassungsgericht hat zur Frage, welcher Maßstab anzulegen ist, ausgeführt, dies sei unter Berücksichtigung der allgemeinen – auch wirtschaftlichen – Verhältnisse zu beurteilen (Beschluss vom 13.11.2007 – 2 BvR 939/07). So ist es schlüssig, dass nach einigen obergerichtlichen Entscheidungen mehrere Gefangene nur noch dann gemeinschaftlich untergebracht werden dürfen, wenn die im Haftraum befindliche Toilette baulich abgetrennt ist und eine separate Entlüftung besitzt. Die Vorstellung, dass sich in meiner Wohnzimmerecke eine Toilette nur durch einen Vorhang abgetrennt jemand befindet, der seine Notdurft verrichtet, ist eine ekelerregende Vorstellung.

Erst in den 90er-Jahren gab es im Diezer Gefängnis mit der Zulassung von Fernsehgeräten in den Zellen eine Neuerung, die den Hausfrieden deutlich verbesserte. Zuvor hatte sich die Unzufriedenheit von Inhaftierten oftmals im Übermaß Luft gemacht: So berichtete mir ein in Sichtweite der JVA Diez wohnender Nachbar, dass er in seinem mehr als hundert Meter entfernt liegenden Wohnhaus den Lärm gehört habe, den die Gefangenen früher bei Randalen gemacht hätten. Auch ein pensionierter Kollege bestätigte dies. Einmal hätten die Gefangenen mit einem Gegenstand rhythmisch gegen Haftraumtüren und auch Zellenfenster geschlagen. Das Hafthaus habe dann gebebt. In einem Fall sei Anlass gewesen, dass man mit dem Essen nicht zufrieden gewesen sei. Im Speiseplan seien drei Klöße angekündigt worden, ausgegeben worden seien allerdings nur zwei. Auch an Silvester gab es ähnliche Situationen. Die Gefangenen tränkten Toilettenpapier mit Margarine, zündeten es an und warfen es als Ersatzfeuerwerk aus dem Zellenfenster. Der Lärm von Böllern und Raketen wurde ersetzt, indem immer wieder gegen die Haftraumtüren und -fenster geschlagen wurde. In meinen ersten Berufsmonaten habe ich es noch gelegentlich erlebt, dass Gefangene das Inventar ihrer Zelle völlig zertrümmert haben. Dies geschah zumeist aus purer Verzweiflung. Manche Gefangenen rissen Waschbecken und Heizkörper aus der Verankerung und warfen sie gegen die Wände oder die Tür. Nach Fernsehgeräte Einzug in die Zellen gehalten hatten, sind solche Vorfälle sehr selten geworden.

Kapitel 20: Vom Sterben in der Justizvollzugsanstalt und von der Verantwortung

„Sondern erlöse uns von dem Knast!“, betete beziehungsweise blökte ein Gefangener die letzte Vater-unser-Bitte, die richtigerweise lautet: „Sondern erlöse uns von dem Übel!“ Er saß zwei Plätze entfernt vor mir in der ersten Reihe der Diezer Gefängniskirche. Es war ein Weihnachtsgottesdienst, der besonders feierlich unter Mitwirkung des Limburger Erwachsenendomchores gestaltet wurde. Der Gefangene musste schon mehrfach Zeiten in der JVA Diez verbringen. Der Häftling, der sich ein wenig produzieren wollte, hatte das 50. Lebensjahr um einige Jahre überschritten. Er trug das graumelierte Haar etwas länger, was an einen alternden Schlagersänger der 70er-Jahre erinnerte. Der Gefangene hatte Banküberfälle begangen und hierfür mehrfach langjährige Freiheitsstrafen kassiert. Ein Unrechtsbewusstsein besaß er nicht. Er ging davon aus, dass er mit der Bank nur eine anonyme Institution geschädigt hatte. Die Ängste der Kunden und Mitarbeiter scherten ihn wenig. Manche Opfer sind, nachdem sie mit dem Tod bedroht worden waren, traumatisiert und müssen ihren Job aufgeben.

Schließlich habe er ja nur eine Schreckschusspistole dabeigehabt, erklärte der Gefangene. Als ob die Opfer dies wüssten. Kriminalität gehörte zum Leben des Bankräubers. Einer Straftataufarbeitung verschloss er sich völlig. Bei einem weiteren Rückfall hätte ihm die Sicherungsverwahrung, einer neben der Freiheitsstrafe verhängten Maßregel der Besserung und Sicherung, wie es im Strafgesetzbuch heißt, gedroht. Im Extremfall kann die Sicherungsverwahrung auch lebenslang andauern, sofern sich die Kriminalprognose nicht entscheidend verbessert hat.

Manche Gefangenen besitzen eine kriminelle Identität. Die Fachleute sprechen von einer dissozialen Persönlichkeit, der Laie etwas derber von einem Berufsverbrecher. Dies sind Menschen, die nicht mit den Wertmaßstäben messen, die für die meisten Bürger bedeutsam sind. Das Brechen von Regeln gehört zu ihrem Leben und wird gerechtfertigt, um sich das zu holen, was ihnen vermeintlich zusteht. Dennoch haben auch solche Gefangene mit zunehmendem Alter irgendwann die Nase vom Knast gestrichen voll, während sie ihn vorher als allgemeines Lebensrisiko verdrängen oder die Hoffnung haben, sie würden nicht erwischt. Männer, die nach Überschreiten des 60. Lebensjahr rückfällig werden, stellen eine Minderheit in einer JVA dar.

Der laute Beter aus dem geschlossenen Vollzug wurde erst nach vollständiger Verbüßung seiner Freiheitsstrafe aus dem geschlossenen Vollzug entlassen. So war der Bankräuber schließlich vom Knast erlöst und hat die Anstalt auf dem normalen Weg verlassen, nicht mit den Füßen nach vorne, wie es im Knastjargon heißt. Andere haben sich leider selbst durch Suizid vom Knast und ihrem gescheiterten Leben erlöst. Ein letzter Akt der Verzweiflung.

Anfang 2006 informierte ich einen Redakteur der Rhein-Lahn-Zeitung, in deren Dunstkreis die JVA Diez liegt, über den Tod von drei Gefangenen. Zwei Suizide und ein natürlicher Tod innerhalb kurzer Zeit warfen einen dunklen Schatten auf die Diezer Anstalt. Ich lud den Journalisten ein, an einem Gedenkgottesdienst in der Anstaltskirche teilzunehmen, der von den Anstaltsseelsorgern gestaltet wurde.

Der Tod von drei Gefangenen innerhalb dieser Zeit berührte Bedienstete, die unmittelbar mit den Verstorbenen zu tun hatten, mich als verantwortlichen Anstaltsleiter und vor allem die Gefangenen. Die Angst, nicht mehr lebend aus der Anstalt zu gelangen, ist sehr groß und das größte

Schreckgespenst in den Tagesalbträumen der Diezer Inhaftierten mit ihren langen und teilweise lebenslangen Freiheitsstrafen.

Die Information der örtlichen Tageszeitung erfolgte spontan. Das rheinland-pfälzische Justizministerium zog es vor, das Sterben im Gefängnis nicht öffentlich zu thematisieren, vor allem wenn es sich um Selbsttötungen handelt, die Fragen aufwerfen können. Mehr im Nachhinein fragte ich mich, was mich dazu bewegt hatte, mich an die schreibende Presse zu wenden. Doch wollte ich mich wohl von einer Last befreien, indem ich sie über den Journalisten nach draußen reichte. Zugleich wollte ich die Botschaft senden, dass Menschen hinter den Mauern unter der Haft, der Schuld, dem Scheitern so leiden können, dass sie sich der erdrückenden Wirklichkeit für immer entziehen. Beileibe herrscht hinter den grauen Mauern kein Kuschelvollzug, wie die Boulevardpresse gerne dem Bürger vermitteln will. Auch wollte ich dem Journalisten offenbar zeigen, wie belastend der Arbeitsalltag von uns Bediensteten bisweilen sein kann und vor allem, welche Verantwortung wir gegenüber den Häftlingen besitzen. Ich glaube, diese Gemengelage an Motiven war es, die mich zu diesem Schritt bewegt hat.

In der JVA Diez hat sich während meiner Dienstzeit durchschnittlich ein Gefangener im Jahr das Leben genommen. Eine makabre Statistik. Obwohl ich wusste, dass man jederzeit mit einem solch traurigen Ereignis rechnen muss, hat sich bei mir nie so etwas wie Gewöhnung oder das Gefühl, dass so etwas im Gefängnis zur Normalität gehöre, eingestellt.

Nachdem ich informiert worden war, dass sich ein Gefangener das Leben genommen habe, suchte ich stets unmittelbar dessen Haftraum auf. Mit dem Anblick des Verstorbenen in der Zelle wurde ich an meine Verantwortung gegenüber den inhaftierten Menschen erinnert. Die Suizidprävention hat zwar ihre Grenzen, da man in einen Menschen letztlich nicht hineinschauen kann. Dennoch gibt es oft Hinweise und Anzeichen dafür, dass ein Gefangener gefährdet ist. Die Mitarbeiter werden regelmäßig geschult.

Suizide werden manchmal von aufmerksamen und sensiblen Mitarbeitern verhindert. In den ersten beiden Wochen meines Berufslebens in der JVA Frankenthal Ende der 80er-Jahre erlebte ich dies auf eindrucksvolle Weise. Der Abteilungsdienstleiter des Hafthausflügels für Untersuchungsgefangene ging über den Flur der im Erdgeschoss liegenden Station. Dort vernahm er ein Geräusch, das ihn aufmerksam werden ließ; weder laut noch auffällig. Als er das Namensschild an der Tür des Haftraumes las, aus der das Geräusch drang, entschloss er sich, nach dem Gefangenen zu sehen. Er erblickte den an einem Seil hängenden und sich noch bewegenden Häftling, lockerte und entfernte es dann und legte den nach Luft ringenden Mann auf den Boden, um dann die Hilfe von Kollegen zu holen. Dem Beamten war in den letzten Tagen aufgefallen, dass der Gefangene sich verändert hatte. Er pflegte anders als zuvor weder seinen Haftraum noch seinen Körper und wirkte insgesamt nachlässig und gleichgültig. Dies kann ein Zeichen für eine psychische Krise sein. Darum wusste der Mitarbeiter.

Bei einem aufmerksamen Beobachten und sensiblem Begleiten der Inhaftierten auf ihrem oft jahrelangen Weg durch die Haft hat man eine realistische Chance, psychische Krisen von Gefangenen rechtzeitig zu erkennen. Dazu gehört, dass man den Gefangenen zuhört, wenn sie Probleme haben und sich mitteilen möchten, dass man sich Zeit für sie nimmt und vor allem die unauffälligen und stillen Gefangenen, die sich zurückziehen, nicht übersieht, sie anspricht und sich als Gesprächspartner anbietet.

Ich habe mich nach jedem Suizid gefragt, ob ich ihn hätte verhindern können. Der traurige Anblick eines Toten mit der Schlinge um den Hals, der sich erhängt hatte oder in seinem Blut lag, weil er sich mit einem scharfkantigen Gegenstand die Hauptschlagadern aufgeschnitten hat, hat sich mir dauerhaft eingeprägt. Bis heute sind die Bilder in meinem Kopf und verlassen mich nicht mehr. Alle Namen sind mir noch erinnerlich und abrufbar. Auch mein ehemaliger Vorgesetzter in der Diezer Anstalt, Dieter Bandell, äußerte bei einem Interview, die Suizide von Gefangenen hätten ihn während seiner Dienstzeit am meisten belastet: „Die Frage, ob sie hätten verhindert werden können, bleibt meist unbeantwortet. Und wenn es nach einem Selbstmordversuch mit Hilfe von Bediensteten, ehrenamtlichen Vollzugshelfern oder Mitgefangenen gelungen ist, dem betreffenden Gefangenen wieder ein sinnvolles Leben zu ermöglichen, dann ist das ein Lichtblick im Vollzugsgeschäft."[36]

Mit meiner Anwesenheit im Haftraum wollte ich den Mitarbeitern zeigen, dass ich ihnen als Anstaltsleiter in dieser dramatischen Situation beistehe. Viele Mitarbeiter des allgemeinen Vollzugsdienstes, die ständig Kontakt zu den Gefangenen haben und im Schichtdienst tätig sind, die mit nichts rechnend beim morgendlichen Wecken der Gefangenen mit deren Tod konfrontiert wurden, wollen im Gefängnis gegenüber den Kollegen keine Schwäche zeigen.

Den Beamten, die beim morgendlichen Öffnen des Haftraums mit einem Toten konfrontiert wurden, wird ein Gespräch mit einem Anstaltspsychologen angeboten und auch die Möglichkeit gegeben, den Dienst früher zu beenden. Früher machten wenige von diesem Angebot Gebrauch. Im Laufe der Zeit änderte sich dies. Heute ist es, wie auch allgemein in unserer Gesellschaft, weniger verpönt, psychologische Hilfe in Anspruch zu nehmen.

Das Aufsuchen des Haftraums hatte auch den Zweck, mir einen persönlichen Eindruck davon zu verschaffen, ob es einen Anhaltspunkt für ein Fremdverschulden im Zusammenhang mit dem Tod des Gefangenen gab. Dies ist allerdings ohnehin die Aufgabe der bei jedem Todesfall informierten Polizei und der Staatsanwaltschaft, für die die Vorgabe gilt, die Umstände des Todes und dessen Ursache zu ermitteln. Stets wird auch eine Obduktion angeordnet, wenn ein Gefangener innerhalb der JVA-Mauern verstirbt.

Doch zurück zu dem Gedenkgottesdienst für die drei verstorbenen Häftlinge. Die Gefangenen betraten die Anstaltskirche ruhig, zurückhaltend, ja still. Kerzen brannten im Altarraum und vor der Marienfigur. Eine Holzskulptur, gefertigt aus hellem Holz, unter deren weiten Mantel sich ein kahlköpfiger älterer Gefangener anschmiegt. Der Künstler, der sich so verewigt hatte, bezog sich auf das Marienlied „Maria breit' den Mantel aus“, wie mir einer der Gefängnispfarrer erklärte. Den Wunsch nach Schutz, Behütetsein, Geborgenheit, Angenommensein besitzt jeder Mensch. Die Botschaft der Marienfigur findet eine Ergänzung in dem großen Gemälde im Chor der Kapelle. Dort wird Christus als guter Hirte dargestellt. Viele Gefangene hätten sich einen Vater und eine Mutter gewünscht oder gebraucht, die sie stützen und umsorgen. Vielleicht wären sie dann nicht in den vergitterten Abstellräumen unserer Gesellschaft untergebracht worden.

Die Gefangenen blickten auf dem Weg zu ihren Plätzen auf die großen gerahmten Fotografien der Verstorbenen, die vor dem Chorraum postiert worden waren. Die Anstaltspfarrer, die sich um die Bilder gekümmert hatten, konnten hierfür nur die Fotografien verwenden, die von jedem Gefangenen, der neu in die Anstalt kommt, für die Gefangenenpersonalakte gefertigt werden. Die Fotografien, die in erster Linie den Kopf des Gefangenen zeigten, hatten daher den Charakter von Ausweisbildern. Die Fotos, die keine lächelnden Menschen ausweisen, werden auch für Fahndungen an die Polizei weitergeleitet, zum Beispiel wenn ein Gefangener des offenen Vollzuges nicht vom Ausgang zurückgekehrt ist.

Vielleicht waren es 100 oder 150 Männer, die von den ehemaligen Mitgefangenen Abschied nehmen wollten. Ein gutes Viertel der Diezer Inhaftierten. Sicherlich blieben manche Gefangene in der Zelle, obwohl ihnen der Tod der drei Männer naheging. Vielleicht auch Angst vor den eigenen Gefühlen hatten. Feuchte Augen im Beisein der Mitgefangenen sind uncool.

Zu den Verstorbenen gehörte ein Mann, der die fünfzig überschritten hatte, seit mehr als einem Jahr in Haft war und eine lebenslange Freiheitsstrafe verbüßen musste. Der Gefangene hatte seine Partnerin ermordet. Der Gefangene machte einen labilen Eindruck und erhielt regelmäßig Psychopharmaka gegen seine Depressionen. Er hängte sich auf. Der kleine Plastikbecher mit dem flüssigen Medikament, einem Psychopharmakon, stand unberührt auf dem Tisch seines Haftraumes. Selbst wenn man bei einem Lebenslangen von dem gesetzlichen Minimum von 15 Jahren Haft ausgeht, hätte der Verstorbene die Perspektive gehabt, frühestens im Alter von nahezu 70 Jahren entlassen zu werden. In dem kleinen leicht offen stehenden Kühlschrank des Haftraumes befand sich eine brennende Kerze. Es handelte sich daher nicht um eine Kurzschlusshandlung. Der Gefangene hatte vielmehr Lebensbilanz gezogen.

Das Leben genommen hatte sich auch ein Häftling, der ebenfalls eine lebenslange Freiheitsstrafe hatte, von der er bereits mehr als zehn Jahre hinter sich gebracht hatte. Er war wenige Wochen zuvor von Diez in eine andere Einrichtung verlegt worden. Wegen einiger Konflikte mit Mitgefangenen wurde er zu seinem Schutz in die andere Einrichtung verbracht. Gerade für Gefangene mit langjährigen Freiheitsstrafen bedeutet die Herausnahme aus der Anstalt, an die sich gewöhnt haben, die manchmal sogar als Heimat empfunden wird, wo sie mit Mitgefangenen und auch den Beamten vertraut sind, eine große Belastung. Vielleicht wäre er ohne die Verlegung noch am Leben.

Der dritte Verstorbene befand sich zu Lebzeiten im Freigängerhaus. Er war bereits im Rentenalter und hatte den größten Teil seines Lebens im Gefängnis verbracht. Nach der Unterbringung als Fürsorgezögling im Heim kam er vielfach unter anderem wegen schweren Raubes mit dem Gesetz in Konflikt. Kurz nach dem Ende der letzten Haft wurde der Mann wieder einschlägig rückfällig. Da er sich sehr gut entwickelt hatte, wurde er bereits seit längerer Zeit im Freigängerhaus erprobt und durfte sich Hoffnung auf eine vorzeitige Entlassung machen. Offenbar war der Groschen gefallen. Zusammen mit einem anderen Freigänger wollte er einen im Krankenhaus liegenden erkrankten Mitgefangenen besuchen. Am Krankenbett brach er jedoch wegen Herzversagens zusammen. Trotz sofortiger medizinischer Hilfe konnte er nicht mehr gerettet werden.

Der bei der Trauerfeier anwesende Journalist fertigte einen einfühlsamen Artikel. Die große Anteilnahme bei den Mitgefangenen hatte ihn sehr beeindruckt.

Bei allen Gefangenen, die sich das Leben genommen haben, fragte ich mich, was ich hätte besser machen können. Sind die Strukturen in meiner Anstalt gut genug, um die Menschen ausreichend in der Haft zu begleiten und zu betreuen? Muss ich die Mitarbeiter noch mehr sensibilisieren?

Manche suizidalen Handlungen von Gefangenen beruhen nicht auf einem ernsthaften Entschluss, sich das Leben zu nehmen, sondern sind ein Appell, ein an die Bediensteten gerichteter Hilferuf.

Ein Inhaftierter versuchte sich unmittelbar vor der Ausgabe der Anstaltsverpflegung das Leben zu nehmen und hing den Kopf in eine Schlinge, die er am Haftraum-Gitter befestigt hatte. Er ging wahrscheinlich davon aus, dass die Zellen bei der Essensausgabe in der ihm bekannten üblichen Reihenfolge geöffnet werden und man rechtzeitig zu ihm kommt. An diesem Tag war die Reihenfolge jedoch umgekehrt. Der Gefangene konnte zwar noch von der Schlinge befreit und ins Krankenhaus gebracht werden. Einen Tag später verstarb er jedoch.

Nachdem ich 2009 von Diez zur JVA Rohrbach gewechselt war, wurde ich an meinem ersten Arbeitstag mit dem Tod eines Gefangenen konfrontiert, der mich lange beschäftigt hat. Ich hatte mehrere Gespräche mit diesem Inhaftierten geführt, der unter anderem wegen mehrerer Banküberfälle verurteilt worden war. Er war bereits einschlägig vorbestraft. Im Gefängnis schloss er einen sozialwissenschaftlichen Masterstudiengang mit der Note „sehr gut“ ab. Der Gefangene erzählte mir von seinem Traum, nach der Entlassung im pädagogischen Bereich zu arbeiten. Daran glaubte er fest. Dass die Umsetzung dieses Vorhabens allein aufgrund seiner langen Haftzeit und seines Lebensalters – er war Anfang 50 – völlig unrealistisch war, verdrängte er.

Der Gefangene war fest davon überzeugt, dass ich seine vorzeitige Entlassung erwirken könnte. Er hatte noch nicht einmal zwei Drittel der Freiheitsstrafe verbüßt. Mehrfach erklärte ich ihm, dass ich eine bedingte Entlassung für unmöglich halte. Außerdem sei ich gar nicht befugt, über eine bedingte Entlassung zu entscheiden, sondern die Strafvollstreckungskammer als zuständiges Gericht; in seinem Fall nach Beteiligung eines externen Sachverständigen. Zwar gäben wir eine Stellungnahme ab, die auch mit einem Votum des zuständigen Psychologen versehen sei. Zum jetzigen Zeitpunkt und auch mittelfristig könnten wir jedenfalls nicht für eine vorzeitige Entlassung votieren. Lächelnd hörte mir der Gefangene stets zu. Ich spürte, dass er sich an seine irreale Hoffnung klammerte. Bereits in früheren Gesprächen hatte er mir geschildert, warum es zu den Straftaten gekommen sei. Für alles hatte er eine Erklärung und letztlich Entschuldigung. Der Inhaftierte war trotz mehrerer Gesprächsversuche nicht davon abzubringen, dass ich von einem Tag auf den anderen für seine Entlassung sorgen könne. Ich schloss eine Kurzschlusshandlung des Gefangenen für den Fall, dass sich die unrealistische Hoffnung nicht bewahrheiten würde, nicht aus. Szenarien wie eine Geiselnahme in der Anstalt mit dem Ziel des Ausbruchs oder auch ein Suizid erschienen mir angesichts der Vorgeschichte des Gefangenen nicht gänzlich abwegig. Ende Juni 2009 führte ich in meiner letzten Arbeitswoche in der JVA Diez ein letztes Gespräch mit den Gefangenen, bevor ich am 1. Juli 2009 meine neue Stelle als Anstaltsleiter der JVA Rohrbach antrat. Nochmals versuchte ich ihm zu vermitteln, dass er nicht von mir entlassen werden könne und auch eine Entscheidung des Gerichtes nicht anstehe. Freundlich lächelnd, ja strahlend mit leuchtenden Augen entgegnete mir der Inhaftierte: „Ich bin überzeugt davon, dass ich am Freitag, an ihrem letzten Arbeitstag in der JVA Diez, entlassen werde und Sie das erreichen." Über das Gespräch informierte ich die Bediensteten mit der Bitte, den Gefangenen in nächster Zeit besonders im Auge zu behalten.

Wenige Tage später rief mich mein Diezer Nachfolger an und teilte mir mit, dass der Gefangene am Wochenende verstorben sei. Es handele sich um einen natürlichen Tod. Die Obduktion bestätigte dies auch später. Ich bin mir allerdings sicher, dass sein plötzlicher Tod mit seiner Enttäuschung zusammenhing, nicht durch mich entlassen worden zu sein. Vielleicht hätte ich noch deutlicher werden, noch mehr Klartext reden müssen. Vielleicht war ich zu freundlich gegenüber dem Inhaftierten, zu bedächtig in meinen Äußerungen. Ich bin mir nicht sicher.

Manche ehemaligen Gefangenen, vor allem sofern sie lange Jahre in einer Anstalt verbringen mussten, betrachten das Gefängnis bis zu ihrem Tod als Heimat. Ein über 70-jähriger ehemaliger Inhaftierter, an dessen Freiheitsstrafe sich die Sicherungsverwahrung angeschlossen hatte, hatte den größten Teil seines Lebens wegen schwererer Straftaten hinter den Mauern der JVA Diez verbringen müssen. Er wurde entlassen, nachdem er an Lungenkrebs erkrankt war, und lebte dann in einem Hospiz. Einige Monate, nachdem er in Freiheit war, meldete er sich telefonisch in der Anstalt und äußerte eine ungewöhnliche Bitte. Angesichts seines nahen Todes wollte er nochmals die Menschen sehen, die ihn in seinem Knastleben begleitet hatten und wichtige Bezugspersonen für ihn waren.

Das Gefängnis war seine Heimat. Mehr hatte der Schwerkranke nicht. Die Menschen, die für ihn verantwortlich waren, hatte er offenbar in guter Erinnerung. Ersatz für eine Familie. Er führte ein Gespräch mit meinem Vorgänger Dr. Bandell, der in unmittelbarer Nähe der Anstalt wohnte. Der ehemalige Verwahrte war überwiegend während dessen Dienstzeit in Haft. Der frühere Anstaltsleiter hatte für ihn eine Vaterrolle eingenommen. Ein weiteres Abschiedsgespräch führte er in meinem Beisein mit einigen Mitarbeitern der Abteilung, in der er viele Jahre untergebracht war. Der alte Mann war sehr gefasst und hatte sich mit seinem baldigen Tod abgefunden, so wie er sich zuvor mit den vielen Knastjahren abgefunden hatte.

Wenn Gefangene keine Angehörige haben, die bereit und in der Lage sind, sich um die Bestattung zu kümmern, wird der Leichnam ein Fall für das Ordnungsamt. Mit dem Tod endet formal die Zuständigkeit der JVA. Ein in menschlicher Hinsicht eisiger Wechsel der Verantwortlichkeiten, der mir stets missfallen hat.

Eine anonyme Bestattung ist die kostengünstigste Lösung für das Ordnungsamt. Manchmal gelang es den Gefängnisseelsorgern, ein Urnengrab zu finanzieren, um für einen verstorbenen Gefangenen einen würdigen Abschied durchzuführen.

Der Friedhof der kleinen Stadt Diez liegt auf einer Anhöhe. Dort befindet sich ein kleiner Bereich mit den Urnengräbern der verstorbenen Gefangenen. Ich erinnere mich noch an eine Beisetzung im Sommer. Ein Mitarbeiter des Beerdigungsinstitutes, ein sehr groß gewachsener und kräftiger Mann, trug die kleine Urne zu dem Grab, wo sie hinabgelassen wurde. So erschien der Behälter mit den kärglichen Überresten noch kleiner, als er ohnehin schon war. An der Beisetzung nahm der katholische Seelsorger teil, der eine eindrucksvolle und feinfühlige Ansprache hielt. Außer meiner Person waren zwei Mitarbeiter der Abteilung, wo der Gefangene untergebracht war, anwesend. Die kleinen Grabstätten werden von Gefangenen gepflegt, die in der Anstaltsgärtnerei beschäftigt sind.

Jeder Mensch, gleich wie sein Leben verlaufen ist, hat das Bedürfnis, dass man ihn nicht so schnell vergisst, er über die Erinnerung noch weiterlebt und sein Wert, seine Würde auch über den Tod hinausgehen. Mit den Bestattungen auf dem hoch über dem Städtchen gelegenen Diezer Friedhof sollte auch ein Zeichen der Menschlichkeit für die in der JVA Diez lebenden Gefangenen gesetzt werden, die um unser Bemühen wussten.

Kapitel 21: Gefangene mit Migrationshintergrund

An einem Freitagnachmittag führte ich eine Juristengruppe durch die Anstalt und zeigte ihnen auch eine Vollzugsabteilung im Hafthaus. Mit zwei Besuchern spielte ich regelmäßig zwischen den Jahren Tischfußball in einem kleinen Seitenraum der Mainzer Kultkneipe Domsgickel, die in der Nähe des Hohen Doms – ja so heißt er offiziell – zu Mainz liegt. Jetzt sollten die beiden Mitspieler, die sich mir beim Kampf der kleinen Männchen an den Metallstangen leider stets überlegen zeigten, ein ernsthafteres Event haben und meinen Erläuterungen lauschen dürfen. Wir waren schon im Begriff, den Zellenbereich zu verlassen, als ein Gast unvermittelt kehrtmachte, um nochmals an den Hafträumen vorbeizugehen. Gezielt blickte er auf die Namensschilder neben den Haftraumtüren. Ihm war aufgefallen, dass nur ein kleiner Teil der Namen auf eine deutsche Herkunft verwies. Ich antwortete ein wenig überrascht über diese Beobachtung, dass im Bereich, in dem wir uns aufgehalten hatten, wohl besonders viele Gefangene mit Migrationshintergrund beherbergt waren.

Nach dem Besuch beschäftigte mich die Situation am Ende der Visite. Mir war zwar bewusst, dass die Zahl der Gefangenen mit Migrationshintergrund zugenommen hatte, der Umfang war mir jedoch nicht präsent. Ich wollte mir ein genaueres Bild machen. Zunächst einmal über die Zahlen. Die Frage, ob daraus etwas abzuleiten wäre, stand dagegen zunächst nicht im Mittelpunkt meines Interesses. Während meiner beruflichen Stationen hatte ich häufig mit unterschiedlichen Gefangenengruppen mit Migrationshintergrund ausländischer oder deutscher Staatsangehörigkeit zu tun, ohne dass ich dem eine besonders große Bedeutung zugemessen habe. Ich vermute, dies hat auch etwas damit zu tun, dass mein heimatvertriebener Vater nie richtig in der Ortsgemeinschaft, wo er sich nach dem 2. Weltkrieg niedergelassen hatte, angekommen war und mit Ausnahme seines Berufslebens, wo er eher Anerkennung fand, oft ein wenig abseits des Geschehens stand. Sein Fremdsein und die Schwierigkeiten, irgendwo neu anfangen zu müssen, waren mir vertraut, ohne dass mein Vater dies je ausdrücklich angesprochen hatte.[37]

Die Herkunft eines Gefangenen war mir letztlich einerlei. Die Einordnung von Gefangenen in Schubladen war mir fremd. Mir war oftmals noch nicht einmal präsent, dass ein Inhaftierter einen Migrationshintergrund hatte.

Nach der Definition des Statistischen Bundesamtes hat eine Person einen Migrationshintergrund, wenn sie selbst oder mindestens ein Elternteil nicht mit deutscher Staatsbürgerschaft geboren wurde. Im Einzelnen umfasst diese Definition zugewanderte und nicht zugewanderte Ausländerinnen und Ausländer, zugewanderte und nicht zugewanderte Eingebürgerte, (Spät-)Aussiedlerinnen und (Spät-)Aussiedler sowie die als Deutsche geborenen Nachkommen dieser Gruppen. Etwas griffiger ausgedrückt gehören zu den Migranten alle Ausländer sowie alle sonstigen Migranten entsprechend der Definition des Bundesamtes.

Ich stellte fest, dass von den männlichen Strafgefangenen der JVA Rohrbach, auf die ich mich konzentriere, ca. 35 % eine ausländische Staatsangehörigkeit besaßen.[38] [39] Der Anteil der sonstigen Migranten mit deutscher Staatsangehörigkeit einschließlich doppelter Staatsbürgerschaft betrug schätzungsweise 25 % der männlichen Strafgefangenen. Eine genaue Zahl konnte ich nicht ermitteln. Ich habe sie deshalb eher niedrig angesetzt. Zählt man diese 25 % zu den 35 % männlichen Strafgefangenen mit ausländischer Staatsangehörigkeit hinzu, kommt man auf ca. 60 % männliche ausländische und deutsche Strafgefangene mit Migrationshintergrund. Ich war über dieses Ergebnis überrascht. Ich hatte mit einem Anteil von maximal 50 % gerechnet. Die Zahlen haben übrigens auch zu keinem Zeitpunkt – jedenfalls offiziell – für das Justizministerium eine Bedeutung gehabt. Von dort wurde lediglich die Zahl der ausländischen Gefangenen regelmäßig abgefragt. Möglicherweise gab es auch eine gewisse Zurückhaltung, da man befürchtete, die Recherche und Veröffentlichung der Migrantenzahlen in den Gefängnissen leiste Ressentiments rechter Kreise Vorschub, die sich nicht mit den Ursachen hierfür beschäftigen möchten und zumeist wenig von konstruktiven und präventionsorientierten Strategien halten.

Der hohe Migrantenanteil in den Gefängnissen ist eines der vielen Symptome für die schwierige Integration in Deutschland. Über die Gründe möchte ich mich nicht eingehend auslassen. Dies wäre unseriös und könnte leicht Anlass für Missverständnisse und populistische Wertungen sein. Festzustellen ist jedenfalls, dass nur ein sehr kleiner Teil der in Deutschland lebenden Menschen mit Migrationshintergrund straffällig wird. Versuche rechtsradikaler Kreise, eine Verbindung zwischen Migrationsstatut und Kriminalität herzustellen, sind als rassistische Diffamierungen zu betrachten.

Ein Charakteristikum, das Strafgefangene allgemein kennzeichnet, daher Inhaftierte mit wie solche ohne Migrationshintergrund, ist die Zugehörigkeit zu unteren sozialen Schichten. Die Menschen mit Migrationshintergrund befinden sich in einem weitaus größeren Umfang in diesen Gesellschaftsregionen als Bürger ohne Migrationshintergrund. Kennzeichen dieser Bevölkerungsgruppen sind unter anderem ein geringerer Zugang zu schulischer und beruflicher Bildung. Dass dies nicht zwangsläufig in kriminelle Handlungen mündet, bedarf keiner weiteren Ausführungen. Dessen ungeachtet ist dies ein Aspekt, der in der Politik noch größere Beachtung finden muss. Wohlfeile Sonntagsreden und Betroffenheitsansprachen, wenn es zu Vorfällen gekommen war, helfen nicht und sind hilflose Pflichtübungen und Rituale. Möglichkeiten der Teilhabe an den sozialen wie auch materiellen Ressourcen unseres Landes setzen mehr präventive Förderung insbesondere der jungen Migranten voraus.

Ein zweiter Gesichtspunkt, der die Kriminalitätsziffern nachteilig beeinflusst, sind bei einem Teil der Migranten kulturelle Prägungen, die sie aus den Herkunftsregionen mitgebracht haben und auch noch in der zweiten und dritten Generation eine Bedeutung haben können. Diese Prägungen unterscheiden sich jedoch je nach der Herkunftsregion. Hierzu kann im Einzelfall gehören, dass bei Konflikten Gewalt als akzeptables Lösungsmittel oft in Verbindung mit einem übersteigerten Ehrbegriff angesehen wird. Zum Teil besitzen traumatisierende Kriegserfahrungen einen äußerst negativen Einfluss. Zudem werden manche Formen der Kriminalität wie der Handel mit Drogen verharmlost. Zu diesen negativen Prägungen kann eine negative abwertende Grundeinstellung gegenüber Frauen, die zum Teil nicht als eigenständige Persönlichkeiten mit gleichen Rechten betrachtet werden, gehören.

Gutgemeinte Integrationskurse in den Justizvollzugsanstalten setzen viel zu spät an. Insbesondere die Schulen, die mehr Zeit für Elternarbeit haben müssen, sind hier der entscheidende Hebel, der zu wenig genutzt wird. Zeit für Elternarbeit haben die wenigsten Lehrer angesichts des Mangels an Pädagogen. Scheitert Integration weiterhin, werden sich die Migrantenzahlen in den Gefängnissen vergrößern. Vergrößern werden sich zwangsläufig dann auch die Anforderungen an das Gefängnispersonal.

Ich habe sehr unterschiedliche Erfahrungen mit Gefangenen gemacht, die einen Migrationshintergrund besaßen. Manche bemühen sich ernsthaft um die Wiedereingliederung in die Gesellschaft, zeigen sich ansprechbar und nehmen Hilfsangebote in Anspruch wie den psychologischen Dienst. Man muss sich daher davor hüten, diese Inhaftierten über einen Kamm zu scheren. Wie in der Gesamtgesellschaft trifft man auf erhebliche persönlichkeitsbedingte Unterschiede bei Gefangenen mit Migrationshintergrund und den einzelnen Migrantengruppen. Vielfach repräsentieren ein oder wenige Inhaftierte eine Nationalität, fallen nicht negativ auf und werden oftmals kaum wahrgenommen.

Manche Gruppen sind sehr stark vertreten und bilden zum Teil ein subkulturelles kriminelles Gefüge in der Anstalt, oft sogar über die hohen Mauern hinaus. Es gibt Problemgruppen mit einem ausgeprägten inneren Zusammenhalt, die sich mehrheitlich unzugänglich für die Bemühungen des Strafvollzugs zeigen. Hierzu gehört insbesondere ein erheblicher Teil der russlanddeutschen Strafgefangenen. Aufgrund negativer Erfahrungen im Herkunftsland oder später entwickelter sozialisationsbedingter Grundeinstellungen wird die „Obrigkeit“, zu der auch der Justizvollzug gezählt wird, von vielen Russlanddeutschen abgelehnt und zum Teil als feindlich betrachtet. Dann erscheint es fraglich, ob eine Haftstrafe eine abschreckende Wirkung entfaltet, sondern sogar einen Mann im Ansehen steigen lässt. In den Gefängnissen ist zudem noch ein ausgeprägter Gruppendruck durch Mitgefangene gleicher Herkunft zu beobachten, die eine selbständige positive Entwicklung mancher Inhaftierter behindert.

Die Russlanddeutschen machten in den Gefängnissen, wo ich tätig war, etwa 8 bis 10 % der Gefangenen aus. Sie haben als Aussiedler und Spätaussiedler die deutsche Staatsbürgerschaft erhalten. Bei vielen waren bereits vor der Inhaftierung erhebliche Integrationsschwierigkeiten vorhanden, häufig konsumierten sie illegale Drogen oder übermäßig Alkohol. Nicht wenige hatten Verbindungen zur organisierten Kriminalität, die aus den Herkunftsländern importiert wurde.

So ist auch hinter den Gefängnismauern eine ausgeprägte subkulturelle Organisationsstruktur bei den Russlanddeutschen lebendig. Die sogenannte Russenmafia erschwert und verhindert regelmäßig den Zugang des Personals zu den russlanddeutschen Gefangenen. Zwar gibt es auch hier Inhaftierte, die aktiv an ihrer Wiedereingliederung arbeiten. Oftmals werden sie jedoch als Außenseiter abgestempelt und haben einen schwierigen Stand bei den anderen Russlanddeutschen.

Nachdem eine stattliche Anzahl Gefangener seit den 90er-Jahren des letzten Jahrhunderts in die deutschen Anstalten kam, wurden die Mitarbeiter intensiv geschult, um das notwendige Handwerkszeug für den Umgang mit ihnen zur Verfügung zu haben. Zu den wichtigsten Informationen gehörte, dass es sich um organisierte Kriminalität handelt, die die Russlanddeutschen von außen in die Anstalten mitgenommen haben. Sie hat sich bereits in der Stalinzeit entwickelt. Die Kriminellen bezeichneten sich selbst als sogenannte Diebe im Gesetz. Zu dieser Organisationsform gehören nicht nur die inhaftierten Russlanddeutschen, sondern Häftlinge aus nahezu allen Nachfolgestaaten der ehemaligen Sowjetunion wie insbesondere Georgier und Weißrussen. Die Gefangenen haben einen festen Platz innerhalb der Hierarchie. Sie besitzen Tätowierungen, die Auskunft über ihre Stellung in der Hierarchie der Russlanddeutschen geben, unter anderem auch über Gefängnisaufenthalte. Dies findet man heute weniger häufig. Die Bedeutung der Tätowierungen wurde den Bediensteten nach und nach bekannt gemacht, so dass man bereits bei der Zugangsuntersuchung im Sanitätsbereich erste Hinweise auf eventuelle Aktivitäten dieser Gefangenen sammeln konnte.

Wer von den Russlanddeutschen in der Hierarchie am weitesten oben steht, fällt hinter Gittern nicht auf, da er sich selbst die Hände nicht schmutzig macht. Dafür werden unterrangige Leute eingesetzt, von denen die allermeisten erhebliche Suchtprobleme besitzen. Sie sind daher letztlich gezwungen, für die erhaltenen Drogen illegale Gegenleistungen zu erbringen. Finanzielle Mittel für illegale Geschäfte wie den Drogenhandel innerhalb der Anstalten werden über den „Heiligen Abschtschjak" finanziert. Diese Kasse der organisierten Kriminalität mit dem Schwerpunkt außerhalb der Gefängnisse wird aus Erpressungsgeldern und Einnahmen aus Drogenhandel gefüllt. Die Geldströme laufen überwiegend außerhalb der Anstalt über externe Konten. Mit dieser Kasse werden auch Gefangene unterstützt, die in Schwierigkeiten stecken. Wird zum Beispiel ein Inhaftierter, der wegen Drogenkonsum oder -handel aufgefallen ist, isoliert und erhält strenge Sicherungsmaßnahmen, werden doch Wege gefunden, ihm Tabak oder sogar Drogen zukommen zu lassen. Mit Hilfe der Gemeinschaftskasse werden auch Anwälte bezahlt.

Der Großteil des Abschtschjak-Geldes geht allerdings an die Führungspersonen im Ausland. Es braucht nicht viel Fantasie, dass das Vermögen des einen oder anderen russischen Milliardärs zumindest auch aus dieser Quelle gespeist wird.

Der „Abschtschjak" bildet die Grundlage für Regeln und Hierarchien. Hierzu gehört auch, dass die Gefangenen Distanz zum Personal und zur Anstaltsleitung halten müssen. Gerade bei den jahrzehntelang in der Zeit der Weltkriege in der Sowjetunion verfolgten und innerhalb des Staates umgesiedelten Russlanddeutschen hängt dies auch mit der Distanz zusammen, die sie bereits in ihrem Herkunftsland den staatlichen Stellen und Behörden gegenüber zeigten. Die Russlanddeutschen erlebten sie als ungerecht und korrupt, obwohl sie mit ihren kriminellen Aktivitäten letztlich selbst Teil dieses Systems sind. Der Strafvollzug und die Bediensteten werden oft nicht ernst genug genommen. Russlanddeutsche, die bereits über Hafterfahrung in ihren Herkunftsländern verfügen, lachen insgeheim über den an humanitären Werten orientierten deutschen Strafvollzug, der teilweise als schwächlich empfunden wird.

Weigert sich ein russlanddeutscher Gefangener, in den Abschtschak einzuzahlen, werden er oder Angehörige unter Druck gesetzt.

In der JVA Rohrbach hatte ein Inhaftierter dieser Gruppierung den Mut, sich gegenüber Anstaltsbediensteten zu offenbaren. Er äußerte, er werde erpresst und müsse seine beim Anstaltskaufmann erstandene Ware herausgeben. Er wolle nicht mehr klein beigegeben, auch wenn er Nachteile zu befürchten habe. Der Gefangene wurde in eine andere Anstalt verlegt. Dennoch besteht auch dann die Gefahr, dass Inhaftierte der aufnehmenden JVA auf verschlungenen Wegen mitbekommen, wohin der erpresste Gefangene verlegt wurde. Die Schwierigkeiten des Gefangenen erfahren dann in der neuen Anstalt eine Fortsetzung. Zudem läuft ein Gefangener, der sich von Drogengeschäften distanzieren will, Gefahr, dass Mitglieder seiner Familie unter Druck gesetzt werden, um ihn davon abzuhalten. Wenngleich regelmäßig die Polizei eingeschaltet wird, ist es, selbst wenn Namen genannt werden, äußerst schwierig, eine gerichtsfeste Beweislage zu schaffen.

Seit den 90er-Jahren hat sich die Integration der Russlanddeutschen nur wenig verbessert. Dies ist allenfalls ansatzweise in den Justizvollzugsanstalten wahrnehmbar, wo jetzt bereits die zweite oder dritte Generation der Aussiedler ankommt. Ich bin mir allerdings nicht sicher, ob dies zu einem deutlichen Rückgang der organisierten Kriminalität in den Gefängnissen geführt hat. Möglicherweise agiert man auch nur geschickter unter Ausnutzung der im Vergleich zum Herkunftsland liberaleren Strukturen.

Die Justizvollzugsanstalten verfolgten ähnliche Strategien, um eine Konzentration von Russlanddeutschen und Gefangenen aus der ehemaligen Sowjetunion in bestimmten Bereichen der Einrichtung zu vermeiden. So sollte in den Arbeitsbetrieben und den Gefangenenvollzugsabteilungen eine bestimmte Anzahl nicht überschritten werden. Dies hatte zwar den Vorteil, dass subkulturelle Gruppierungen in einzelnen Bereichen nicht zu groß wurden, andererseits hatten diese häufig sehr problematischen Gefangenen aufgrund der gleichmäßigen Verteilung die Möglichkeit, ihre illegalen Aktivitäten in viele Bereiche der Anstalt hineinzutragen. Wie bereits ausgeführt, ist es sinnvoller, würde man kriminelle Gefangene so strikt von den Mitgefangenen separieren, dass keinerlei Infiltrationsmöglichkeit mehr besteht und die für eine Mitarbeit am Vollzugsziel der Resozialisierung motivierten Häftlinge geschützt werden.

In allen rheinland-pfälzischen Einrichtungen wurden Mitarbeiter aus Osteuropa und insbesondere auch Russlanddeutsche eingestellt. Manchmal werden diese Mitarbeiter in schwierige Situationen gebracht, da immer wieder Gefangene anstreben, eine größere persönliche Nähe zu ihnen herzustellen. Die Inhaftierten versuchen zum Beispiel, mit den Beamten in Russisch zu kommunizieren. Die Mitarbeiter weisen dies zumeist zurück, sofern sie nicht als Dolmetscher gefragt sind. Eine Kraft, die häufig als Übersetzerin bei Gesprächen, aber auch der Kontrolle von Gefangenenpost bei Verdachtslagen tätig war, bat mich jedoch nach einiger Zeit von solchen Aufgaben entbunden zu werden, da sie subtile Drohungen erhalten hatte.

Die starke Fluchtbewegung ab 2015 hat nicht nur für eine weitere Vergrößerung des Gefangenenklientels mit Migrationshintergrund geführt. Vielmehr gelangten vermehrt einzelne Gefangene in die Justizvollzugsanstalten, die erhebliche Persönlichkeitsstörungen und zum Teil auch psychiatrische Krankheitsbilder aufweisen. Dies gilt insbesondere für Männer aus dem afrikanischen und arabischen Raum. Von diesen, wenngleich kleinen Gruppen zeigen immer wieder einzelne ein extrem auffälliges Verhalten, das unter anderem in einer sehr hohen Aggressionsbereitschaft und im Einzelfall auch einer Neigung zur Selbstverletzung besteht. Es gibt Anhaltspunkte dafür, dass es sich bei den besonders Auffälligen um Menschen handelt, die bereits in ihrem Herkunftsland psychische Störungsbilder zeigten, bereits dort nicht integriert waren und auch kriminelle Handlungen begangen haben. Das Fluchtmotiv könnte bei einzelnen auch mit der Hoffnung zusammenhängen, weit weg von der Heimat weniger Schwierigkeiten mit dem Umfeld zu haben und weniger dem Zugriff des Staates ausgesetzt zu sein. Aus Bürgerkriegsländern mitgebrachte traumatisierende Erlebnisse wie Gewalterfahrungen können Faktoren für Psychosen sein. Die Kommunikation mit dieser Gefangenengruppe ist zudem infolge der überwiegend fehlenden Deutschkenntnisse zusätzlich erschwert.

Die wenigen Mitarbeiter mit Migrationshintergrund, über die nahezu alle Einrichtungen verfügen, sind nicht ausreichend, um diesen Mangel zu beheben. In der JVA Rohrbach standen Bedienstete mit russischen, türkischen, englischen oder polnischen Sprachkenntnissen zur Verfügung, die somit nur einen kleinen Teil der aus ca. 40 verschiedenen Nationen stammenden Inhaftierten abdecken konnten. Die sprachlichen Barrieren konnten seit 2019 in dieser Anstalt und nach und nach anderen rheinland-pfälzischen Einrichtungen mit Einführung eines Telefon- und Video-Dolmetscher-Systems reduziert werden. In unterschiedlicher Geschwindigkeit können – je nach Häufigkeit der Sprache zwischen wenigen Minuten und etwa maximal einer Stunde – von einer externen Firma Dolmetscher für wichtige Gespräche wie zum Beispiel unmittelbar nach Haftantritt, für ärztliche Untersuchungen und Behandlungen sowie in Krisen- und Konfliktsituationen herangezogen werden. Dies ändert jedoch nichts daran, dass die Bediensteten in den Haftbereichen, die den häufigsten und unmittelbarsten Kontakt zu den Gefangenen haben, im Haftalltag nach wie vor erhebliche Verständigungsschwierigkeiten haben. Notgedrungen werden sprachkundige Gefangene als Dolmetscher herangezogen. Notgedrungen. Dass Datenschutzbelange eine geringe Rolle spielen, wird zwangsläufig hingenommen, weil es in einem Eilfall das kleinere Übel sein kann. Die Gefangenen, die auf einen Mitinhaftieren als Dolmetscher angewiesen sind, akzeptieren diese Form der Unterstützung.

Der Strafvollzug darf sich vom Vollzugsziel der Wiedereingliederung trotz der häufig festzustellenden mangelnden Bereitschaft und Fähigkeit, hierbei mitzuarbeiten, nicht entfernen. Die oft schwer zu überwindenden sprachliche Barrieren, psychische Störungsbilder und auch der schädliche Einfluss subkultureller Gruppen dürfen kein unüberwindbares Hindernis sein, sondern können nur als anspruchsvolle Daueraufgabe des Justizvollzuges begriffen werden. Zugleich muss man sich jedoch bewusst machen, dass im

Strafvollzug nicht alles in überschaubarer Zeit nachgeholt werden kann, was zuvor versäumt wurde. Integration muss unter Beteiligung der Familien in den Kindertagesstätten und Schulen erfolgen. Wenn ein erheblicher Teil der Sozialisationswegstrecke zurückgelegt und manche ungünstige Weiche gestellt wurde, wird es schwer, die Abstellgleise zu verlassen und auf Schienen zu gelangen, die eine Richtungsänderung versprechen.

Wie bereits an anderen Stellen des Buches ausgeführt, plädiere ich auch in Bezug auf die Strafgefangenen mit Migrationshintergrund dafür, zwischen den Gefangenen zu differenzieren. Inhaftierte, die bei ihrer Wiedereingliederung mitarbeiten oder wenigstens regelkonform ihre Haft hinter sich bringen wollen, ohne in subkulturellen Gruppen zu versinken, sind von Gefangenen, die ihre kriminellen Verhaltensmuster auch hinter Gittern weiter pflegen wollen, strikt räumlich zu trennen. Sie sollten in verschiedenen Abteilungen oder besser noch verschiedenen Einrichtungen untergebracht werden. Nur unter dieser Voraussetzung ermöglicht man es mitarbeitswilligen Strafgefangenen die Haftzeit ungestört und unbeeinflusst von kriminell verfestigten Inhaftierten für die Wiedereingliederung zu nutzen. Die Justizvollzugsanstalten müssen motivierten Gefangenen in einem weitestgehend von schädlichen Einflüssen geschützten Rahmen Chancen zur Weiterentwicklung und Nachreifung bieten. Man sollte deutlich mehr Möglichkeiten zur schulischen und beruflichen Ausbildung schaffen und vermehrt therapeutische Angebote machen. Zu diesen Angeboten gehören bei den Strafgefangenen mit Migrationshintergrund zwingend mehr Deutschkurse.

Kapitel 22: Die inhaftierten Frauen

Die junge Frau, die eine kurze Freiheitsstrafe zu verbüßen hatte, suchte ein Gespräch mit dem Leiter ihrer Vollzugsabteilung. Sie teilte ihm mit, sie wolle in den nächsten Monaten in der Anstalt heiraten, und bat darum, Besuche mit ihrem Partner zu ermöglichen. Der Beamte fragte, wer denn der Partner sei. Erwartungsgemäß erklärte die Gefangene unsicher lächelnd, dass dieser derzeit ebenfalls in der JVA Rohrbach eine Freiheitsstrafe verbüße. „Haben Sie sich schon vor der Haft gekannt?", hakte der Mitarbeiter nach. Die ehrliche Antwort war ein „Nein". „Dann hatten Sie also in der Anstalt noch gar keinen persönlichen Kontakt?", fragte der Bedienstete. Die Gefangene entgegnete: „Wir haben uns über die Haftraumfenster unterhalten und gespürt, dass wir uns sehr mögen. Wir haben uns aber schon einige Briefe geschrieben. Das müssten Sie doch mitbekommen haben."

In der JVA Rohrbach gibt es eine Frauenabteilung, in der ca. 65 Gefangene untergebracht sind. Frauen werden im Vergleich zu Männern seltener zu Freiheitsstrafen verurteilt und begehen im Vergleich zu Männern seltener Straftaten. Nur etwa 5 bis 6 % der rheinland-pfälzischen Inhaftierten sind Frauen. Eine kleine Abteilung für weibliche Untersuchungsgefangene mit 7 Plätzen befindet sich in der JVA Koblenz. Die größte Einrichtung ist in der JVA Zweibrücken. Dort gibt es ein eigenes vom Männervollzug abgetrenntes Haftgebäude für 120 Frauen mit mehreren gut ausgestatteten Wohngruppen. Die baulichen Voraussetzungen für die Unterbringung der weiblichen Gefangenen in meiner letzten Wirkungsstätte der JVA Rohrbach sind dagegen vergleichsweise ungünstig. Die Frauenabteilung ist eine von insgesamt drei Abteilungen in einem der beiden großen

Haftgebäude und befindet sich im obersten Geschoss. In den anderen beiden Abteilungen darunter sind männliche Strafgefangene untergebracht. Im zweiten Haftgebäude befinden sich in drei Vollzugsabteilungen ausschließlich Männer. Die männlichen und weiblichen Gefangenen nutzen dieselben Treppenhäuser und Verbindungsgänge. Auf dem Weg zum Sanitäts- und Besuchsbereich sind kurze Begegnungen möglich, ein Zuruf, ein Lächeln. Sekundenflirten. Vor allem kann man aber über die Haftraumfenster Kontakt zueinander aufnehmen. Unter den Bedingungen des dauerhaften Eingeschlossenseins ist es notwendig, die männlichen und weiblichen Gefangenen strikt voneinander zu trennen. Die Frauen sollen vor Belästigungen und Übergriffen geschützt werden. Zudem sollen möglicherweise eskalierende Konflikte wegen denkbarer „Beziehungskisten" vermieden werden. Anders gestaltet sich die Situation im offenen Vollzug der JVA Rohrbach. Da es sich um ausgewählte Gefangene handelt, leben dort die Männer und Frauen zwar in getrennten Gebäudetrakten, nutzen aber gemeinsam den Speise- und Aufenthaltsraum sowie den Außenbereich des offenen Vollzuges. Doch entwickeln sich dort selten engere Partnerbeziehungen zwischen männlichen und weiblichen Gefangenen. Vermutlich sind die Inhaftierten vorsichtig und haben eher das Ziel, eine Freundschaft mit einem unbelasteten Menschen außerhalb des Gefängnisses zu schließen. Einen regelmäßigen Kontakt zwischen männlichen und weiblichen Gefangenen im geschlossenen Vollzug gibt es in Rheinland-Pfalz ausschließlich in der JVA Zweibrücken innerhalb der dort untergebrachten Ausbildungsbetriebe.

Der Wunsch nach mehr menschlichem Kontakt hinter den Mauern des geschlossenen Vollzuges eines Gefängnisses ist nachvollziehbar. Die Einsamkeit in den Zellen ist groß. Doch würde man bereits die bloße Anbahnung von ersten persönlichen Kontakten zwischen männlichen und weiblichen Gefangenen fördern, wären die beschränkten personellen und räumlichen Kapazitäten der Anstalt schnell überschritten, die für Besuche zur Verfügung stehen. Eine Vielzahl von Folgeanträgen weiterer Inhaftierter wäre bei einem Präzedenzfall die sichere Folge. Die Fragen des Abteilungsleiters an die Gefangene zielten daher darauf ab, in Erfahrung zu bringen, ob eine förderungswürdige Beziehung bereits vor der Haft bestand. Nur dann hätte der Beamte den begehrten Besuch zwischen zwei Gefangenen ermöglicht. Aus den zufälligen Begegnungen mit den Angehörgigen des anderen Geschlechts und eventuellen Gesprächen von Haftraumfenster zu Haftraumfenster, das viele mithören können, entwickeln sich zumeist nur sehr oberflächliche Kontakte. Selten kommt es zu engeren Freundschaften. Die Gefangenen klammern sich an eine Illusion. Besuchserlaubnisse für männliche und weibliche Gefangene setzen daher voraus, dass bereits vor der Inhaftierung ein tragfähiger Kontakt bestand. Der Antragsteller kann dies zum Beispiel plausibel machen, indem er einen Mietvertrag vorlegt. Das äußere Erscheinungsbild der Frauenabteilung unterscheidet sich von dem der Männerabteilungen. Die Hafträume werden von den inhaftierten Frauen im Rahmen der Möglichkeiten ein wenig persönlicher ausgestattet. Man findet durchweg häufiger Fotografien von Familienmitgliedern, insbesondere dem Partner oder den Kindern an der Pinnwand. Erotikposter aus einschlägigen Publikationen wie im Männerbereich sucht man vergebens. Auch in den großen Stationsbüros der Beamtinnen vor dem Zellenbereich findet man eine heimeligere Atmosphäre vor. Zur Weihnachtszeit ist der Raum ansprechend illuminiert. Selten fehlt dort ein Teller mit Süßigkeiten.

In der Frauenabteilung sind überwiegend weibliche Bedienstete eingesetzt. Ein oder zwei männliche Bedienstete dürften dort allerdings nicht fehlen, da dies zu einem guten Arbeitsklima beiträgt. Das Gleiche gilt aber auch für die Männerabteilungen, wo stets auch Frauen tätig sind.

Sehr häufig werden weibliche Gefangene mit Drogendelikten oder wegen Betruges auffällig. Viele Frauen sind von Drogen abhängig und wurden im Bereich der Beschaffungskriminalität auffällig. Einige wenige Frauen wurden mit Gewaltdelikten auffällig, sehr selten begehen sie Sexualstraftaten. Zumeist sind sie in solchen Fällen Mittäter ihres Partners. Ein hoher Anteil der Frauen ist im Kindes- und Jugendalter Opfer sexueller oder körperlicher Gewalt geworden. Ein Baustein für die spätere Kriminalität, die zudem sehr häufig mit einer Suchtproblematik einhergeht. Viele weiblichen Gefangenen haben bereits in ihrer Kindheit und Jugend Verlusterfahrungen gemacht. Negative und traumatisierende Erlebnisse sind häufig. so dass sich letztlich Strukturen wiederholen. Bei den inhaftierten Frauen handelt es sich oftmals um Menschen mit einer ängstlichen und abhängigen Persönlichkeitsstruktur. Die Übergänge zwischen Normalität und einer Persönlichkeitsstörung sind fließend. Oft sind auch nur Tendenzen dieser Störungsmerkmale vorhanden.

Die weiblichen Strafgefangenen lehnen sich sehr an einen „starken" Partner an. Aus Angst, ihn zu verlieren, sind sie bereit, die Bedürfnisse des Partners möglichst zu erfüllen. Die Erfahrungen der Frauen in späteren Partnerbeziehungen sind sehr häufig negativ. Die Lebensgemeinschaften sind kaum tragfähig. Viele Inhaftierte suchen nach der Unbeständigkeit oder dem häufigem Wechsel der Bezugspersonen in Kindheit und Jugend ihr Leben lang, dieses Defizit ausgleichen.

Einzelne Frauen wurden zum Beispiel wegen Betruges verurteilt, oft weil sie Waren über das Internet bestellten und nicht bezahlten. In einigen Fällen gaben die Gefangenen glaubhaft an, sie hätten einen Teil der Taten nicht selbst begangen, sondern es sei der Partner gewesen, der Zugang zum Konto der Partnerin gehabt habe. Auch hier liegen toxische Beziehungen vor, indem der Partner die Frauen instrumentalisiert, die dessen strafbares Verhalten ausbaden müssen.

Die weiblichen Strafgefangenen haben in ihrer Kindheit und Jugend häufig Erfahrungen mit sexueller Gewalt gemacht. Oftmals trauen sie sich nicht, die Übergriffe anzuzeigen. Manchmal erfolgt eine Verlagerung und es können beispielsweise Essstörungen entstehen. Bei männlichen Gefangenen stand oftmals die Erfahrung mit körperlicher Gewalt im Vordergrund.

Eine Gefangene wurde zum Beispiel von einem Familienmitglied sexuell missbraucht. Die Eltern wussten hiervon nichts. Später trennten sich die Eltern der Inhaftierten. Die Mutter hatte später einen neuen Partner und konnte mit einem auffälligen Verhalten ihrer Tochter nicht umgehen. So trommelte das Mädchen gegen die Schlafzimmertür, wenn Mutter und Stiefvater Geschlechtsverkehr hatten. Die Mutter erklärte sich das Verhalten des Kindes mit der Trennung und hatte deshalb ein schlechtes Gewissen. Sie erfüllte der Tochter deshalb jeden materiellen Wunsch. Diese beging im Laufe ihres späteren Lebens Betrugsdelikte. Der psychologische Hintergrund war, dass sie in den materiellen Dingen einen Ersatz suchte. Der Hintergrund ihres kriminellen Verhaltens war ihr dagegen nicht bewusst.

Der Psychologe ist in der Frauenabteilung überwiegend Ansprechpartner für eine biografische kritische Auseinandersetzung mit dem bisher geführten Leben. Er muss

Mut machen, Zuversicht ausstrahlen, aber auch den Finger in die Wunden legen als Voraussetzung für die wichtige Aufarbeitung der Straftaten.

In der Frauenabteilung ist der Kommunikationsbedarf im Vergleich zu dem Männerbereich deutlich höher. Weibliche Gefangene sind eher bereit, die Inhaftierung durch Gespräche zu verarbeiten und sich auch biografischen Themen zu widmen. Hilfsangebote werden oft dankbar angenommen. Bei den Männern ist vielfach eine misstrauische Haltung gegenüber dem Personal anzutreffen. Sie haben Angst davor, Schwäche zu zeigen. Gefangene, die psychologische Hilfe in Anspruch nehmen, gelten aus der Sicht der Mitgefangenen manchmal als schwach.

Im Vergleich zu den männlichen Gefangenen sind bei den Frauen häufiger psychische Erkrankungen zu diagnostizieren. Hierzu gehören affektive Erkrankungen wie Depressionen sowie Erkrankungen des schizophrenen Formenkreises wie Psychosen. Von Jahr zu Jahr steigt auch die Anzahl der Gefangenen, die eine Suchtproblematik besitzen und zum Teil auch infolgedessen zusätzlich eine psychische Erkrankung haben. Umso mehr erscheint ein größerer therapeutischer und betreuerischer Aufwand bei den weiblichen Inhaftierten erforderlich.

Bislang war das dem hohen Behandlungsbedarf der weiblichen Strafgefangenen entsprechende Angebot nicht ausreichend. Es fehlt vor allem an einer Sozialtherapeutischen Einrichtung mit intensiven Einzel- und Gruppenangeboten. Während es für Männer bereits seit 1972 eine eigenständige Sozialtherapeutische Anstalt in Ludwigshafen gibt sowie drei Jahrzehnte später eine solche Abteilung in der JVA Diez, muss man für die weiblichen Strafgefangenen noch eine verschämte Fehlanzeige erstatten. Grund für diese Lücke war die im Vergleich zu den männlichen Gefangenen vergleichsweise deutlich geringere Anzahl weiblicher Strafgefangener (6 bis 7 %) und darüber hinaus, dass nur ein Teil die gesetzliche Vorgabe des § 24 Landesstrafvollzugsgesetz erfüllt. Danach muss bei den Gefangenen die Gefahr schwerwiegender Straftaten gegen Leib oder Leben, die persönliche Freiheit oder die sexuelle Selbstbestimmung gegeben sein. In der Vergangenheit wurden die ausschließlich für Männer vorgesehenen Sozialtherapeutischen Anstalten überwiegend von Sexualstraftätern gefüllt, da man in der Praxis insoweit einen Vorrang gesehen hatte. Da selten von Frauen Sexualstraftaten begangen werden, hat man möglicherweise die weiblichen Strafgefangenen aus den Augen verloren und keinen Bedarf für eine sozialtherapeutische Behandlung gesehen. Übergangen wurde, dass es genügend Frauen gibt, die zwar keine Sexualdelikte, jedoch andere schwere Straftaten wie Gewalttaten begangen haben, die eine Aufnahme in einer sozialtherapeutischen Einrichtung oder Abteilung rechtfertigen.

Zwischenzeitlich liegen konkrete Planungen für eine weitgehende Baumaßnahme vor, die überwiegend eine Sozialtherapeutische Abteilung aufnehmen soll. Die Planungen sollen möglichst in die Haushaltsberatungen für den Doppelhaushalt 2025/2026 aufgenommen werden.[40] Daher ist noch eine lange Zeit zu überbrücken.

In dem zusätzlichen Haus soll außerdem eine Mutter-Kind-Einrichtung untergebracht werden. Nach § 21 Landesstrafvollzugsgesetz kann ein Kind mit Zustimmung der oder des Aufenthaltsbestimmungsberechtigten bis zur Vollendung des dritten Lebensjahres in der Anstalt bei der Mutter oder – auf Initiative der rheinland-pfälzischen GRÜNEN wurde dies in die Vorschrift eingebracht – dem Vater untergebracht werden. Hier wollte der Gesetzgeber offenbar ungeachtet der tatsächlichen Bedürfnislage Political Correctness walten lassen. Es soll bislang in Deutschland einen Platz für männliche Gefangene gegeben haben, der jedoch nicht in Anspruch genommen wurde. In der JVA Zweibrücken soll es im offenen Vollzug fünf Mutter-Kind-Plätze geben, drei im geschlossenen. Ausschließlich im offenen Vollzug soll ein Kind in der JVA Zweibrücken entsprechend der gesetzlichen Regelung bis maximal zum Alter von drei Jahren bei der Mutter bleiben dürfen, dagegen im geschlossenen nur bis höchstens der Vollendung des ersten Lebensjahres.

Gesetzliche Voraussetzung für eine Unterbringung in einer Mutter-Kind-Einrichtung ist, dass es dem Wohl des Kindes dient. Die Mutter-Kind-Haftplätze sollen verhindern, dass Mutter und Baby in der ersten und prägenden Lebensphase auseinandergerissen werden. Die Mutter-Kind-Bindung soll gefördert werden und das Erziehungsverhalten mit pädagogischen Fachkräften angeleitet und positiv beeinflusst werden. Das Jugendamt ist zwingend bei der Entscheidung zu beteiligen, indem es anzuhören ist. Sieht es das Kindeswohl gefährdet und spricht es sich gegen die Aufnahme in einer Mutter-Kind-Einrichtung aus, unterbleibt die Aufnahme. Ein Aufenthalt liegt zum Beispiel nahe, wenn eine schwangere Gefangene aufgrund einer Freiheitsstrafe von sechs Monaten in die JVA kommt und nach zwei Monaten Haft ihr Kind bekommt. Bleibt das Baby für die restlichen zwei Monate bei der Mutter, erhält es deren Zuwendung und Wärme in dieser frühen und besonders wichtigen Phase seines Lebens. Die Kinder erleiden keine Verlustängste. Die vertraute Person, die für die psychische Stabilität im späteren Leben wesentlich ist und ein Urvertrauen vermittelt, bleibt erhalten. Auch die baulichen Gegebenheiten müssen geeignet sein; das heißt familien- und kindgerecht. Dies ist am ehesten bei offenen Einrichtungen gegeben, wo Mutter und Kind zudem die Anstalt regelmäßig zu Ausgang und Urlaub verlassen können. Dagegen werden im geschlossenen Bereich Vollzugslockerungen nur im Einzelfall zugelassen, wenn bei der Mutter keine Missbrauchsgefahr besteht.

Viele weiblichen Gefangenen haben mehrere Kinder, nicht selten aus unterschiedlichen Beziehungen. Die Haft bedeutet für die meisten Mütter eine zusätzliche emotionale Belastung neben den ausgeprägten Schuldgefühlen gegenüber den Kindern. Ein Psychologe der JVA Rohrbach beschrieb mir seine Erfahrungen: „Die Frauen kümmern und sorgen sich durchaus um ihre Kinder. Sie waren eines der Hauptthemen in Gesprächen, die sie mit mir führten. Deutlich weniger ist dies bei den männlichen Gefangenen ausgeprägt." Die weiblichen Gefangenen äußerten oft, sie würden ihr Kind lieben. Nach dem Eindruck des Psychologen erschien dies zumeist glaubhaft. Selbst manchen Frauen mit einer Suchtproblematik gelingt es, sich noch ausreichend um die Kinder zu kümmern. Abhängig von der Art der konsumierten Drogen bewältigen sie oft noch längere Zeit ihren privaten Bereich. Sie kommen zum Beispiel noch zurecht, wenn sie Amphetamine nehmen. Dies ändert sich, wenn harte Drogen wie Heroin genommen werden. Dann geht es im Denken der Frauen zunehmend um die Droge und deren Beschaffung. Die familiären Beziehungen und Partnerschaften sind dann zumeist zerrüttet. Eine Suchttherapie in einer externen Einrichtung erscheint hier vorrangig.

Während meiner Zeit in der JVA Rohrbach wurden in der Frauenabteilung zwei Kinder geboren. Die Babys hatten recht plötzlich ihren Start ins Leben angekündigt. Die Fahrt in ein nahe gelegenes Krankenhaus war deshalb nicht mehr möglich. In einem Fall unterbrach die Staatsanwaltschaft eine kürzere Freiheitsstrafe vorübergehend, so dass die

Mutter mit ihrem Neugeborenen nach Hause zurückkehren konnte. Die weitere Frau befand sich in Untersuchungshaft. Wegen der Schwere des Tatvorwurfs wurde ihr eine Heimkehr nicht ermöglicht. Ihr Kind wurde nach der Geburt im Einverständnis mit dem Jugendamt bei nahen Verwandten untergebracht. In der JVA Zweibrücken, die über die größte Frauenabteilung des Landes Rheinland-Pfalz verfügt, gab es in einem Jahr einmal sogar acht Geburten. Die Staatsanwaltschaften bemühen sich zwar bei Schwangeren in vertretbaren Fällen, den Haftantritt zu verschieben oder die weitere Vollstreckung der Strafhaft zu unterbrechen. So kommt es wenigstens nicht zu einer Geburt in Gefängnisräumen. Doch sind dies nur vorübergehende Lösungen für den Zeitraum um den Geburtstermin. Früher oder später wird derzeit die Mutter von der Staatsanwaltschaft zum Antritt der Freiheitsstrafe geladen und regelmäßig von ihrem kleinen Kind getrennt. Will man dies vermeiden, hilft nur einer der wenigen Mutter-Kind-Haftplätze in den deutschen Justizvollzugsanstalten. Die für die JVA Zweibrücken geplante Mutter-Kind-Einrichtung wird es künftig ermöglichen, in geeigneten Fällen dem Kindeswohl und zugleich dem Interesse der Mutter Rechnung zu tragen. So kann wenigstens zeitweise in der frühen Lebensphase des Kindes die Trennung von der Mutter vermieden werden.

Dürftig war das Arbeitsangebot für die Frauen der JVA Rohrbach. Es erschöpfte sich in Hilfstätigkeiten für die Anstalt wie Reinigungsarbeiten, Mithilfe in der Kammer und Wäscherei sowie Arbeitsplätzen in einer Werkhalle für einen externen Unternehmerbetrieb. So erhielt ein erheblicher Anteil der weiblichen Gefangenen ausschließlich ein monatliches Taschengeld von 41 Euro (Betrag 2023).

Erfahrungsgemäß können weibliche Gefangene im Vergleich zu den Männern besser mit den ihnen innerhalb des geschlossenen Vollzuges eingeräumten Freiheiten umgehen, so dass es gerechtfertigt und vertretbar wäre, den Frauen bereits im geschlossenen Vollzug größere Freiheiten zu ermöglichen. Wie auch teilweise in den Männerabteilungen wurden in der JVA Rohrbach bei den Frauen zwei von drei der jeweils mit ca. 23 Gefangenen belegten Stationen einer Vollzugsabteilung als offene Abteilungen geführt. Es bedeutet, dass sich die Gefangenen innerhalb des Wohnbereiches für einen erheblichen Teil des Tages frei bewegen und gegenseitig in den Hafträumen besuchen oder in den Freizeiträumen aufhalten können.

Im offenen Vollzug, dem Freigängerhaus, das sich etwa 8 Kilometer von der JVA Rohrbach entfernt in der Nähe der Gemeinde Wonsheim befindet, gibt es eine kleine Abteilung für weibliche Gefangene. Noch seltener, als dies bereits bei den männlichen Strafgefangenen der Fall ist, missbrauchen Frauen Vollzugslockerungen wie Ausgang und Freigang, um zu fliehen oder Straftaten zu begehen.

Die weiblichen Gefangenen wandten sich mit ihren gewählten Interessenvertreterinnen an mich und baten mich mehrfach darum, das Färben der Haare zu gestatten. Nach einigen Monaten Haft seien die gefärbten Haare ausgewachsen, so dass sich die Originalfarbe am Haaransatz zeige und die Haare einen wenig ansehnlichen Eindruck machten, trugen sie vor. Das Anliegen der Frauen war ein Zeichen dafür, dass Inhaftierte sich selbst gegenüber noch Wertschätzung zeigen. Wohl auch, um ein respektables Äußeres ihren Kontaktpersonen beim Besuch zu präsentieren. Regelmäßig kommt zwar eine Friseurin in die Justizvollzugsanstalt. Es sind aber ausschließlich Haushaltsmittel für das Schneiden der Haare vorhanden, dagegen nicht für das Färben. Die Interessenvertretung der inhaftierten Frauen erklärte, sie seien bereit, die Kosten selbst zu tragen. Man könne sich die Haare mit gegenseitiger Hilfe eigenständig färben. Doch von den Sicherheitsfachleuten der JVA wurden zunächst Bedenken geäußert. Die Färbemittel für das Blondieren der Haare und auch für einige Haarfarben würden Wasserstoffperoxid enthalten. Der Stoff habe eine Ätzwirkung und sei feuergefährlich. Färben dürfe daher nicht ausschließlich der Verantwortung der Gefangenen übertragen werden. Damit war das Anliegen zunächst auf Eis gelegt. Um dem berechtigten Anliegen der Frauen dennoch Rechnung tragen zu können, wurde endlich doch eine Lösung gefunden. Mit der externen Friseurin konnte ein für die Frauen akzeptabler Preis ausgehandelt werden, so dass die Haare wieder in Form gebracht werden konnten. Zu oft kann den Anliegen und Wünschen der Gefangenen aus personellen, organisatorischen oder Sicherheitsgründen nicht Rechnung getragen werden. Umso mehr begrüßte ich es, dies im ein oder anderen Fall doch tun zu können. Von den männlichen Gefangenen wurde eine solche Bitte zu keinem Zeitpunkt geäußert, zudem die allermeisten im Gefängnis die Haare sehr kurz bis „garnicht" trugen. Vor einigen Jahren fiel den Diezer Bediensteten allerdings zwei plötzlich erblondete männliche Gefangene auf. Offensichtlich hatten sie sich die Haare gefärbt. Zunächst wurde gerätselt, wie die Männer dies bewerkstelligt hatten. Die Antwort ließ nicht lange auf sich warten. Die beiden Gefangenen arbeiteten nämlich in der Anstaltsschreinerei. Dort werden unter anderem Möbel aufgearbeitet und restauriert. Ein unansehnlich gewordener Farbaufstrich lässt sich gut mit Wasserstoffperoxid entfernen. Die Gefangenen zweigten unbemerkt ein wenig davon ab, um es zur eigenen Aufhübschung – davon gingen die beiden jedenfalls aus – zu verwenden.

Kapitel 23: Die Opfer und der Film über Schuld und Sühne

Da saß er nun, Gitarre spielend, leise singend. Ein Lächeln auf den Lippen, die sich zu einem Countrysong bewegten. Eine kleine Gruppe versammelte sich um einen Grill, sie hielten Gläser in der Hand. Eine kleinbürgerliche Idylle in einem Vorgarten in den USA. 22 Jahre Haft waren vorüber. In der JVA Diez hatte der ehemalige amerikanische Soldat nach einem Mord und einem Mordversuch an zwei Anhalterinnen, die er zu sexuellen Handlungen gezwungen hatte, seine Schuld abgetragen. Juristisch betrachtet mag dies zutreffen. Die lebenslange Freiheitsstrafe, zu der er verurteilt worden war, hatte ein Ende gefunden. Im Durchschnitt erfolgt die Entlassung eines Lebenslangen nach 20 bis 21 Jahren. „Das Leben geht weiter", ist eine lapidare Redewendung. Sie trifft für den Entlassenen zu. Nicht für die Opfer, die junge Frau, die er erschossen hat, und die andere junge Frau, die er auch erschießen wollte und überlebt hat, weil sie sich totgestellt hatte. Nicht für die Mutter der ermordeten Frau. Nicht für die Schwester.

Mitte vierzig war der Täter erst alt und hatte noch einen großen Teil des Lebens vor sich. In der entspannten Grillrunde saß auch seine Frau, die er, als er in den 90er-Jahren zur Entlassungsvorbereitung im offenen Vollzug untergebracht war, bei einem Ausgang kennengelernt hatte. Ich schaue mir den Dokumentarfilm „Lebenslänglich – Ein Mörder und seine Tat" an, den die Filmemacherin Stella Tinbergen gedreht hat. Den größten Teil davon in den Diezer Gefängnisräumen. Ich habe die Filmemacherin bei dem Projekt unterstützt, weil sie für Qualität bei sensiblen Stoffen, die häufig Gegenstand ihres Schaffens sind, bürgt. Stella Tinbergen hat mit ihrem Film die Opferseite beleuchtet.

Die, für die es anders als bei dem Täter, ein lebenslang gibt. Die Strafe endet, das Opfer hat lebenslang. Der Täter war zum Tatzeitpunkt Soldat in der US-Army, verheiratet, seine Frau war hochschwanger, die Ehe steckte in einer Krise. Der bewaffnete Täter hatte von vorneherein vor, eine Frau zu vergewaltigen. Der Filmemacherin sagte er, nach der Tat habe er kühl kalkuliert: „Die mussten weg!" Brutal. Eiskalt. Wie in den meisten Fällen einer Sexualstraftat, die in einen Mord mündet, töten die Täter, um nicht gefasst zu werden, ganz selten dient die Tötungshandlung selbst der Befriedigung des Geschlechtstriebes. Stella Tinbergen ließ die Angehörigen der ermordeten jungen Frau zu Wort kommen. Die Mutter der ermordeten Frau und die Schwester des Opfers. Beide wurden ebenfalls Opfer des Täters mit schweren seelischen Verletzungen. Das zweite Tatopfer, die junge Frau, die die Tat überlebt hatte, wollte nicht mit der Filmemacherin sprechen. Nachvollziehbar.

Die Schwester der ermordeten und vergewaltigten jungen Frau hat nie geheiratet. Sie sagte, dies habe vielleicht mit dem Verlust der Schwester zu tun. Eine Angst, den Menschen, der einem am nächsten steht, zu verlieren. In dem Film wird die Schwester gezeigt, wie sie an der Stelle steht, wo sich das Grab der Verstorbenen befand. Es war aufgelöst worden, weil Mutter und Schwester die finanziellen Mittel für die Grabstätte fehlten. Der Täter hat für seine Mitwirkung an dem Dokumentarfilm eine vierstellige Geldsumme erhalten. Er sagte Stella Tinbergen zu, diesen Betrag den Hinterbliebenen zukommen zu lassen. Ein winziges Zeichen der Reue wäre dies gewesen. Auch der Wiedergutmachung? Kaum. Er hielt dieses Versprechen nicht ein. Vielleicht hat er einen Teil davon für das Grillfleisch ausgegeben. Stella Tinbergen war darüber sehr enttäuscht. Es ist zu hoffen, dass er in den Vereinigten Staaten, wohin er nach der Entlassung abgeschoben worden war, ein Leben ohne Straftaten führt. Die Hand dafür ins Feuer legen kann niemand. Die Sachverständigen, die vor einer Entlassung beteiligt werden, sind nicht unfehlbar und können etwaige Entwicklungen in Freiheit bisweilen mehr erahnen als vorhersehen. Lebenslange, auch wenn sie noch im mittleren Alter entlassen werden, werden sehr selten mit schweren Delikten rückfällig. Bei Sexualmördern gibt es keine belastbaren Daten, da sie im Regelfall deutlich später entlassen werden. Die Anforderungen an eine gute Kriminalprognose sind zu Recht sehr hoch. Vorausgesetzt wird eine intensive therapeutische Tataufarbeitung, zu der nicht alle Verurteilte in der Lage sind. Stella Tinbergen nahm bei den Interviews mit dem Protagonisten des Films dessen ausgeprägtes schauspielerisches Talent wahr. Ein intelligenter Mann, der weiß, was auf dem Spiel steht, sollte er rückfällig werden. Es bleibt zu hoffen, dass wenigstens der Strafzweck der Abschreckung bei ihm gegriffen hat. Bei Straftaten, die maßgeblich von den Trieben gesteuert werden, muss dies nicht unbedingt der Fall sein.

Äußerst selten kommt ein Anstaltsleiter mit den Opfern von Straftaten in Kontakt. Die Mutter eines ermordeten und missbrauchten kleinen Mädchens rief mich an und schilderte mir zunächst, wie sehr sie unter dem Tod ihres Lieblings leide. Auch wenn der Gefangene bei uns in der JVA Diez Haft war und daher bestraft wurde, sollte er ständig an das erinnert werden, was er getan habe, forderte sie. Sie wollte wissen, ob der Häftling über Gelder verfüge, die man ihm wegnehmen könne. Mehr als der verzweifelten und verbitterten Frau zuhören, konnte ich nicht. Auf ihre Frage hin teilte ich ihr mit, dass ein Gefangener, der regelmäßig einer Arbeit in der Anstalt nachgehe, eine Vergütung erhalte, die zu einem gewissen Teil pfändbar sei. Zum Beispiel wenn es um Schmerzensgeldansprüche gehe. Wir beendeten sodann unser Gespräch, das mich etwas hilflos zurückließ.

Beeindruckende Äußerungen machte die Mutter des 2021 ermordeten Tankstellenmitarbeiters, die als Nebenklägerin an fast allen 24 Verhandlungstagen anwesend war. Sie sagte auf die Bitte der Journalisten, ob sie in der Lage und bereit sei, Fragen zu beantworten, sie sei es ihrem Sohn schuldig. Sie möchte an ihn erinnern. Nach dem Urteil gab sie dem SWR ein Interview, nachdem sie unter Tränen bei der Urteilsverkündung am 13.09.2022 anwesend war. Der Täter, der eine rechtsradikale Einstellung besaß und den Staat ablehnte, wollte am Tattag, dem 18. September 2021, in der Tankstelle Bier kaufen, weigerte sich jedoch der Aufforderung des Opfers, eine Maske als Coronapräventionsmittel zu tragen, Folge zu leisten. Unverrichteter Dinge ging er nach Hause, holte seine Schusswaffe, und in die Tankstelle zurückgekehrt erschoss er den 20-Jährigen, der als Kassierer jobbte, um sich den Führerschein zu finanzieren. Die Mutter sagte zu den Journalisten: „Kann man so etwas verzeihen? Kann man darüber hinwegsehen? Ich sag' mal, wenn man etwas kaputt macht, das ist etwas anderes. Aber wenn man einen Menschen einfach aus der Mitte des Lebens reißt, ist das eigentlich nicht zu entschuldigen."[41] Und: „Egal, wie das Urteil ausgegangen wäre, es hätte ja nichts daran geändert, was passiert ist und welcher Mensch verloren gegangen ist. Das bringt ja nie wieder mein Kind zurück. Von daher ist der Ausgang dieses Urteils nicht wirklich wichtig."[42]

In einem anderen Mordprozess richtete der Vorsitzende Richter des Landgerichts Kaiserslautern am 30. November 2022, nachdem er die Urteilsbegründung verlesen hatte, folgende Worte an die Schwester einer ermordeten Polizistin: „In einem Prozess geht es vor allem um den Täter, selten um die Opfer, die tot sind – und auch ihre Familien haben durch die Tat lebenslänglich bekommen."

Der Täter wurde wegen Mordes an der jungen Frau sowie eines weiteren Polizisten in erster Instanz zu einer lebenslangen Freiheitsstrafe verurteilt. Er hatte die jungen Beamten kaltblütig mit Kopfschüssen getötet, nachdem er mit einem Helfer nach einer Wilderei kontrolliert worden war und hierbei im Kofferraum erlegte Tiere entdeckt worden waren. Das Mordmerkmal der Verdeckung einer Straftat war damit erfüllt.[43] Der Richter führte weiter aus, mit der lebenslangen Haftstrafe und der Feststellung der besonderen Schwere der Schuld hoffe er, dass es für die Familien der Opfer „ab sofort leichter wird, den Verlust zu verarbeiten. Ja, dass sie irgendwie sogar lernen werden können, damit zu leben".[44]

Der Strafvollzug ist noch weiter als die Richter von den Opfern entfernt. Indem den Justizvollzugsanstalten jedoch gerade bei diesen besonders schweren Delikten die Aufgabe bleibt, die Haftjahre dazu zu nutzen, die Straftaten mit dem Gefangenen aufzuarbeiten und eine Persönlichkeitsveränderung herbeizuführen, wird dort versucht, Opferschutz zu leisten. Die Straftaten und die Persönlichkeit des Täters sind die zentralen Themen bei therapeutischen Maßnahmen. Schuldeinsicht in Verbindung mit Sühnebereitschaft ist Voraussetzung für Behandlungsmaßnahmen, die den Täter wirklich erreichen. Die Schwere der Straftaten und deren Opfer müssen den verantwortlichen Personen, der Anstaltsleitung bei Entscheidungen über Vollzugslockerungen und den Richtern bei Entscheidungen über eine bedingte Entlassung stets bewusst sein. Die Entscheidungen bestimmen, ob auch in der Zukunft Menschen gefährdet sind. Nicht immer ist es vertretbar, einem Gefangenen die „zweite Chance" zu geben.

In sehr seltenen Fällen wurde nach der rechtskräftigen Verurteilung eines Täters während der Haft ein Täter-Opfer-Ausgleich durchgeführt. Die Strafprozessordnung sieht in § 155 b diese Möglichkeit dagegen während eines laufenden Strafverfahrens vor. Bei diesem außergerichtlichen Mittel geht es darum, die unmittelbare Kommunikation zwischen Täter und Opfer außerhalb des formellen Strafverfahrens zu ermöglichen. Es geht um die Beilegung eines Konfliktes. Hierbei soll ein Ausgleich zwischen den Parteien erreicht werden, der den Täter straft, indem zum Beispiel nach einer Körperverletzung eine Entschädigungsleistung zugunsten des Opfers vereinbart wird. Eine für das Opfer positive Rückmeldung und psychologische Entlastung ist es, wenn der Täter glaubhaft das Unrecht seiner Tat einsieht. Zwingend ist die Freiwilligkeit der Teilnahme. Wenn sich herausstellt, dass der Täter ausschließlich Pluspunkte vor dem Richter oder Staatsanwalt sammeln will, ist ein Täter-Opfer-Ausgleich zum Scheitern verurteilt. Echte Reue ist somit Voraussetzung. Täter und Opfer werden als eigenverantwortliche Subjekte begriffen. Für dieses Mittel der Konfliktbeilegung eignen sich weniger schwere Delikte. Staatsanwaltschaft oder Gericht beauftragen eine Stelle wie zum Beispiel die Opfer- und Täterhilfe Rheinhessen e. V., das Täter-Opfer-Ausgleichsverfahrens durchzuführen. Fachkräfte wie Sozialarbeiter oder Psychologen moderieren die Gespräche zwischen den Parteien. Nach dessen Abschluss berichtet diese Stelle Staatsanwaltschaft oder Gericht. War dieses Mittel erfolgreich, wird das Strafverfahren regelmäßig bei weniger gravierenden Straftaten eingestellt, bei schwereren Straftaten werden die Bemühungen zumeist strafmildernd berücksichtigt. Nur einmal während meines Berufslebens fand eine Kommunikation zwischen dem Täter einer schweren Gewalttat und dem Opfer statt, die einem Täter-Opfer-Ausgleich angenähert war. Die Straftat war ein versuchter Mord.

Opfer und Täter kannten sich. Beide waren zum Tatzeitpunkt Anfang zwanzig. Die Initiative für die Gespräche ging vom Opfer aus. Nachdem der Täter bereits einige Jahre in Haft war, wollte es endlich verstehen, warum es zu der Straftat gekommen war, und dem Täter auch mitteilen, welche psychischen Folgen der Mordversuch für es hatte. Der Täter, der selbst aus geordneten familiären Verhältnissen kam und in seine Heimat zurückkehren wollte, wo auch das Opfer lebte, war bereit, sich den Gesprächen zu stellen. Der Gefangene besaß ein ausgeprägtes Unrechtsbewusstsein und bereute die Straftaten, ohne sie zu bagatellisieren oder entschuldigend zu erklären. Beide Parteien profitierten von den Gesprächen. In einem anderen Fall nahm ein Strafgefangener, der bei einem Einbruch einen Mordversuch begangen hatte, nach vielen Haftjahren brieflich Kontakt zum Opfer aus, um sich zu entschuldigen. Hiervon wusste kein Mitarbeiter der Anstalt. Die Kontrolle des Schriftwechsels der Strafgefangenen ist nur auf verbotene Gegenstände hin zulässig. Der Inhalt darf nur gelesen werden, wenn es konkrete Anhaltspunkte für eine Gefährdung des Vollzugszieles oder der Sicherheit besteht. Erst mit Eingang des Briefes des Opfers war die Voraussetzung einer inhaltlichen Postkontrolle gegeben. Das Opfer und dessen Familie waren entrüstet, als sie den Brief lasen. Sie wandten sich brieflich an mich und verboten sich jegliche weitere Kontaktaufnahme durch den Gefangenen. Sie wollten mit dem schlimmen Erlebnis abschließen und nicht daran erinnert werden. Schon gar nicht durch den Täter. Dies war uneingeschränkt nachvollziehbar. Zudem waren die Motive für die gescheiterte Kontaktaufnahme fragwürdig. Der Gefangene hatte einen Antrag auf bedingte Entlassung gestellt und wollte offenbar Argumente in die Waagschale der Justitia werfen, um sie milde zu stimmen.

Kapitel 24: Der Doc und die Suche nach den Serienmördern

Wie alljährlich war ich gerade mit der Grippeschutzimpfung gequält worden. Der Täter, ein Allgemeinmediziner meiner Heimatstadt, erkundigte sich, nachdem er erfahren hatte, welchem Gewerbe ich nachging, ob in der JVA Rohrbach auch Serienmörder inhaftiert seien. Ich entgegnete wahrheitsgemäß, dies sei jedenfalls in dieser Einrichtung, wo keine lebenslangen Freiheitsstrafen vollstreckt werden, nicht der Fall. Auch in den rheinland-pfälzischen Gefängnissen und in anderen Bundesländern seien diese recht selten anzutreffen. Viele Krimis vermitteln allerdings ein anderes Bild, jedenfalls seitdem es Privatfernsehen gibt und die erfundenen Verbrechen möglichst spektakulär sein müssen. Als Mörder werden von nicht wenigen Zuschauern „Psychos" gewünscht, am besten mit sadistischen Neigungen ausgestattet. Man findet sie in deutschen Gefängnissen äußerst selten. Vielleicht hatte die Frage des wissensdurstigen Mediziners auch mit der etwas skurrilen Dekoration zu tun, die sich auf einem Sideboard in der Ecke eines der Behandlungszimmer befand. Dort prangte ein menschlicher Totenschädel nebst einigen größeren wohl ebenfalls von dieser Spezies stammenden Knochen. Ich hoffte, dass dies nicht die Relikte eines Patienten waren. Die Kombination der Frage des Mediziners nach den Serienmördern und der Ausstellung der Skeletteile hat mir ein wenig zu denken gegeben. Wenn ich gezwungen bin, den Arzt erneut aufzusuchen, werde ich ihn vor der Behandlung als Erstes um eine detaillierte Auskunft zu der Herkunft der Knochen bitten. Außerdem werde ich mir stets einen Termin in der Mitte der Sprechstunde geben lassen, keinesfalls zu Beginn oder am Ende, wenn die Arzthelferinnen noch außer Haus sind beziehungsweise bereits Feierabend gemacht haben. Im Laufe meiner vielen Gefängnisjahre hat sich eine gewisse Vorsicht auch im privaten Bereich eingeschlichen. Ich möchte nicht in veränderter Form auf dem Sideboard landen. Das üblicherweise jedem Menschen in die Wiege gelegte Urvertrauen hatte im Laufe der Jahrzehnte meiner Tätigkeit im Strafvollzug offenbar kleine Risse bekommen. Eine solche Dekoration des Schreckens könnte sich ein Gefängnisarzt nicht leisten, es sei denn, er neigt zur Bequemlichkeit und versucht mit allen denkbaren Mitteln, die Anzahl der Patienten zu reduzieren, die seine Sprechstunde aufsuchen. Glücklicherweise sind solche Ärzte in den Gefängnissen selten. Angesichts der im Vergleich zu anderen Arbeitsfeldern für Mediziner eher dürftigen Entlohnung ist es mitunter schwierig, die Stelle eines Anstaltsarztes zu besetzen. Andererseits hat ein Anstaltsarzt einen festen Patientenstamm, so dass ihm keine Insolvenz drohen kann. Erfreulicherweise findet man immer wieder engagierte Menschen, die sich auf die mitunter schwierigen Patienten einlassen. Vor allem ist es wichtig, sich Zeit für die Gefangenen zu nehmen. Für viele Gefangene ist der Anstaltsarzt eine wichtige Bezugsperson, da die umfassende ärztliche Schweigepflicht ein Rahmen ist, innerhalb dessen die Inhaftierten offen ihre Probleme mitteilen können. Es ist häufig notwendig, dem Gefangenen geduldig zuzuhören und ihn auch einmal schimpfen zu lassen. Neben dem medizinischen Rüstzeug ist es daher für die Tätigkeit eines Anstaltsarztes ungemein wichtig, dass er über ein gutes Einfühlungsvermögen verfügt und in der Lage ist, auf die unterschiedlichen Persönlichkeiten einzugehen.

Ein in der JVA Diez tätiger Arzt bemühte sich zum Beispiel sehr intensiv um einen Gefangenen, der eine lebenslange Freiheitsstrafe verbüßte. Dem Doc – so bezeichnen die Gefangenen den Gefängnisarzt – fiel auf, dass der Mann in den letzten Monaten immer verwahrloster aussah. Die offenen langen Haare hingen verfilzt an seinem Kopf, der lange Bart sah nicht viel ansehnlicher aus. Der Gefangene ließ sich gehen, alles war ihm offenbar gleichgültig geworden. Dies kann auf eine depressive Erkrankung und damit auch Suizidgefahr hinweisen, insbesondere wenn ein Inhaftierter erst seit kurzer Zeit eine solche Veränderung zeigt. Der Anstaltsarzt mit dem sozialen Herzen wollte den niedergeschlagenen Mann aus seinem tiefen Loch herausholen. Er kam spontan auf die Idee, dem Gefangenen Haare und Bart zu schneiden, und bot seinem Patienten Friseurleistungen an. Der Gefangene zeigte sich sehr überrascht, lächelte verlegen und zögerte ein wenig. Der Anstaltsarzt griff sich eine Schere, die sicherlich nicht dem üblichen Friseurstandard entsprach, und forderte den Gefangenen auf, ein wenig näher zu rücken. Der Häftling entsprach dieser Aufforderung. Der Gefängnisarzt klemmte hierauf den Kopf des Gefangenen unter seinem Arm ein und machte sich zügig mit der Schere an die Arbeit. Da sich das handwerkliche Talent des Mediziners in Grenzen hielt, war der Gefangene nach getaner Arbeit zwar nur sehr eingeschränkt ansehnlicher geworden. Insgesamt hatte sich allerdings sein Erscheinungsbild durchaus verbessert. Jedenfalls fühlte der Gefangene sich wohler, ein Neuanfang war gemacht. Der Anstaltsarzt berichtete mir später von seiner spontanen und ungewöhnlichen Aktion. Ein Mediziner, der nach der Gebührenordnung für Ärzte abrechnet, hätte sicherlich Schwierigkeiten gehabt, die Friseurleistungen geltend zu machen. Es ist jedoch je nach Persönlichkeit des Gefangenen auch manchmal erforderlich, Klartext zu sprechen und einen härteren, unmissverständlichen Ton anzuschlagen. Ein anderer Anstaltsarzt sagte mir einmal, dass er am meisten das Wort „Nein“ benutze. Dies hänge damit zusammen, dass er vielen

Anliegen keine Rechnung tragen könne, da sie oftmals nicht medizinisch gerechtfertigt seien. Viele Gefangene berichten dem Anstaltsarzt zum Beispiel von einer Schmerzproblematik oder erheblichen Schlafproblemen und versuchen auf diesem Weg Psychopharmaka als Ersatzdroge zu erhalten. Hier muss ein Gefängnisarzt auf die Bremse treten, zumal es Gefangene gibt, die mit Medikamenten Handel treiben. Die Verordnung von Psychopharmaka hat im Laufe der letzten Jahre erheblich zugenommen, da immer mehr Gefangene ausgeprägte psychische Probleme haben und bei deutlich mehr Inhaftierten psychiatrische Krankheitsbilder festzustellen sind. Die Inhaftierten genießen nicht die medizinische Versorgung durch die gesetzlichen Krankenkassen. Vielmehr übernimmt dies der Justizfiskus. Freie Arztwahl gibt es nicht. Für die Gefangenen sind ausschließlich die Anstaltsärzte und einige externe Fachärzte, an die der Anstaltsarzt überweist, zuständig. Die medizinischen Leistungen entsprechen denen der kassenärztlichen Versorgung. Es überrascht daher nicht, dass einige Gefangenen damit nicht zufrieden sind. Manche Inhaftierte lehnen Gefängnisärzte generell ab. Sie akzeptieren es nicht, dass sie nicht stets das bekommen, was sie möchten. Einigen Häftlingen ist es nicht plausibel zu machen, dass bei einer leichten Schmerzsymptomatik im Rückenbereich nicht unmittelbar eine aufwändige Untersuchung wie eine Computertomografie bei einem Facharzt veranlasst wird.

Nicht wenige Gefangene sind nicht damit einverstanden, dass spezielle medizinische Untersuchungen und kleinere chirurgische Eingriffe im Justizvollzugkrankenhaus in Wittlich vorgenommen werden. Zu Unrecht eilt dieser Einrichtung ein schlechter Ruf voraus.

Manchmal ist unabhängig von den üblichen Regularien über den Umfang der ärztlichen Versorgung ein pragmatisches und im Ergebnis menschlicheres Vorgehen erforderlich. Ein Inhaftierter hatte eine schwere Krebserkrankung. Ein chirurgischer Eingriff und eine anschließende Bestrahlung wurden als erforderlich angesehen. Der Gefangene weigerte sich jedoch hartnäckig. Er trug dem Anstaltsarzt vor, er wolle nach der Entlassung eine Familie gründen und Kinder haben. Ohne diese Perspektive habe das Leben keinen Sinn für ihn. Der Allgemeinmediziner erkannte, dass der Gefangene ausschließlich unter der Voraussetzung zu einer lebensrettenden Therapie zu motivieren war, wenn man ihm ermöglichen würde, Sperma einzufrieren und auf einer Samenbank zu deponieren. Dass dies nicht vom Leistungskatalog der gesetzlichen Krankenkassen und damit auch nicht dem des Justizvollzuges umfasst wird, kann man sich vorstellen. Auch dem Erkrankten fehlten die finanziellen Mittel. Um den Gefangenen, der sich hartnäckig weigerte, mit der Krebstherapie zu beginnen, nicht dem sicheren Tod zu überlassen, wurde eine Geldquelle außerhalb der Justiz ausfindig gemacht, die an dieser Stelle nicht genannt werden soll. Die Voraussetzungen für die Behandlung der schweren Erkrankung konnten mit dieser menschlichen Lösung geschaffen werden.

Im Gefängnis haben Gefangene viel Zeit, um sich mit sich selbst zu beschäftigen. Gesundheitliche Probleme wurden in Freiheit zumeist wenig beachtet und drängten sich erst wieder in der erzwungenen Ruhe ans Tageslicht. Hinzu kommt häufig ein ungesunder Lebensstil vor der Inhaftierung. Neben starkem Rauchen haben Gefangene oftmals Suchtmittel wie Alkohol oder Drogen konsumiert. Etwa 60 % der Inhaftierten haben eine mehr oder weniger ausgeprägte Drogenproblematik. Der Anstaltsarzt bemüht sich, den harten körperlichen Entzug in der Anfangszeit der Haft bei Gefangenen mit Medikamenten abzumildern.

Inhaftierten, bei denen eine therapeutische Behandlung der Drogensucht in der Vergangenheit mehrfach gescheitert ist, verordnet der Anstaltsarzt im Einzelfall Methadon, sofern die Inhaftierten in der Lage und willens sind, auf jeglichen Beikonsum von illegalen Drogen verzichten.

Kapitel 25: Arbeitende Gefangenen und die Abschaffung der Zwangsarbeit

In der JVA Diez war in den 90er-Jahren ein Gefangener inhaftiert, der zu einer lebenslangen Freiheitsstrafe verurteilt worden war. Er hatte eine betagte Verwandte ermordet, die ihn immer wieder mit kleinen Geldbeträgen unterstützt, aber irgendwann einmal „Nein" gesagt hatte. Großgewachsen trug er sommers wie winters eine kleine mehrfarbige Strickmütze, die er in einem Handarbeitskurs unter Anleitung einer ehrenamtlichen Vollzugshelferin gefertigt hatte. Ein wenig wirkte er wie ein älterer Student, der das Examen immer wieder unter allen möglichen Vorwänden hinausgeschoben hatte. Er pflegte nur mit wenigen ausgewählten Mitgefangenen Kontakt, die Subkultur mied er. Es fiel auf den ersten Blick schwer, ihn mit der Straftat in Verbindung zu bringen, wegen der er verurteilt worden war. Der Mann ging damals keiner Arbeit im Vollzug nach und hatte deshalb keine Einkünfte. Stets beteuerte er seine Unschuld. Wenn ein Gefangener in der Sprechstunde angab, er sei zu Unrecht verurteilt, sagte ich stets, ich müsse vom Urteil ausgehen. Eine andere Grundlage hätte ich nicht. Wenn er sich seiner Sache sicher sei, müsse er ein Wiederaufnahmeverfahren betreiben. Ich vermied es jedoch, den Inhaftierten zu erwidern, dass ich ihnen dies nicht abnähme. Hierbei hatte ich immer einen anderen Lebenslangen vor Augen, der über Jahrzehnte hinweg behauptet hatte, er sei unschuldig. Da einzelne Bedienstete ihn für mich nicht nachvollziehbar hierin bestärkten, verharrte er in dieser Rolle und schafft es nicht mehr, zu seinen Straftaten zu stehen und die dahinterstehenden Persönlichkeitsdefizite aufzuarbeiten. Selbst wenn ich Zweifel gehabt hätte, hätte ich diese für mich behalten, um dem Gefangenen nicht zu schaden.

Der Arbeitsverweigerer akzeptierte die Haft nicht, wenngleich er sich angepasst verhielt und den Bediensteten keine Schwierigkeiten machte. Eine Form des Protestes war allerdings, dass er sich hartnäckig weigerte, seine Finger krumm zu machen. Er nahm es auch in Kauf, dass dies nachteilige Konsequenzen für ihn hatte. Da die prekäre finanzielle Situation ein Anlass für die Gewalttat war, sollte der Gefangene im Strafvollzug die Erfahrung machen, welche Vorteile es hat, regelmäßig einer Arbeit nachzugehen. Auch war Ziel, dass er sich an eine Tagesstruktur gewöhnt. Da er sich dem verweigerte, verbesserte sich seine Kriminalprognose nicht. Während der Haftzeit des Gefangenen galt noch für alle Länder das bundeseinheitliche Strafvollzugsgesetz, das eine Arbeitspflicht vorsah. 2013 wurde mit Übergang der gesetzlichen Zuständigkeit für den Strafvollzug auf die Bundesländer in Rheinland-Pfalz die Arbeitspflicht abgeschafft. Nicht alle Bundesländer verfuhren dergestalt. Verstöße der Inhaftierten gegen die ihnen nach dem Gesetz auferlegten Pflichten konnten zuvor mit Disziplinarmaßnahmen geahndet werden. Von dieser Möglichkeit wurde allerdings selten Gebrauch gemacht, gab es doch in den meisten Anstalten ohnehin ein zu geringes Arbeitsangebot. Auch hatte man die Erfahrung gemacht, dass es pädagogisch wenig sinnvoll ist, Arbeitsverweigerer mit Disziplinarmaßnahmen zu bestrafen.

Die Abschaffung der Arbeitspflicht war dennoch bei den Bediensteten sehr umstritten. Auch ich blieb lange Zeit skeptisch. Nicht alle Bundesländer schafften die Arbeitspflicht ab. Es wurde befürchtet, der Müßiggang halte Einzug in die Haftanstalten und man werde für die Arbeitsbetriebe nicht mehr genug motivierte Gefangene finden. Gefangene, die keiner Arbeit nachgehen oder sich in Ausbildungsmaßnahmen befinden, haben keine Tagesstruktur. Es fehlt der Kontakt zu Mitgefangenen und den Bediensteten. Bei Inhaftierten, die wenig Berührung mit anderen besitzen und selten in die Hofstunde oder zum Sport gehen, besteht zudem die Gefahr der Vereinsamung oder psychischer Probleme. Dagegen können arbeitende Gefangene lernen, regelmäßig einer Aufgabe nachzugehen, und die Erfahrung machen, etwas durchhalten zu können. Auch haben sie weniger Zeit, Blödsinn zu machen und auf dumme Gedanken zu kommen. Ein alter Vollzugsspruch lautet daher: „Wer abends müde ist, sägt nachts nicht am Gitter."

Für den Wegfall der Arbeitspflicht war der Grundgedanke des rheinland-pfälzischen Gesetzgebers maßgeblich, dass die Strafgefangenen während der Haftzeit die für ihre Straftaten ursächlichen Defizite beheben und die einer künftigen Straffälligkeit entgegenwirkenden Fähigkeiten stärken sollen. Es wurde argumentiert, Arbeit stelle hierbei nicht den zentralen, sondern nur einen von vielen Resozialisierungsfaktoren wie der therapeutischen Aufarbeitung der den Straftaten zugrunde liegenden Persönlichkeitsdefiziten, wozu zum Beispiel oftmals eine Suchttherapie gehöre. Gefangenenarbeit solle als positiver Bestandteil des Strafvollzugs betrachtet werden und nie – wie eben bei Arbeitsverweigerern – zur Bestrafung eingesetzt werden.[45]

Bei dem Lebenslangen hatte man es, bevor die Arbeitspflicht abgeschafft worden war, zeitweise mit Disziplinarmaßnahmen versucht, um seine Arbeitsbereitschaft zu erzwingen. Ohne Erfolg. Er arbeite nicht für die Justiz, die ihn unschuldig eingesperrt habe, argumentierte er. Arbeiterverweigerer erhielten damals noch nicht einmal ein Taschengeld, das lediglich Bedürftige erhielten, sofern sie unverschuldet mangels eines Arbeitsangebots oder aus sonstigen Gründen keiner Arbeit nachgehen konnten. Das

Taschengeld beträgt 41 Euro monatlich (Stand 2023). Wenn sie nicht innerhalb der Anstalt illegal mit Mitgefangenen Geschäfte tätigen konnten und so andere Einnahmen hatten, saßen Arbeitsverweigerer somit völlig auf dem Trockenen. Der Tatleugner wurde mit Verspätung in den offenen Vollzug verlegt. Nach wie vor hatte er sich im geschlossenen Vollzug zwar hartnäckig einer Arbeit verweigert. Da er sich ansonsten vorbildlich geführt und von kriminell verfestigten Gefangenen konsequent ferngehalten hatte, erschien die Verlegung ins Freigängerhaus vertretbar. Dort war er bereit, einem freien Beschäftigungsverhältnis nachzugehen. Schließlich arbeitete er für einen externen Arbeitgeber und nicht für den Staat, der ihn zu Unrecht eingesperrt habe, argumentierte der Gefangenen. Nach einer Erprobungszeit im offenen Vollzug wurde er bedingt entlassen.

Einige Jahre, nachdem die Arbeitspflicht abgeschafft worden war, berichtete mir ein Mitarbeiter der Arbeitsverwaltung der JVA Rohrbach, der für die Einteilung der Gefangenen zur Arbeit zuständig war, welche Erfahrungen man mit der Entscheidung des Landesgesetzgebers gemacht habe. Der Kollege hatte festgestellt, dass sich die Inhaftierten vermehrt die Arbeitsplätze aussuchen und die Rosinen herauspicken würden. Die Gefangenen drängten zu den beliebteren Arbeitsplätzen wie in den Anstaltswirtschaftsbetrieben Küche, Kammer oder zu Hilfs- und Reinigungstätigkeiten in den Vollzugsabteilungen, wo der Arbeitsdruck geringer sei als in den Unternehmerbetrieben. Dort seien oft straffe Tagespensen (Akkordarbeit) vorgegeben, um den vollen Lohn zu erhalten. Die Motivation, durch Erreichen eines höheren Tagespensums einen höheren Lohn zu erhalten, sei weniger als früher vorhanden. Den meisten Gefangenen genüge es, ein durchschnittliches Monatsentgelt zu erhalten. Dies reiche den meisten aus, um die persönlichen Bedürfnisse befriedigen zu können, zu denen die monatliche Gebühr für das Fernsehen, Telefonieren und insbesondere den Kauf von Waren beim Anstaltskaufmann wie Tabak, Kaffee und zusätzlichen Lebensmitteln gehörten. Nur ein kleiner Teil unterstütze die Angehörigen oder bemühe sich aktiv um die Regulierung der Schulden. Insgesamt sei die Arbeitsmotivation zurückgegangen. Es sei schwerer geworden, motivierte Arbeiter für die Unternehmerbetriebe zu finden. Der auch außerhalb der Gefängnisse zunehmende Trend nach einer Work-Life-Balance hat daher nach und nach in den Justizvollzugsanstalten Einzug gehalten.

Ein in den Gefängnisbetrieben des geschlossenen Vollzuges tätiger Gefangener erhält je nach Art der Arbeit und den Anforderungen etwa ca. 250 bis 350 Euro monatlich.

Das Bundesverfassungsgericht hat mit seiner Entscheidung vom 20. Juni 2023 - 2 BvR 166/16 und 2 BvR 1683/17 - moniert, die Arbeit der Strafgefangenen müsse eine angemessene Anerkennung - monetär oder auch nichtmonetär - im Rahmen eines gesetzlichen Resozialisierungskonzeptes finden. Neben den unmittelbar von dem Urteil betroffenen und gerügten Bundesländern Baden-Württemberg und Bayern sind mittelbar alle Länder aufgefordert, sich mit dieser sehr komplexen Entscheidung auseinanderzusetzen. Eine eventuelle Erhöhung des monatlichen Entgeltes hat nicht zwingend zur Folge, dass ein Gefangener wesentlich mehr Geld zur freien Verfügung hat. Vielmehr wird den Inhaftierten dann wahrscheinlich ein erheblicher Teil des Mehrbetrages unter anderem für Haftkosten (u. a. Verpflegung und Unterkunft, Arztkosten) abgezogen werden. Zudem ist die vom Gericht geforderte angemessene Anerkennung der Arbeit auch in Form nichtfinanzieller Vorteile möglich (z. B. für eine festgelegte Anzahl von Arbeitsmonaten wird die Haftzeit reduziert).

Nimmt ein Strafgefangener an einer Ausbildungsmaßnahme teil, erhält er Ausbildungsbeihilfe in vergleichbarer Höhe.

Nach dem Landesjustizvollzugsgesetz besitzen die in den Anstaltsbetrieben beschäftigten Gefangenen eine Arbeitslosen- sowie Unfallversicherung. Dagegen ist keine Rentenversicherung vorgesehen.

Die meisten Arbeitsstellen befinden sich in den sogenannten Unternehmerbetrieben. Hierbei handelt es sich um externe Firmen der freien Wirtschaft. Sie vergeben an die Gefängnisse Aufträge, die zumeist keine Vorqualifikation der Inhaftierten erfordern und bei denen die Anlernzeiten überschaubar sind. In der JVA Rohrbach wurden zum Beispiel Reparatursets für die Automobilindustrie und Kfz-Werkstätten zusammengestellt, Metallgussteile einer abschließenden Qualitätskontrolle unterzogen oder Modeschmuck verpackt. Die meisten Gefangenen verfügen nicht über eine berufliche Qualifikation und sind in dieser Anstalt überwiegend zwischen wenigen Monaten bis maximal zwei Jahre in Haft, so dass sich eine längere Einarbeitungszeit und Qualifizierung nicht lohnen. Die Leistungsfähigkeit einschließlich der Arbeitsmotivation ist zudem bei einem Teil der Inhaftierten eingeschränkt.

Ein wesentlicher Vorteil für die Firmen besteht darin, dass sie die Gefangenen abhängig von der Auftragslage in den Anstalten rekrutieren zu können. In der Praxis führte dies dazu, dass leistungsstarke Inhaftierte weiterarbeiten können, auch wenn die Auftragslage dürftiger ist, während andere Gefangene nur nach Bedarf von den Zellen geholt werden. Für die verrichteten Tätigkeiten zahlen die Unternehmen unmittelbar an die Anstalt ein Entgelt. Daher handelt es sich um Einnahmen des Landes, während die Gefangenen ihre Vergütung von der Anstalt erhalten. Die Einnahmen stellen allerdings nur einen kleinen Beitrag zur Reduzierung der Kosten dar, die für die Inhaftierung entstehen.

Man mag natürlich einwenden, dass dieses Arbeitsmodell, bei dem die Beschäftigten nur bei Bedarf von der Zelle geholt werden, alles andere als arbeitnehmerfreundlich ist. Entfiele jedoch dieser Vorteil für die Unternehmen, würden mit Sicherheit die meisten aus den Arbeitshallen der Anstalten ausziehen. Das Arbeitsangebot für die Gefangenen würde sich erheblich verschlechtern.

Bei der Annahme von Aufträgen von externen Unternehmen müssen einerseits Sicherheitsbelange berücksichtigt werden, andererseits dürfen die Hürden nicht zu hoch sein. Arbeitsbetriebe ohne jegliches Sicherheitsrisiko gibt es nicht. Die Unternehmerbetriebe sind auf Werkzeuge angewiesen, von denen viele für einen Missbrauch geeignet sind. Dies fängt bei Verpackungsklebeband an, das zur Fesselung verwendet werden kann, und endet bei Cuttermessern. Fehlt ein solches Messer, läuten alle Alarmglocken. Der Betrieb wird geschlossen, nachdem alle Gefangenen, die dort gearbeitet haben, durchsucht wurden. Nachdem in einem Betrieb der JVA Rohrbach ein solches rasierklingenscharfes Cuttermesser verschwunden war, begann die Suche nach der Stecknadel im Heuhaufen. Dies war jedenfalls mein Eindruck. Der Gefangene, dem es gegen Unterschrift für seine Arbeit ausgehändigt worden war, gab an, er habe das Messer nur kurzzeitig zur Seite gelegt. Ich war sehr erleichtert, als das Messer überraschend schnell wieder in einem Abfallcontainer auftauchte. Möglicherweise hatte sich ein Gefangener einen üblen Scherz erlaubt, um dem ursprünglichen Besitzer des Messers zu schaden und zugleich die Anstalt auf Trab zu bringen. Einmal mehr wurde mir bewusst, welche Grenzen unser Bestreben hatte, Sicherheit und Ordnung in der Anstalt zu gewährleisten.

Manchmal gelingt es Inhaftierten, sich in Unternehmerbetrieben nahezu unentbehrlich zu machen. Ein zu einer lebenslangen Freiheitsstrafe verurteilter Gefangener wurde in einem im geschlossenen Vollzug angesiedelten Unternehmerbetrieb zur Arbeit eingesetzt. Der Betrieb gehörte einer älteren Dame, die als Subunternehmerin für andere Firmen einfache Tätigkeiten ausführen ließ. Der Gefangene besaß einen Vertrauensposten, indem er die Unternehmerin bei Verwaltungsaufgaben wie Listenführung unterstützte. In dem Betrieb führte zwar ein Beamter die Aufsicht über die Gefangenen, so auch über den Inhaftierten mit der exponierten Stellung. Doch konnte der Bedienstete Augen und Ohren nicht ständig überall haben.

Eines Tages erhielt der Leiter der Arbeitsverwaltung, der weit weg von den Werkhallen im Verwaltungsgebäude sein Büro besaß, einen Anruf von einem Kunden des Betriebes, in dem der Gefangene eingesetzt war. Es ging es um die Abwicklung eines Auftrages, zu dem er Fragen hatte. Er gab an, er habe die Inhaberin des Betriebes fernmündlich nicht erreicht, jedoch den Geschäftsführer. Allerdings seien immer noch einige Fragen offen. Der Leiter der Arbeitsverwaltung zeigte sich verwundert und erwiderte, er werde sich um die Angelegenheit kümmern und zurückrufen. Er vermied es, dem Fragesteller mitzuteilen, dass es in den Betrieb gar keinen Geschäftsführer gebe, weil er sich Peinlichkeiten ersparen wollte. Zudem roch er den Braten, das heißt, er vermutete, wen der Kunde für den Geschäftsführer gehalten hatte, nämlich einen Häftling, der sich durch ein sehr selbstbewusstes und souveränes Auftreten auszeichnete. Der Gefangene, der den Betrieb und dessen Abläufe wie seine eigene Westentasche kannte, hatte seine Chefin, die sich kurzzeitig nicht im Büro aufgehalten hatte, redegewandt vertreten. In einem klärenden Gespräch des Leiters der

Arbeitsverwaltung mit allen Beteiligten der Anstalt wurde deutlich gemacht, dass der Aufgabenkreis des Gefangenen doch etwas begrenzter sein müsse. Ein Vorfall, der mich zugegebenermaßen eher amüsiert als verärgert hatte.

Noch bis Ende der 80er-Jahre wurden Aufträge der Unternehmerbetriebe von Gefangenen teilweise in der Zelle ausgeführt. Ich erinnere mich noch einen Rundgang durch einige Hafträume der JVA Frankenthal Ende 1989. Dort verrichteten die Inhaftierten einfache Arbeiten für die Automobilindustrie und steckten Dichtungsringe zusammen. Ein Gefangener, den ich im Haftraum aufsuchte, hatte dort drei große Kisten mit Arbeitsmaterial. Diese Arbeiten stellten viele Jahre im Justizvollzug eine Notlösung dar, um mehr Gefangene beschäftigen zu können, da manche Anstalten damals nicht genügend Arbeitshallen besaßen. Da die Übersichtlichkeit und Kontrollierbarkeit der Hafträume bei der Zellenarbeit sehr beeinträchtigt waren, schaffte man diese Beschäftigungsform nach und nach ab. Spätestens mit dem Eindringen von leicht zu versteckenden illegalen Drogen in die Gefängnisse war dieser Schritt notwendig. Hinzu kam der mangelnde Kontakt zu den Mitgefangenen bei der Zellenarbeit. Die Arbeitsbetriebe sind ein wichtiges Feld, um Sozialverhalten einzuüben.

Ein älterer Mitarbeiter der JVA Diez, der Jahrzehnte vor mir dort angefangen hatte und gerne über die alten Zeiten in dieser Anstalt berichtete, erinnerte sich an einen Gefangenen, der in Zeiten der Zellenarbeit einen ungewöhnlichen Arbeitseifer an den Tag gelegt hatte. Damals wurde noch am späten Abend die Stromzufuhr in den Hafträumen abgeschaltet, daher zwangsweise Nachtruhe wie bei Kindern verordnet. Eine pädagogisch unsinnige Regelung, die die Unselbständigkeit vieler Gefangenen im Gefängnis zementierte. Ein Inhaftierter ließ sich von der damaligen Praxis nicht beeindrucken und fand einen Weg, um nachts weiterarbeiten zu können. Er verrichtete Arbeiten im Leistungslohn, das heißt, er arbeitete für einen Betrieb, der Tagessollpensen festgesetzt hatte. Schaffte er täglich ein Pensum, erhielt er das entsprechende Entgelt von der JVA, das heißt einen durchschnittlichen Monatslohn. Bewältigte er mehr als ein Pensum, erzielte er ein deutlich höheres Einkommen. Der Nachtarbeiter holte sich Licht in seine Zelle, indem er sich mit Hilfe von Alu-Papier, mit dem Zigarettenschachteln ausgekleidet sind, einen einfachen Spiegel bastelte. Er platzierte ihn am Fenstergitter, um das Licht der Hoflampe aufzunehmen und ein wenig in seinen Haftraum umzuleiten. Mithilfe der mickrigen Lichtquelle war er in der Lage, zusätzliche Nachtschichten einzulegen und so sein Einkommen mehr als zu verdoppeln.

Anstaltseigene Betriebe, daher solche, in denen die JVA selbst unternehmerisch tätig ist, findet man eher in Einrichtungen, wo längeren Freiheitsstrafen verbüßt werden. So gibt es zum Beispiel in der JVA Diez, wo lange bis lebenslange Freiheitsstrafen sowie die Sicherungsverwahrung vollzogen werden, im geschlossenen Vollzug eine Schreinerei, eine Schlosserei, eine Druckerei, im offenen Bereich eine Gärtnerei. Nicht immer gelingt es diesen Betrieben, wirtschaftlich zu arbeiten. Doch verzichtet man auf eine Schließung, wenn die Zahlen noch halbwegs vertretbar sind. Gerade diese Eigenbetriebe sind wichtige Säulen für die Wiedereingliederung der Gefangenen. Es finden sich zwar selten Gefangene mit einer adäquaten Ausbildung in solchen Eigenbetrieben. Viele können jedoch so gut angelernt werden, dass sie mit zunehmender Erfahrung Kenntnisse erlangen, die auch außerhalb der Anstalt gut verwertbar sind. Zu den Produkten, die in der JVA Rohrbach in eigener Regie hergestellt wurden, gehörte Anzündholz für Kamine. Hierfür wurde Abfallholz verwendet, das in Unternehmerbetrieben anfiel. Zumeist wurden Paletten, auf denen Waren gelagert waren, zerkleinert. Nachdem ich schon einige Jahre in dieser Einrichtung tätig war und sich bereits eine gewisse Betriebsblindheit eingestellt hatte, weckte mich ein lichter Moment im Gefängnisalltag auf. Es ging um eine Angelegenheit, die ausgesprochen banal war, aber mir keine Ruhe ließ. Es ging um das Anzündholz. Die Bezeichnung für dieses Produkt war in der JVA Rohrbach eine andere, über die ich mich einerseits lange Zeit amüsiert hatte, andererseits aber ein wenig unüblich war, nämlich „Anmachholz". Da ich befürchtete, dass irgendwann ein Kunde bei mir reklamieren würde, er habe immer noch keine Partnerin gefunden, bat ich die Arbeitsverwaltung die treffendere Bezeichnung „Anzündholz" zu benutzen. Dies sorgte zunächst für Erstaunen der Mitarbeiter der Arbeitsverwaltung. Ein Kritiker entgegnete, mit mir gehe wohl ein wenig die Phantasie durch. Mit „Anmachen" sei „Anzünden" gemeint und nicht männliche Balzversuche. Dennoch wurde die Beschriftung der Hölzer geändert.

Begehrte Arbeitsplätze sind Tätigkeiten wie die des Hausarbeiters. Hausarbeiter sind Gefangene, die innerhalb einer Gefangenenabteilung für Reinigungsarbeiten und sonstige Hilfstätigkeiten wie das Austeilen von Wäsche eingesetzt werden. Da sie einen größeren Bewegungsspielraum innerhalb der Wohnbereiche haben, erlangen sie manchmal eine exponierte Stellung in der Gefangenensubkultur und lassen sich mitunter gerne für – auch illegale – Geschäfte zwischen Gefangenen einsetzen. So hat ein Inhaftierter der JVA Rohrbach in einem Brief an einen Bekannten beschrieben, wie man zügig mithilfe des Hausarbeiters an ein Anstaltsleihradio kommt: „In Rohrbach habe ich dann die Hausarbeiter bestochen und noch ein Radio aus dem Geheimfach bekommen."

Deshalb ist es sinnvoll, dass Hausarbeiter in regelmäßigen Abständen ausgetauscht werden. Da es allerdings nicht einfach ist, geeignete Helfer zu finden, die auch von den Mitgefangenen respektiert werden, wird häufig allzu lange an guten Hausarbeitern festgehalten. Viele Gefangene müssen erst langsam wieder an eine regelmäßige Arbeit gewöhnt werden, die eine Tagesstruktur verleiht, und sind zunächst noch nicht für eine Tätigkeit in einem Anstaltsbetrieb geeignet. Sie werden deshalb langsam an höhere Anforderungen herangeführt und arbeitstherapeutisch beschäftigt. Im arbeitstherapeutischen Betrieb der JVA Rohrbach werden überwiegend Holzgegenstände wie zum Beispiel Gartenbänke und Insektenhotels, vor allem aber auch Spielzeug hergestellt. Unter anderem fertigten Gefangene dort eine große Holzritterburg an. Das Holzspielzeug wurde der Tagesstätte eines benachbarten Ortes übergeben. Mit dem Leiter des Therapiebetriebes besuchte ich den Kindergarten. Die Kinder, die offensichtlich gut von den Erzieherinnen auf unseren Besuch vorbereitet waren, saßen im Kreis vor der aufgebauten Burg und schauten begehrlich auf das neue Spielzeug. Mit großen Augen hörten sie meinen damals hoffentlich ausreichend kindgerechten Erklärungen zum Gefängnis zu. Die Kinder stellten viele Fragen: „Haben die Männer ein eigenes Zimmer?“, „Haben sie auch einen Fernseher und ein Radio?“, „Was bekommen sie zu essen?“, „Wie oft bekommen sie Besuch?“ Witzig war die Frage „Brechen sie nicht aus, wenn ihr nicht da seid?“ Ein Besuch, der mir einen Riesenspaß gemacht hat.

Sehr selten gehen Gefangene einer selbstständigen Tätigkeit nach, die als Selbstbeschäftigung bezeichnet wird. Hierfür eignen sich unter anderem wegen des organisatorischen Aufwandes und aus Sicherheitsgründen nur wenige Tätigkeiten. Ein Inhaftierter der JVA Diez war als Autor tätig und verfasste unter anderem Drehbücher, die er auch teilweise vermarkten konnte. Schwieriger wäre die Umsetzung einer Selbständigkeit bei einem in der JVA Koblenz untergebrachten Mann gewesen, der in meiner Sprechstunde erklärte, er sei Landwirt und Schäfer. Er müsse seine Schafe betreuen und bitte ihn dabei zu unterstützen. Für Kühe sei dagegen gesorgt. Immerhin. Da das Koblenzer Gefängnis keine Wiesenflächen zur Verfügung hatte, mussten die Schafe draußen bleiben. Über externe Behörden wurde mit Hilfe des Sozialdienstes eine Lösung gefunden, an die ich mich nach so vielen Jahren nicht mehr im Detail erinnern kann. Möglicherweise hatte der Sozialarbeiter sein Gartengelände zur Verfügung gestellt. Es gibt Einrichtungen, die Lehrküchen besitzen, wo Gefangene eine Ausbildung absolvieren können, wie in der JVA Zweibrücken. Dort können die weiblichen Gefangenen eine hauswirtschaftliche Ausbildung machen.

Eine ausgezeichnete Möglichkeit, sich Kompetenzen für die Zeit nach der Entlassung zu erwerben, sind berufliche Bildungsmaßnahmen. Insbesondere in der JVA Zweibrücken können solche Angebote für geeignete Gefangene wahrgenommen werden. Dort befindet sich die zentrale berufliche Bildungseinrichtung des Landes Rheinland-Pfalz, das Berufsbildungszentrum (bfw), wo eine Reihe beruflicher Vollausbildungen neben kürzeren Maßnahmen wie Schweißerlehrgänge angeboten wird. Aber auch weitere Einrichtungen in Rheinland-Pfalz verfügen über einzelne Ausbildungsmöglichkeiten. Allerdings sind die Hürden für Maßnahmen der beruflichen Bildung recht hoch und von vielen Gefangenen nicht leicht zu überwinden. Die Finanzierung kann von der Bundesagentur für Arbeit im Einzelfall finanziert werden. Der Justizfiskus verfügt dagegen nur über überschaubare Mittel. Fördermittel sind begrenzt auch über den Europäischen Sozialfond zu erlangen. Gefangene haben in einigen rheinland-pfälzischen Einrichtungen die Möglichkeit, einen Schulabschluss (Hauptschulabschluss oder Realschulabschluss) zu erlangen. Das Abitur kann bei Fernkursen erreicht werden. Leider macht nur ein sehr kleiner Teil der Gefangenen von diesen Möglichkeiten Gebrauch. Zu gering sind die Vorkenntnisse, mäßig bisweilen auch die Motivation. Die Gefangenen, die durchhalten, haben jedoch eine Wissensgrundlage für weitere Ausbildungsmaßnahmen erworben. Vor allem haben sie ihr Ego auf legale Art stärken können. Ein von der JVA Rohrbach bereits in die Freiheit entlassener ehemaliger Strafgefangener hatte den gesamten Hauptschulabschlusskurs, aber nicht die Prüfung absolviert. Weder wir noch die engagierten Lehrkräfte der Binger Volkshochschule, die die Kurse durchführen, waren sich sicher, ob der Schüler nach dem Durchschreiten der Pforte die Anstalt nochmals freiwillig für die Prüfung betreten würde. Wir freuten uns darüber, dass es anders kam. Da er nach der Entlassung weit entfernt vom Gefängnis an der Mosel wohnte, hatte sich der ehemalige Häftling mitten in der Nacht in einen Zug gesetzt, um ja rechtzeitig zu den Prüfungsterminen zu kommen. Hier hatte der Strafvollzug etwas Positives bewirkt. Auch in der Einstellung des Mannes.

Kapitel 26: Wenn Gefangene durch Abwasserrohre kriechen oder bequem durchs Pfortentor in die Freiheit gehen

Im Juli 1982, lange bevor ich meinen Dienst im Strafvollzug antrat, gab es in der JVA Diez einen besonders spektakulären Ausbruch. Die örtlichen Zeitungen erinnern immer wieder gerne an dieses Highlight, wenn es im Sommerloch langweilig zu werden droht. Sechs Häftlingen gelang es, durch ein 250 m langes und nur 50 cm breites Abwasserrohr aus der Anstalt zu fliehen. Zumindest war dies das Ergebnis der damaligen Ermittlungen. Aber es gibt auch eine andere Version über den Weg der Ausbrecher in die Freiheit. Doch zunächst zu der offiziellen Sichtweise. An einem ruhigen Samstagmorgen in der Zeit zwischen 7 und 8 Uhr gelangten sechs Häftlinge in einen menschenleeren Gefängnishof, den Werkhof, der im Bereich der Gefängnisarbeitshallen liegt. Damals gab es zwischen dem Hafthaus und den Werkhallen ein zentrales Duschhaus, das die Flüchtigen mit den anderen Inhaftierten, die an diesem Morgen duschen wollten, aufsuchten, um sich aber dann unbemerkt Richtung Werkhof zu entfernen. Sie hoben, nachdem sie wohl in einer Ecke des Werkhofes abgewartet hatten, bis im Duschhaus wieder Ruhe eingekehrt war, einen Kanaldeckel an und sägten das darunter liegende Gitter - immerhin vier 20mm dicke Stahlstäbe - durch. Die Säge hatte wahrscheinlich einer der Flüchtigen in der Anstaltsschlosserei beschafft, wo er zur Arbeit eingesetzt war. Nachdem sie in den 3 Meter tiefen Kanalschacht hinuntergestiegen waren, sind die Ausbrecher durch ein 250 Meter langes Abwasserrohr gerobbt, durch das naturgemäß auch Fäkalien weitergeleitet wurden, sehr verdreckt war und bestialisch gestunken haben muss. Jedenfalls war dies die offizielle Fluchtversion. Allein die Vorstellung, dass ein Mensch bei völliger Dunkelheit durch ein 50 cm dickes Rohr kriecht, ohne sich sicher sein zu können, dass er nicht auf unvorhergesehene Hindernisse stößt, verursacht bei mir Platzangst. Dass sich aber sechs Männer in die ungewisse Dunkelheit des Kanalrohres begeben haben, ist eigentlich unvorstellbar. Man schätzte, dass für den engen Weg etwa eine halbe Stunde benötigt wurde. Der damalige Kripo-Chef sprach von einer außergewöhnlichen psychischen und physischen Leistung. Die Gefangenen müssen genaue Kenntnisse über das Kanalsystem gehabt haben. Sie wussten offenbar, wo der Kanal endet und dass am Kanalaustritt nicht eine weitere Sicherung etwa in Form eines Gitters angebracht war. Die Flucht war sorgfältig über einen längeren Zeitraum vorbereitet worden. Von den Ausbrechern besaßen einige einen hohen Fluchtanreiz, da sie davon ausgehen mussten, noch sehr lange Zeit hinter Mauern verbringen zu müssen. Bei zwei Gefangenen war neben den Freiheitsstrafen noch die Sicherungsverwahrung verhängt worden. Einer der Männer hätte die Freiheitsstrafe bereits zwei Jahre später, nämlich 1984, hinter sich gebracht. Allerdings waren noch weitere Strafverfahren gegen ihn offen. Zwei weitere Häftlinge hatten noch einen Strafrest bis 1988 vor sich. Die Inhaftierten waren insbesondere wegen Raubdelikten - teilweise im Rückfall, einer wegen Drogenhandel, ein weiterer auch wegen Vergewaltigung - verurteilt worden. Ein Mitarbeiter berichtete mir Jahre später, dass einer der Ausbrecher in den Monaten vor der Flucht erheblich abgenommen habe. Auf die Frage, ob er krank sei, habe er geantwortet, dass er nur etwas für seine Gesundheit habe tun wollen. Ausgehend von der ersten Fluchtversion hätte der Gewichtsverlust seine Chancen verbessert, durch das enge Kanalrohr nach draußen zu gelangen. Das Rohr endete etwa zehn Meter hinter der Anstaltsmauer in einer Abwasserstation, einem kleinen Gebäude, in dem das Brauchwasser zum Ablauf in die Lahn vorbereitet wurde. Von dort aus sollen die Flüchtigen zu dem nahegelegenen Fluss gelaufen sein, um sich gründlich zu reinigen. Man nahm an, dass sie hierbei offensichtlich auch ihre Kleidung wechseln konnten, die sie wohl in Plastikbeuteln auf dem Weg durch den Kanal mitgeführt hätten. Dafür sprach, dass die Suchhunde der alarmierten Polizei keine Spur aufnehmen konnten.

Die Kriminalpolizei vermutete, dass die Ausbrecher Fluchthelfer hatten, die sie mit einem Fahrzeug wegbrachten. Die Wege der Flüchtigen hatten sich dann wohl schnell getrennt. Das Fehlen der sechs Männer wurde erst spät, nämlich gegen 11:30 Uhr bei der Essensausgabe, bemerkt. Gelegentlich berichteten mir Mitarbeiter von dem spektakulären Ausbruch. So erzählte mir ein Kollege, der an der offizielle Fluchtversion Zweifel hatte, grinsend, dass eine Führungskraft der Anstalt, nachdem die Ausbrecher längst über alle Berge waren, mit einem Gigaphon über dem offenen Kanalschacht gestanden und die Flüchtigen mit lauter Stimme aufgefordert habe, herauszukommen. Ansonsten würde er den Kanal fluten lassen. Mit etwas Glück wäre dann allenfalls eine interessierte Ratte herausgespült worden; die Gefangenen, die längst über alle Berge waren, wohl weniger. Ein ehemaliger Bediensteter, der seine persönlichen Erfahrungen im Diezer Strafvollzug 2008 in Buchform verarbeitete, allerdings erst 26 Jahre nach dem spektakulären Ausbruch, schilderte die Flucht gänzlich anders. Er beruft sich unter anderem auf eine namentlich nicht benannte Frau, die in einem der Dienstwohnungshäuschen in der Nähe der Gefängnismauer gewohnt habe und den Ausbruch beobachtet haben will. Die Nachbarsfrau habe gesehen, wie die Männer durch das Werkhoftor nach außen und zu einem wartenden kleinen Bus spaziert seien.

Sie habe angenommen, die Gefangenen seien zur Arbeit abgeholt worden. Der Insider-Autor erklärt in seinem Werk, einer der Häftlinge sei in der Schlosserei beschäftigt gewesen und habe vor dem Ausbruch unter Aufsicht eines Beamten Reparaturarbeiten an den Rolltoren der Werkhofpforte vorgenommen. So sei er möglicherweise in den Besitz eines Schlüssels gekommen oder habe sich mit dem Schließmechanismus vertraut machen können, vermutet er. Dies habe es ihm ermöglicht, die Tore ein wenig aufzuschieben, um in die Freiheit zu gelangen. Der schriftstellernde ehemalige Beamte berichtete in seinem Werk, er sei, nachdem der Ausbruch entdeckt worden sei, mit einem Kollegen in den Werkhof gerannt. Dort hätten sie festgestellt, dass ein Kanalschacht geöffnet gewesen sei. Man habe zwar dort unten menschliche Spuren verfolgen können, die jedoch plötzlich geendet hätten. Die Flüchtigen müssten daher wieder aus dem Kanalschacht geklettert sein. Sie hätten daher nur eine falsche Spur legen wollen. Durch das Kanalrohr habe man zudem nicht fliehen können, schlussfolgert der Autor. Ein weiterer Beamter, der bei den martialischen - sicherlich nicht ganz ernstgemeinten - Drohungen mit Hilfe des Gigaphons vor Ort war, bestätigte die Version des Buchautors. Man habe auch an den zugeschobenen Toren sehen können, dass sich jemand daran zu schaffen gemacht habe. Wenig zur Aufklärung trug viele Jahre später einer der Protagonisten bei, als er entspannt umrahmt von weiteren Gästen in der der damals sehr erfolgreichen „Infotainment-Sendung" Schreinemakers live saß und vergnügt über seine zweifelhafte Karriere berichtete. Mir hat es stets missfallen, wenn man Straftätern ein solches Forum geboten hat. Die Zuhörer in der Talkrunde quittierten dies amüsiert, als genössen sie einen Krimi. Schließlich handelte es sich bei ihnen auch nicht um die Opfer der Straftaten. Welche

Version der Realität entspricht, mag nach so vielen Jahren offenbleiben. Vielleicht konnte man sich damals auch eher mit der Flucht durch das Kanalrohr anfreunden. Jedenfalls hat man nach dem Ausbruch die Stelle, wo das Rohr aus der Mauer hervortritt, technisch gut gesichert und verfügt, dass die Sperre wöchentlich mehrfach von einem Beamten kontrolliert wird. Auch ich gehörte gelegentlich zu den Kontrolleuren. Doch kam ich mir angesichts der abenteuerlichen Fluchtversion vor wie jemand, der mit einem Blick zum Nachthimmel prüft, ob der Mond noch fest im Himmelszelt verankert ist.

Gefangene, die meine Sprechstunde aufsuchten, trugen häufig den Wunsch, bisweilen bereits fordernd, vor, ihnen Vollzugslockerungen wie Urlaub zu gewähren. Sie argumentieren dann gerne mit großen Augen, dass sie ihre Straftaten aufgearbeitet und sich grundlegend geändert hätten. Nicht selten entschuldigten sie ihre Straftaten mit ungünstigen Lebensbedingungen, waren jedoch nicht immer bereit, selbst Verantwortung für ihre Taten zu übernehmen.

Es gibt allerdings auch andere Beispiele. Ich erinnere mich an zwei Gefangene, die beide wegen Totschlags zu einer mehrjährigen Freiheitsstrafe verurteilt worden waren. Opfer waren die Ehefrauen. Nach vielen ehelichen Konflikten erschlugen sie unter Alkoholeinfluss ihre Partnerinnen aus einem nichtigen Anlass. Die Gefangenen litten unter ihrer Straftat. Einer der beiden war jahrelang kaum ansprechbar und entwickelte eine depressive Erkrankung. Sichtbarster Ausdruck der Schuldgefühle war, dass die Inhaftierten später Urlaube regelmäßig nutzten, um die Gräber der Opfer aufzusuchen. Körperverletzungs- und Tötungsdelikte sind zumeist auf eine ausgeprägte Kränkbarkeit, geringe kommunikativen Fähigkeiten und ein zugleich hohes Aggressionspotenzial des Täters zurückzuführen. Bei vermeintlichen Angriffen auf die Ehre reagieren manche mit massiver körperlicher Gewalt. Aggressionen entladen sich bei manchen Tätern, wenn sich die Partnerin, die als persönlicher Besitz betrachtet wird, abwendet. Ein Anti-Aggressivitäts-Training ist bei vielen Inhaftierten ein probates Mittel, um diese Persönlichkeitsdefizite aufzuarbeiten. Im Training üben die Gefangenen unter Moderation eines Therapeuten alternatives Verhalten ein und werden mit dem sogenannten „heißen Stuhl“ von allen Gruppenteilnehmern in die Mangel genommen. Es erfolgt eine Konfrontation zum Tathergang, zu den Vermeidungsstrategien und den Opferfolgen. Es kommen Provokationstests hinzu, bei denen die Gruppenmitglieder an Grenzen ihrer Belastungsfähigkeit stoßen können.

Gefangene, die Aggressionsdelikte begangen haben, mussten zumeist in ihrer Kindheit und Jugend insbesondere in der Familie Gewalterfahrungen machen. Im Anti-Aggressivitäts-Training lernen die Gefangenen, mit negativen und belastenden Erlebnissen sowie Frustrationserfahrungen umzugehen und sozialadäquat zu reagieren. Diese ansonsten sehr effiziente Behandlungsmaßnahme stößt jedoch an Grenzen, wenn es sich um Gewalttäter handelt, bei denen zusätzlich noch eine Alkoholsucht vorliegt. Dann ist eine Suchttherapie geboten, die in den meisten Justizvollzugseinrichtungen unter Haftbedingungen nicht leistbar ist. Geeigneter sind externe Einrichtungen, in denen alkoholabhängige Gefangene im Rahmen einer Bewährungsauflage bei einer bedingten Entlassung versuchen sollen, ihre Abhängigkeit in den Griff zu bekommen. Handelt es sich um Straffällige, die besonders schwere Straftaten wie Tötungsdelikte begangen haben, stellt eine bedingte Entlassung in eine nicht geschlossene Einrichtung bei noch unbehandelter Alkoholsucht allerdings ein zu hohes Risiko dar.

Ich erinnere mich an einen Gefangenen, der wegen eines unter Alkoholeinfluss begangenen Raubmordes eine lebenslange Freiheitsstrafe in der JVA Diez verbüßen musste. Der großgewachsene Mann mit dem dichten Haarschopf bewegte sich im Gefängnis, als sei er dort zu Hause. Gegenüber dem Beamten zeigte er sich stets umgänglich. Vor dem unter Alkoholeinfluss begangenen Raubmord war er bereits zweimal äußerst milde zu Freiheitsstrafen von ca. 5 Jahren wegen Totschlags jeweils in einem minder schweren Fall, wie es die Gerichte damals bewerteten, verurteilt worden. Auch bei diesen Tötungsdelikten stand der Gefangene unter erheblichem Alkoholeinfluss. Draußen zeigte sich der Gefangene dann unberechenbar. In der Anstalt verhielt er sich wie der Nachbar von nebenan. Der Inhaftierte mit dem verbindlichen Auftreten und der vorbildlichen Führung war allerdings ein Beispiel dafür, dass Gefangene im engen Rahmen eines Gefängnisses gut zurechtkommen, jedoch in Freiheit höchstgefährlich sein können.

In solchen Fällen ist es kaum noch vertretbar, einen Gefangenen in Vollzugslockerungen zu erproben, geschweige denn eine bedingte Entlassung ins Auge zu fassen. Der Schutz der Bevölkerung ist zweifelsohne vorrangig. Gefangene, die wegen Körperverletzungsdelikten verurteilt wurden, geben anders als ein Teil der Sexualstraftäter zumeist zu, dass sie die Straftaten begangen haben. Dies bedeutet aber nicht zwingend, dass die Kriminalprognose dieser Strafgefangenen positiv und vor allem ein Ansatz für eine therapeutische Bearbeitung der Aggressionsproblematik vorhanden ist. Manche Inhaftierten räumen lediglich lapidar ein, sie stünden zu ihren Straftaten und wüssten, dass dies „nicht richtig" gewesen sei. Dies spricht dagegen, dass ein solcher Aggressionstäter ein ausgeprägtes Schuld- oder Schamgefühl besitzt. Vielmehr spricht das vermeintlich offenherzige Schuldeingeständnis eher dafür, dass die Täter die mangelnde Selbstkontrolle als Teil ihrer Persönlichkeit begreifen und akzeptieren.

Kapitel 28: Die chiantiroten Jogginganzüge, die Haftraumfenster und die Sicherheit der Anstalt

Auftritt des Gefangenenchors in der JVA Diez. Die Anstaltskirche ist ein prächtiger sakraler Raum. Die 1912 erbaute Anstalt besitzt eine typisch preußische Gefängnisarchitektur. Die ausladende Kapelle ist ein zentraler optischer Mittelpunkt, der markanteste Gebäudeteil der JVA und Ausdruck der christlichen Prägung des Justizvollzuges in der Erbauungszeit. Die Kirche, die Stilelemente des Jugendstils und Neoklassizismus besitzt, war bis vor ca. 20 Jahren, als die Anstalt grundlegend renoviert worden und mit neuen Haftraumfenstern und Gittern versehen worden war, der einzige Raum ohne Gitter. Dass sie fehlten, war in den älteren rheinland-pfälzischen Einrichtungen eine Selbstverständlichkeit. Eine Vergitterung wurde offenbar als pietätlos angesehen. Im Altarraum hing ein Gemälde mit einem überlebensgroßen Christus als guter Hirte. Er sollte wohl auch über die schwarzen Schafe wachen, die sonntags mehr oder weniger regelmäßig die Gottesdienste besuchten. Niemals versuchte ein Gefangener, über die ungesicherten Fenster aus den Gebäuden des geschlossenen Vollzuges zu gelangen. Eine psychologische Sperre oder doch eher Glück? Bei der grundlegenden Sanierung der Haftgebäude der Anstalt in der ersten Dekade des Jahrtausends wollten wir uns nicht mehr auf psychologische Fluchthindernisse verlassen. So prangten bald vor den großen Kirchenfenstern martialische Gitter, als wolle man den Lieben Gott miteinsperren. Die überschaubare Gruppe der singenden Gefangenen trug die chiantiroten Anstaltsjogginganzüge. Nach meiner Erinnerung hieß die Farbe wirklich so, zeitweise auch bordeauxrot. Schon etwas skurril, da die Gefangenen keinen Alkohol trinken dürfen, noch nicht einmal alkoholfreies Bier. Rotwein wird übrigens, wie ich vor vielen Jahren in einer Illustrierten im Wartezimmer meines Hausarztes gelesen habe, in überschaubaren Mengen Gefangenen auf einer italienischen Gefängnisinsel gereicht. Bei dem Konzert sprachen mich externe Gäste auf die auffälligen Kleidungsstücke an. Ein ehrenamtlicher Mitarbeiter monierte, man müsse den Chormitgliedern doch ein angemesseneres Outfit ermöglichen. Es handelt sich um die Anstaltskleidung, die die rheinland-pfälzischen Strafgefangenen erhalten. Sofern sie über die entsprechenden Mittel verfügen, können sie sich zusätzlich eigene Kleidungstücke erwerben. Zumeist ist dies auf Sportkleidung beschränkt. Bei Gerichtsterminen oder Ausführungen, die als Vollzugslockerungen der Erprobung dienen, dürfen die Inhaftierten Privatkleidung tragen, die sie sich eigens für diese Zwecke beschaffen und nach Kontrolle in der Anstalt aufbewahrt wird. Vielfach fehlen den Gefangenen allerdings die finanziellen Mittel zum Kauf von Privatkleidung. Sie können dann leihweise von der Anstalt unauffälligere Kleidungsstücke erhalten. Oft sind die Bestände allerdings sehr knapp bemessen. Einzelnen Gefangenen ist das äußere Erscheinungsbild vor Gericht auch egal.

Die Anstaltsfreizeitkleidung, bei der es sich um Jogginganzüge handelt, ist rot, weil sich die Kleidung der Gefangenen deutlich von den blauen – früher grünen – Uniformen der Bediensteten des allgemeinen Vollzugsdienstes unterscheiden soll. Dies war jedenfalls der Gedanke der zuständigen Mitarbeiter des Justizministeriums, die über die Beschaffenheit der Kleidungsstücke entschieden haben. Auch seien sie im Falle der Flucht eines Gefangenen eine Hilfe bei der Fahndung. Flüchtige seien so schon von Weitem zu erkennen. So die Theorie. Einem Gefangenen wird es bei einer Ausführung zum Gericht oder zu einem externen Arzt allerdings ohnehin kaum gelingen zu fliehen. Die Inhaftierten, bei denen man von einem Fluchtrisiko ausgeht, werden an den Händen gefesselt und von zwei Beamten begleitet. Im Zweifel wird bei den allermeisten Inhaftierten des geschlossenen Vollzuges von einem Fluchtrisiko ausgegangen. Zumeist trägt der Beamte noch eine sogenannte Führkette. Das ist eine weitere Fessel am Handgelenk des Gefangenen, der zweite Ring befindet sich an der Hand des Beamten. In den fast 21 Jahren als Leiter von Justizvollzugsanstalten habe ich es einmal erlebt, dass ein Gefangener bei einer Ausführung zum Gericht fliehen konnte. Da die Beamten der Anstalt darauf verzichtet hatten, dem Gefangenen die Führkette anzulegen, konnte dieser trotz der Handfessel zu einem Sprint ansetzen. Glücklicherweise beobachtete dies ein Gerichtswachtmeister. Der durchtrainierte Langstreckenläufer verfolgte den Gefangenen und nahm ihn fest. Ich bedankte mich herzlich bei der Amtsgerichtsdirektorin, bei der der sportliche Mitarbeiter tätig war. Als ich noch in der JVA Diez tätig war, stellten einige Gefangene Anträge auf gerichtliche Entscheidung und richteten auch Eingaben an den Bürgerbeauftragten mit dem Ziel, andere akzeptablere Anstaltskleidung zu erhalten. Einer der Männer mit ausländischer Staatsangehörigkeit trug vor, rot sei eine Farbe, die eher Frauen trügen. Die Jogginganzüge bestehen aus Baumwolle, verblassen aufgrund des häufigen Waschens mit den Anstaltsindustriewaschmaschinen und sehen bald ausgeleiert aus. Auch heute noch stört es mich, wenn Fernsehaufnahmen von Gerichtsverhandlungen rheinland-pfälzische Gefangene mit der schäbigen roten Kleidung zeigen. Manche längere Zeit getragene Exemplare hätte ich nur mit schlechtem Gewissen zur Altkleidersammlung gegeben. Die früher ausgegebene Gefangenenkleidung bestand dagegen aus einer blauen Hose, einem blaugrauen Hemd und einem blaugrauen Pullover. Auch handelte es sich nicht um Jogginganzüge, sondern um unauffällige Freizeithosen. Ein Gefangener aus der JVA Diez, der aus bürgerlichen Verhältnissen stammte, äußerte mir gegenüber, dass er mit dem roten Jogginganzug nicht vor Besucher trete und lieber auf Außenkontakte verzichte. Er hielt dies einige Jahre durch.

Im März 2022 wurden die auffälligen roten Jogginganzüge zum wiederholten Mal in einem Zeitungsartikel negativ erwähnt. Ein Journalist berichtete über eine Gerichtsverhandlung. Der erste Satz lautete „Im verwaschenen roten Sträflingsanzug wurde ein 54 Jahre alter Angeklagter in den Mainzer Gerichtssaal geführt."[46] Anfang Dezember dieses Jahres formulierte eine Redakteurin ähnlich: „Der in einem verwaschenen roten Sträflingsanzug aus der U-Haft vorgeführte Angeklagte knetete nervös seine Finger ..."[47] Ich stellte mir vor, wie es mir mit einem solchen Kleidungsstück ginge. Mit diesem Outfit würde ich nicht einmal wenige Schritte aus meinem mein Haus treten, um zum Beispiel den Müll zur Abfalltonne zu bringen. Allenfalls im Dunkeln. Das Aussehen eines Menschen hat etwas mit dessen Würde zu tun. „Kleider machen Leute", sagt man. Diese Redewendung hat auch hinter den Mauern einer Anstalt Bedeutung. Wenn ein Mensch sich äußerlich gehen lässt, kann dies Ausfluss einer Gleichgültigkeit bis zu einer mangelnden Wertschätzung sich selbst gegenüber sein. Dem sollte der Justizvollzug nicht noch Vorschub leisten.

Ein Inhaftierter, der sich wegen der ungeliebten Freizeitanzüge an die Strafvollstreckungskammer gewandt hatte, erhielt per Gerichtsbeschluss die Rückmeldung, er sei ja schließlich Gefangener, so dass die Kleidung nicht dazu diene, sich optisch ansprechend wie ein Dressman auf dem Laufsteg zu bewegen. Bei dem mit seinem Anzug unzufriedenen Mann handelte es sich um einen Menschen, der seine literarischen Fähigkeiten vorzugsweise dem Gericht zeigte.

Die Formulierung des Richters war wohl einer gewissen Verärgerung über die viele unnötige Arbeit geschuldet, die der Inhaftierte mit der ihm eigenen Hartnäckigkeit verursachte. Da ich mein Ziel nicht aufgegeben hatte, die roten Jogginganzüge aus dem Strafvollzug zu verbannen, wandte ich mich mit einem Bericht an das Justizministerium. Dies ist die klassische Vorgehensweise eines Beamten. Was nicht schriftlich ist, wird kein Verwaltungsvorgang und ist daher nicht existent; jedenfalls zumeist. Das Mündliche gerät erfahrungsgemäß schnell in Vergessenheit. Die zuständigen Mitarbeiter der Aufsichtsbehörde haben nach meiner Kenntnis keine Freudenschreie oder Begeisterungsrufe nach dem Lesen meines Berichtes von sich gegeben. Auch von La-Ola-Wellen hat man nichts gehört. Da die Aufsichtsbehörde, wie das Ministerium auch genannt wird, etwas weiter von den Gefängnissen entfernt liegt und ich mein Anliegen etwas anschaulicher machen wollte, verdeutlichte ich es mit einer Fotografie. Mit ausdrücklicher Zustimmung des betreffenden Gefangenen ließ dieser sich rot gewandet als Beweismittel ablichten. Meine Vorgehensweise war möglicherweise etwas anmaßend und in seiner Hartnäckigkeit provozierend. Ich ging davon aus, dass die Mitarbeiter des Justizministeriums, die für die Auswahl der Gefangenenbekleidung zuständig sind, durchaus wissen, wie sie aussieht. Ein Vertreter der vorgesetzten Behörde bezeichnete mich bei einem Besuch der Anstalt augenzwinkernd als Chefremonstrator. Der Begriff Remonstration wird unter anderem im Beamtenrecht verwendet. Mit Remonstration (von lateinisch remonstrare „wieder zeigen“) ist eine Gegenvorstellung oder eine Einwendung gemeint, die ein mehr oder weniger braver Beamter gegen eine Weisung erhebt, die er von seinem Vorgesetzten erhalten hat. Er ist sogar verpflichtet, zu mosern, wenn er etwas für rechtswidrig hält. Es empfiehlt sich, das Meckern nett zu umschreiben, um eine größere Empfangsbereitschaft beim Adressaten zu erzeugen. Meine Standardformulierung am Ende eines Berichts lautete etwa: „Ich habe Bedenken gegen ... und bitte um Mitteilung, wie verfahren werden soll." Die Andeutung meiner gewissen Hilflosigkeit sollte Wohlwollen erzeugen und die Aufsichtsbehörde zu fürsorgerischen Handlungen verleiten. Dort hoffte man, wenn man in dem ein oder anderen Fall dem Drängen des Gefängnisdirektors nachgab, freue dieser sich über das unerwartete Ergebnis und arbeite umso motivierter in der Zukunft. Natürlich habe ich im Laufe meines Berufslebens auch eigenmächtige Entscheidungen getroffen. Bei den Jogginganzügen stieß ich allerdings an Grenzen, da das Ministerium keine neue Kleidung für Tausende Gefangene in Rheinland-Pfalz beschaffen wollte. Offen gestanden hatte ich auch nicht damit gerechnet, dass man sich meiner Auffassung anschließt. Die Haftbedingungen haben auch etwas mit den jeweiligen politischen Strömungen zu tun, die vor der Justiz nicht haltmachen. Im Gegenteil. Hat der Bürger das Gefühl, dass es den Gefangenen zu gut geht, der Knast sei doch gar keine Strafe mehr, greifen dies manche Politiker bereitwillig auf. Als die JVA Rohrbach eröffnet wurde, lud der damalige Justizminister Medienvertreter ein, die Anstalt zu besichtigen, und gab auch Gelegenheit, eine Nacht in einem Haftraum zu fristen. Da das Gefängnis noch nicht belegt war, bot man der Bevölkerung einen Tag der offenen Tür an. Man konnte sich bei dem Besuch, einen Eindruck davon verschaffen, dass die neue Anstalt keinen Hotelcharakter hat, sondern einen zweckdienlichen, aber einfachen Standard besitzt. So war erkennbar, dass Gebäude und das gesamte Equipment noch mit dem Strafzweck der Abschreckung vereinbar waren. Der Strafvollzug muss Strafe sein und dem Verurteilten ein Übel zufügen. So die zentrale Erwartung der Bevölkerung gegenüber dem Justizvollzug.

Die Aktion des ansonsten ernsthaft dem Resozialisierungsgedanken verpflichteten Justizministers war daher auch ein Versuch, die Stammtische zu beruhigen. Dem Bürger wurde anschaulich präsentiert, dass Steuergelder nur im unbedingt notwendigen Umfang in Gefängnisse investiert werden und auch neue Gebäude keinen Hotelcharakter besitzen. Dass Gefängnisse die dort untergebrachten Menschen wieder in die Gesellschaft eingliedern sollen und eine erfolgreiche Resozialisierung zugleich dem Schutz potentieller Opfer und damit des Bürgers dient, kam bedauerlicherweise nicht bei dem Tag der offenen Tür zur Sprache, wie auch die damaligen Zeitungsartikel zeigten. So wurde in der Allgemeinen Zeitung Mainz zum Ausdruck gebracht, dass selbst ein Kurztrip ins Gefängnis kein Zuckerschlecken sei. Die Matratze wurde von der in der Zelle nächtigenden Journalistin als zu hart empfunden. Sie traf die Feststellung, dass das Kopfkissen nur ein dünner Keil sei und in der Zelle nur kaltes Wasser aus dem Hahn sprudele. Die Redakteurin hat es zwar nicht ausgesprochen, jedoch zwischen den Zeilen festgestellt, dass selbst nächtens gestraft werde. Die beabsichtigte oder zumindest in Kauf genommene Botschaft des Justizministeriums war somit angekommen. Bei Sicherheitsthemen gab es in einigen wenigen Fällen Meinungsverschiedenheiten zwischen dem Justizministerium und mir. Hierbei ging es stets um eine Abwägung zwischen Sicherheits- und Resozialisierungsgesichtspunkten. In einem Fall ging es um den Austausch der Haftraumfenster und Gitter der JVA Diez, die nicht mehr modernen Sicherheitsansprüchen genügten. Die Qualität der Gitterstäbe sollte verbessert und hierdurch ein größeres Ausbruchshindernis geschaffen werden.

Ein recht findiger Gefangener hatte zum Beispiel demonstriert, dass das Durchtrennen eines Gitterstabes mit recht einfachen Mitteln möglich war. Obwohl er Nichtraucher war, sammelte er unbemerkt eine größere Menge Feuersteine, die er einem Feuerzeug eines Typs entnahm, die Gefangenen damals noch besitzen durften. Dem Bastler gelang es auch, sich einen feinen Draht zu beschaffen. Der Gefangene wickelte mithilfe des Drahtes mehrere Feuersteine aneinander und hatte so eine sägeartige Vorrichtung zur Verfügung. Fleißig machte er sich an einem Gitterstab zu schaffen. Es gelang ihm, diesen etwa zur Hälfte zu durchsägen. Wie lange er dafür gebraucht hat, ist nicht bekannt. Jedenfalls muss es ein ausgesprochen mühseliges Unterfangen gewesen sein. Vielleicht war dem Mann aber nur langweilig. Er bewohnte übrigens eine Zelle im hinteren Bereich eines der oberen Flure. Der Haftraum lag in Luftlinie nur ca. 10 Meter von einem der in die Außenmauer der JVA Diez integrierten Türme entfernt, die damals ständig mit einem bewaffneten Mitarbeiter besetzt waren. Bei einer der regelmäßigen Haftraumkontrollen fiel der angesägte Gitterstab auf. Die Beamten prüfen die Funktionsfähigkeit der Gitter zumeist, indem sie mit dem Schlüssel an die Gitterstäbe klopfen. Der beschädigte Stab klang daher anders. Eben weniger melodisch, sondern dumpf.

Die Besetzung der Türme habe ich übrigens Ende 2008 wenige Monate vor meinem Wechsel von der JVA Diez in die JVA Rohrbach mit Zustimmung des Justizministeriums eingestellt. In den Jahren davor hatte es nämlich nach und nach Verbesserungen im Bereich der Sicherheitstechnik gegeben, so dass man auf die personalintensive Besetzung von drei Türmen verzichten konnte. Auch erscheint es der Gesundheit der Mitarbeiter zuträglicher, die Nächte schlafend im Bett zu Hause statt mühsam gegen das Einschlafen kämpfend auf einem Turm zu verbringen. Der ein oder andere Mitarbeiter versuchte sich wachzuhalten, indem er ein kleines Radio mit auf den Turm nahm. Eigentlich war es wegen der Ablenkungsgefahr untersagt, zu diesem Mittel zu greifen.

Ein Mitglied der Anstaltsleitung rief den Mitarbeiter spät am Abend an, weil er eine dienstliche Frage hatte. Der Bedienstete nahm den Hörer ab und rief freudig jubelnd in den Hörer: „2:0!“ Da er gerade ein Fußballspiel der deutschen Nationalmannschaft per Radio verfolgte, ging er davon aus, ein anderer auf dem Nachbarturm weilender Kollege wolle den Zwischenstand des Matches erfahren. Nachdem sich die Führungskraft namentlich gemeldet hatte und ein Lachen nicht verkneifen konnte, murmelte der Türmer eine Entschuldigung und brachte das Radiogerät zum Schweigen. Möglicherweise hat er es auch nur deutlich leiser gestellt.

Die neuen Haftraumfenster und Gitter sollten auch das Pendeln zwischen den Gefangenen verhindern. Pendeln ist eine unerlaubte, aber gerne genutzte Methode, um Gegenstände zwischen Bewohnern verschiedener Hafträume weiterzugeben. Hierfür wird eine Schnur benutzt, an deren Ende zumeist ein kleines Behältnis hängt, oft Papierpäckchen, in dem sich die Ware befindet. So wird ein Teil der Knastgeschäfte dezent abgewickelt. Es geht unter anderem um Drogen, Lebensmittel, Tabak. Die Schnur wird aus dem Haftraumfenster zu einer tiefer gelegenen Zelle hinuntergelassen. Man spricht von Pendeln, weil es notwendig ist, die Schnur mit dem unten angebundenen Gegenstand zum Schwingen zu bringen, möchte man eine seitlich versetzt liegende Zelle erreichen. Eigentlich dürfen Inhaftierte von Schnürsenkeln abgesehen keine Schnüre besitzen. Sie werden deshalb bei Kontrollen aus den Hafträumen entfernt, zumal sie bei Ausbruchsversuchen als Fesselwerkzeug oder zum Würgen verwendet werden könnten. Die neue Konstruktion sollte es darüber hinaus erschweren, Essensreste aus dem Fenster zu werfen. Ratten und vor allem Tauben ernährten sich gut im Anstaltsgelände. Diese Form der Essensentsorgung diente weniger dem Zweck, der Tierwelt einen Gefallen zu tun, als dem Frust über die Haft und war daher eher ein Akt der Aggression. Nach der offiziellen Verabschiedung meines Vorgängers Dieter Bandell und meiner Einführung als dessen Nachfolger im Sommer 2001 in der Sporthalle der JVA Diez gingen alle Gäste mit uns zum Feiern aus der Anstalt heraus. Hierbei näherten sich einige der Geladenen zu sehr dem Haftgebäude. Mit einem lauten Knall explodierte ein aus den oberen Geschossen eines Hafthausflügels geworfenes volles Gurkenglas in der Nähe der Gäste. Hätte der Werfer besser gezielt, hätte die Feier ein jähes Ende gefunden.

Einzelne Gefangene sollen auch Tauben angelockt und verzehrt haben. In einem Haftraum fiel mir ein etwa 30 cm großer Pegasos aus Kunststoff auf, der mit einer längeren Schnur befestigt von einem Regal herunterbaumelte. Das geflügelte Pferd aus der griechischen Mythologie bestand aus einem kleinen Kunststofftier, an dem echte Taubenflügel befestigt waren.

Bei einem Rundgang durch das Hafthaus mit Vertretern des Justizministeriums sollte die Entscheidung über die Bauart der neuen Haftraumfenster und Gitter fallen. Bauliche Veränderungen können sich sehr nachteilig auf die Atmosphäre einer Justizvollzugsanstalt auswirken und sind, wurde eine Baumaßnahme erst einmal umgesetzt, allein aus Kostengründen kaum noch korrigierbar. Deshalb habe ich dem Fensterprojekt meine besondere Aufmerksamkeit gewidmet und versuchte mich auch, in das Befinden der Betroffenen, der Gefangenen hineinzuversetzen. Das Bedürfnis, vom Fenster die freie Welt wahrzunehmen, ist bei den Inhaftierten sehr unterschiedlich ausgeprägt. Einige der Gefangenen, die in Diez zumeist langjährige Freiheitsstrafe verbüßten, erstrebten einen Haftraum im vierten Geschoss, andere vermieden dies geradezu, weil sie nicht ständig an all das, was sie nicht zur Verfügung hatten, erinnert werden wollten. Für alle war es zweifelsohne ein menschliches Bedürfnis, vom Haftraum aus möglichst viel vom Außenklima, Luft, Wind und Sonne mitzubekommen. Für das neue Fenster gab es zwei Alternativen. Die erste, die mir vorschwebte, sah ein Fenster vor, das wie auch bislang vollständig von dem Gefangenen geöffnet werden konnte, davor ein mit dem Fensterrahmen fest verbundenes Gitter aus einem ausbruchssicheren Stahl sowie ein einem sehr stabilen Maschendrahtzaun ähnliches Vorgitter, das vor dem eigentlichen Gitter angebracht war. Die zweite Alternative war das sogenannte Rohrbacher Modell, wie es von Sicherheitsfachleuten genannt wurde, da es erstmals in dieser gleichnamigen Anstalt verwendet wurde.

Die Ende 2002 bezugsfertige JVA Rohrbach ist mit einem zweigeteilten Haftraumfenster versehen. Vor dem Fenster befindet sich das übliche stabile ausbruchssichere Gitter, aber kein weiteres engmaschiges Vorgitter, wie es neue Einrichtungen wie der Neubau der JVA Wittlich besitzen. Mit dem Vorgitter soll das Pendeln und Hinauswerfen von Essensresten verhindert oder jedenfalls erschwert werden. Das Rohrbacher Fenster erfüllt diese Aufgaben auf andere Weise. Der größere der beiden Flügel umfasst ca. zwei Drittel der Fensterfläche. Er ist mit einem durchsichtigen Glas versehen. Dieser Flügel lässt sich jedoch nicht öffnen. Der kleinere, das übrige Drittel umfassende Flügel lässt sich zwar öffnen. Dahinter befindet sich jedoch eine Lochblechvorrichtung im Fensterrahmen, die mit vielen kleinen Löchern versehen ist, über die allerdings eher schlecht als recht das Lüften des Haftraumes möglich ist. Aufgrund dieser Fensterkonstruktion ist ein zügiger Luftaustausch insbesondere bei den in den Sommermonaten immer häufiger zu ertragenden höheren Außentemperaturen erheblich erschwert.

Manchmal behelfen sich die Inhaftierten damit, den großen Fensterflügel mit irgendwelchen Hilfsmitteln zu öffnen, in der Hoffnung, dass dies nicht alsbald von den Bediensteten bemerkt wird. Da ich wusste, dass von den für die Sicherheit der Anstalten zuständigen Vertretern des Ministeriums das Rohrbacher Fenster favorisiert wurde, von dem ich wenig hielt, hatte ich mich emotional schon bewaffnet und war ein wenig auf Konfrontation an der Grenze zum Krawall eingestellt. Das Fenster der Anstalt, die später mein Arbeitsplatz für mehr als elf Jahre wurde, lehnte ich ab. Nachdem die Besichtigungsgruppe in einem Haftraum angekommen war, um laut über neue Fenstermodelle nachzudenken, vertraten die Vertreter des Ministeriums erwartungsgemäß die Auffassung, dass das Rohrbach Fenster wohl das Optimum sei. Als hätte ich darauf gewartet, stellte ich mich auf die Hinterfüße und warf verbale Pfeile. Verärgert sprach ich von unzumutbaren „Dosenfenstern". Diese würden noch die Auswirkungen des Eingesperrtseins verschärfen, argumentierte ich. Die Häftlinge sollten weiterhin die Möglichkeit haben, vor dem offenen Fenster zu stehen und ihren Haftraum zügig durchlüften zu können. Das Justizministerium nahm Abstand von der ursprünglichen Planung. So blieb es in der JVA Diez bei einem öffenbaren Fensterflügel und einem Vorgitter, das an ähnliche Vorrichtungen erinnert, wie sie über den Kellerschächten privater Wohnhäuser angebracht werden. Dass die Aufsichtsbehörde meine Auffassung und die Kompetenz der Mitarbeiter vor Ort akzeptiert hat, war eine angenehme, da nicht selbstverständliche Erfahrung.

Kapitel 29: Wenn Gefangene das Gewehr des Beamten tragen und andere Hilfestellungen

Ein älterer Kollege berichtete mir von einem etwas ungewöhnlichen Arbeitstag in der JVA Diez. Es war wohl Ende der 50er-, Anfang der 60er-Jahre. In der JVA Diez gab es damals noch die Außenkommandos, wie es im bisweilen militärisch geprägten Vollzugsdeutsch hieß. Hierbei handelt sich um Gefangenengruppen, die unter Aufsicht eines Bediensteten außerhalb der Anstalt einer Arbeit nachgingen. Die Inhaftierten waren im geschlossenen Vollzug untergebracht, da es damals noch kein Freigängerhaus gab. Freigänger, die den geschlossenen Anstaltsbereich tagsüber verlassen, um draußen einer Arbeit nachgehen, wären heutzutage unter Sicherheitsaspekten undenkbar, nachdem seit den 70er-Jahren immer mehr Gefangene in die Anstalt kamen, die von illegalen Drogen abhängig waren. Die Außenkommandos, die den geschlossen Vollzug täglich verlassen, wären daher ein idealer Nachschubweg für jegliche Art von Stoffen gewesen. Das Außenkommando bestand aus einer kleinen Gruppe von etwa sechs Gefangenen, die auf den Freiendiezer Feldern bei Bauern als landwirtschaftlicher Helfer eingesetzt wurden. Freiendiez liegt unmittelbar in der Nähe der JVA Diez, die in den ersten Jahrzehnten des vorletzten Jahrhunderts noch Preußisches Zentralgefängnis Freiendiez hieß. Fast ein wenig Hohn, dass die Gefangenen in einem Ort dieses Namens zwangsweise wohnhaft waren. Nachdem 1938 Freiendiez eingemeindet und einziger Stadtteil von Diez wurde, erfolgte die Namensänderung der Anstalt. Das landwirtschaftliche Arbeitskommando wurde von einem Beamten überwacht, der mit einem Gewehr bewaffnet war. Das Gewehr hatte wohl mehr eine symbolische Funktion, denn die Gefangenen wussten ihr Privileg, außerhalb der

Anstalt arbeiten dürfen, zu schätzen. Bei Bewährung verbesserten sich die Chancen auf eine frühzeitige bedingte Entlassung. Nach getaner Arbeit kehrten die Gefangenen des Arbeitskommandos begleitet von dem Beamten zurück in die Anstalt. Vor der Anstalt befindet sich eine Reihe ansehnlicher schieferverkleideter Dienstwohnungsgebäude, die wie das Gefängnis 1912 errichtet worden waren. Die Gruppe ging entlang der von den Häuschen umsäumten Straße Richtung Anstaltspforte. Für die zufällig anwesenden Anwohner der Dienstwohnungshäuser bot sich ein nicht alltäglicher Anblick. Nicht der Beamte, sondern ein Gefangener trug das Gewehr. Man könnte sich fragen, ob es wohl um einen besonderen Vertrauensbeweis gehandelt hat, indem der Beamte müde nach getaner Arbeit sich vielleicht um die Waffe erleichtert hätte. Es gab jedoch andere gewichtige Gründe für diese Hilfeleistung. Der Bedienstete war schlichtweg nicht mehr in der Lage, das Gewehr zu tragen. Am Ende der kleinen Gruppe ging nämlich der Beamte schweren Schrittes eingehakt zwischen zwei Gefangenen, da er gewisse Probleme mit seiner Körperkoordination besaß. Ich erspare es mir, die naheliegende Ursache hierfür zu nennen, und behaupte, um die Sprechweise des Komikers Hape Kerkeling zu benutzen: „Er hatte Kreislauf." Dies kann schließlich mal vorkommen, wenn man lange im Freien in der Sonne steht. Der Pfortenbeamte, der die Szenerie erstaunt wahrgenommen hatte, informierte zwei Kollegen, die zur Pforte eilten, um das Gewehr an sich zu nehmen und die Gefangenen sowie den etwas abwesend wirkenden Beamten in die Anstalt zu geleiten. Selbstverständlich waren solche Ereignisse nicht an der Tagesordnung in der JVA Diez, auch nicht damals in den 60er-Jahren, sonst hätte man nicht noch nach Jahrzehnten auf diese Anekdote zurückgegriffen. Dass im Nachhinein mit einer gewissen notwendigen Milde zu betrachtende Geschehen zeigt jedoch eines: Ein erheblicher Teil der Gefangenen respektiert die Beamten und ist auch bereit, sie zu unterstützen, sofern die Mitarbeiter den Inhaftierten ebenfalls mit Respekt und auf Augenhöhe begegnen. Darunter ist nicht Kumpanei zu verstehen, sondern ein guter zwischenmenschlicher, von gegenseitigem Respekt geprägter Umgangsstil.

Ich habe es immer wieder erlebt, dass Gefangene den Beamten geholfen haben, indem sie ihnen zum Beispiel Hinweise auf drohende Gefahren gegeben haben. Mag sein, dass der ein oder andere Inhaftierte sich persönliche Vorteile aufgrund seines kooperativen Verhaltens versprochen hat. Nach meiner Erfahrung stand jedoch häufig die Absicht im Vordergrund, der Anstalt zu helfen und die Mitarbeiter zu unterstützen. Ein Gefangener, der eine lebenslange Freiheitsstrafe JVA Diez verbüßen musste, war in den ersten Haftjahren äußerst schwierig und verhielt sich ablehnend gegenüber dem Personal. Er stammte aus einem bürgerlichen Elternhaus und war in jungen Jahren auf die schiefe Bahn gekommen. Er hatte einige Raubüberfälle und auch einen Raubmord begangen. Die Beamten schätzten ihn lange Zeit als gefährlich ein, zumal er keinen Hehl daraus machte, dass er als Ex-Fremdenlegionär über ausgezeichnete Kampftechniken verfügte. Jedoch machte er hiervon im Gefängnis keinen Gebrauch. Offensichtlich ging es ihm in erster Linie darum, sich Respekt zu verschaffen, wenn er mit seinen Fertigkeiten angab. Auch haderte er mit der lebenslangen Freiheitsstrafe, aufgrund der er keine Perspektive mehr für sich sah. Ein erfahrener Vollzugsabteilungsleiter widmete diesem Häftling viel Zeit. Immer wieder führte er sehr direkte Gespräche mit ihm. Nach und nach lockerte sich der Gefangene und akzeptierte seine Strafe. Mir gegenüber bezeichnete er den engagierten Mitarbeiter als seinen

Papa, wenngleich der Altersunterschied nicht übermäßig groß war. Die Chemie stimmte einfach. Es hatte sich ein stabiles Vertrauensverhältnis entwickelt. Der Gefangene suchte bei Problemen das Gespräch mit dem Vollzugsabteilungsleiter. Eines Tages gab er ihm einen Hinweis, der wahrscheinlich einen schlimmen Vorfall verhindert hat. Er habe sichere Kenntnis davon, berichtete er „Papa", dass ein Gefangener plane, in den Arbeitshallen eine Geiselnahme durchzuführen, um so seine Flucht zu erzwingen. Zunächst wolle er dort einem ersten Beamten mit einem Messer den Hals durchschneiden, damit er ernst genommen werde. Dann werde er einen zweiten Bediensteten als Geisel nehmen. Aufgrund dieses Tipps wurde unmittelbar die Zelle des vermeintlichen Geiselnehmers durchsucht. Tatsächlich wurden zwei kleine skalpellartige Messer, die sehr gut versteckt waren, gefunden. Der Inhaftierte hatte die Waffen selbst aus Metallresten hergestellt. In einigen Fällen haben Gefangene Beamte vor Attacken anderer Inhaftierten geschützt oder auch bei körperlichen Auseinandersetzungen zwischen Gefangene den Bediensteten bei der Trennung der Kontrahenten geholfen. Ein rumänischer Gefangener gab mir einen Hinweis über die damals noch unbekannte Betrugsmasche des Skimmings, bei dem am Kartenschlitz eines Geldautomaten ein Lesegerät angebracht wird, mit dessen Hilfe die Kartendaten abgegriffen werden. Mit Hilfe einer versteckten Kamera wird zugleich die Geheimnummer erspäht. Der Inhaftierte wollte sich auf diesem Wege Vorteile für den weiteren Verlauf der Haft verschaffen.

Ältere Mitarbeiter behaupteten, früher habe es bei den Inhaftierten eine Ganovenehre untereinander, aber auch in gewissem Umfang gegenüber den Bediensteten gegeben. Wenn ein Gefangener einem Mitarbeiter ein Versprechen abgegeben habe, habe er sich eher daran gehalten, als dies heute der Fall sei. Diese nach und nach in den Gefängnissen immer weniger sichtbare Ganovenehre wurde früher sogar bei Entscheidungen über die Verlegung eines Inhaftierten vom geschlossenen in den offenen Vollzug oder bei der Gewährung von Urlaub aus der Haft genutzt. Der in der JVA Diez früher für diese Entscheidungen verwendete schriftliche Vordruck sah einen Abschnitt vor, der von dem Gefangenen gründlich durchzulesen und zu unterzeichnen war. Es hieß dort sinngemäß: „Ich verspreche, dass ich die mir gewählten Lockerungen nicht missbrauchen werde." Das Versprechen bekräftigte der Gefangene per Handschlag gegenüber dem Mitglied der Anstaltsleitung. Eine Praxis, die heute etwas antiquiert erscheint und vielleicht sogar als blauäugig betrachtet werden könnte. Ich bin allerdings davon überzeugt, dass sie gut dosiert im Einzelfall hilfreich sein kann.

Kapitel 30: Weihnachten und die Amnestie

Wie jedes Jahr zur Weihnachtszeit interessieren sich die Medien für den Justizvollzug. So auch die Allgemeine Zeitung Mainz, die einige inhaftierte Männer interviewt hatte, um zu erfahren, wie diese Weihnachten im Gefängnis erleben. „Es kommt vieles wieder hoch, wenn man abends in der Zelle allein ist", sagte einer. Er denke über Weihnachten draußen nach. Erstmals sei er in einem Gefängnis. Da er die Haftzeit für eine berufliche Qualifikation nutzen konnte und der Entlassungszeitpunkt nahte, war seine Stimmung besser als die vieler Mitgefangener. Ein anderer Inhaftierter erinnerte sich, Weihnachten in Freiheit sei immer schön gewesen. Die Mutter habe für die ganze Familie gekocht. Meistens habe es Hähnchen, Plätzchen und Stollen gegeben. Dass er in diesem Jahr nicht dabei sei, stimme ihn traurig, sprach er. Ein weiterer Gefangener berichtete, er bete nicht so oft, aber an Heiligabend schon. Bereits dreimal sei er an Weihnachten hinter Gittern gewesen. Er trinke einen Kaffee mit den Gefangenen auf seiner Station. Danach gehe es auf die Zelle und er schaue sich das Weihnachtsprogramm im Fernsehen an.

Allen drei Gefangenen war gemeinsam, dass sie nie wieder ins Gefängnis wollten. Gerade an solchen Tagen wird den Inhaftierten bewusst, was Haft bedeutet und was sie vermissen. Einer der Männer brachte zum Ausdruck, dass er ein wenig Angst vor der Freiheit habe. Er sagte, er sei gespannt, wie er das Leben danach auf die Reihe bekommen werde. Im Gefängnis bekomme man viele Sachen vor die Füße getragen. Damit hatte er in vielerlei Hinsicht Recht, insbesondere wenn man die Grundversorgung betrachtet. Die Gefangenen müssen nicht einkaufen und wirtschaften. Sie erhalten die Mittagsverpflegung fertig zubereitet. Das sollte man ändern. Dies setzt allerdings voraus, dass man dort, wo es möglich ist, mehr Freiheiten auch im geschlossenen Vollzug ermöglicht.

Eine der inhaftierten Frauen durfte sich im Vergleich zu den anderen weiblichen Gefangenen länger an den Weihnachtsfeiertagen außerhalb der Zelle aufhalten. Sie erklärte, sie sei als „Hausmädchen“ in der Vollzugsabteilung beschäftigt und für die Sauberkeit sowie unter anderem auch für die Essensausgabe zuständig. Sie sagte zu dem Journalisten: „Dann denke ich nicht so viel an die Menschen, bei denen ich nicht sein darf.“ Es sei besser sich von dem, was draußen sei, abzulenken. „Meine Eltern sind mir jetzt das Wichtigste“, äußerte sie nachdenklich. In Haft hatte sie nach langer Zeit wieder Kontakt zu ihnen aufgenommen. Sie würde gerne Weihnachten mit ihnen feiern, hoffte sie.

Weihnachten überwiegend in einer kleinen Zelle verbringen zu müssen, stellt für die meisten Gefangenen eine große seelische Belastung dar. Die Einsamkeit hinter Mauern, wo es selten echte Freundschaften gibt, stellt an diesen mit Emotionen verbundenen Tagen eine besondere Härte dar. Viele meiden die gut besuchten Weihnachtsgottesdienste, um nicht von Gefühlen überwältigt zu werden, wenn die festlichen Lieder an Feiern mit der Familie erinnern, auch wenn dort das häusliche Umfeld nicht immer eine behütete Kindheit und Jugend schenken konnte. Vor und während der Feiertage werden die Gefängnisseelsorger, Sozialarbeiter, Psychologen und die Mitarbeiter des allgemeinen Vollzugsdienstes noch mehr in Anspruch genommen als sonst. Bitten um ein zusätzliches Telefonat mit den Angehörigen, einen Besuch mit der Partnerin oder einfach ein Gespräch mit einem Bediensteten häufen sich. Ein Sozialarbeiter der JVA Diez berichtete mir, er habe gerade ein langes Gespräch mit einem Gefangenen geführt, der noch viele Feste hinter Gefängnismauern verbringen müsse. Er erzählte dem Mitarbeiter, dass nach und nach seine Kontakte wegbrächen, und vergoss viele Tränen. Nachdem das Gespräch beendet war, bat er den Sozialarbeiter, noch einige Minuten im Büro verweilen zu dürfen. Die Mitgefangenen sollten sein verheultes Gesicht nicht sehen. Der Mitarbeiter hatte Verständnis dafür. In einer Justizvollzugsanstalt muss man den starken Mann markieren, denn Gefühle zeigen, bedeutet Schwäche zeigen. Rasch wird ein Gefangener zum Loser, auf dem andere herumtrampeln möchten. Manchmal erkundigen sich die Medienvertreter danach, wie der Speiseplan aussieht. Die Wirtschaftsverwaltung legt von dem überschaubaren Verpflegungssatz stets ein wenig zurück, um an den Feiertagen ein festliches Essen ausgeben zu können. So gibt es am ersten Feiertag zum Beispiel Hirschgulasch mit Klößen und Rotkraut. Manchmal hebt der Journalist den Speiseplan in einem Kästchen in seinem Artikel hervor. Ich zucke dann stets ein wenig, weil ich mir vorstelle, dass mancher Leser Anstoß an den besonderen Weihnachtsmittagessen nimmt und sein Vorurteil bestätigt sieht, dass es den Gefangenen zu gut gehe. Gerne würde ich diese Kritiker einmal eine Woche in einem Gefängnis „probewohnen" lassen. Regelmäßig erhielt ich im Dezember Anfragen von Medien, die wissen wollten, wie viele Gefangene in den Genuss der Weihnachtsamnestie kämen. Ausnahmslos wird hierüber berichtet, Zahlen genannt und Erläuterungen gegeben.[48] Die Justiz lässt Strafgefangene vorzeitig zum Teil wenige Tage bis maximal einige Wochen früher frei, sofern sie ohnehin bald um das Jahresende entlassen worden wären. Allein in Rheinland-Pfalz waren es 2022 mehr als 100, in Deutschland insgesamt sogar mehr als 1000 Inhaftierte. Sie wurden bereits am 9. November entlassen. Voraussetzung für den Gnadenerweis ist, dass nicht bestimmte Ausschlussgründe vorliegen. Unter anderem müssen sich die Inhaftierten während der Haftzeit einwandfrei verhalten haben. Die Weihnachtsamnestie entlastet die Gefängnisse zum Jahreswechsel und gibt Gefangenen vor allem die Möglichkeit, rechtzeitig vor den Feiertagen Behörden aufzusuchen, um die erste Phase in Freiheit bewältigen zu können. Wohnungs- und Arbeitssuche sind zum Jahresende besonders erschwert.

Nicht alle Gefangenen nutzen die Möglichkeit der Amnestie. 96 Inhaftierte wollten 2022 lieber erst später entlassen werden und scheuten die verfrühte Freiheit. Nahezu alle Länder machen mit. 2022 erstmals auch Sachsen. Nur der Freistaat Bayern nicht. Dort wurde bislang nichts „geschenkt". Von Gnade wird wenig gehalten, denn schließlich habe das Gericht über die Strafhöhe befunden, lautet die Argumentation. Dann noch Geschenke an die Gefangenen? Der Entlassungszeitpunkt dürfe nicht von Zufälligkeiten wie Feiertagen abhängen, argumentiert das bayerische Justizministerium als Hüter der irdischen Gerechtigkeit in dem Freistaat. Doch ist Gnade ein Ausdruck einer humanen Gesellschaft. Sie ist ein Akt der Menschlichkeit und Barmherzigkeit, die in nahezu allen Gesellschaftsformen der Menschheitsgeschichte gepflegt wurde.

Selbst bei lebenslangen Freiheitsstrafen gab es ein Gnadenverfahren, bevor der Gesetzgeber die Möglichkeit einer bedingten Entlassung durch das Gericht nach frühestens 15 Jahren Haft (§ 57 a StGB) geschaffen hat. Noch heute gibt es die Gnadenordnung, die nach wie vor auch eine Begnadigung bei lebenslangen Freiheitsstrafen zulässt. Nach der rheinland-pfälzischen Regelung behält sich zwar heute noch der Ministerpräsident das Gnadenrecht bei lebenslangen Freiheitsstrafen vor, machte jedoch hiervon nach Einführung des gerichtlichen Prüfungsverfahrens zur bedingten Entlassung nahezu keinen Gebrauch mehr.

Ein Rechtsreferendar, dessen Ausbilder ich während meiner Dienstzeit in der JVA Diez war, schloss eine schriftliche Arbeit zum Thema Grundrechte im Justizvollzug mit einem Zitat des Heiligen Thomas von Aquin ab: „Gerechtigkeit ohne Barmherzigkeit ist Grausamkeit." Der in der Jugendarbeit seiner Pfarrgemeinde aktive angehende Volljurist wollte offenbar eine Botschaft senden, die ihm aufgrund seiner Erlebnisse in dem Gefängnis für Langstrafige wichtig erschien. Ihm war bewusst geworden, dass ein menschlicher und gütiger Umgang mit den Gefangenen das Wichtigste in einer Justizvollzugsanstalt ist. Derjenige, der sich ausschließlich in der Rolle des Gerechten und Strafenden begreift, gerät in eine bedenkliche Nähe zur dunklen und grausamen Seite der Justiz der Vergangenheit.

Kapitel 31: Die JVA Koblenz; Zwischenetappe bei den Schängelcher auf der Karthause, Karneval im Knast und ein singender Gefängnisdirektor

Als 1999 die Stelle des Anstaltsleiters der Justizvollzugsanstalt Koblenz vakant geworden war, habe ich diese Aufgabe übernommen. Im damals mit ca. 250 Gefangenen übersichtlichen Koblenzer Gefängnis war ich etwas mehr als zwei Jahre tätig. Bei den Gefangenen handelte es sich überwiegend um Untersuchungsgefangene und Inhaftierte mit kurzen Freiheitsstrafen. Die etwas mehr als hundert Koblenzer Bediensteten lernte ich zügig kennen.

Das Justizministerium betrachtete diese Einrichtung als Zwischenstation vor meiner bereits geplanten Rückkehr als Anstaltsleiter in die JVA Diez.

Dieter Bandell, der in jungen Jahren in der Koblenzer Justiz tätig war, gab mir vor meinem Wechsel nach Koblenz einen Hinweis zum Personal. „Die Koblenzer sind Schängelcher", sagte er und meinte damit, der Einfluss der französischen Besatzungszeit von 1794 bis 1814 sei bis zum heutigen Tag bei den Bürgern dieser Stadt spürbar. „Schängelche" ist eine dialektgeprägte Verkleinerungsform des französischen Vornamens Jean. Ursprünglich waren damit Kinder gemeint, die aus der Beziehung zwischen einer Koblenzerin und einem französischen Besatzungssoldaten hervorgegangen waren, später war dies eine gebräuchliche Bezeichnung für die Koblenzer. Ein bekanntes Mundartlied beschreibt die Schängelcher als lustige Menschen, denen es vor nichts bange ist, die mit Rhein- und Moselwasser sowie Wein getauft sind. Da meine Vaterstadt Mainz auch zeitgleich mit Koblenz von den Franzosen besetzt war, dachte ich: „Dann kann ja nichts schiefgehen." Zudem war mir das Koblenzer Gefängnis keine Unbekannte, da ich bereits bei der üblichen Anfangsrundreise für junge Justizvollzugsjuristen in der zweiten Hälfte des Jahres 1990 dort tätig war. Bereits bei meiner früheren Visite in Koblenz war ich einem typischen Schängelche aus dem allgemeinen Vollzugsdienst begegnet. Bei den Gefangenen war der großgewachsene und bereits weißhaarige Mitarbeiter wegen seiner humorvollen Art beliebt, bei seinen Vorgesetzten hielt sich dies in Grenzen. Ich war gerade damit beschäftigt, Fotokopien zu fertigen, als er im Vorbeigehen grinsend zu mir sagte: „Das sind aber teure Fotokopien." Er hielt mich für überbezahlt, um Tätigkeiten zu verrichten, die auch von den Schreibkräften hätten erledigt werden können. Meinen Einwand, dass der Zeitaufwand deutlich höher gewesen wäre, hätte ich angesichts der wenigen zu kopierenden Blätter diese Aufgabe delegiert, ließ er erfreulicherweise gelten. Ich war der Auffassung, dass ein Mitarbeiter, der sich um effizientes Arbeiten bemüht und zugleich eine fürsorgliche Einstellung erkennen lässt, eine sachliche Antwort verdient.

Bei der JVA Koblenz handelt sich in baulicher Hinsicht um ein Provisorium, das eigentlich durch einen Neubau ersetzt werden sollte. Doch dafür fehlen dem Land bis heute die Mittel.

Nachdem die Gefängnisbauten in der Koblenzer Innenstadt 1944 durch Bombenangriffe zerstört oder schwer beschädigt worden waren, wurde ein ehemaliges etwa 1910 errichtetes Kasernengebäude 1946 nach und nach zu einer Justizvollzugsanstalt umgebaut. Die Fenster wurden hierbei erheblich verkleinert. Sie befinden sich in den überwiegend zum alten Baubestand gehörenden Gebäudeteilen unmittelbar unterhalb der Zimmerdecke. Ungünstig gelegen grenzt das Anstaltsgebäude an einer Längsseite an eine Straße, so dass es immer wieder Kontaktaufnahmen von außen gab.

Zwischen Straße und Weg befindet sich keine Mauer, sondern nur ein mit viel Technik versehener Sicherheitszaun. Vor den Zellenfenstergittern wurde deshalb ein Sichtschutz angebracht, schräggestellte Lamellen, die es den Gefangenen ausschließlich ermöglicht, einen Blick zum Himmel zu werfen. Das Erleben eines Abgeschottetseins besitzt angesichts einer Zelle, in der man bis in Kopfhöhe ausschließlich auf Mauern blickt, eine zusätzliche, kerkerartige Ausstrahlung.

Aufgrund der beengten räumlichen Verhältnisse der JVA sind zudem nur geringe Flächen für Arbeitsbetriebe vorhanden. Der überwiegende Teil der Inhaftierten muss daher täglich mehr als 20 Stunden allein in der Zelle verbringen. Die JVA Koblenz wird anders als in den beiden Zeiträumen, in denen ich dort tätig war, seit einigen Jahren ausschließlich für Untersuchungsgefangene genutzt. Als Einrichtung für Strafgefangene ist sie nicht geeignet. Während meiner Dienstzeit in der Koblenzer Anstalt behauptete ein Gefangener mir gegenüber, er hätte von Mitinhaftierten gehört, diese hätten allein deshalb davon abgesehen, Berufung oder Revision gegen ein strafrichterliches Urteil einzulegen, um schnellstmöglich von der JVA Koblenz wegzukommen. Der ein oder andere habe auch ein Geständnis abgelegt, um eine frühere Aufhebung des Untersuchungshaftbefehls zu erwirken. Gänzlich abwegig erschien mir dies damals nicht. In der Koblenzer JVA ist bei allen genannten baulichen Unzulänglichkeiten die engagierte Tätigkeit der Bediensteten umso mehr hervorzuheben. Sie geben dem Dauerprovisorium, in dem nur ca. 150 bis 170 Gefangene inhaftiert sind, einen ausgesprochen familiären Anstrich. Dies wird dadurch begünstigt, dass die Personalausstattung sehr gut ist, teilweise besser als in anderen Einrichtungen. Da das in die Jahre gekommene Haftgebäude mit den engen Fluren unübersichtlich ist, ist im Vergleich zu anderen rheinland-pfälzischen Einrichtungen mehr Personal erforderlich, um diesen Mangel auszugleichen. Die Bediensteten haben so zugleich die Möglichkeit, häufiger und intensiver mit den Gefangenen zu kommunizieren.

Während meiner Koblenzer Dienstzeit hatten die Gefangenen das ein oder andere Highlight im tristen Gefängnisalltag mit mehreren kulturellen Veranstaltungen. Veranstaltungen der besonderen Art in diesem Gefängnis waren Karnevalsveranstaltungen, für die sich ein Mitglied des Anstaltsbeirates eingesetzt hatte. Dieser war sechzehn Jahre Präsident der Arbeitsgemeinschaft Koblenzer Karnevalsgesellschaft und glänzte 1978 sogar als Koblenzer Karnevalsprinz. Deshalb besaß er hervorragende Beziehungen zu allen Narren und Narrhallesen im Umkreis seines Koblenzer Reviers. Er stellte ein Programm mit Rednern, einem Sänger und einem Ballett zusammen. Bei dem Ballett hatte ich zunächst ein ungutes Gefühl und sah vor meinem geistigen Auge tanzende junge Damen vor den johlenden Gefangenen. Das Beiratsmitglied überredete mich schließlich mit dem Argument, die Tänzerinnen trügen hochgeschlossene Kostüme. Erfreulicherweise benahmen sich die Gefangenen recht gut und waren aufmerksame Zuhörer bzw. Zuschauer. Im Folgejahr erschien sogar die Confluentia – so wird in Koblenz die Karnevalsprinzessin genannt – mit Prinz und Gefolge während der Sitzung. Natürlich war es meine ehrenvolle Aufgabe, die Überraschungsgäste mit Orden zu behängen. In Koblenz besitzt die Weiberfastnacht am Schwerdonnerstag eine größere Bedeutung als in meiner Heimatstadt Mainz. So brachten manche Bedienstete Ansätze karnevalistischen Treibens ins Gefängnis. Zufälligerweise feierte ein Mitarbeiter der Wirtschaftsverwaltung, ein stets gut gelaunter und humorvoller Kollege, sein 25-jähriges Dienstjubiläum. Ich erinnere mich noch genau an seine weinrote Seidenkrawatte, die er an seinem Ehrentag angelegt hatte, um korrekt gekleidet meine Jubiläumsansprache über sich ergehen zu lassen. Offenbar hatte bei ihm der Jubiläumstag den Schwerdonnerstag so überlagert, dass er aus seinem Bewusstsein nahezu verschwunden war. Nicht jedoch bei einer aus dem Raum Koblenz stammenden temperamentvollen Schreibkraft, an deren Dialekt ich mich gerne erinnere. Sie machte sich, kaum war die Laudatio beendet, mit einer Schere an der gediegenen Krawatte des Jubilars zu schaffen, und kürzte sie gnadenlos bis auf einen kläglichen Stummel. Weder vor noch nach diesem Eingriff in das Eigentum des Mitarbeiters hatte dieser ein solch ernste und verkniffene Miene gezeigt. Den engagierten und stets ausgeglichen wirkenden Bedienstete störte es übrigens sehr, wenn der ein oder andere Mitarbeiter sich über unliebsame dienstliche Ereignisse, die Arbeitsbedingungen oder Vorgesetzte beschwerte und ein allgemeines Gejammer anstimmte. Von seinem Bürofenster aus konnte man damals auf eine Baustelle in der Nachbarschaft der Anstalt blicken, wo Handwerker bei Wind und Wetter körperlich anstrengende Arbeiten verrichten mussten. Er erwiderte dem klagenden Kollegen, die allesamt früher anderen Berufen wie auch im Handwerk nachgegangen waren, nur kurz: „Schau mal raus. Willst du lieber das machen?“ Oft verstummte das Klagen dann abrupt. Eine beeindruckende kulturelle Veranstaltung fand mit der quirligen Gospel-Sängerin Maxine Howard statt. Sie begeisterte bei ihrem Auftritt die Gefangenen und animierte sie mit Erfolg zum Mitsingen. Bei solchen Events setze ich mich gerne ganz weit nach hinten, um die Gefangenen im Blick zu behalten. Zu meinem Leidwesen entdeckte mich die Sängerin während der Veranstaltung in meinem Versteck hinter den Stuhlreihen, rief das Wort „warden“ - übersetzt Gefängnisdirektor - und winkte mich zu sich. Ich wollte nicht kneifen und nichts Gutes ahnend, eilte ich nach vorne. Dort angekommen hielt mir die Sängerin, die gerade den Gospel „Amen“ intoniert hatte, das Mikrofon unter die Nase. Dies interpretierte ich als Befehl weiter zu singen. So brummte ich zur Erheiterung der Gefangenen und der anwesenden Beamten notgedrungen einige Takte, um mich dann schnellstmöglich wieder nach hinten zu verziehen. Die Zeit als Anstaltsleiter in Koblenz endete mit meiner Versetzung nach Diez im Sommer 2001. Die berufliche Station in dem familiären kleinen Gefängnis bei den Schängelscher, die ich wegen des guten Betriebsklimas als sehr angenehm und entspannt erlebt habe, war leider allzu schnell vorüber.

Kapitel 32: Die Gefängnispfarrer und die Sportzeitungen

Im großen Mehrzweckraum der JVA Rohrbach, in dem auch die sonntäglichen Gottesdienste stattfinden, sind die von einem Glaskünstler gestalteten Fenster der architektonische Höhepunkt. Die Fenster weisen allesamt unterschiedlich leicht schräg geschliffene Glasfelder auf, die das weiße Sonnenlicht aufnehmen und aufgrund des Prismeneffektes in die Spektralfarben zerlegen. Die Farben, die an die des Regenbogens erinnern, werden mehrfach an die weißen Wände des hallenartigen Raumes geworfen. So entsteht bei schönem Wetter ein nahezu mythischer Effekt. Die Lichteffekte sind Symbole für den Menschen und seine Entwicklung. In der Dunkelheit und bei trübem Wetter weisen die Wände keine Farben auf. Strahlen die Kraft und das Licht der Sonne durch die geschliffenen Fensterfelder, werden die Flächen lebendig. Wohl wollte der Künstler damit zum Ausdruck bringen, dass wir alle von der Kraft anderer Menschen abhängig sind, die uns im Leben begleiten, an unserer Seite gehen und stützen. Begleiter der Gefangenen können alle Bediensteten einer Justizvollzugsanstalt sein. Die Gefängnisseelsorger besitzen hierbei eine besondere Rolle. Die Bibel beschreibt dies im Hebräerbrief des Neues Testamentes (Hebr. 13,3). Die Mahnung „Denkt an die Gefangenen, als wäret ihr mitgefangen“, greifen sie als Seelsorger in ihrem Dienst am Menschen auf. In den 90er-Jahren formulierte der ehemalig Diezer Anstaltsleiter Dieter Bandell eine ähnliche Botschaft in einer mehrtägigen Arbeitstagung unter Beteiligung aller Berufsgruppen der JVA Diez, die zum Ziel hatte, ein Vollzugskonzept zu erstellen: „Wir müssen den Gefangenen ein Gefangener sein.“ Die Äußerung zielte auf die Aufgabe aller Mitarbeiter, die inhaftierten Menschen während der Haft zu begleiten. Menschen, die mit anderen Menschen respektvoll und fürsorglich und verantwortungsvoll umgehen. Die Gefängnisseelsorger können wie der ehemalige Anstaltsleiter insoweit Vorbild sein und mit lebendigem Beispiel vorangehen.

Während meiner Tätigkeit in der JVA Rohrbach hatte ich ein monatliches Treffen mit allen Anstaltsseelsorgern. Hierzu gehörten die beiden Seelsorgern der evangelischen und katholischen Kirche sowie in den letzten Jahren auch der muslimischen Seelsorger. Vor einer Tasse Kaffee sitzend sprachen wir zwar auch über unsere dienstlichen Anliegen. Den Schwerpunkt dieser Dienstbesprechung nahmen manchmal Themen ein, die nichts mit dem Dienst zu tun hatten. So wurde zum Beispiel ausgiebig über einen in vielerlei Hinsicht berühmten und zugleich äußerst umstrittenen Sohn der Stadt Mainz gesprochen, den aus Mainz-Finthen stammenden Kardinal Gerhard Ludwig Müller, der über viele Jahre Präfekt – also Boss – der Glaubenskongregation war, bis er bei Papst Franziskus in Ungnade gefallen war. Der geistliche Würdenträger war übrigens Schüler des Bischöflichen Willigis-Gymnasiums Mainz, das mich mühevoll bis zum Abitur begleiten durfte. Die Schule erschien mir zeitweise als eher lästig und stand nicht im Zentrum meines damaligen Wirkens. Kardinal Müller ist im Vatikan gelandet, ich dagegen im Gefängnis. So waren die Anstaltsseelsorger und ich mit den schwarzen Schafen beschäftigt, Kardinal Müller – zumindest unmittelbar – weniger. So verschieden können Lebenswege sein. Die Seelsorger der christlichen Kirchen haben einen besonders geschützten Status im Gefängnis, da die Gefangenen unter dem Schutz des Seelsorgegeheimnisses stehen. Die Inhaftierten können daher sicher sein, dass alles, was sie mitteilen, vertraulich behandelt wird. Bei muslimischen Seelsorgern ist die Rechtslage anders: Da es keine muslimische Kirche im engeren Sinne gibt, sind sie in Rheinland-Pfalz Mitarbeiter des Landes. Die Vertreter der christlichen Kirchen bleiben einerseits Mitarbeiter ihrer Kirchen, unterliegen andererseits jedoch den Vorgaben des Justizvollzuges und müssen den organisatorischen und vor allem auch den Sicherheitsvorgaben Rechnung tragen. Wenngleich sie von den Gefangenen in früheren Zeiten manchmal despektierlich als Himmelskomiker bezeichnet wurden, haben die meisten Inhaftierten großes Vertrauen zu ihnen. Die Seelsorger sind in dem, was sie für Gefangenen leisten, mehr Sozialarbeiter als Priester. Fritz Philippi, der Anfang des 20. Jahrhunderts evangelischer Pfarrer in der Vorläufereinrichtung der JVA Diez, der Diezer Zuchthausburg, war und auch schriftstellerisch wirkte, formulierte dies in seinem seiner Jahresberichte: „Der Pfarrer muss zuerst als Mensch kommen, er muss zuhören können. Das Bedürfnis sich auszusprechen, ist stark vorhanden."[49] Selten findet ein Häftling in der JVA zum Glauben. Die wenigsten Inhaftierten sind religiös. Kaum einer hat eine Verbundenheit mit Gott mit in die Anstalt gebracht. In den wenigen Fällen, wo das der Fall ist, mag dies eine seelische Stütze während der Haft sein. Nur in Ausnahmefällen sprechen Gefangene mit dem Seelsorger auch über religiöse Fragen. Den meisten geht es darum, einmal ihr Herz auszuschütten, Sorgen und Ängste mitzuteilen und Hilfe in persönlichen Angelegenheiten zu erlangen. Manchmal helfen die Seelsorger den Gefangenen dabei, wieder Kontakt zur Familie herzustellen. Die oftmals überlasteten Sozialarbeiter haben dagegen nicht immer die notwendige Zeit, sich intensiv um alle Gefangenen zu kümmern. Gerade die Unauffälligen und Stillen fallen durch das Raster. Bei den sonntäglichen katholischen und evangelischen Gottesdiensten stellen sich die Seelsorger bei der Wahl der Lieder und Texte sowie vor allem den Predigtinhalten einfühlsam auf die Bedürfnisse der Gefangenen ein. Eine Predigt vor diesem besonderen Publikum zu halten, ist eine anspruchsvolle Aufgabe. Ein kleiner Teil der Inhaftierten besucht den Mehrzweckraum der JVA Rohrbach, der sonntags mit einem Altar und einem großen Stehkreuz ausgestattet ist. Der Christuskorpus wurde von einem Gefangenen aus Pappmaché gestaltetet. Man hat den Eindruck, als sei er aus korrodiertem Metall gefertigt. Für einen Laien eine Meisterleistung.

Von den Frauen besucht nahezu die Hälfte die Gottesdienste, von den Männern knapp ein Viertel. Doch würde sich mancher Priester der externen Pfarreien freuen, könnte er so viele Menschen in seiner Kirche begrüßen. Die Besucher nutzen die Gottesdienste auch zur Pflege der Kontakte untereinander, was insbesondere während der Predigt nicht unbedingt willkommen ist. Gerne werden auch Geschäfte abgeschlossen, deren Natur nicht unbedingt legal ist. Wird die damit verbundene Geräuschkulisse zu groß, erhält ein Störer auch die Rote Karte und muss das klerikale Spielfeld verlassen. In der JVA Rohrbach finden sonntags hintereinander drei christliche Gottesdienste statt; jeweils einer für die männlichen Gefangenen der beiden Hafthäuser, ein dritter für die weiblichen Gefangenen. Vorgänger der derzeitigen Anstaltsseelsorger versuchten im Glauben, dies sei effizienter, die Frauen zu den Gottesdiensten der Männer hinzuzunehmen. Die Männer saßen unten, die Frauen auf der Empore. Wenngleich die Mehrheit der Gefangenen recht diszipliniert war, gab es doch einen harten Kern, der aufgrund des haftbedingten Entzugs andersgeschlechtlicher Menschen gerade während des Gottesdienstes einen gewissen Nachholbedarf verspürte und dies auch unmissverständlich deutlich machte. Viele oftmals auch mit einer gewissen Lautstärke verbundene Versuche der Kontaktaufnahme mit Rufen, Quietschen und Winken lenkten den Prediger doch ein wenig ab. So blieb es bei einem kurzzeitigen gescheiterten Versuch der gemeinsamen Gottesdienste. Der muslimische Seelsorger bietet für die Gefangenen seiner Religion das Freitagsgebet und Gesprächsgruppen an. Die Zusammenarbeit mit den nahezu allen Seelsorgern erlebte ich als sehr gut. Manche Berührungspunkte mit ihnen waren eher profaner Natur. Der evangelische Pfarrer der JVA Rohrbach, Jörg Brauer, verfügte über ein Abonnement der zweimal wöchentlich erscheinenden Fußballzeitschrift „Kicker". Nachdem er sich die Fachliteratur einverleibt hatte, ließ er mir die Hefte zukommen. Meist legte er sie in eine Umlaufmappe und brachte mir das Lesematerial persönlich vorbei. Ich bedankte mich höflich und sagte manchmal: „Prima, da habe ich heute wenigstens etwas Sinnvolles zu tun!" Übrigens hat ein Anstaltsleiter, der sich im Fußball auskennt, stets ein Gesprächsthema mit mehr als 50 % der Bediensteten. Als Fan des tapferen kleinen Erstligavereins Mainz 05 diffamierte ich regelmäßig Bayern München-Fans als Menschen, die keine Niederlagen ertragen können. Opfer war gelegentlich der damalige Vorsitzende des örtlichen Personalrates, dessen Bürowände zeitweise mit Postern des bayrischen Vereins zugepflastert waren und wie eine Kapelle mit Fresken wirkten. Nur eben mit den hochbezahlten Heiligen des Fußballs.

Wie bei allen Tauschgeschäften ist natürlich eine gewisse Gegenseitigkeit erforderlich. Ich bezog damals die monatlich erscheinende Zeitschrift 11FREUNDE, das Magazin für Fußballkultur – so bezeichnet der Herausgeber sein Produkt tatsächlich, damit auch Abiturienten zu den Käufern gezählt werden können. Die kulturellen Ergüsse leitete ich Herrn Brauer zu. Der Pfarrer berichtete mir, dass er bei Treffen der Gefängnisseelsorger regelmäßig einen Running

Gag macht, indem er, nachdem er seine Berufskollegen auf die hervorragende Zusammenarbeit und gegenseitige Information zwischen Seelsorge und Anstaltsleitung hingewiesen hat, beispielhaft auf den Tausch der Hefte verweist. Allerdings bargen gelegentliche gemeinsame Besuche der Heimspiele des Bundesligavereins Mainz 05 ein gewisses Konfliktpotenzial. Grundsätzlich hielt Pfarrer Brauer zu seinem heimischen Verein Werder Bremen. Pfarrer Brauer stammt nämlich aus Emden, Ostfriesland. Dort, wo noch Fisch und Krabben noch als Zahlungsmittel gelten, weshalb die Portemonnaies dort überdurchschnittlich groß sind und bisweilen unangenehm riechen. So verfolgte er einmal äußerlich recht emotionslos ein Match zwischen Mainz und Bremen. Am liebsten hätte er Bremen angefeuert, wusste aber, dass dies bei mir nicht gut ankommen würde.

Gefangene wenden sich oftmals wegen ganz alltäglicher Anliegen an den Seelsorger, der stets aufpassen muss, dass er von den nicht selten recht schlitzohrigen Inhaftierten über den Tisch gezogen wird. So fragen Gefangene, die gerade finanziell klamm sind, ob sie von ihm nicht etwas Tabak bekommen könnten. Ein vor Jahrzehnten in einer rheinland-pfälzischen Anstalt tätiger promovierter Seelsorger erdiente sich aufgrund seiner Großzügigkeit den Spitznamen Dr. Batavia. Batavia ist eine Tabakmarke.

Ein zwischenzeitlich im Ruhestand befindlicher evangelischer Seelsorger, der viele Jahre in JVA Diez wirkte, erinnerte mich an Pater Brown, so wie er von Heinz Rühmann in den 60er-Jahre-Filmen verkörpert wurde. Ein cleverer Schelm, mit einer gewissen Bauernschläue versehen und einem ausgeprägten Interesse an kriminalistischen Themen. So war er in der Anstalt an der Lahn mit den langstrafigen Diezer Gefangenen am richtigen Ort. Für die Inhaftierten engagierte er sich in anerkennenswertem Umfang. Auch war er Mitgründer des Schwarzen Kreuzes, einem überregional tätigen Verein, der sich für Gefangene einsetzt. Dieser Seelsorger war etwa 2005 von einem Gefangenen angesprochen worden, der nach Polen abgeschoben werden sollte. Der Inhaftierte bat den Pfarrer um Hilfe, da er befürchtete, ihm werde bei der Abschiebung von den dafür zuständigen Behörden der für die erste Zeit nach der Entlassung angesparte Geldbetrag abgenommen.

Der polnische Gefangene wusste um die Praxis der für die Abschiebung zuständigen Behörden und Stellen, die den Inhaftierten regelmäßig diesen Geldbetrag abnahmen, um es für die Abschiebekosten zu verwerten. Das Überbrückungsgeld war den Gefangenen zwar von der Anstaltszahlstelle ausgezahlt worden, aber vor den Anstaltsmauern in Form einer Art Taschenpfändung wieder abgenommen worden. Diese Praxis widersprach unzweifelhaft dem gesetzlichen Zweck des Überbrückungsgeldes, die Eingliederungsphase nach der Entlassung zu sichern. Dieser Geldbetrag durfte von Gläubigern nicht gepfändet werden. Mir war diese schräge Praxis bis zu dem Zeitpunkt, als mich der engagierte Seelsorger hierauf ansprach, unbekannt. Um angesichts der bevorstehenden Abschiebung das Problem zugunsten des polnischen Inhaftierten zu lösen, schlug der Pfarrer vor, dem Gefangenen zu erlauben, das Überbrückungsgeld an die in Polen lebende Familie zu überweisen. Da Eile geboten war, erteilte ich die Erlaubnis, um dann anschließend diese allgemeine Problematik dem Justizministerium mitzuteilen. Hierbei äußerte ich auch meine Rechtsauffassung, dass die Praxis der Ausländerbehörden wohl nicht rechtmäßig sei und vor allem dem Sinn und Zweck des unpfändbaren Geldbetrages zuwiderliefe. Das Justizministerium beteiligte das für die Ausländerbehörden zuständige Innenministerium. Das erfreuliche

Ergebnis war, dass unmissverständlich die Unantastbarkeit des angesparten Geldes festgestellt wurde.

Einzelne Gefangene haben sich im Laufe der Haft auch kleineren Glaubensgemeinschaften zugewandt. So ein Inhaftierter, der eine längere Freiheitsstrafe zu verbüßen hatte. Über einen brieflichen Kontakt lernte er eine Frau kennen, die ihn während der Haft heiratete. Mein Eindruck war, dass der Gefangene mit der Gründung einer stabil erscheinenden Partnerschaft Pluspunkte für eine etwaige spätere Entlassung schaffen wollte. In diesen Zusammenhang reihte ich auch seine plötzliche Hinwendung zur Religion ein. Da die Partnerin einer sektenähnlichen Glaubensgemeinschaft angehörte, entschloss sich der Gefangene, nach einer Begleitung und religiösen Unterweisung durch einen externen Pastor taufen zu lassen. Nun begannen die Schwierigkeiten für die Anstalt. Der Gefangene brachte sein Anliegen vor und wies darauf hin, dass die Taufe durch Untertauchen des gesamten Körpers erfolgen müsse. Dies gestaltete sich unter den Bedingungen der der Anstalt eher problematisch, denn einen Swimmingpool oder sogar ein Schwimmbad besitzt diese Anstalt – für Kritiker des vermeintlich allzu laschen Strafvollzuges sicherlich überraschenderweise - bis zum heutigen Tag nicht. Ein findiger Mitarbeiter hatte die Idee, eine Badewanne, die sich im Sanitätsbereich für medizinische Zwecke befand, zu nutzen. Dies erschien mir eine geeignete Lösung. Nicht wenige Mitarbeiter sahen dies allerdings als überzogenes Entgegenkommen meinerseits. Sie waren nachvollziehbarer Weise der Annahme, dass nur sehr bedingt eine plötzliche Bekehrung nach einem vermeintlichen Damaskuserlebnis Anlass für die Taufe gewesen sei. Einige Tage später sprach mich der Vollzugsdienstleiter, der an der Spitze des allgemeinen Vollzugsdienstes steht, bei der täglichen Frühbesprechung mit der Anstaltsleitung mit einem kritischen Unterton auf die Taufe des Gefangenen an. Er fand den Aufwand, der für den Gefangenen getrieben wurde, etwas übertrieben. Damit meinte er jedoch nicht die Taufe in einer Badewanne, sondern einen Ablauf, der sich zwischenzeitlich ohne mein Wissen erheblich verändert hatte. So konnte ich meine Hände in Unschuld waschen, um im passenden Duktus zu bleiben. Ein besonders humorvoller Mitarbeiter, der sehr aktiv in der örtlichen Feuerwehr war, schaffte einen großen Bottich mit Unterstützung anderer St. Florians-Jünger in ein großes Büro im Erdgeschoss des Verwaltungsgebäudes, wo die Taufzeremonie entsprechend den religiösen Vorschriften durchgeführt werden konnte. Die im ersten Obergeschoss liegende Anstaltskirche, die eine passendere Atmosphäre für den Taufritus ermöglicht hätte, schied aus statischen Gründen aus. Man hegte zu Recht die Befürchtung, die Decke könne einstürzen. Da unterhalb der Kapelle mein Büro beheimatet war, wäre mir eine Taufe im Kirchenraum auch weniger recht gewesen. Auch die ursprüngliche Überlegung, die Badewanne im Lazarett zu nutzen, konnte nicht weiterverfolgt werden, da das Badewannenwasser dort nach der Nutzung in den Abwasserkanal geleitet wird. Aus religiösen Gründen ist dies jedoch untersagt. Das vor der Taufe geweihte Taufwasser muss der Erde zugeführt werden. Der Behälter war mit der Hilfe eines Feuerwehrschlauches reichlich gefüllt worden. Nach der Taufe pumpte die Feuerwehr das Wasser auf die Grünfläche eines Hofes. Der für den Gefangenen zuständige Vollzugsabteilungsleiter, der an der Organisation beteiligt war, ging offenbar davon aus, ich sei mit diesem Aufwand einverstanden. Ich war mir im Nachhinein nicht sicher, ob ich alledem zugestimmt hätte. Ich hätte allenfalls die Tätigkeit der Feuerwehr als gemeinsame Übung der JVA mit der Feuerwehr deklarieren können.

Den Gefängnisseelsorgern gelingt es zumeist, mit großem Geschick auf die Bedürfnisse der Gottesdienstbesucher einzugehen. Dies gilt auch für das Liedgut, wenngleich in früheren Zeiten nicht jeder Text passend war, wie ein Blick in die Geschichte des Strafvollzuges zeigt. In seinem von tragikomischen Elementen durchsetztem Drama „Der Hauptmann von Köpenick“ schildert der in Nackenheim geborene und in Mainz aufgewachsene Autor Carl Zuckmayer eine Szene in einer Preußischen Strafanstalt zu Beginn des 20. Jahrhunderts. Der gelernte Schuster Wilhelm Voigt, der später als Hauptmann von Köpenick Berühmtheit erlangt hat, verbüßte wieder einmal eine Zuchthausstrafe. Mit den Mitgefangenen nahm er am sonntäglichen Gottesdienst in der Kapelle teil. Die Häftlinge saßen wie in allen damaligen nach preußischem Vorbild erbauten Einrichtungen streng voneinander getrennt in Holzboxen, die ausschließlich den Blick nach vorne zum Gefängnispfarrer ermöglichen sollten.[50] Auch in der 1912 in Betrieb genommenen JVA Diez – damals Preußisches Zentralgefängnis Freiendiez – gab es diese Vorrichtungen, die eine ausreichende Frömmigkeit fördern und zugleich die vielen üblichen Nebenbeschäftigungen der Gefangenen wie den Handel mit verschiedenen Waren während der Bemühungen des Pastors um Aufmerksamkeit verhindern sollten. In Zuckmayers Stück stand der Anstaltsgeistliche auf dem Podium und dirigierte die singenden Häftlinge. Sie schmetterten den Choral „Bis hierher hat mich Gott geführt in seiner großen Güte ...“[51]. Anschließend ließ der Direktor, der als würdiger Herr mit langem zweigeteilten Bart beschrieben wurde und mit einem runden, rosig freundlichem Gesicht sowie einer glänzenden, glatten Stirn ausgestattet war, im Rahmen des vaterländischen Unterrichtes anlässlich des Sedantages die entscheidende Schlacht von den Gefangenen nachstellen.[52]

Der Geistliche verzichtete dafür auf seine Predigt. Man musste ja schließlich Prioritäten setzen.

Dass die Gefangenen von Gottes Güte singen, mag am meisten überraschen. Wohl war den Sängern der Inhalt des Chorals nicht bewusst, sondern sie labten sich mit Inbrunst an der eingängigen Melodie. So berichtete der Küster des Gerichtsgefängnis Neuwied, das ab 1949 für einige Jahre als Einrichtung für weibliche Gefangene diente, die Frauen hätten geradezu darauf bestanden, den beliebten Choral zu singen. Der Pastor, der das für unpassend hielt, habe aber nachgegeben.[53]

Tatsächlich hat dieses Lied noch viele Jahre lang die Gefängnisgottesdienste begleitet, bis es den Pfarrern doch irgendwann ein wenig peinlich wurde.

Wie in der Gefängnisordnung vom 21. Dezember 1898 zum Ausdruck gebracht wurde, hatte die religiöse Unterweisung damals eine sehr große Bedeutung. So regelt § 82 Abs. 5 S. 2 dieser Gefängnisordnung: „Strafgefangene haben dem regelmäßigen Gottesdienst beizuwohnen, sofern sie nicht krank oder aus besonderen Gründen durch den Gefängnisvorsteher von der Teilnahme entbunden sind."[54] Auch die Teilnahme am Religionsunterricht für erwachsene Gefangene unter dreißig war gemäß § 83 Abs. 3 in Einrichtungen, wo es ein solches Angebot gab, verbindlich. Voraussetzung hierfür war, dass bei dem Inhaftierten eine solche Notwendigkeit hierfür gesehen wurde. Ich vermute, dies wurde bei den meisten Gefangenen damals bejaht.

Übrigens gelang die Resozialisierung des Hauptmanns von Köpenick. Dies hing weniger mit den Bemühungen des Gefängnisses zusammen als mit seiner Straftat, über die sogar der Kaiser gelacht haben soll. Die Zeitschrift „Über Land und Meer" berichtete über ihn, nachdem ihn das Staatsoberhaupt nach 20 Monaten Haft begnadigt hatte:

„Seit dem genialen Gaunerstreich Voigts, des ‚Hauptmanns von Köpenick', sind fast zwei Jahre verflossen, aber in dieser Zeit hat man die Verblüffung und ungeheure Heiterkeit nicht vergessen, die sich damals über Deutschland und ganz Europa verbreitete, als bekannt wurde, wie ein alter entlassener Zuchthäusler es fertiggebracht hatte, sich an die Spitze einer kleinen Abteilung Militär zu stellen und mit diesen seinen ‚Untergebenen' das Rathaus zu Köpenick zu besetzen und die Gemeindekasse zu leeren, alles mittels einer beim Trödler gekauften Uniform und durch die Berufung auf eine angebliche kaiserliche Kabinettsorder. Das Lachen wandelte sich in Mitleid - weniger mit den Köpenickern als mit Voigt selbst; denn nach seiner Verhaftung erfuhr man, dass man in ihm einen wahrscheinlich unschuldig Verurteilten vor sich hatte, den nur der Missbrauch der ‚Polizeiaufsicht' aufs Neue dem Verbrechen in die Arme getrieben hatte. Jetzt hat der Kaiser Voigt begnadigt, nachdem dieser sich 20 Monate lang Zuchthaus tadellos geführt; und der Freigewordene wird mit einem Enthusiasmus gefeiert, der an Unfug grenzt. Möge er diese neue Charakterprobe, vielleicht die für ihn gefährlichste, gut bestehen!"[55] Ein dem Artikel beigefügtes Foto zeigte den Entlassenen vorsichtig lächelnd in die Menge einiger interessierter und teilweise breit grinsender Zuschauer blickend. Er verdiente sich seinen Lebensunterhalt unter anderem mit Jahrmarktauftritten.

Kapitel 33: Psychiatrie und das Ende des Schmalspurmodus

Der Leiter der Vollzugsabteilung, in der mehrere psychisch kranke Strafgefangene untergebracht waren, bat mich eines Tages darum, mit ihm gemeinsam einen Rundgang durch den Hafthausflügel der JVA Diez zu machen, für den er verantwortlich war. „Ich zeig` ihnen mal die Männer, die nicht hierhergehören" sagte er einleitend, bevor er eine der Haftraumtüren vorsichtig öffnete. Ein kleiner Mann um die vierzig, Stirnglatze, rundes Gesicht trippelte uns entgegen. Er hatte mehrere Raubüberfälle begangen und wurde vom Gericht als schuldfähig betrachtet. Ununterbrochen trat der Gefangene von einem Bein auf das andere. „Wie geht's Ihnen?" fragte ihn der gut gelaunt erscheinende Mitarbeiter. „Ich brauch 'ne Zigarette!" sagte er, ohne auf die Frage einzugehen. „Ich seh' zu, was ich machen kann" entgegnete der väterliche Abteilungsleiter freundlich. Mit seiner humorvollen Art und seinem markanten Lachen entspannte er manche Situation. Doch ein Gespräch mit dem Inhaftierten, der regelmäßig Psychopharmaka zur Behandlung seiner Schizophrenie erhalten hatte, war auch für den erfahrenen Mitarbeiter nicht möglich. Immer wieder wiederholte der Gefangene gebetsmühlenartig seine Bitte um eine Zigarette. Der Vollzugsabteilungsleiter bestätigte nochmals seine Zusage, bevor wir weitergingen. Der kranke Gefangene wurde damals mehrfach kurzzeitig in einer externen psychiatrischen Einrichtung in Andernach untergebracht, da der rheinland-pfälzischen Justizvollzug damals im Gefängniskrankenhaus in Wittlich noch keine Fachabteilung zur Verfügung hatte. Der Gefangene, der so oft desorientiert wirkte, hatte auch Phasen, in denen er hellwach erschien. Während eines seiner Aufenthalte in der allgemeinen Psychiatrie wurde er wie stets von einem Mitarbeiter des allgemeinen Vollzugsdienstes bewacht. Dieser saß vor dem Krankenzimmer und konnte den Gefangenen durch die größtenteils verglaste Wand im Auge behalten. Als Nachtisch zum Mittagessen gab es an einem Tag einen Pfirsich. Der offenbar nach der Behandlung mit Medikamenten orientiertere Gefangene ging plötzlich zu dem verschlossenen Fenster, steckte den Obstkern als Hebel zwischen Rahmen und Fenster und riss das Fenster ruckartig aus der Verankerung. Zügig gelangte er in den Außenbereich der Klinik, wo er allerdings nicht mehr weiterwusste und von dem überraschten Mitarbeiter in das Gebäude zurückgebracht werden konnte. Nach zwei Wochen endete der Aufenthalt in Andernach. Wieder einmal. Drehtürpsychiatrie. Als Dr. Bandell in den 90er-Jahren noch Leiter der Diezer Anstalt war, besuchten wir mehrere psychisch Kranke in ihren Zellen. Vor einem der Männer hatte man uns gewarnt. Nachdem wir einen Schritt in den Haftraum getreten waren, ging er auf uns zu und trat mit ausgestecktem Bein in Karatemanier nach uns. Wir brachen den Besuch ab und verschlossen ebenso zügig wie hilflos die Zelle. Damals gab es noch nicht die psychiatrische Abteilung des Justizvollzugskrankhauses in Wittlich. Es ist das Verdienst der rheinland-pfälzischen Anstaltsleiter, ihr Justizministerium von der Notwendigkeit einer Psychiatrieabteilung zu überzeugen. Hier waren dicke Bretter zu bohren, bis der damals zuständige Referent auf die Linie der JVA-Leiter einschwenkte. Viele Jahre lang vertrat man im rheinland-pfälzischen Justizministerium die Auffassung, die medizinische Versorgung der psychisch Kranken, zu der auch zumeist eine Medikation gehört, sei besser von einer externen Einrichtung vorzunehmen. Man war noch Ende der 90er-Jahre der Meinung, angesichts der üblen und mörderischen Erfahrungen in der NS-Zeit dürfe niemals der Eindruck entstehen, deutsche Gefängnisse würden ihre psychisch kranken und häufig schwierigen Gefangene ruhigstellen. Dagegen besaßen einige Bundesländer wie u. a. Baden-Württemberg und Nordrheinwestfalen damals bereits eigene psychiatrische Einrichtungen im Justizvollzug, die sie in der Überzeugung geschaffen hatten, nur so eine adäquate Versorgung der Kranken zu ermöglichen.

Erst seit 2011 gibt es die psychiatrische Abteilung in Wittlich. Sie verfügt über 18 Plätze. Angesichts der im Laufe der Jahre stetigen Zunahme der Anzahl der psychisch kranken Gefangenen stießen die Kapazitäten in Wittlich an ihre Grenzen. Es gab nicht selten sehr hohe Wartezeiten. Die Verweildauer kann regelmäßig nur wenige Wochen betragen. Die Hauptbelastung tragen daher die Mitarbeiter der Justizvollzugsanstalten, in die die Gefangenen zurückkehren. Hier besitzen die Mitarbeiter des allgemeinen Vollzugsdienstes wie so oft die größte Bedeutung im Haftalltag der psychisch Kranken, obwohl sie nicht über eine Zusatzausbildung verfügen, die ihnen Kenntnisse über den Umgang mit diesen Menschen vermittelt hat. Nur einige wenige haben ein Praktikum in einer externen psychiatrischen Einrichtung absolviert. So bleibt es insbesondere dem Engagement der Mitarbeitergruppe überlassen, inwieweit sie in ihrem ausgefüllten Arbeitsalltag Zeit aufbringen können, um sich den psychisch Kranken zuzuwenden. Ein kurzer Kontakt, ein Gesprächsversuch, wenn es ruhigere Phasen im Dienst gibt, hilft, manch schwierigen Tag zu überbrücken. Die Vertreter dieser Berufsgruppe sind immer da. Auch abends, am Wochenende und sogar nachts, wenn selten weder Anstaltsarzt noch Sozialarbeiter, noch Psychologe selten vor Ort sind. In größeren Einrichtungen wie der JVA Diez gibt es für eine Abteilung mit mehr als 100 Strafgefangene gerade einmal maximal einen Sozialarbeiter und einen Psychologen. Mit ihren 40 Wochenstunden können sie von Montag bis Freitag die Tageszeiten abdecken. Nur ein einziger fest angestellter Allgemeinmediziner steht in jedem Gefängnis zur Verfügung; ganztags in den größeren Einrichtungen, in den kleineren nur tageweise. Für die psychisch Kranken kommt regelmäßig ein Facharzt für Neurologie und Psychiatrie für wenige Stunden ins Haus; wöchentlich, oft auch nur vierzehntäglich.

Das zwischenzeitlich im rheinland-pfälzischen Justizministerium entwickelte „Konzept zur psychiatrischen Versorgung in den Justizvollzugseinrichtungen des Landes Rheinland-Pfalz“ lässt jedoch deutliche Verbesserungen der Versorgungssituation erhoffen.[56] [57]Als Einstieg sind Haushaltsmittel für den Doppelhaushalt 2023/2024 beantragt worden. Im Haushaltsplan finden sich wesentliche personellen Verstärkungen für Fachkräfte wie Mediziner und Fachkrankenpfleger.

Auch sollten jedenfalls in den größeren Justizvollzugsanstalten separate Haftbereiche für psychisch kranke Gefangene geschaffen.[58] Der bisherige Zustand ist problematisch und wird der Situation dieser Inhaftierten nicht gerecht, die inmitten eines des Gemischs von Gefangenen leben. Es mag Gefangene geben, die auf die angeschlagenen Menschen Rücksicht nehmen und es bisweilen sogar Anstoß daran nehmen, dass es jemand im unmittelbaren Umfeld so schlecht geht. Mancher Hinweis konnte hierdurch frühzeitig von Bediensteten aufgegriffen werden. Andere Inhaftierte stehen den Kranken gleichgültig gegenüberstehen. Doch trifft man auch auf Gefangene, die versuchen, die Kranken auszunutzen und um den wenigen Besitz wie Tabak und Kaffee zu bringen, den sie sich von dem geringen Taschengeld geleistet haben.

Ein im Justizvollzug in einer Anstalt tätiger Mediziner vertrat vor vielen Jahren bei einer Tagung der Anstaltsleiter noch die Auffassung, eine getrennte Unterbringung der psychisch Kranken innerhalb einer Justizvollzugsanstalt sei nicht unbedingt geboten. Schließlich lebten auch außerhalb der Gefängnisse psychisch Kranke mitten unter anderen Menschen. Dies mag zutreffen. Dennoch hinkt der Vergleich sehr, denn außerhalb der Justizvollzugsanstalten ist das Umfeld ein gänzlich anderes. Die Kranken verbringen nicht den größten Teil des Tages in einer abgeschlossenen Zelle. Ihre Nachbarn sind verurteilte Straftäter, die mit sich genug zu tun haben. Deshalb ist eine getrennte Unterbringung psychisch kranker Gefangener zumindest für die Dauer einer tagesklinikähnlichen Behandlungsphase in den Justizvollzugsanstalten überfällig.[59]

Kapitel 34: Die Rentenlücke

In der ARD-Sendung Plusminus wurde auf einen Missstand hingewiesen. Gefangene, die im Justizvollzug einer Arbeit nachgehen, sind nicht rentenversichert (Plusminus – Folge 105 – vom 01.09.2021, Bericht von Philipp Raillon). Dies hat verheerende Auswirkungen bei Inhaftierten, die sehr lange Strafen verbüßt haben. Es wurde von einem Mann berichtet, der von 23 Haftjahren 20 Jahre regelmäßig im Gefängnis gearbeitet hatte, ohne jegliche Rentenversicherungsansprüche erworben zu haben. Der interviewte ehemalige Gefangene empfand dies als doppelte Bestrafung. Er sagte: „Das bedeutet für mich, dass ich ein Leben lang auf den Staat angewiesen bin. Also auf die Grundsicherung." Seine Strafe war die Haft, nicht lebenslange Armut, kommentierte der Redakteur.

Der nordrhein-westfälische Justizminister Peter Biesenbach widersprach im Interview. Es drohe keine Altersarmut. Gefangenen würden in der Strafhaft angeboten, die Fertigkeiten zu erlernen, die ihnen nach der Entlassung die Möglichkeit geben, im ersten Arbeitsmarkt Arbeit zu finden, um Rentenansprüche erwerben zu können. „Also nix mit Altersarmut", schloss der Justizminister.

Ich bin mir nicht sicher, ob der Politiker selbst an das glaubte, was er in dem Interview von sich gab. Nur eine kleine Minderheit der Gefangenen hat die Möglichkeit, in Haft einen Beruf zu erlernen. Hierfür gibt es viele Gründe. Zum Teil fehlt es bereits an den notwendigen Ausbildungskapazitäten. Vielfach ist auch die Haftzeit zu kurz, so dass eine ausreichende Ausbildungsdauer nicht zur Verfügung steht. Oft fehlen die schulischen Voraussetzungen. Bei einem Teil der Inhaftierten handelt es sich um Analphabeten. Anderen verfügen über zu geringe Deutschkenntnisse.

Vielen Gefangenen fehlt auch die Motivation. Dies mag neben fehlendem Durchhaltevermögen auch mit früheren schlechten schulischen Erfahrungen und Versagensängsten zu tun haben.

Oft beschränken sich die Arbeitsmöglichkeiten in den Gefängnissen auf vergleichsweise einfache Anlerntätigkeiten, für die im Arbeitsmarkt keine ausreichend hohe Nachfrage besteht. Im Übrigen mangelt es oft auch an Arbeitsmöglichkeiten. In Rheinland-Pfalz ist lediglich für etwa 60 % der Strafgefangenen ein Angebot für Arbeit, schulische oder berufliche Ausbildung vorhanden. In den meisten anderen Bundesländern ist es nicht viel besser. Vor allem für Untersuchungsgefangene gibt es nur geringe oder gar keine Arbeitsmöglichkeiten.

Der befragte Politiker verschwieg übrigens, dass es nach wie vor eine bundesgesetzliche Absichtserklärung gibt, die Strafgefangenen in die Rentenversicherung einzubeziehen. Im noch teilweise - soweit es nicht Regelungsgegenstand der Länderstrafvollzugsgesetze ist - geltenden Bundesstrafvollzugsgesetz, das bereits am 1. Januar 1977 in Kraft getreten ist, sehen die §§ 190 bis 193 eine Einbeziehung der Gefangenen in die Rentenversicherung vor. Gemäß § 193 Absatz 3 setzt dies jedoch eine weitere auddrückliche bundesgesetzliche Regelung voraus. In dieser muss festgelegt werden, dass das Gesetz zu einem bestimmten Zeitpunkt in Kraft treten wird. Da man sich herzu bislang nicht entschließen wollte, gibt es seit nunmehr 50 Jahren keine Regelung dieses Problems. In einem Kommentar zum Strafvollzugsgesetz heißt es hierzu: „Es zeigt sich auch an diesem Beispiel die Dominanz finanzpolitischer Erwägungen über (kriminal-) politische Fortschreibungen in einer vom StVollzG angestrebten Reform, die eigentlich ein unverzügliches Handeln des Gesetzgebers erforderte."[60] Ich bezweifle, ob Politiker angesichts mäßig gefüllter Kassen und einer insgesamt in den letzten Jahrzehnten restriktiveren und skeptischeren Einstellung der Bevölkerung gegenüber den Segnungen des Strafvollzuges bereit sein werden, die Rentenversicherung für Gefangene einzuführen. So werden wohl noch weitere traurige Jubiläen drohen. Wählerstimmen würde ein Engagement für eine Einbeziehung der Gefangenen in die gesetzliche Rentenversicherung sicherlich nicht bringen, zudem die Haftkosten ohnehin sehr hoch sind. Da arbeitende Gefangene lediglich ein Einkommen von etwa 250 bis 350 monatlich erzielen, besteht auch kein finanzieller Spielraum zur Zahlung nennenswerter freiwilliger Beiträge zur Rentenversicherung. Nachdem in Rheinland-Pfalz und vielen anderen Bundesländern die Arbeitspflicht abgeschafft wurde, wäre die Einbeziehung in die gesetzliche Rentenversicherung jedenfalls für die Gefangenen mit sehr langen Freiheitsstrafen ein erheblicher Anreiz, in Haft einer regelmäßigen Arbeit nachzugehen.

Kapitel 35: Die Gelder der Gefangenen

Im geschlossenen Vollzug dürfen die Gefangenen anders als im Freigängerhaus kein Bargeld besitzen. Eher selten gelangen einzelne Geldscheine in die Anstalt, die bei Haftraumkontrollen aufgefunden werden. Für das jährliche Sportfest in der JVA Diez durften sich die Gefangenen Gutscheine kaufen, die sie bei der Veranstaltung einlösen konnten. Neben Angeboten wie einer Tombola und Torwandschießen konnten Speisen wie Steaks, Pommes frites und Hähnchen erstanden werden, die sonst seltener auf dem Speiseplan standen. Die Gutscheine waren von einfacher Machart, so dass mit einer beharrlichen Regelmäßigkeit bei jedem Sportfest Fälschungen auftauchten. Eben eine Knastkirmes. Das monatliche Einkommen eines Gefangenen, nämlich das Arbeitsgeld für Arbeit, die Ausbildungsbeihilfe für die Teilnahme an schulischen und beruflichen Qualifizierungsmaßnahmen sowie – vom Landesgesetzgeber 2013 eingeführt – die finanzielle Anerkennung für die Teilnahme an therapeutischen Behandlungsmaßnahmen, wird auf dem Konto der JVA für ihn verbucht und nach dem Landesstrafvollzugsgesetz in mehrere Geldarten aufgeteilt. Die im Gefängnisalltag für die Inhaftierten wichtigste Geldart ist das Hausgeld. Es ist unpfändbar. Von dem Einkommen dürfen nach dem Landesstrafvollzugsgesetz drei Siebtel als Hausgeld für die wichtigsten persönlichen Bedürfnisse verwendet werden. Hierzu gehören Zusatzlebensmittel wie zum Beispiel Obst, Salate und Nahrungsmittel, die von der Anstaltsküche selten oder gar nicht ausgegeben werden. Weiter nennt der Gesetzgeber Genussmittel. Die größte Bedeutung haben hier Tabak, Zigaretten, Kaffee oder Tee. Auch für Körperpflegemittel wie zum Beispiel Rasierwasser, besondere Cremes und Shampoos darf Hausgeld verwendet werden. Diese Waren können legal bei dem Anstaltskaufmann erstanden werden. Hierbei handelt es sich um zumeist um einen Kleinunternehmer, der seine Waren regelmäßig – wenigstens zweimal monatlich – in den Einrichtungen anbietet. Auf diesem Markt hinter Gefängnismauern gibt es einige überregional tätige Firmen, die den Einkauf durch örtliche Subunternehmer in die Gefängnisse bringen lassen. Von den Gefangenen wird oftmals kritisiert, dass die Preise des Anstandskaufmanns zu hoch seien. Dies trifft insofern zu, als es sich nicht um Preise von Discountern handelt. Doch werden zum Beispiel ALDI oder LIDL nicht bereit sein, den organisatorisch aufwändigen Einkauf innerhalb der Anstalten durchzuführen. Versuche, Discounter für den Einkauf zu gewinnen, sind in den Einrichtungen, in denen ich tätig war, regelmäßig kläglich gescheitert.

Für Gefangene, die kein Einkommen haben und deshalb ein monatliches Taschengeld in Höhe von 41 Euro erhalten, gilt eine Ausnahme. Sie dürfen das Taschengeld wie Hausgeld verwenden.

Die übrigen vier Siebtel bilden das sogenannte Eigengeld. Als Eigengeld werden neben diesem Teilbetrag des monatlichen Einkommens auch Geldbeträge verbucht, die dem Gefangenen von zum Beispiel Angehörigen auf das Anstaltskonto überwiesen werden. Das Eigengeld darf nicht für den Kauf von Hausgeldartikeln benutzt werden, es sei denn, ein Inhaftierter hat kein monatliches Einkommen. In einem solchen weiteren Ausnahmefall ist es ihm erlaubt, einen kleinen Betrag etwa in der Höhe des monatlichen Taschengeldbetrages wie Hausgeld zu verwenden. Mit der restriktiven Hausgeldregelung will man verhindern, dass sich die Vermögensverhältnisse der Gefangenen allzu sehr unterscheiden. Arbeitende Gefangene sollen das meiste Geld für die wichtigsten persönlichen Bedürfnisse zur Verfügung haben. Wäre es möglich, sich von außen größere Geldbeträge zur für den regelmäßigen Einkauf zur freien Verwendung überweisen zu lassen, hätten Gefangene, die über externe Quellen verfügen und in der Gefängnishierarchie weiter oben stehen, einen höheren Lebensstandard als fleißig arbeitende Inhaftierte. Zudem wäre dies eine weitere Möglichkeit, illegale Geschäfte zwischen den Inhaftierten erfolgreich abzuwickeln, indem Kontaktpersonen eines verschuldeten Gefangenen für ihn Geldbeträge für den Gläubiger auf dessen Anstaltskonto überweisen, zumal solche Überweisungen erfahrungsgemäß auch mit Hilfe von Erpressung veranlasst werden. Allerdings darf man sich nicht vormachen, diese gesetzlichen Regelungen könnten subkulturelle Aktivitäten in den Justizvollzugsanstalten hemmen oder eindämmen. Es ist äußerst schwierig, kriminelle Strukturen zu ermitteln, und man ist insoweit auf die Informationen von Gefangenen angewiesen. Ein Indiz dafür, dass Gefangene sich mithilfe von Druck von anderen Inhaftierten versorgen lassen, ist der Haftraumbesitz. Lagert ein Arbeitsloser zum Beispiel größere Mengen Tabak in seinem Spind, ist dies ein Zeichen dafür, dass er – zumeist mit Druck oder aufgrund illegaler Geschäfte – von anderen Gefangenen mitversorgt wird. Als Zahlungsmittel für Geschäfte unter Gefangenen dienen unter anderem Tabakpäckchen, die sie als Koffer bezeichnen. Gläser mit löslichem Kaffee werden Bombe genannt. Werden Drogen oder Handys gehandelt, erfolgt die Bezahlung dagegen von außen an eine ebenfalls außenstehende Person. Diese Geschäfte sind einer Aufklärung durch die Anstalt oder die Polizei kaum zugänglich.

Selten gibt es Anzeichen für eine sexuelle Ausbeutung von Gefangenen beziehungsweise Prostitution. Nur in wenigen Fällen waren die Ermittlungsergebnisse ausreichend. Von einer Dunkelziffer wird man allerdings ausgehen müssen.

Zwar darf, wie oben erwähnt, das Eigengeld nicht für Hausgeldartikel verwandt werden, jedoch für andere Waren und Gegenstände, sofern es nicht von externen Gläubigern gepfändet wurde. Beim Anstaltskaufmann oder sonst durch Vermittlung der Anstalt können mit dem Eigengeld zum Beispiel Schreibwaren, Zeitschriften, Bücher, CDs und zugelassene Elektrogeräte wie Radiogeräte, CD-Player und Rasierapparate gekauft werden. Für den Kauf solcher Waren kann aber auch das Hausgeld eingesetzt werden. Grundsätzlich ist das Eigengeld jedoch für externe Gläubiger pfändbar. Zu den Gläubigern gehören unter anderem die Bundesländer, die über die Gerichtskasse wegen der Prozesskosten auf diese Geldbeträge zugreifen, oder Personen, die aufgrund der Straftaten Schadensersatzansprüche besitzen. Nicht wenige Gefangene bemühen sich aktiv darum, ihre Schulden zu reduzieren, indem sie mit der Hilfe der Sozialarbeiter oder - wie zum Beispiel in der JVA Rohrbach - eines externen Schuldnerberaters Stundungsvereinbarungen und Vergleiche erzielen oder die Privatschuldnerinsolvenz betreiben. Von der Pfändbarkeit des Eigengeldes gibt es eine Ausnahme. So lässt § 70 des rheinland-pfälzischen Landesjustizvollzugsgesetzes die zweckgebundene Einzahlung von Geld für Maßnahmen der Eingliederung, insbesondere Kosten der Gesundheitsfürsorge und der Aus- und Fortbildung, und für Maßnahmen der Pflege sozialer Beziehungen, wie Telefonkosten und Fahrtkosten anlässlich Vollzugslockerungen, zu. Der Gefangene darf die Beträge allerdings dann ausschließlich für diese Zwecke verwenden.

Eine weitere Geldart ist das sogenannte Eingliederungsgeld. Die Strafgefangenen dürfen für Zwecke der Vorbereitung der Eingliederung ein Guthaben in angemessener Höhe (Eingliederungsgeld) bilden. Der Eingliederung dient zum Beispiel für Arbeitskleidung, die ein Freigänger benötigt. Auch diese Beträge sind unpfändbar. Der Betrag muss angemessen sein, daher darf er nicht zu hoch sein. Ansonsten würden findige Gefangene die Eingliederungsgeldregelung dazu nutzen, Gläubiger zu umgehen. Für das Eingliederungsgeld können die Gefangenen aus allen Geldarten, daher Eigengeld, Hausgeld, Taschengeld, Beträge abzweigen.

Einen Haftkostenbeitrag für Kost und Logis müssen Freigänger zahlen, die im Rahmen eines sogenannten freien Beschäftigungsverhältnisses bei einem externen Arbeitgeber tätig sind und ein ausreichendes Arbeitseinkommen erhalten. Es handelt sich hierbei nur um einen Beitrag, denn die tatsächliche Höhe der monatlichen Haftkosten pro Gefangene in Rheinland-Pfalz mit etwa 5.400 Euro pro Monat ist deutlich höher (Durchschnittskosten pro Tag 2021: 179,69 Euro).[61] Bei Einzelunterbringung müssen monatlich ca. 160 Euro gezahlt werden, für die Verpflegung ca. 240 Euro, sofern der Freigänger an allen Mahlzeiten teilnimmt. Von Strafgefangenen, die aus ihrem privaten Vermögen regelmäßige Einkünfte in ausreichender Höhe beziehen, kann ebenfalls ein Haftkostenbeitrag erhoben werden. Wegen der überschaubaren Höhe sind Vergütungen nach dem Strafvollzugsgesetz wie das Arbeitsentgelt für Tätigkeiten in der JVA oder Ausbildungsbeihilfe nicht betroffen. Untersuchungsgefangene, die für die Dauer dieser Haft als unschuldig gelten, werden ebenso nicht erfasst. Dies gilt auch für den Fall, dass sie später rechtskräftig verurteilt werden und infolgedessen die Untersuchungshaft auf die Freiheitsstrafe angerechnet wird. In Rheinland-Pfalz müssen Gefangene monatlich einen kleinen symbolischen Beitrag von 2 Euro zu den Stromkosten für die Nutzung der Elektrogeräte, die über die Grundversorgung hinausgehen, wie das Fernsehgerät, Radio, CD-Player usw., bezahlen.

Auch Körperpflegemittel wie Seife und Shampoo müssen sich die Inhaftierten selbst beschaffen. Dies gilt auch für Taschengeldempfänger.

In den meisten Einrichtungen vermietet ein externer Anbieter Fernsehgeräte und ermöglicht den dazugehörigen Satellitenempfang. Miete und Nutzungsgebühr betragen im Regelfall mindestens 15 Euro monatlich. Ziemlich happig für insbesondere einen Taschengeldempfänger mit 41 Euro monatlich. Die Gefangenen müssen allerdings keine Radio- und Fernsehgebühren entrichten. Aufgrund des geringen Einkommens fallen sie regelmäßig unter den Befreiungstatbestand. Zudem gelten Hafträume nicht als Wohnräume. Dies hat allerdings zur Folge, dass Gefangene des offenen Vollzuges, selbst wenn sie bei einem externen Arbeitgeber einem freien Beschäftigungsverhältnis nachgehen und ein ordentliches Einkommen erzielen, unnötig privilegiert sind. Eine skurrile Konsequenz kann es haben, wenn ein Bürger sich hartnäckig weigert, die Gebühren zu zahlen. Wie 2021 in einem Fall, der die Aufmerksamkeit der Medien gefunden hatte, geschehen, kann dies Erzwingungshaft zur Folge haben, die maximal 6 Monate dauern kann. Hätte die Privilegierung der Gefangenen die Konsequenz, dass der Gebührenverweigerer nun im Gefängnis kostenlos die Glotze nutzen könnte? Wohl kaum, denn die Inanspruchnahme des Befreiungstatbestandes würde in seinem Fall gegen Treu und Glauben verstoßen, einen Grundsatz mit anerkannter Rechtsqualität.

Kapitel 36: Der Fall G. und das Verschieben des Scheiterns auf später

Wie bereits erwähnt, interessieren sich der Bürger und die Medien überwiegend für das Scheitern des Strafvollzuges und dessen Mängel, weniger für das Positive und die Erfolge. Ich kann mir jedenfalls keinen Presseartikel vorstellen, in dem zehn Jahre nach der Entlassung über eine gelungene Resozialisierung gejubelt wird. Ebenso wenig wird im Falle eines schweren einschlägigen Rückfalles eines entlassenen Straftäters die Frage gestellt, ob der Justizvollzug seine Aufgaben während der vorherigen Inhaftierung ausreichend wahrgenommen hat. Ein Zusammenhang zwischen der neuerlichen Straftat und der Qualität der Bemühungen der Justizvollzugsanstalten wird daher nicht hergestellt. Ich kann mich nur an einen einzigen Fall erinnern, bei dem die Presse sich gefragt hat, warum ein vorbestrafter Inhaftierter unmittelbar nach der Entlassung erneut einschlägig rückfällig geworden ist. Hierbei ging es um schwere Sexualstraftaten. Der Täter hatte bereits sieben Jahre Freiheitsstrafe wegen der Entführung und des vielfachen sexuellen Missbrauchs eines damals neunjährigen Jungen aus einem Stadtteil von Wiesbaden erhalten. Am frühen Abend des 10. Januar 1986 fuhr das Opfer mit dem Bus nach Hause. Den Nachmittag hatte der Junge auf einer Rollschuhbahn verbracht. Auf dem Weg von der Bushaltestelle zu seinem Elternhaus wurde er von dem Täter entführt, der ihn im Schneetreiben mehrere Kilometer weit in seine Behausung, einen verwahrlosten Wohnwagen ohne fließendes Wasser und Toilette in der Nähe von Mainz, verschleppte. Der kleine Junge wurde von seinem Entführer fast drei Monate lang gefangen gehalten, regelmäßig geschlagen und sexuell missbraucht. Wenn der arbeitslose Ex-Sträfling den Wohnwagen verließ, um Nahrung aufzutreiben, sperrte er den Jungen in eine Holzkiste, die er mit Steinen beschwerte.

Die Suche der Polizei nach dem Jungen verlief zunächst erfolglos. Erst durch einen Zufall wurde das entführte Kind gefunden. Da der Täter in einem Gasthaus die Zeche geprellt hatte, suchten ihn am 5. April 1986 zwei Zivilfahnder auf und entdeckten dabei in seinem Wohnwagen den völlig verwahrlosten Jungen. 2012 veröffentlichte das Opfer das Buch „Schockgefroren", in dem er die Grausamkeiten darstellte, die er während seiner Entführung erlitten hatte. Es gelangte in die Bestsellerlisten.

Der Täter verbrachte sieben Jahre Haft in einem hessischen Gefängnis, ohne an irgendwelchen Behandlungsmaßnahmen teilzunehmen – ein von den Mitgefangenen abgelehnter Einzelgänger. Die anderen Inhaftierten wussten um die Straftaten des Mannes, der im Gefängnis völlig untertauchte, keine Anträge stellte und nie auf das Personal zuging. Doch als sich das Haftende näherte, wurde die Anstalt nervös. Der Versuch einer Unterbringung in der Psychiatrie scheiterte, so dass er am 1. September 1993 entlassen wurde; ohne Wohnung, Arbeit und soziale Kontakte. In ein Männerwohnheim wollte der Einzelgänger nicht. So zog er sich auf sein altes, verwildertes Gartengrundstück nach Mainz-Kastel zurück und richtete einen zwei Meter tiefen Brunnenschacht als Bleibe her. Doch am 16. Januar 1994 fand der pädophile Straftäter erneut ein Opfer. Er entführte einen 13-jährigen Jungen, sperrte ihn in den Schacht ein und missbrauchte ihn immer wieder. Nur nachts durfte sein Opfer ins Freie. Nach sieben Tagen glaubte der Täter sich von den Nachbarn entdeckt, versteckte sich in einem Kleingartengelände und ließ den Jungen schließlich frei.

Das Gericht verhängte diesmal eine achtjährige Freiheitsstrafe. Außerdem wurde die Unterbringung in der Psychiatrie nach der Haft angeordnet.

Dass der beschriebene Fall ein solches Interesse bei den Medien fand und man sich ausnahmsweise auch fragte, ob der Strafvollzug zu wenig für die Wiedereingliederung getan hat, stellt eine Ausnahme dar. Würde man dies bejahen, müsste man zugleich die Frage stellen, ob die Justizvollzugsanstalten gut genug ausgestattet sind, um das Ziel der Resozialisierung überhaupt umfassend verfolgen zu können. Verfügt eine Einrichtung über ausreichend Personal, gibt es genügend Haftplätze oder sind die Einrichtungen ständig überbelegt? Diese Fragen stellt man jedoch nur dann ernsthaft, wenn man davon überzeugt ist, dass die Gefängnisse Menschen verändern oder zumindest so beeinflussen können, dass sie nicht mehr straffällig werden. Ist dagegen eine ausgeprägte Skepsis gegenüber dem, was der Justizvollzug bewirken kann, vorhanden, wird man sich in der Öffentlichkeit damit zufriedengeben, dass ein Straftäter sicher weggesperrt ist. Ein Versagen des Straftäters nach der Entlassung wird dagegen nicht als Versagen des Systems Strafvollzug begriffen. Vielmehr scheint die immer noch präsente Stammtischthese, dass ein Verbrecher ein Verbrecher bleibt, eine Bestätigung zu erfahren.

Resozialisierungserfolge werden von weiten Teilen der Öffentlichkeit nicht wahrgenommen und oft bezweifelt. Erwartet wird, dass hinter Gittern nichts passiert. Ein Ausbruch, eine Flucht, Straftaten während des Hafturlaubs, eine Geiselnahme im Gefängnis, Straftaten zwischen Gefangenen oder Gewalt gegen Beamte, Suizide, Drogen in der Anstalt dürfen dagegen in der vergitterten Welt nicht vorkommen. Vielmehr werden sie gerne als Argument dafür verwertet, dass der Strafvollzug ein Mangelbetrieb ist, obwohl es sich um Einzelereignisse handelt. Es wird verdrängt, dass es sich bei einer JVA um eine Einrichtung handelt, in der viele problematische und schwierige Menschen zusammenleben müssen. Die Gefangenen bringen zumeist höchstproblematische Lebensläufe mit. Der Strafvollzug hat daher naturgemäß Grenzen, wenngleich auch Chancen, die genutzt werden.

Mitte der Neunzigerjahre anlässlich des 25-jährigen Jubiläums von Dr. Dieter Bandell als Leiter der JVA Diez, stimmten die rheinland-pfälzischen Anstaltsleiter ein kurzes Lied über den Strafvollzug an. Die Melodie war recht einfach, der Text umso beeindruckender. Jedenfalls für mich als noch eher jüngeres Mitglied der Anstaltsleitung. Der Text lautete „Das ist der Strafvollzug. Das ist der Strafvollzug. Alles Lug und Trug. Alles Lug und Trug!“

Ein dienstälterer Abteilungsleiter der JVA Diez machte große Augen und bemerkte leise zu mir: „Das spricht ja Bände!“ Aber was war die Botschaft dieses Songs?

Wie mir später einer der sangeskräftigen Anstaltsleiter erzählt hat, hat man bei den jährlichen Tagungen der Bundesvereinigung der Anstaltsleiter, wo man regelmäßig abends in gemütlicher Runde zusammensitzt und die eigentlich wichtigen Dinge bespricht, sicherlich etwas beeinflusst vom Konsum geistiger Getränke, mit einer gewissen Schwermut dieses einfache Liedchen kreiert. Da ich die rheinland-pfälzischen Anstaltsleiter als engagierte Kollegen kannte und wusste, dass sie eine positive Einstellung gegenüber dem Resozialisierungsziel besaßen, wertete ich deren Gesang als überzeichnete Kritik an dem Strafvollzug und dessen begrenzter Möglichkeiten. Der überspitzte Vorwurf „Lug und Trug“ richtete sich an diejenigen, die den Strafvollzug nicht mit den erforderlichen Mitteln ausstatten; an die Politiker, die, vom Justizressort mit den Justizministern abgesehen, den Strafvollzug als Stiefkind behandeln und letztlich auf den dem Strafvollzug gegenüber skeptischen Bürger und dessen Wählerstimme blicken. Doch ohne ausreichendes und qualifiziertes Personal und bauliche Strukturen, die einen effizienten an den Behandlungs- und Sicherheitsbedürfnissen der einzelnen Gefangenen angepassten Strafvollzug ermöglichen, erinnern die Gefängnisse jedoch, wie in dem kleinen Liedchen der Anstaltsleiter dargeboten, tatsächlich ein wenig an eine Showbühne.

Kapitel 37: Die Rückfallquote

Die Polizei kann den Erfolg ihrer Tätigkeit mit der polizeilichen Aufklärungsquote nachweisen. Besonders beeindruckend ist die Aufklärungsquote bei Tötungsdelikten mit 94,6 % (Zahlen von 2021). Diese Zahl relativiert sich allerdings, da sich Tötungsdelikte zumeist im sozialen Nahraum abspielen und der Täter oft auf dem Tablett serviert wird. Dabei muss man von einer hohen Dunkelziffer ausgehen. Ich erinnere mich an den Fall eines Gefangenen, der die Verurteilung wegen des an seinem Kind begangenen Mordes zu einer lebenslangen Freiheitsstrafe einem aufmerksamen Klinikarzt zu verdanken hatte. Der Täter befand sich in einer kriselnden Beziehung. Die Partnerin und Mutter des gemeinsamen Kindes ging häufig ihre eigenen Wege. Frustriert, überfordert und vor allem wütend über seine Situation erstickte er das Baby mit einem Kopfkissen, als es wieder einmal schrie. Er war verärgert, weil seine Partnerin wie so oft ohne ihn ausgegangen war. Um die Tat zu vertuschen, brachte er den bereits toten Säugling in ein Krankenhaus. Nachdem ein Mediziner bereits von einem plötzlichen Kindstod ausgegangen war, hatte einer seiner Kollegen Zweifel und untersuchte den Leichnam eingehender. Er kam zum Ergebnis, dass Fremdeinwirkung vorlag, und informierte die Polizei, die den Täter festnahm. Anders als bei der Polizei, die auf die Aufklärungserfolge verweisen kann, nimmt man beim Strafvollzug eher eine „Misserfolgsquote“ wahr, somit die Anzahl der nach der Entlassung aus der Strafhaft gescheiterten Fälle. Würden dies die Polizeibehörden genauso handhaben, müssten sie vermelden, wie viele Straftaten sie nicht aufklären konnten. Das wäre dann eine polizeiliche „Nichtaufklärungsquote“. Auf den ersten Blick erscheint dies sehr befremdlich. Zum Beispiel müsste es dann bei Diebstahlsdelikten (Zahlen von 2021), wozu auch die Wohnungseinbruchsdiebstähle gehören, heißen, dass die Nichtaufklärungsquote 71,7 Prozent beträgt. Dabei ist in dieser Zahl noch nicht einmal die Dunkelziffer der vielen nicht angezeigten Diebstahlsdelikte enthalten. Selbstverständlich ist es angenehmer, die Erfolge zu verkaufen, zumal die Polizei für sich in Anspruch nehmen kann, dass ihre Tätigkeit für die Aufklärung ursächlich oder zumindest, wenn der richtige Täter bereits bei einer Strafanzeige benannt wurde, mitursächlich war. Dagegen verfügt der Strafvollzug nur sehr eingeschränkt über Daten zur Resozialisierungsquote, die es rechtfertigen würde, von Erfolgen zu sprechen. Zudem kann eine eindeutige Kausalität des Strafvollzuges für eine gelungene Wiedereingliederung, sei es mit Hilfe von Behandlungsmaßnahmen oder sei es aufgrund eines kaum messbaren Abschreckungseffektes, nicht festgestellt werden. Für die gesamte Bundesrepublik ergeben sich für den Strafvollzug Daten aus den bislang erstellten drei periodischen Sicherheitsberichten der Bundesregierung von 2001, 2006 und 2021. Man kam bei Strafgefangenen auf eine Rückfallquote von ca. 55 %. Beobachtet wurde der Zeitraum von fünf Jahren ab dem Entlassungstermin. Dies sei nach kriminologischen Erkenntnissen ein adäquater Maßstab. Diese Quote erscheint hoch, relativiert sich jedoch, wenn man einen Blick auf die Schwere der Rückfalldelikte wirft, denn nicht alle Rückfälligen mussten wieder eine Freiheitsstrafe antreten, sondern nur ein Drittel der Rückfälligen. Die anderen erhielten Geldstrafen oder eine zur Bewährung ausgesetzte Freiheitsstrafe. Die Quote der Nichtrückfälligen und derjenigen, die mit weniger schweren Delikten auffällig wurden, kann nicht ausschließlich als Erfolg des Strafvollzugs bewertet werden, wenngleich man dies gerne so verbuchen möchte. Für die Wiedereingliederung und die Straffreiheit eines Entlassenen können verschiedene Gründe ursächlich sein. Eine gute Behandlungsarbeit und Entlassungsvorbereitung sind zweifelsohne eine entscheidende Basis dafür. So hat ein Gefangener möglicherweise im Strafvollzug soziale Kompetenzen erworben, die die Resozialisierung begünstigen, indem er therapeutische Angebote zur Straftataufarbeitung oder Bearbeitung einer Suchtproblematik wahrgenommen hat. Eventuell hat er schulische oder berufliche Aus- oder Weiterbildungsmaßnahmen absolviert. Vielleicht hat er ein Alter erreicht, in dem Delinquenz generell abnimmt oder allenfalls in weniger gravierenden Delikten zum Ausdruck kommt; das Durchschnittsalter der erwachsenen Gefangenen liegt unter 40 Jahren. Möglicherweise hat er eine günstige Situation nach der Entlassung angetroffen? Stützende Partnerbeziehungen können ein Gesichtspunkt sein. Eine Änderung des Wohnumfeldes und die Aufgabe problematischer Kontakte können einen Einfluss haben. Möglicherweise wurde ein Straftäter durch eine Haft vor weiterer Straffälligkeit abgeschreckt. Eventuell befinden sich neuerliche Delikte im Dunkelfeld der nicht aufgeklärten oder nicht erfassten Straftaten. Jedenfalls gibt es keine Monokausalität des Strafvollzuges für die Resozialisierung. Dass die Anstrengungen der Justizvollzugsanstalten bei vielen Gefangenen einen wichtigen Beitrag zur Resozialisierung leisten, deckt sich mit meiner persönlichen Erfahrung.

Ein Mitarbeiter aus dem allgemeinen Vollzugsdienst, der später aufgrund seiner Leistungen eine Führungsfunktion im Sicherheitsbereich innehatte, plädierte dafür, den Gefangenen stets etwas für die Zeit nach der Entlassung mitzugeben. Damit meinte er in erster Linie Ausbildungsmaßnahmen wie zum Beispiel den Erwerb eines Staplerführerscheins, der auch bereits in kürzeren Haftzeiten erworben werden kann. Er wisse von einzelnen Entlassenen, die sich damit wieder eine Existenz schaffen konnten. Soweit keine schweren Persönlichkeitsdefizite vorhanden sind oder eine Sucht die Straffälligkeit mitbegründet hat, ist dem zuzustimmen. Die Eingliederung ins Arbeitsleben besitzt einen Generalisierungseffekt, indem sie Grundlage einer Stabilisierung der Persönlichkeit und der Beziehungen im engeren sozialen Umfeld sein kann. Insbesondere die Mitarbeiter des allgemeinen Vollzugsdienstes, die eine pragmatische Einstellung dem Strafvollzug gegenüber haben und einen gesunden Menschenverstand besitzen, sehen regelmäßige Arbeit mit einer festen Tagesstruktur oder Ausbildung als die wichtigsten Säulen an, auf denen die Wiedereingliederung in die Allgemeinheit ruht. Die Rückfälligkeit ist dagegen bei Gefangenen vorprogrammiert, die ins alte Milieu zurückkehren, innerhalb dessen die kriminellen Handlungen stattfanden. Dies gilt insbesondere bei Delikten wie dem Handel mit illegalen Drogen und Straftaten im Rotlichtumfeld. Sind Angehörige von Rockerclubs inhaftiert, ist es ein gutes Zeichen, wenn sie sich von Mitgefangenen fernhalten, die dort zu verorten sind. Ein führendes Mitglied eines Clubs, der häufig durch bandenmäßige Kriminalität auffiel, musste eine lange Freiheitsstrafe in der JVA Diez verbüßen. Offenbar konnte er noch von einigen Geldquellen profitieren. Hierfür sprach, dass er sich zwei Rechtsanwälte leisten konnte. Der Inhaftierte war noch im geschlossenen Vollzug untergebracht, als seine beiden Verteidiger in meinem Büro saßen und sich für die Verlegung ihres Mandanten ins Freigängerhaus einsetzten. Ich erläuterte den beiden leicht overdressed auflaufenden Juristen meine Bedenken und wies vor allem darauf hin, dass wir nicht den Eindruck hätten, der Gefangene habe sich glaubhaft von der Rockerszene distanziert. Offenbar hatten die beiden Rechtsanwälte ihrem gewieften Mandanten meinen Hinweis mitgeteilt, der sich daraufhin innerhalb der JVA von Gefangenen des Rockermilieus fernhielt. Zumindest war dies unsere äußere Wahrnehmung. Ich konnte mich allerdings nicht des Eindrucks erwehren, dass der clevere Gefangene ein überwiegend taktisches Verhalten zeigte, das schließlich zum Erfolg, nämlich zu der Verlegung in den offenen Vollzug und einer späteren bedingten Entlassung, führte. Damit stand er in einer Reihe mit vielen Inhaftierten, die Ratschläge und Hinweise, die ihnen gegeben wurden, wie insbesondere die Empfehlung, an Behandlungsangeboten teilzunehmen, hauptsächlich mit dem Ziel aufgegriffen haben, möglichst schnell das Gefängnis verlassen zu können. Bei dem Rockerboss, der sein luxuriöses Leben mit Drogengeschäften finanziert hatte, fiel es mir schwer vorzustellen, dass dieser nach der Entlassung bereit war, kleinere Brötchen zu backen. Hätte ich auf meinen Ratschlag an die Anwälte verzichtet, hätte ich wohl ein realistischeres Bild von dem Strafgefangenen erhalten. Ich hatte den Eindruck, dass manche Gefangene aus der Rockerszene keinen Hehl aus der Inhaftierung machten, sondern sie zum Teil sogar als Auszeichnung betrachteten. Aufgrund der Beschwerde eines Gefangenen fiel mir eine Motorradszenezeitschrift in meine Hände, in der ein Foto mit mehreren Gefangenen abgedruckt war, das in der JVA Diez während des jährlichen Sportfestes gefertigt worden war. Einer der mit breitem Grinsen in die Kamera hineinblickenden Gefangenen hatte die Ablichtung offenbar mit einem kleinen Begleittext an die Zeitschrift geschickt. Nicht alle Mitabgelichteten hatte der Autor allerdings um Erlaubnis gefragt. Wie mir ein Gefangener der JVA Diez erklärte, gibt es ein ungeschriebenes Gesetz unter Rockern. Dies besagt, dass Konflikte zwischen verschiedenen Clubs außerhalb der Gefängnismauern zu bleiben haben. Dies entsprach auch meiner Erfahrung.

Kapitel 38: Das Foto von dem unterschenkelamputierten Gefangenen mit der Fußfessel, Ausführungen zum Arzt und wie ein mutiger Beamter eine Geiselnahme verhinderte

In den Justizvollzugsanstalten machte ich gelegentlich Rundgänge durch die verschiedenen Anstaltsbereiche. Überwiegend habe ich mir für meine Wanderungen durch das Gefängnis keine konkreten Aufgaben gestellt, sondern bemühte mich, nach und nach möglichst viele Arbeitsbereiche zu besuchen. Auch suchte ich den unmittelbaren Kontakt zu meinen Mitarbeitern. Die Rundgänge wurden von vielen Bediensteten als Zeichen dafür erlebt, dass man sich für ihre Arbeit interessiert. Bisweilen wurde ich auch auf Unzulänglichkeiten aufmerksam gemacht. Direkt, aber auch in subtiler Form. So bei einem Rundgang durch einen der großen Haftraumflügel der JVA Diez, in dem jeweils mehr als 100 Gefangene untergebracht waren. Dort befand sich im Dienstraum der Mitarbeiter des allgemeinen Vollzugsdienstes ein Schwarzes Brett, das nicht nur mit irgendwelchen dienstlichen Hinweisen bepflastert war. Wie üblich enthielt es zusätzlich verschiedene humoristischen Botschaften sowie Zeitungsartikel über die Anstalt oder auch den Strafvollzug im Allgemeinen. Dort fiel mir eine Fotografie ins Auge. Erst bei genauem Hinschauen erkannte ich, was deren Gegenstand war. Zu erkennen war eine an ein Krankenhausbett gelehnte Unterschenkelprothese, um die eine Fußfessel gelegt war. Eine längere Kette führte von diesem Ring an den zweiten Ring, der sich um ein Rohr des Bettgestells schloss. Mir wurde unmittelbar deutlich, was die Aussage dieser bildlichen Darstellung war, und ich interpretierte sie vorsichtig gegenüber den beiden anwesenden

Mitarbeitern. Dies war ihnen zunächst eher unangenehm, als seien sie bei etwas ertappt worden, doch bald bemerkten sie, dass ich mich mit der Botschaft des Fotos durchaus anfreunden konnte. Wenn ein Gefangener in einem externen öffentlichen Krankenhaus untergebracht werden muss, wird er regelmäßig von zwei Bediensteten des allgemeinen Vollzugsdienstes bewacht. Es gilt von Ausnahmen abgesehen der Grundsatz „Einer ist keiner". Würde man nur einen Beamten für die Bewachung einsetzen, nähme man Situationen in Kauf, die eine Flucht begünstigen würden. In den meisten Fällen ordnet der für solche Sicherungsmaßnahmen zuständige Vollzugsabteilungsleiter zwar die ständige Fesselung an. Es gibt jedoch viele Anlässe wie ärztliche Untersuchungen und Behandlungen, bei denen die Fessel zu entfernen ist. Wäre lediglich ein Mitarbeiter für die Bewachung verantwortlich, könnte er ohne die zusätzliche Sicherung durch einen etwas entfernter von dem Gefangenen stehenden Kollegen bei der Abnahme der Fessel leicht überwältigt werden. Krankenhausunterbringungen stellen gerade bei Häftlingen, die im geschlossenen Vollzug untergebracht sind und noch eine lange Haftzeit vor sich haben, ein Sicherheitsrisiko dar. Insbesondere bei Gefangenen aus dem Bereich der organisierten Kriminalität ist die Gefahr der Befreiung nie gänzlich auszuschließen. In einem Fall erhielten wir einmal von der Polizei Hinweise auf die Flucht eines Gefangenen, der plante, in den nächsten Monaten bei einer Ausführung zu einem Facharzt zu fliehen. Ein bewaffneter Motorradfahrer sollte vor der Arztpraxis stehen und dem Inhaftierten zur Flucht verhelfen. Für den Fall einer Ausführung hätten wir die Polizei um Amtshilfe gebeten, die den Transport zum Arzt begleitet hätte. Um sicherzugehen, verlegten wir jedoch den Inhaftierten in eine andere JVA. Uns kam in diesem Zusammenhang zu Ohren, dass der Gefangene sich über einen väterlichen älteren Stationsbeamten lustig machte, der sich zumeist mit Erfolg um einen guten Kontakt zu den Häftlingen bemühte. Insbesondere erheiterte sich der Inhaftierte darüber, dass ihm der Mitarbeiter einmal ein Bonbon angeboten hatte. Der leider bereits während seiner Dienstzeit verstorbene ehemalige Kollege war eine Seele von Mensch. Auf Grund seines guten Drahtes zu vielen Gefangenen besaß er einen ausgeprägten Einfluss auf sie. Nebeneffekt seines vorbildlichen Umgangs mit den Gefangenen war zudem, dass er gelegentlich wichtige Hinweise von ihnen erhielt. Neben Sicherheitsangelegenheiten betraf dies Gefangene, die abzudriften drohten und psychologische Hilfe benötigten.

Doch zurück zu der Fotografie. Solange der Gefangene im Bett liegt, wird eine Fußfessel angelegt. Im Falle des unterschenkelamputierten Gefangenen, dessen Prothese einer der Mitarbeiter, die den Kranken bewachen mussten, bildlich dokumentiert hatte, stieß die Entscheidung, den Gefangenen zu fesseln, auf wenig Verständnis. Dies konnte ich nachvollziehen. Wäre ich anstelle der für die Bewachung eingesetzten Beamten gewesen, wäre es mir auch peinlich, die angeordnete Fesselung umsetzen. Sicherlich waren auch die Krankenschwestern, Krankenpfleger und Ärzte ob der wenig sinnvollen Fesselung irritiert. Ich habe den beiden Mitarbeitern im Büro signalisiert, dass ich die Kritik nachvollziehen könne und bei meiner nächsten gemeinsamen Besprechung mit den Vollzugsabteilungsleitern darauf hinwirken würde, dass stets individuelle Entscheidungen über Sicherungsmaßnahmen getroffen werden sollten. Die Anordnung der Fesselung des Unterschenkelamputierten ist ein Beispiel dafür, dass man im Justizvollzug bisweilen dazu neigt, in Sicherheitsangelegenheiten alle Gefangenen über einen Kamm zu scheren, statt eine individuelle Entscheidung zu treffen. Man geht auf Nummer sicher, um vermeintlich nichts falsch zu machen und eine Flucht als sogenanntes besonderes Vorkommnis, das die Gemüter der Öffentlichkeit erregt, zu verhindern. Abgesehen davon, dass eine pauschale Verfahrensweise wie im Falle des behinderten Gefangenen unverhältnismäßig und deshalb rechtswidrig ist, bleibt auch der gebotene menschliche Umgang mit dem Inhaftierten bei dieser unnötigen Fesselung auf der Strecke.

Wie brisant Ausführungen zu externen Ärzten oder Krankenhäusern aber durchaus sein können, zeigt ein Fall, der sich während meiner Dienstzeit ereignete und gerade noch einmal gut ausging. Der Inhaftierte wurde zu einem Facharzt ausgeführt, um dort behandelt zu werden. Im Behandlungszimmer angekommen entdeckte er eine auf einem Tisch liegende Schere, ergriff sie und drohte, einen der Anwesenden zu erstechen, sofern man ihn an der Flucht hindere. Einer der begleitenden Beamten, ein großgewachsener und jüngerer Mitarbeiter, der im Sanitätsbereich tätig war, kannte den Inhaftierten sehr gut. Er stellte sich in den Türrahmen und sagte mit ruhiger, aber fester Stimme zu dem Gefangenen „Du kommst hier nicht raus. Dann musst du mich schon erstechen." Der Mitarbeiter war sich aufgrund seiner Kenntnis von der Persönlichkeit des Mannes sicher, dass der Gefangene den Fluchtversuch abbrechen würde. Tatsächlich legte der Inhaftierte die Schere auf den Tisch zurück. Es mag zwar sein, dass dies auch hätte schiefgehen können. Der Erfolg gab dem Mitarbeiter aber recht, so dass ich ihn für sein zwar sehr riskantes, aber äußerst mutiges Verhalten lobte. Jede andere Reaktion von mir wäre bei dem Sanitätsmitarbeiter wie eine Ohrfeige angekommen. Dessen ungeachtet wurde das Vorkommnis jedoch mit den Bediensteten der Anstalt aufgearbeitet und verschiedene Reaktionsmöglichkeiten eingehend erörtert. Solche gefährlichen Situationen habe ich während meines Berufslebens allerdings selten erlebt, sodass man sie nicht aufbauschen und zum Maßstab bei Entscheidungen im Justizvollzug machen darf.

Kapitel 39: Die NS-Zeit in der JVA Diez, Begegnungen mit Opfern und Tätern

Im Mai 1995, 50 Jahre nach Ende des 2. Weltkrieges, wurde die JVA Diez von 40 französischen Bürgern besucht. Während des Krieges waren sie in den rheinland-pfälzischen Strafanstalten Diez, Trier und Wittlich sowie im SS-Sonderlager Hinzert im Hunsrück inhaftiert. Die Zahl der ausländischen Gefangenen überstieg die der einheimischen im Laufe des Krieges. Zu den ausländischen Inhaftierten gehörten insbesondere Kriegsgefangene, die aus einem in der Nähe der Anstalt liegenden Kriegsgefangenenlager stammten, sowie sogenannte Zivilgefangene, bei denen es sich anders als bei den Kriegsgefangenen nicht um Soldaten handelte. Die Zivilgefangenen stammten überwiegend aus Frankreich und den Beneluxstaaten. Viele waren aufgrund des Nacht-und-Nebelerlasses vom 7. Dezember 1941 verhaftet worden. Bei diesem „Führererlass" Adolf Hitlers handelte es sich um geheime „Richtlinien für die Verfolgung von Straftaten gegen das Reich oder die Besatzungsmacht in den besetzten Gebieten". Dies führte dazu, dass ca. 7.000 angeblich des Widerstands verdächtige Personen aus Frankreich, Belgien, Luxemburg, den Niederlanden und Norwegen nach Deutschland verschleppt wurden. Entweder wurden sie dort heimlich abgeurteilt oder bei erwiesener Unschuld trotzdem in Haft behalten, ohne dass die Angehörigen irgendwelche Auskünfte erhielten. Ihr spurloses Verschwinden sollte der Abschreckung dienen und war ein Element des nationalsozialistischen Terrors. Der Besuch fand im Rahmen einer von der Landeszentrale für politische Bildung – Mainz – organisierten Gedenkreise statt. Damals war ich als stellvertretender Anstaltsleiter und Dezernent im Diezer Gefängnis tätig. Die ehemaligen Gefangenen legten einen Kranz in der Anstaltskirche im Gedenken an die in der Haft verstorbenen Kameraden nieder. Die betagten Männer stellten trotz des großen Leids, das sie erfahren hatten, die Veranstaltung unter das Motto: „Wir sind hergekommen ohne Hass.“ Bei einem Rundgang durch die Haftgebäude, die damals seit der Kriegszeit nur wenig Veränderungen erfahren hatten, blieben einige der französischen Besucher plötzlich vor einzelnen Hafträumen stehen. Sie hatten die Zellen erkannt, in denen sie untergebracht waren. Die Zellentüren stammten damals noch aus der Erbauungszeit des Gefängnisses im Jahre 1912 und waren mit einem Emailschild versehen, das die Haftraumnummer angab. Ich erinnere mich noch genau daran, wie die Besucher ihren sie begleitenden Partnerinnen äußerst aufgeregt und emotional berührt zeigten, wo sie die schlimmste Zeit ihres Lebens unter der Nazidiktatur verbringen mussten. Diese unmittelbare Begegnung mit der dunklen deutschen Vergangenheit beeindruckte mich sehr.

Die US-Army, die am 25. März und in der Nacht zum 26. März 1945 in Diez und Limburg einmarschierte, besetzte auch das Diezer Gefängnis. Ein Teil des Personals wurde im eigenen Gefängnis inhaftiert. Anderen wurde nur das Betreten der Anstalt verboten. Einige wenige vertrauenswürdig erscheinende Bedienstete durften weiterhin zeitweise im Gefängnis tätig sein und übernahmen mit einigen der bisherigen Gefangenen den Aufsichtsdienst.[62] Drei ehemalige Mitarbeiter erhängten sich in ihren Zellen. Es gab allerdings auch unbewiesene Gerüchte, es sei von ehemaligen Gefangenen Lynchjustiz verübt worden. Im Dezember 1948 fand in Rastatt ein Kriegsverbrecherprozess gegen vierzehn Mitglieder des Diezer Gefängnispersonals vor dem französischen „Tribunal Supérieur“ statt. Nach dem Urteil haben im Diezer Gefängnis – damals Freiendiez genannt – während der NS-Zeit sehr schlimme Zustände geherrscht, wenngleich vorsätzliche Tötungsdelikte nicht nachgewiesen werden konnten. Es habe dort eine überaus schlechte Verpflegung und sehr hohe Krankheits- und Sterblichkeitsrate gegeben. In den kleinen Einzelzellen habe man zwei oder drei Gefangenen zusammengepfercht, die sich oft eine Decke zum Schutz gegen Kälte hätten teilen müssen.[63] Die für die Inhaftierten gedachten Lebensmittel seien teilweise von Mitarbeitern unterschlagen und zur Versorgung der Familie mit nach Hause genommen worden.[64] Prügel, an denen viele Bedienstete beteiligt waren, seien Alltag für die Gefangenen gewesen. Der am 27. März 1945 von den Amerikanern verhaftete Anstaltsleiter Gamradt wurden in der 1. Instanz 1948 wegen Verbrechen gegen die Menschlichkeit zu einer Freiheitsstrafe von 15 Jahren verurteilt, die 1949 im Berufungsprozess auf 8 Jahre reduziert wurde. Vorgeworfen wurde ihm insbesondere seine Untätigkeit angesichts der hohen Sterberate der Diezer Gefangenen. Auch hinderte er den katholischen Gefängnispfarrer Kneip an der Ausübung seiner seelsorgerischen Aufgaben. So durften ausländische Gefangene bis 1942 nicht an den Gottesdiensten teilnehmen und die Priester die Männer ausschließlich in deren Zellen seelsorgerisch betreuen. Teilweise durfte Pfarrer Kneip nicht die Sterbesakramente für sterbende oder zum Tode verurteilte Gefangene austeilen.[65] Erst nach einer erfolgreichen Beschwerde des Pfarrers half der zuständige Generalstaatsanwalt den Schikanen ab.[66] Die Haft verbüßte Gamradt im Wittlicher Gefängnis.[67] Der Anstaltsarzt Schäf erhielt zunächst eine Freiheitsstrafe von 20 Jahren, nach dem Berufungsverfahren blieben noch 6 Jahre. Der Leiter des Lazaretts Feller erhielt in erster Instanz eine lebenslange Freiheitsstrafe, die im Berufungsverfahren bestätigt wurde. Die meisten anderen Verurteilten erhielten Freiheitsstrafen zwischen 4 und 8 Jahren.[68] Unter anderem kam es zu schweren Misshandlungen und ständigen Schikanen der Inhaftierten. Unsäglich war die medizinische Betreuung. Die zahlreichen Tbc-Kranken erhielten keinerlei Spezialbehandlung. Kranke Gefangene wurden zur Arbeit gezwungen. Schikanen waren insbesondere die politischen Gefangenen ausgesetzt, die unterdrückt, beleidigt und gehindert wurden, ihre Religion zu praktizieren. Den ohnehin ausgemergelten Gefangenen wurde Blut für die Wehrmacht entnommen.[69] Das Gericht stellte fest, der Anstaltsleiter, der die Blutentnahmen genehmigt habe, sei in besonderem Maße gleichgültig gegenüber den Gefangenen gewesen. Auch verhängte Gamradt schwere Disziplinarmaßnahmen gegen Gefangenen wegen geringfügiger Vergehen. So ordnete er zum Beispiel einen verschärften Arrest von 14 Tagen gegen einen fast 80-jährigen Mann an, der während des täglichen Hofspazierganges ein Blatt aufgehoben hatte.[70] Der verschärfte Arrest konnte bis zu 28 Tagen dauern und wurde in ungeheizten Zellen bei Wasser und Brot vollstreckt.[71] Im Prozess vor dem Raststätter Gericht warf der katholische Pfarrer Kneip dem ehemaligen Direktor Gamradt vor, er habe ohne die geringste menschliche Rücksichtnahme wegen Nichtigkeiten Arrest verhängt, sodass ein Gefangener nachweislich völlig geschwächt bereits wenige Stunden nach Ende dieser unmenschlichen Disziplinarmaßnahme gestorben sei.[72] Doch gab es unter den Bediensteten des Diezer Zuchthauses in der NS-Zeit auch Zivilcourage und Menschlichkeit gegenüber den Gefangenen. Einige versuchten das Los der Inhaftierten zu erleichtern, indem sie ihnen Essensportionen zusteckten.[73] Besonders zu erwähnen ist die Zivilcourage des Hauptwachtmeisters Georg Lang, der die Flucht eines Gefangenen gedeckt hatte.[74] Hervorzuheben ist weiter, dass der katholische Gefängnisseelsorger

Pfarrer Friedrich Kneip besonders mutig für die Interessen der Gefangenen einstand. Seit einigen Jahren erinnert eine Gedenktafel vor der Anstalt an den couragierten Priester.

Als Beispiel für die nach dem Krieg oft misslungene Entnazifizierung mag der ehemalige Gefängnisdirektor Gamrath dienen. Er wurde von der Koblenzer Spruchkammer 1950 als Belasteter eingestuft. Ihm wurde unter anderem als Sühnemaßnahme die Kürzung der Ruhegehaltsbezüge um 25 % auferlegt. Auch wurde er in den Ruhestand versetzt, eine Maßnahme, die ihn angesichts seines Lebensalters von damals bereits mehr als 70 Jahren gar nicht mehr betreffen konnte. Nachdem er ein Gnadengesuch an den rheinland-pfälzischen Ministerpräsidenten Altmeier gerichtet hatte, wurde ihm ab 1. August 1951 die volle Pension bewilligt.[75] Nach dem heute für Beamte geltenden Disziplinarrecht ist dagegen eine Entfernung aus dem Dienst bereits bei einer strafrichterlichen Verurteilung in Höhe von einem Jahr Freiheitsstrafe wegen einer vorsätzlichen Tat zwingende gesetzliche Folge (§ 24 Abs. 1 Beamtenstatusgesetz). Dann entfallen dann die Versorgungsansprüche gänzlich. Gamradt war ein typisches Beispiel für den Umgang der deutschen staatlichen Institutionen mit den NS-Verbrechern in der frühen Nachkriegszeit. Man glaubte wohl die „Siegerjustiz" in der bereits begonnenen Zeit des Kalten Krieges korrigieren zu müssen. Noch während meiner Zeit als Anstaltsleiter der JVA Diez gingen einzelne Mitarbeiter davon aus, alle wegen Verbrechen gegen die Menschlichkeit verurteilten Mitarbeiter seien später rehabilitiert worden. Richtig ist vielmehr, dass lediglich der Mantel des Vergessens über die schwere Schuld gelegt wurde, wie der Fall Gamrath zeigt. In dessen Todesanzeige wurden die Dienstbezeichnungen Regierungsrat a. D. und Major a. D. einschließlich der Orden aus dem 1. Weltkrieg genannt, nicht aber seine unselige Tätigkeit als

Gefängnisdirektor erwähnt. Aufgrund des Personalmangels in den Justizvollzugsanstalten erfolgte großzügig die Wiedereinstellung entlassener ehemaliger Gefängnisbeamter. In manchen Fällen handelte es sich sogar um Personen, die von den strengeren und objektiveren Gerichten der Alliierten bald nach Kriegsende zu Freiheitsstrafen wegen im Dienst begangener Straftaten verurteilt worden waren.

Eine weitere Begegnung mit der NS-Zeit des Diezer Gefängnisses hatte ich im November 2006. Damals wurde damit begonnen, die Hafträume grundlegend zu sanieren. Unter anderem wurden neue sicherere Türen und Fenster eingebaut. Auch wurden die in die Jahre gekommenen Holzböden - ein parkettartiger pflegeintensiver Belag - durch einen Epoxidharzboden ersetzt, der sehr fest war und keine Ritzen, somit keine Versteckmöglichkeiten besaß. Entfernt wurden auch die Fußbodenrandleisten. Einer der Arbeiter der Firma, die die Arbeiten vornahmen, meldete sich bei einem Mitarbeiter der Anstalt mit einem überraschenden Fund. Er hielt drei beidseitig in französischer Sprache beschriebene und mehrfach gefaltete Blätter mit einer Größe von etwa 10 × 10 cm sowie zwei kleinere Zettel u. a. mit der Angabe einer Wegstrecke in seiner Hand. Der Verfasser des Briefes, der auf den 3. August 1943 datiert ist, bezeichnet sich als Henry, der Adressat ist sein Sohn Roby, der die Nachricht offenbar in seiner Zelle hinter der Bodenleiste versteckt hatte. Beide waren offenbar zeitgleich Gefangene der JVA Diez. Besonders beeindruckend sind die liebevollen väterlichen Worte am Briefende: „Ich verlasse Dich für heute, mein lieber Großer, indem ich dich daran erinnere: Vorsicht, Geduld und Mut, wenn Du an die Zukunft denkst, wo Du die ... (unleserlich) haben wirst. Dein Vater hilft dir, soviel er kann, aber du musst ich vor allem auf Dich verlassen. Auf Wiedersehen, bis bald, mein lieber Roby, und beim Warten auf diesen Augenblick empfange von einem Vater seine schönsten Küsse."

Henry äußert Fantasien darüber, was er machen wird, wenn er frei ist. Er nennt Angeln, auf die Jagd gehen, Tierzucht und „exquisite Speisen", die ein anderer Häftling namens Ernest ihnen dann servieren werde: gefülltes Spanferkel, Meerschweinchen, Igel. Das Wasser laufe einem im Mund zusammen allein schon wegen der Vorstellung, formuliert er. Er schreibt von der Hoffnung, dass der Krieg alsbald zu Ende ist, und macht sich die Gedanken darüber, wer ihn verraten hat: „Wenn wir einmal frei sind, werden wir das aufklären, und das kann einigen Personen teuer zu stehen kommen." Henry spricht in dem Brief von einem tapferen und treuen Freund, der offenbar Nachrichten von außen in das Gefängnis brachte. In dem Brief gibt er auch im vierzehntägigen Abstand wechselnde Codeworte an seinen Sohn weiter. Möglicherweise waren diese Codeworte an die Weitergabe von Nachrichten gekoppelt.

Die Identität von Henry und Roby konnte leider nicht aufgeklärt werden. Sicher ist wohl, dass es sich um Belgier handelt, wie sich aus einer Textstelle im Brief ergibt und vor allem aus einem der beiden kleinen Beizettel, in dem die Wegstrecke mit den einzelnen Stationen zwischen Diez und Brüssel aufgelistet wird. Nicht bekannt ist der Grund der Inhaftierung. Der Umstand, dass Henry erwähnt, er sei verraten worden, könnte ein Hinweis auf die Zugehörigkeit zu einer Untergrundorganisation sein. Allerdings erwähnt Henry auch, dass er, bevor er in das Diezer Gefängnis verlegt wurde, im SS-Sonderlager Hinzert (Hunsrück, Nähe Hermeskeil) inhaftiert war. Henry führt aus, er habe im Lager Hinzert mehrere gesundheitliche Schäden erlitten, aber mit seiner Arbeit in der Kleider- und Wäschekammer der Diezer Anstalt komme er relativ gut zurecht. Hinzert war zwar auch Haftort für Widerstandskämpfer, jedoch waren dort auch die oben erwähnten Nacht-und-Nebel-Gefangenen, die lediglich willkürlich als des Widerstands Verdächtige eingestuft waren, untergebracht. Es ist eher zu vermuten, dass die beiden dieser Gruppe angehörten, da Widerstandskämpfer wohl bereits im Lager Hinzert oder sogar früher hingerichtet worden wären. Da Hinzert, nachdem es der SS unterstellt worden war, auch als Durchgangslager für französische, belgische, niederländische und luxemburgische Häftlinge auf dem Weg in Konzentrationslager diente, ist es nicht ausschließbar, dass es sich bei der Unterbringung in Diez lediglich um eine weitere Zwischenstation auf dem Weg in ein Konzentrationslager handelte.

Im oberen Flur des Verwaltungstraktes der JVA Diez hingen viele Jahre lang die Fotografien der Anstaltsleiter, die seit 1912, dem Jahr der Inbetriebnahme der Einrichtung, dort tätig waren. Unter anderem ist ein Bild des bereits erwähnten Gefängnisdirektors Gamrath zu sehen, der während der NS-Zeit schwere Schuld auf sich geladen hat. Nachdem ein Gefangener, der aus den USA stammte und eine lebenslange Freiheitsstrafe verbüßte, sich darüber beschwert hatte, dass das Bild dieses Mannes zu sehen war, verzichtete man zunächst auf eine Entfernung mit dem Argument, gerade die dunklen Zeiten der Anstalt sollten nicht verschwiegen werden. Einige Jahre später fanden die Fotografien der Anstaltsleiter dennoch einen anderen Platz, der nicht mehr für die Gefangenen zugänglich war.

Beim Lesen des Buches von Nikolaus Wachsmann über die NS-Zeit in den Gefängnissen stieß ich zufälligerweise auf die Fotografie eines Juristen, die mir bekannt vorkam. Ich erinnerte mich an ein gerahmtes Foto in der Ahnengalerie der Leiter der JVA Diez, das früher im Flur des Verwaltungstraktes platziert war. Es handelte sich um

Rudolf Marx, der der Diezer Einrichtung von 1916-1919 vorstand.[76] Das Bild zeigt einen recht selbstbewusst und ein wenig arrogant blickenden Mann, dessen Schmiss, die Narbe auf der linken Gesichtshälfte, ihn als Mitglied einer Burschenschaft, einer schlagenden Verbindung, auswies. Rudolf Marx war ein 1880 geborener Beamter, der in verschiedenen Gefängnissen als Leiter eingesetzt war, bevor er 1929 ins preußische Justizministerium, dann Reichsjustizministerium, berufen wurde.[77] Von 1935 bis 1943 leitete er dort die Unterabteilung Strafvollzug.[78] 1934 trat er der SA bei. Wie alle Beamten des Ministeriums trat er für einen harten Strafvollzug ein und hielt nichts von der „Humanitätsduselei“, wie damals viele den Strafvollzug abfällig bewerteten, der zuvor aufgrund der Reformbewegungen in der Zeit der Weimarer Republik humaner und resozialisierungsorientierter geworden war. Ein deutlich sichtbares Zeichen für den Wandel in der NS-Zeit war, dass bis 1936 alle Sozialarbeiter entlassen wurden.[79] Der Ministerialdirigent hatte eine besonders üble Rolle in dieser dunklen Zeit, da er für die Auslieferung Inhaftierter verantwortlich war, die verharmlosend als „Abgabe“ bezeichnet wurde. 17.330 sogenannte „Asoziale“ wurden der Polizei übergeben, die die Weiterleitung in Konzentrationslager zur „Vernichtung durch Arbeit“ veranlasste.[80] Marx war für die sogenannte „generelle Abgabe“ von Gefangenen nach bestimmten formalen Kriterien zuständig.[81] Opfer der „generellen Abgabe“ wurden alle Sicherungsverwahrten sowie Zuchthausgefangene, bei denen zusätzlich die Sicherungsverwahrung verhängt worden war. Sie machten mehr als die Hälfte der in den Konzentrationslagern ermordeten Gefängnisinsassen aus. Das Rechtsinstitut der Sicherungsverwahrung wurde von den Nazis eingeführt. Sie wurde von wenigen Ausnahmen abgesehen zumeist gegen Männer verhängt, teilweise auch bei niederschwelliger Kriminalität wie einem mehrfach wegen Diebstahls Vorbestraften.[82] Weitere Opfergruppen waren Gefangene aus nichtdeutschen Staaten, überwiegend Polen, außerdem russische und ukrainische Gefangene. Hinzu kamen Sinti und Roma sowie Juden.[83] Für die sogenannte „individuelle Abgabe" war Marx nicht mehr zuständig. Opfer wurden deutsche und tschechische Gefangene mit Zuchthausstrafen von mehr als acht Jahren. Voraussetzung war, dass es sich um als „asozial" eingeordnete Personen handelte, die „für das Volk in aller Zukunft einen Unwert" darstellten.[84] Ob es sich tatsächlich überwiegend um eine Einzelfallentscheidung handelte, ob ein Gefangener als „Asozialer" einzustufen war, erscheint jedoch fraglich. Marx leugnete 1945 bei ersten Verhören die Teilnahme an der Vernichtungsaktion. Er müsse einen schweren Gedächtnisdefekt haben, äußerte er. Nachdem andere Beamte jedoch zumindest Teilgeständnisse abgelegt hatten, kehrte seine Erinnerung zwar zurück. Allerdings könne er keiner Fliege etwas tun, behauptete er im Wiesbadener Verfahren, das 1951/1952 gegen NS-Gefängnisbeamte geführt wurde. Er sei lediglich von Schwerstarbeit der „abgegebenen" Häftlinge in den Lagern ausgegangen. Das Gericht nahm ihm diese Lüge ab, so dass es wie bei allen anderen, die in Wiesbaden vor Gericht standen, zu einem Freispruch kam.[85] Marx konnte seine Karriere als Leiter des Strafvollzugs in Schleswig-Holstein fortsetzen.[86]

Die unerträgliche Milde bis zur Rechtsbeugung war auf die Voreingenommenheit der Richter, die zumeist selbst keine weiße Weste besaßen, zurückzuführen. Bis heute erfolgte keine ausreichende Aufarbeitung der Rolle der Justiz während der NS-Zeit.

Kapitel 40: Soziales Training, Spaziergänge und die Kommunikation mit Gefangenen

Während meiner ersten Etappe in der JVA Diez in den 90er-Jahren als stellvertretender Anstaltsleiter erwarb ich einen Trainerschein. Adressaten waren nicht Fußballteams, sondern Gefangene des offenen Vollzuges. Mit meinen zwei linken Füßen wäre ich allenfalls als Linienrichter geeignet gewesen. Ich war, laut Trainerschein, nunmehr befähigt, gemeinsam mit einem Kollegen „Soziales Training" anzubieten. Diese Gruppenmaßnahme verbessert die soziale Kompetenz der Inhaftierten und die Fähigkeit, Alltagssituationen zu bewältigen. Die Gefangenen können sich Wissen und Fertigkeiten aneignen und zudem Einstellungen und Verhaltensweisen verändern. Das gemeinsame Eintauchen in Themenbereiche wie Arbeit- und Berufsfeld, Ernährung, Gesundheitserziehung und Hygiene, Freizeitgestaltung, Geld und Schulden, Rechtsfragen des Alltags und soziale Beziehungen sollen der Stärkung oder auch Wiedererlangung sozialer Kompetenzen dienen. Die Ergebnisse kriminologischer Untersuchungen haben gezeigt, dass zwischen Straffälligkeit und fehlenden Kompetenzen in den genannten Bereichen ein enger Zusammenhang besteht. In der JVA Diez bot ich mit einem Kollegen im Freigängerhaus regelmäßig „Soziales Training" zu den Schwerpunkten „Recht im Alltag", aber auch anderen Themen an. So besuchen wir mit den Inhaftierten zum Thema Geld und Schulden die Verbraucherberatungsstelle des in der Nachbarschaft von Diez liegenden Städtchens Limburg. Der Co-Trainer war ein Mitarbeiter aus dem allgemeinen Vollzugsdienst, der damals im Freigängerhaus tätig war. Aufgrund seiner offenen und freundlichen Art besaß er einen ausgezeichneten Zugang zu den Gefangenen. Das „Soziale Training" befand sich Anfang der 90er-Jahre noch in der Einführungsphase und wurde teilweise von der Skepsis einiger Mitarbeiter begleitet. Dies änderte sich erfreulicherweise im Laufe der Zeit. Der ein oder andere Spruch wurde diesen engagierten Bediensteten anfangs „reingedrückt". „Bist du jetzt Hobbypsychologe?" Solche oder ähnliche Bemerkungen fielen damals gelegentlich. Da mein Co-Trainer auch im Kreis des allgemeinen Vollzugsdienstes sehr akzeptiert war, konnte er als Multiplikator wirken. Außerdem machte er die Erfahrung, dass sich sein berufliches Handlungsprofil vergrößerte und in seinem privaten Umfeld die Akzeptanz für seinen Beruf wuchs, wenn er dort von diesem neuen Ausschnitt seiner Tätigkeit berichtete. Die von den Medien leider immer noch häufig verwendete Bezeichnung als Wärter oder Aufseher reduziert die Mitarbeiter des allgemeinen Vollzugsdienstes fälschlicherweise auf reine Sicherheits- und Ordnungsaufgaben, obwohl sie für die Inhaftierten die wichtigsten Bezugspersonen innerhalb der Anstalten sind. Sie haben ständigen Kontakt zu den Gefangenen und können deshalb großen Einfluss auf deren Weiterentwicklung nehmen. Die Mitwirkung des allgemeinen Vollzugsdienstes beim „Sozialen Training" ist ein deutliches Beispiel dafür, dass pädagogische Tätigkeiten zu den Kernaufgaben dieser Mitarbeitergruppe gehören. Die Mitarbeit im „Sozialen Training" ermöglichte es mir als Mitglied der Anstaltsleitung einen unmittelbaren und regelmäßigen Kontakt zu Gefangenen zu haben. Ein Gefängnis kann man nicht vom „grünen Tisch" aus leiten. Aus meinem privaten Umfeld erhielt ich gelegentlich die eher rhetorische Frage, ich hätte doch wohl als Mitglied der Anstaltsleitung nichts mit den Gefangenen zu tun. Man ging somit von einem bloßen Schreibtischjob aus. Guten Gewissens konnte ich dies verneinen, indem ich meine Gruppenarbeit erwähnte. So hatte ich die Gelegenheit, ein wenig Öffentlichkeitsarbeit zu machen und das zentrale Thema des Strafvollzuges, das Ziel der Resozialisierung zu präsentieren.

Das Soziale Training wurde im offenen Vollzug in den frühen Abendstunden angeboten. Der ein oder andere Gefangene war zu diesem Zeitpunkt müde von der täglichen Arbeit und musste sich regelrecht aufrappeln, um aktiv an dieser Gruppenmaßnahme teilzunehmen. Um weiteren Ermüdungserscheinungen vorzubeugen, luden wir gelegentlich externe Referenten und Gesprächspartner ein wie den Leiter des örtlichen Sozialamtes. Einzelne Gefangene stellten erwartungsgemäß Fragen, die sich auf eventuelle Rechtsansprüche bezogen. Hier war es unsere Aufgabe, das Gespräch wieder in angemessene Bahnen zu lenken und den Inhaftierten zu vermitteln, dass der Wahrnehmung von Rechten die Erfüllung von Pflichten vorausgehen sollte.

An einem Abend machten wir uns auf den Weg zur Verbraucherzentrale Limburg. Die Mitarbeiterin hatte sich hervorragend auf den Besuch vorbereitet, besaß keinerlei Berührungsängste gegenüber den Freigängern und informierte sachlich und kompetent über Verbraucherschutzthemen.

Auf dem Hin- und Rückweg kamen wir mit den Gefangenen ins Gespräch. Zwar muss man als Bediensteter darauf achten, keine Informationen aus seinem Privatleben an die Gefangenen zu geben und eine angemessene, jedoch nicht überzogene professionelle Distanz zu halten. Doch sind solche informellen Kontakte sinnvoll, um Barrieren abzubauen und so eher Zugang und Einfluss auf die inhaftierten Menschen zu haben. Die Tätigkeit im Strafvollzug ist in einem erheblichen Umfang Sozialarbeit und setzt eine möglichst spannungsfreie Beziehung voraus.

Ab Ende der 60er-Jahre gab es nach und nach einen Paradigmenwechsel im Justizvollzug. An die Stelle der Vorgaben, weitestmöglich Distanz gegenüber den Inhaftierten zu halten, war recht übergangslos Kommunikation erwünscht. Dagegen sollten zuvor Gespräche mit Gefangenen konsequent auf das dienstlich Notwendige beschränkt bleiben. In der Praxis mag dies allerdings bereits vor dieser Änderung nicht konsequent umgesetzt worden sein und war davon abhängig, welches Menschenbild ein Beamter besaß und ob er eine soziale Grundeinstellung hatte.

Der Umgang mit den Gefangenen war früher noch sehr militärisch geprägt. Wenn ein Bediensteter die Zelle betrat, mussten sich die Gefangenen nach der bis 1961 geltenden vorläufigen Strafvollzugsordnung „erheben und gerade Haltung" annehmen.[87] Die Beamten waren unter Abnehmen der Kopfbedeckung zu grüßen.[88] Die Gefangenen durften in der täglichen Hofstunde nur entlang eines kreisförmigen Ringes gehen und sich „in einer Reihe mit gehörigem Abständen in lebhafter Gangart" bewegen.[89] Mit Erlass der von den Ländern gemeinsam entwickelten Dienst- und Strafvollzugsordnung vom 1.12.1961 wurden zwar manche Regelungen etwas gelockert. In Alltag der Anstalten herrschte jedoch noch bis Anfang der 70er-Jahre der alte Geist der frühen Nachkriegsjahre. Im Lauf der Jahre begegneten sich Bedienstete und Gefangene deutlich entspannter. Wenngleich immer noch auf eine angemessene berufliche Distanz zu achten ist und die Beamten insbesondere keinen kumpelhaften Umgang mit den Gefangenen pflegen sollen, entwickelte sich eine gute zwischenmenschliche Ebene zwischen den beiden Gruppen.

Leider versagen auf den ersten Blick überraschenderweise häufig Gefangene in Freiheit, die über sehr gute intellektuelle Fähigkeiten verfügen, weil sie sich überschätzen und in übersteigertem Selbstbewusstsein nicht bereit sind, kleine Brötchen zu backen. Einem Freigänger wurde es zum

Beispiel ermöglicht, den LKW-Führerschein zu erwerben. Auf dieser Basis hätte er ein sicheres Einkommen gehabt. Nachdem er in Freiheit erneut Straftaten begangen hatte und ins Gefängnis zurückkehren musste, erklärte er seine Rückfälligkeit damit, er habe „die Bedingungen des internationalen Lkw-Verkehrs verkannt". Dieser Beruf erschien ihm offenbar schlichtweg zu anstrengend. Dieser Gefangene hatte während der ersten Inhaftierung nicht die Auflage, am „Sozialen Training" einzunehmen. Nachdem ein Kurs bereits begonnen hatte, fragte er mich, ob er einmal hospitieren dürfe. Schweigend saß er, ohne sich zu beteiligen, als Beobachter in der Runde. Über Umwege erfuhr ich später, dass der Inhaftierte sich über das Gruppenangebot lustig gemacht hatte. Er habe dies nicht nötig. Das alte Sprichwort „Hochmut kommt vor dem Fall" hatte bei dem jungen Gefangenen leider seine Bestätigung gefunden.

Insgesamt durfte ich allerdings die Erfahrung machen, dass ein beachtlicher Teil Freigänger ihre Chance nutzten, sich während der Zeit im offenen Vollzug auf die Freiheit vorzubereiten. Viele sind dort erstmals in ihrem Leben regelmäßig einer beruflichen Tätigkeit nachgegangen und konnten ihren Lebensunterhalt mit eigener Arbeit zu bestreiten. Ein Kurs des Sozialen Trainings zum Thema „Arbeit und Berufswelt", bei dem unter anderem in Rollenspielen Vorstellungsgespräche geübt wurden, mag hierzu vielleicht auch einen positiven Beitrag geleistet haben.

Meinen ehemaligen Co-Trainer ernannte ich übrigens, nachdem ich die Aufgabe des Anstaltsleiters übernommen hatte, zum Vollzugsdienstleiter. Seine überdurchschnittliche soziale Kompetenz befähigte ihn für diese Personalführungsaufgabe. Er hatte vor allem stets ein offenes Ohr für seine Mitarbeiter.

Kapitel 41: Die Diezer Ziergitter, die Hinrichtung des achtfachen Mörders Fritz Angerstein und wie eine rheinland-pfälzische Justizvollzugsbeamtin die Vollstreckung der Todesstrafe an einer Kindermörderin verhinderte

Mein Büro in der JVA Diez während meiner Dienstzeit als Anstaltsleiter von 2000 bis 2009 diente ursprünglich als Konferenzzimmer. Es verfügt über mehrere Fenster, die mit einfachen Gittern ausgestattet sind, während hingegen das frühere Anstaltsleiterbüro, das heute einem anderen Mitglied der Anstaltsleitung zur Verfügung steht, mit künstlerisch gestalteten Gittern versehen ist. Wohl beabsichtigte das in der Erbauungszeit Anfang des 20. Jahrhunderts für das Preußische Zentralgefängnis Freiendiez, wie die Anstalt damals hieß, zuständige preußische Justizministerium, dass sich ein Anstaltsleiter während der Arbeitszeit in seiner Arbeitsumgebung wohl fühle und in einem vergleichsweise ansprechenden Ambiente seinen Dienstpflichten nachgehe. Auf dem ehemaligen Konferenzzimmer lasten allerdings die Schatten der Vergangenheit. Im Sommerloch berichtete eine der örtlichen Zeitungen regelmäßig über den 1925 im damaligen Zuchthaus mit einem Handbeil gerichteten achtfachen Mörder Fritz Angerstein. Die Taten erregten eine große überregionale Aufmerksamkeit, die sich auch auf das Ausland erstreckte, und rangierten unmittelbar hinter den Serienmorden des Fritz Haarmann, der 24 Jungen und junge Männer aus sexuellen Motiven getötet hatte und 1925 in Hannover enthauptet wurde. Mit einem Hirschfänger und einem Beil ermordete Angerstein acht Menschen. Er erstach oder erschlug in verschiedenen Zimmern seines Wohnhauses, das auch die Büroräume beherbergte, die ahnungslosen Opfer, seine Frau Katharina, seine Schwägerin, seine Schwiegermutter, das Dienstmädchen, einen Arbeiter, den Gärtner und die beiden Bürogehilfen. Das in Haiger, einer im Westerwald gelegenen Gemeinde, befindliche Haus steht heute noch. Angerstein legte, um die Morde zu verschleiern, noch Feuer im Obergeschoss seines Hauses, ohne dass es jedoch zu einem größeren Brand kam. Um den Verdacht von sich abzulenken, fügte er sich mit einem Hirschfänger einige große Stiche im Bauchbereich zu und behauptete, er und die Opfer seien von einer Räuberbande überfallen worden. Vollständig konnte man die Tatmotivation nicht aufklären. Es spricht vieles dafür, dass der Angerstein, der sich aus kleinen Verhältnissen bis zum Prokuristen hochgearbeitet hatte, von ihm begangene Unterschlagungen und Urkundenfälschungen verschleiern wollte. Offensichtlich war, dass er in den letzten Jahren über seine Verhältnisse gelebt hatte. So drohte die wirtschaftliche und vor allem soziale Situation des in seiner Heimatgemeinde sehr angesehenen Bürgers vernichtet zu werden. Hinzu kommen offensichtlich auch erhebliche Spannungen in der Familie. Insbesondere betrafen diese seine Ehefrau und Schwiegermutter. Auffällig war die ausgeprägte Kühle, die von dem Straftäter während der Verhandlung ausging und insbesondere deutlich wurde, wenn er Ausführungen zu den Taten machte.

Ich habe mich mit diesem Mordfall beschäftigt, so wie ich mich mit den Persönlichkeiten vieler Gefangenen befasst habe. Mich hat Zeit meines Lebens interessiert, was die Ursachen für menschliches Verhalten sind, was eine Persönlichkeit prägt und unter welchen Bedingungen sich ein Mensch verändern kann. Wo hätte ich mich diesem Thema mehr annähern können als in einem Gefängnis, wo Menschen zwangsweise untergebracht sind, die, insbesondere wenn es sich um Inhaftierte mit langjährigen Freiheitsstrafen handelt, regelmäßig von Psychologen begutachtet werden. In meinem Büro, dem früheren Konferenzraum, wurde dem verurteilten Mehrfachmörder Angerstein auf Weisung des zuständigen Oberstaatsanwaltes die Ablehnung des Gnadengesuches sowie der Termin zur Vollziehung des Urteils, der für den 17. November 1925, 7.30 Uhr festgelegt worden war, bekannt gegeben.[90] Dass in meinem ehemaligen Dienstzimmer Menschen, wenngleich diese schwerste Taten begangen haben, der unabänderliche Todeszeitpunkt mitgeteilt wurde, war eine befremdliche Vorstellung.

In der Weisung des Oberstaatsanwaltes hieß es außerdem, dass „der Verurteilte durch einen Direktionsbeamten und zwei Wachtmeister – die Wachtmeister im Dienstanzuge – zur Richtstätte mit gefesselten Händen vorzuführen" sei.[91] Offenbar oblag diese Aufgabe nicht dem Gefängnisdirektor, da im Protokoll über die Hinrichtung ausgeführt wird, die Vorführung des Verurteilten sei durch den „Strafanstaltsinspektor Smy" geleitet worden, daher nicht dem damaligen Gefängnisleiter Dommes.[92] Die Hinrichtung fand wie damals in der preußischen Region üblich zumeist mit dem Handbeil statt. Dabei zusehen zu müssen, wie ein Henker dem Verurteilten mit einem Beil wie ein Metzger mit einem wuchtigen Schlag den Kopf abtrennt, übersteigt meine Vorstellungskraft. Von Berlin war der für den preußischen Bereich überwiegend nahezu neben einem weiteren Mann nahezu ein Vierteljahrhundert zuständige Henker Carl Gröpler, ein kahlköpfiger korpulenter Mann mit einem aufgedunsenen Gesicht aus Magdeburg, angereist. Er war ein abgebrühter kaltblütiger Vertreter seines düsteren Gewerbes und verfiel aber nicht dem Alkoholismus wie andere Scharfrichter. Die Henker erhielten damals ein festes Jahresgehalt vom preußischen Justizministerium. Gröpler war von 1916 bis 1935 als Henker tätig, nachdem er vor seiner Ernennung bereits Gehilfe seines Vorgängers war.[93] Er betrieb daneben noch viele Jahre eine Wäscherei. Wie die meisten Scharfrichter besaß er Erfahrungen als Abdecker und war früher auch als Rossschlächter tätig.[94] Gröpler war begeisterter Anhänger des NS-Regimes, das sein Einkommen aufgrund der deutlich gestiegenen Anzahl der Hinrichtungen signifikant erhöhte. Neben einem Jahresgehalt von 1500 Reichsmark pro Hinrichtung, die er vom preußischen Staat erhielt, bekam er 50 Reichsmark für jede Hinrichtung in Preußen und ca. 500 Reichsmark für Hinrichtungen in anderen deutschen Ländern. Der Scharfrichter verstieg sich bei der Ausführung der Hinrichtungen dazu, vor seine Aktivitäten bei jedem Teilakt mit einem „Heil Hitler“ zu unterbrechen.[95] Die zuständigen Ministerialbeamten wiesen ihn jedoch an, dies ‚von der Begrüßung und Verabschiedung der Staatsanwälte abgesehen, zu unterlassen.[96] Entsprechend der in dieser Zeit geltenden Regelungen der Strafprozessordnung (§ 454 StPO) sollten zwölf Personen aus Freiendiez, wo die Anstalt beheimatet ist, der Hinrichtung beiwohnen.[97] [98] So sollte dem damals noch bei Hinrichtungen in reduziertem Umfang geltenden Öffentlichkeitsgrundsatz Rechnung getragen werden. Der Gemeindevorstand musste die Personen auswählen, nämlich Vertreter des Gemeindevorstandes oder wie es im Gesetzestext hieß „andere achtbare Mitglieder der Gemeinde“. Anwesend waren außerdem zwei am Prozess beteiligte Richter des Landgerichts Limburg, der die Vollstreckung leitende Oberstaatsanwalt, ein weiterer Staatsanwalt, ein Gerichtsassessor, zwei Gehilfen des Henkers, die beiden Verteidiger, der Gefängnisarzt und der Kreisarzt sowie der Pfarrer der Konfession, der der Delinquent angehörte. Auch die sieben Geschworenen durften dem grausigen Schauspiel beiwohnen.[99] Die Hinrichtung dauerte vom Austritt Angersteins aus dem Gebäude in den hinteren von anderen Gefangenen nicht einsehbaren Gefängnishof bis zur Enthauptung 2 Minuten und 2 Sekunden, wie mit preußischer Akribie in dem Protokoll verzeichnet wurde.[100] Die Vertreter der Justiz postierten sich hierbei hinter einem mit einer schwarzen Decke versehenen Tisch, auf dem ein Kruzifix und zwei brennende Kerzen standen.[101] Nach Vollzug des Urteils bat der Oberstaatsanwalt den Gefängnisgeistlichen ein Vaterunser zu sprechen.[102] Während dieses kurzen Zeitraumes läutete die Gefängnisglocke, die heute noch vergessen und unsichtbar hoch oben im Turm der Diezer Anstalt hängt. [103] Die Hinrichtungen waren ein religiös verbrämtes und zugleich archaisches Ritual der Justiz.

Etwa zwanzig Jahre nach der Hinrichtung des Fritz Angerstein drohte einer Frau die Hinrichtung wegen zweifachen Mordes. Die damals 25 Jahre alte Irma K. hatte im November 1945 ihre beiden Kinder, den fünfjährigen Günter und die 19 Monate alte Karin, ermordet.[104] Sie hatte sie an einem Balken im Dachboden erhängt und vergeblich versucht, die Leichen in Brand zu setzen. Vor Gericht erklärte sie, als schuldig Geschiedene habe sie die Tat aus Not begangen, während man im Urteil davon ausging, sie habe die Kinder als Last empfunden und sie aus niedrigen Beweggründen ermordet. Eine der Belastungszeuginnen war die Mutter der Täterin. Die Tochter, die sie bei der Flucht aufgesucht habe, habe ihr gegenüber bezogen auf den gefallenen Ex-Mann und die ermordeten Kinder ausgestoßen: „Jetzt hat der Josef ja seine Bälger bei sich, und ich kann ein schönes Leben führen."[105]

Die Täterin war mit einem im Krieg umgekommenen Soldaten verheiratet, mit dem sie zwei gemeinsame Kinder hatte. Irma K. lebte in der Poststraße 1 in Bad Neuenahr. Anlass für die Scheidung war, dass Irma K. wahrscheinlich Beziehungen zu anderen Männern hatte. Da die Scheidung vor dem Tod ihres Ex-Mannes erfolgt war, entfiel die materielle Versorgung als Kriegerwitwe. In einem Brief an die Schwiegereltern kommt ihre materielle Not zum Ausdruck, indem sie darum bat, ihr die Hosen des Verstorbenen zu geben. Sie wolle sie für ihren kleinen Sohn umnähen.[106] Gegen Irmgard K. wurde am 14. Juli 1947 die erst mit Inkrafttreten des Grundgesetzes am 24. Mai 1949 abgeschaffte Todesstrafe verhängt. Nicht zu Gunsten der Angeklagten berücksichtigt hatten die allesamt in der NS-Zeit belasteten Richter, dass Irmgard K. in sehr zerrütteten Verhältnissen aufgewachsen war. Ihr Vater war ein verurteilter Sexualstraftäter, ein Alkoholiker, der ihre Schwester missbraucht und sich auch Irma angenähert hatte. Die Verurteilte wurde in der mittelalterlichen Diezer Burg, dem ehemaligen Grafenschloss, das seit Ende des 18. Jahrhunderts bis 1927 als Gefängnis diente, untergebracht. Das Gebäude wurde vorübergehend seiner früheren Nutzung als Gefängnis zugeführt, da nach dem Krieg nicht mehr genug Haftgebäude für weibliche Gefangene zur Verfügung standen. Die 1912 in Betrieb genommenen neue Diezer Anstalt war auch damals ausschließlich für männliche Strafgefangene vorgesehen. Während der Zeit der Verhandlung unternahm Irma K. einen Suizidversuch mit einer Schlinge aus aneinandergeknüpften Handtüchern. Das Urteil wurde bereits am 5. November 1947 rechtskräftig, da es die Pflichtverteidiger versäumt hatten, eine ausreichende Begründung des Rechtsmittels einzulegen. Auch ein Gnadengesuch, die Todesstrafe in eine lebenslange Zuchthausstrafe umzuwandeln, blieb erfolglos.[107] Dann setzte sich ein grausiger Wettlauf mit der Zeit, der bereits nach dem erstinstanzlichen Urteil begonnen hatte, fort. Das Justizministerium unter dem damaligen Minister Dr. Adolf Süsterhenn, der ein Befürworter der Todesstrafe war, veranlasste die organisatorischen Vorbereitungen für die Umsetzung des Urteils, das in der JVA Mainz vollstreckt werden sollte. Die Zeit rannte der verurteilten Frau davon. Doch kam es aus verschiedenen Gründen zu Verzögerungen. Zunächst gab es Schwierigkeiten, einen Henker zu finden. Einer, der in Betracht kam, schied für diese Aufgabe aus, da er während der NS-Zeit das düstere Amt ausgeübt hatte. Weitere Vorwände, wie dass die Bauzeichnung für die Guillotine verlegt worden sei, das Zögern der Messerschmiede, einen solchen Auftrag anzunehmen, und wohl absichtliche Verzögerungen bei der Lieferung führten dazu, dass das Hinrichtungswerkzeug erst Ende März 1949 in dem Mainzer Gefängnis betriebsbereit war. Im April, als wolle man noch schnell vorher die Todesstrafe an Irma K. vollstrecken, kam ein Anruf in der Diezer Gefängnisburg mit der Aufforderung an, die Delinquentin unverzüglich zur Hinrichtung nach Mainz zu bringen.[108] Die Justizvollzugsbeamtin, die der kleinen Frauenabteilung in der Diezer Gefängnisburg vorstand, setzte sich am darauffolgenden Tag mit der Leitung der Mainzer Anstalt in Verbindung und behauptete, man habe keinen ausbruchssicheren Transportwagen zur Verfügung. Hierbei handelt es sich um eine Ausrede mit dem Ziel, das Leben von Irma K. zu retten, wie die Beamtin viele Jahre später bestätigte. Zweifelsohne eine Notlüge. An Händen und gegebenenfalls Füßen gefesselt, wäre eine Flucht aus einem weniger gesicherten Fahrzeug nämlich schier unmöglich gewesen. Diese Hinhaltetaktik rettete das Leben von Irma K.

Der Parlamentarische Rat verabschiedete am 8. Mai 1949 das Grundgesetz und damit zugleich auch die Abschaffung der Todesstrafe. Bis zum Inkrafttreten am 24. Mai 1949 war immer noch ein Rest von Ungewissheit vorhanden. Mit ans Absurde grenzender Aktivität fertigte ein Ministerialbeamter noch drei Tage nach Verabschiedung des Grundgesetzes am 11. Mai 1949 den Aktenvermerk „Die Einrichtung ist betriebsfertig".[109] Die Todesstrafe wurde in eine lebenslange Freiheitsstrafe umgewandelt. Am 30. Juli wurde Irma K. nach mehr als 25 Jahren Haft in die Freiheit entlassen. Der damalige Ministerpräsident und spätere Bundeskanzler Dr. Helmut Kohl hatte sie begnadigt. Zunächst kehrte sie nach Bad Neuenahr zurück und wohnte in der Bahnhofstraße. Einer in der Nähe des Tatortes in der Poststraße lebenden Frau fiel auf, dass eine etwas ältere Frau „wie angewurzelt" vor dem Haus, in dem sich die Morde ereignet hatten, gestanden und ununterbrochen zur oberen Etage hinaufgestarrt habe. [110] Bald verließ Irma K. Bad Neuenahr und zog nach Süddeutschland, wo sie auch bald Arbeit fand. Sie heiratete nochmals und starb im Jahr 2000 in einem Pflegeheim. Die couragierte Beamtin wurde nach Auflösung des Diezer Provisoriums in der alten Burg Leiterin der damals einzigen rheinland-pfälzischen Einrichtung für weibliche Gefangenen in Neuwied.

Kapitel 42: Vom Strafen, der Resozialisierung und Fernsehgeräten

Bei der Landesgartenausstellung 2008, die im rheinhessischen Bingen stattfand, präsentierten sich auch die Ressorts der rheinland-pfälzischen Landesregierung. Die Justiz zeigte einen Haftraum mit der üblichen Grundausstattung und zum Vergleich einen Haftraum aus den 60er Jahren mit einer deutlich kargeren Einrichtung. Der Mitarbeiter des Justizministeriums, der vor Ort war, wurde von Besuchern oftmals überrascht darauf angesprochen, dass sich in den heutigen Hafträumen ja Fernsehgeräte befänden. Wohl vertraten viele interessierten Gäste die Auffassung, die Möglichkeit fernzusehen, widerspreche einem ausreichend strafenden, vergeltenden Strafvollzug. Bei manchen Fernsehprogrammen frage ich mich allerdings, ob diese nicht eher auch eine abschreckende Wirkung haben.

Als Anstaltsleiter habe ich nicht sehr häufig Zellentüren auf- und zugeschlossen. Ich tat dies gelegentlich bei Rundgängen oder wenn ich einen Gefangenen nach einem Gespräch in einem Büro zurück in den Haftraum gebracht habe. Ich hatte jedes Mal ein unangenehmes Gefühl von einer mir nicht willkommenen Macht, wenn ich den Gefangenen im Haftraum einschloss. Wäre diese Handlung eine tägliche Routine wie bei einem in den Haftbereichen arbeitenden Stationsbeamten gewesen, wäre diese Emotion im Laufe der Zeit zwar wohl verschwunden. Das alltägliche Einschließen eines Menschen, das ein Mitarbeiter des allgemeinen Vollzugsdienstes zigmal täglich durchführt, erscheint banal, ist jedoch letztlich eines der ausdrucksstärksten Symbole für den strafenden Charakter einer Haft. Der Entzug der Freiheit findet kaum einen deutlicheren Ausdruck als beim Einschließen eines Menschen in einen 10 qm großen Raum.

Dass es im Gefängnis trotz des gesetzlichen Resozialisierungszieles auch um Strafe, um den Vollzug einer „Freiheits-Strafe“ geht, darüber ist sich jeder Mitarbeiter bewusst. Die Bediensteten wissen zweifelsohne um den Vergeltungs- und Sühnezweck der Freiheitsstrafe und damit deren strafenden Charakter. Die hiermit untrennbar verbundenen Übel und Belastungen in einer Justizvollzugsanstalt sind der ständige Begleiter der Mitarbeiter und Strafgefangenen; eben die Realität einer Justizvollzugsanstalt. Gerichte und Strafvollzug sind Teil einer einheitlichen untrennbaren Justiz. Alle Strafzwecke, zu denen auch Vergeltung und Sühne gehören, sind daher im Vollzug der Freiheitsstrafen wirksam. Als Mitarbeiter sollte man den Gefangenen gegenüber ehrlich sein und nicht ausschließlich von Resozialisierung sprechen, sondern auch dazu stehen, dass eine Freiheitsstrafe auch Vergeltung sowie Abschreckung ist und den Inhaftierten viele Belastungen und Einschränkungen, ja letztlich Übel auferlegt. Dem verurteilten Strafgefangenen sind die Beschränkungen und Belastungen des Strafvollzuges weder allein noch überwiegend aus dem Vollzugsziel der Resozialisierung zu erklären. Manche Gefangenen akzeptieren den strafenden Charakter einer Haft. Die Gefangenen des anstaltseigenen Schlossereibetriebes der JVA Diez gingen mit Ironie damit um. Sie wussten, dass viele Bürger den Strafvollzug für zu lasch halten und manche sogar glauben, jedes Gefängnis sei mit Schwimmbädern ausgestattet. Sie fertigten ein kleines Modell eines Swimmingpools aus Metall an, versahen es mit einer hellblauen Lackierung und stellten es auf eine Rasenfläche vor die Schlosserei, als wollten sie damit sagen: „Seht, mehr als den Traum von einem Schwimmbad haben wir nicht.“

Gelegentlich haben einzelne Gefangene mir gegenüber geäußert, sie hätten die Strafe verdient. Diese Einstellung setzt voraus, dass ein Inhaftierter sich die von ihm begangene Straftat auch zuordnet und ein Schuldgefühl besitzt. Ein erfahrener Diezer Anstaltspsychologe, den ich bereits während der Referendarzeit kennen lernen durfte, reagierte stets ungehalten, wenn Gefangene, die wegen Körperverletzung oder Tötungsdelikten bei der Therapie bezüglich ihrer Straftat äußerten: „Dies ist mir passiert", als gehöre die Tat nicht zu ihnen. Der Psychologe erwiderte darauf: „Das ist Ihnen nicht passiert, sondern Sie haben das gemacht."

Doch viele Strafgefangenen bagatellisieren ihre Straftaten und halten die verhängte Freiheitsstrafe für zu hoch. An einer Akzeptanz des strafenden Charakters einer Haft fehlt es in diesen Fällen. Andere finden passende Entschuldigungen hierfür, wieder andere besitzen eine kriminelle Identität wie soziopathische Täter. Insbesondere Gefangene, die längerfristige Freiheitsstrafen verbüßen und sich zum Teil laienhafte Rechtskenntnisse angeeignet haben oder bisweilen auch von Mitgefangenen entsprechend beeinflusst sind, sind der Auffassung, die Rechtsbeschränkungen in Strafvollzug widersprächen dem Vollzugsziel der Resozialisierung. Manche haben sogar die Anspruchshaltung entwickelt, dass die Resozialisierung ihnen wie ein Heilmittel von der JVA verabreicht wird, ohne eine ausreichende Beteiligung und Mitarbeit zeigen zu müssen. Den Satz „Ich habe einen Anspruch auf Vollzugslockerungen" habe ich gelegentlich auch in der Anstaltsleitersprechstunde gehört, wenn sich ein Gefangener darüber beschwert hat, dass ihm keine Vollzugslockerungen gewährt werden. Bei einem Teil Gefangenen geht das Vollzugsziel der Resozialisierung ins Leere. Inhaftierte, die ihre Straftaten leugnen, keinerlei Unrechtsbewusstsein zeigen oder jegliche Aufarbeitung der Straftaten und deren Ursachen ablehnen, gehören dazu. Es bleibt dann ausschließlich der strafende und abschreckende

Charakter der Zeit hinter Gittern übrig. Doch handelt es sich nicht um den Regelfall. Bei einigen wenigen Gefangenen entfällt sogar der Abschreckungszweck, so dass allein der Gesichtspunkt der Vergeltung und Sühne greift. Ich erinnere mich an einen Gefangenen, der ein Unternehmen viele Jahre erfolgreich geführt hatte, das dann allerdings in eine Krise geriet. Der Mann, Mitte 40, keinerlei Vorstrafen, verheiratet, zwei Kinder, verübte einen Banküberfall, um seine Firma zu retten und gegenüber sich selbst und seiner Familie kein Loser zu sein. Eine Verzweiflungstat. Die Familie blieb trotz der Inhaftierung intakt. Der Gefangene, ein Mann mit asketischem Aussehen und etwas hölzern wirkend, bereute seine Tat glaubhaft und war im Nachhinein über sich selbst erschrocken. Wie bald deutlich wurde, handelte sich um eine einmalige kriminelle Handlung im ansonsten unauffälligen Leben des Gefangenen.

Ungeachtet des vergeltenden und strafenden Charakters der Haft bleibt das Resozialisierungsziel im Zentrum der Arbeit des Strafvollzuges. Kernaufgabe der Justizvollzugsanstalten ist es, das Beste aus dem „Straf-Vollzug" mit seinen restriktiven Bedingungen zu machen und das Vollzugsziel der Resozialisierung engagiert zu verfolgen. Keineswegs gehört es zu den Aufgaben der JVA-Mitarbeiter, die Strafzwecke der Vergeltung und Abschreckung zielgerichtet mit Leben zu erfüllen. Ein Bediensteter, der sich darum bemüht, dass der Strafvollzug schmerzhaft genug ist und zum Beispiel die Gefangenen als Menschen zweiter Klasse behandelt, wäre in einer JVA fehl am Platze. Eine Mammutaufgabe ist eine Öffentlichkeitsarbeit im Strafvollzug, die die Überzeugung des Bürgers wachsen oder erst einmal entstehen lässt, dass die Behandlungsangebote in den Gefängnissen die Resozialisierung der Gefangenen begünstigen und die Tätigkeit der Mitarbeiter viele Erfolge erzielt. Ein Großteil der Menschen fremdelt mit dem Resozialisierungsziel. Es wird vielmehr erwartet, dass der Strafvollzug abschreckend und vergeltend ist, somit möglichst hart. Dazu passt die Äußerung eines Politikers, der mir gegenüber bei einem privaten Gespräch äußerte: „Das ist ja alles nur Gefühlsduselei."

Kapitel 43: Das Freigängerhaus der JVA Rohrbach in Wonsheim

Das Freigängerhaus der JVA Rohrbach liegt ca. 9 Kilometer von der Hauptanstalt entfernt zwischen den Gemeinden Wonsheim und Fürfeld. Das dreigeschossige Gebäude, das zeitweise mehr als 60 Gefangene – ca. 50 Männer und 10 Frauen in getrennten Wohnbereichen – beherbergt hat, schmiegt sich an einen Hang am Waldrand. Von den Zimmern der Gefangenen schaut man in das landwirtschaftlich genutzte Appelbachtal, durch das eine uralte Verbindungsstraße zwischen Bad Kreuznach und Alzey führt. Mit dem gepflegten Außengelände und dem nur von einem unauffälligen Ordnungszaun umgebenen Gebäude erinnert das Freigängerhaus nicht an ein Gefängnis, sondern von weitem eher an eine Jugendherberge. Zur Vorbereitung der Entlassung in der letzten Haftphase leben dort Gefangene, die für diese gelockerte Vollzugsform geeignet sind. Voraussetzung für eine Unterbringung im offenen Vollzug ist, dass keine Fluchtgefahr besteht und nicht zu befürchten ist, dass die vielen Freiheiten für Straftaten ausgenutzt werden. Die Gefangenen sollen fähig sein, sich in die Gefangenengemeinschaft einzugliedern, an Regeln wie die Hausordnung zu halten, und willens sein, weiterhin aktiv an ihrer Wiedereingliederung zu arbeiten. Die Freigänger können regelmäßig einer beruflichen Tätigkeit außerhalb des offenen Vollzuges nachgehen. Sie haben hierdurch die Möglichkeit, Schulden zu regulieren, ihre Unterhaltspflichten zu erfüllen, ihre Familienangehörigen zu unterstützen und sich eine bescheidene finanzielle Grundlage für die Zeit nach der Entlassung zu erarbeiten. Da den Gefangenen des offenen Vollzuges Urlaub gewährt wird – in der letzten Haftphase zumeist an jedem Wochenende – und sie darüber hinaus regelmäßig Ausgang halten, können sie ihre Kontakte zur Familie intensivieren, gegebenenfalls wieder aufbauen oder neue Kontakte begründen. Die Freigänger verpflegen sich selbst. So lernen sie wieder ein eigenständiges Wirtschaften. Bei Gruppenangeboten wie insbesondere dem „Sozialen Training" erwerben die Gefangenen Kompetenzen in den Bereichen Arbeit, Wohnen und Miete, Geld und Schulden, Gesundheitsprävention und Sozialverhalten. Abhängig vom Delikt und der Persönlichkeit eines Inhaftierten werden Gefangenen des offenen Vollzuges Weisungen auferlegt mit dem Ziel, die Straftaten aufzuarbeiten. Ein Freigänger, der im offenen Vollzug der JVA Diez eine mehrjährige Freiheitsstrafe wegen eines besonders schweren Deliktes im Straßenverkehr verbüßte, bei dem mehrere Personen zu Tode gekommen waren, schaute sich den Film „Asphaltkreuze" gemeinsam mit einem Mitarbeiter an, der anschließend ein Gespräch mit ihm führte. Der von Heidi und Bernd Umbreit gedrehte preisgekrönte Dokumentarfilm handelt von dem Schicksal tödlich verunglückter Menschen, der tiefen Trauer der Angehörigen und der zum Teil quälenden Schuld der Unfallverursacher. Der Mitarbeiter berichtete mir nach dem therapeutischen Gespräch, der junge und nicht vorbestrafte Gefangene habe sich erstmals beeindruckt gezeigt und Betroffenheit erkennen lassen. Zuvor ließ er eine gewisse Wurstigkeit im Umgang mit der Haft erkennen, als wolle er die Zeit schlichtweg nur hinter sich bringen.

Manche Inhaftierten konnten mit den ihnen gewährten Freiheiten nicht umgehen und erlaubten sich Regelverstöße, die zu einer Rückverlegung in den geschlossenen Vollzug führten. Ein zu einer lebenslangen Freiheitsstrafe verurteilter Gefangene der Diezer Anstalt wagte es, das Freigängerhaus am späten Abend durch ein Fenster zu verlassen, um das örtliche Weinfest zu besuchen. Pech nur, dass auch der ein oder andere Bedienstete solche Events mag und den Ausreißer erkannt hatte. Da sich der Mitarbeiter nicht hundertprozentig sicher war, wurde das Zimmer des Teilzeitausreißers durchsucht und insbesondere der Fensterbereich in Augenschein genommen. Frische Spuren unterhalb der Fensterbank an der Außenwand bestätigten zweifellos die Wahrnehmung des Kollegen. Ich war immer wieder überrascht, wie leichtfertig manche Gefangene des offenen Vollzuges, die sich im geschlossenen Vollzug eine gute Kriminalprognose erarbeiten konnten, alles aufs Spiel setzten. Die bei Straftätern zumeist anzutreffende Einstellung, man werde nicht erwischt, ging bei manchen Freigängern in die Verlängerung. Ein solcher Fehltritt kann bei Gefangenen mit langen zeitlichen Strafen oder Lebenslangen eine Verschiebung einer zuvor noch absehbaren bedingten Entlassung um Jahre bedeuten, da die Kriminalprognose sich aufgrund des Regelverstoßes verschlechtert hat. Es erfolgt die Rückverlegung in den geschlossenen Vollzug. Lockerungen scheiden für längere Zeit aus, so dass die wichtige Erprobungsphase unterbrochen wird. Die Rückkehr in den vorherigen Status quo ist erst vertretbar, wenn der Gefangene stabil genug erscheint, mit den Freiheiten im offenen Vollzug umzugehen. Vollzugslockerungen und der offene Vollzug müssen von den Bediensteten intensiv begleitet und überwacht werden. Mit vielen Gefangenen führt ein Psychologe oder Sozialdienstmitarbeiter regelmäßige Gespräche, um diese anspruchsvolle Phase intensiv zu begleiten. Häufig ergeben sich belastende Situationen im Arbeitsbereich eines Freigängers oder bei Kontakten zur Familie, zu einer Partnerin oder anderen Bezugspersonen. Zwar ist es erforderlich, die Gefangenen ausreichend im Blick zu behalten, um Fehlentwicklungen und insbesondere neuerlichen Straftaten vorzubeugen. Da den Gefangenen bewusst in der Eingliederungs- und

Erprobungsphase Freiräume eingeräumt werden, hat die Überwachung jedoch Grenzen. Manchmal ist man auf Zufallsfunde angewiesen. So fielen uns bei einer Zimmerkontrolle Unterlagen in die Hände, aus denen sich ergab, dass ein wegen Betruges mehrfach vorbestrafter Inhaftierter eine Fortsetzung seiner kriminellen Karriere nach der Entlassung anstrebte. Er hatte längere Zeit an einer Gesprächsgruppe teilgenommen, die von Vollzugshelfern einer evangelischen Gemeinschaft geleitet wurde. Ein erheblicher Teil der in der Runde besprochenen Inhalte war religiöser Natur. Der Gefangene hatte sich von den Gesprächen und Diskussionen bestimmte Inhalte herausgepickt und ein Konzept erarbeitet, mit dem er nach der Entlassung als eine Art christlicher Guru Jünger um sich scharen wollte, die er dann offenbar als Melkkühe für seinen Lebensunterhalt ausnutzen wollte. Dies konnte, zumindest während der Haft, die der Gefangene im geschlossenen Vollzug verbringen musste, verhindert werden. Die Anzahl der im offenen Vollzug untergebrachten Gefangenen ist in den letzten Jahren in Rheinland-Pfalz deutlich gesunken. Der Prozentsatz der im offenen Vollzug untergebrachten Männer unterscheidet sich in den einzelnen Bundesländern erheblich. Die Quote liegt in Nordrhein-Westfalen mit stets über 20 % sehr hoch, in vielen Ländern allerdings deutlich niedriger um etwa 6-7 %. Dies hängt teilweise mit der rechtspolitischen Linie des jeweiligen Bundeslandes zusammen. In Rheinland-Pfalz betrug die Quote 2016 (Stichtag 31.03.2026) noch immerhin 11 %, reduzierte sich allerdings im Laufe der Jahre auf 7,3 %.[111] [112]

Der Grund für die Veränderung der Anzahl der im offenen Vollzug Untergebrachten in Rheinland-Pfalz ist nicht in der rechtspolitischen Linie zu sehen, wie dies wohl für einige Bundesländer gilt, sondern hat überwiegend andere Gründe. Nur eine geringe Bedeutung für den Rückgang der

Freigängerzahlen hat die Reduzierung der Haftplätze des offenen Vollzuges. Bei der Festsetzung der Belegungsfähigkeit eines Freigängerhauses durch das Justizministerium wurde früher von einer gemeinschaftlichen Unterbringung von zwei oder im Einzelfall auch mehr Gefangenen ausgegangen. Da § 18 Absatz 1 Landesjustizvollzugsgesetz (LStVollzG) auch im offenen Vollzug die Einzelunterbringung während der Einschlusszeiten vorsieht, halbierte sich zwar die Anzahl der Haftplätze. In Zimmern, wo zuvor zwei oder drei Gefangenen untergebracht waren, durfte nur noch ein Inhaftierter beherbergt werden. Allerdings ist fraglich, ob man im offenen Vollzug, wo die Gefangenen nicht nachts in den Hafträumen eingeschlossen werden, von Einschlusszeiten sprechen kann. Da zudem mit Zustimmung der Gefangenen eine gemeinschaftliche Unterbringung möglich ist, hat die Änderung der Belegungsfähigkeit in der Praxis letztlich nur eine geringe Auswirkung (§ 18 Abs. 2 S. 1 LStVollzG). Im Zweifel teilt sich ein Gefangener lieber das Zimmer mit einer weiteren Person, statt im geschlossenen Vollzug verbleiben zu müssen. Zudem wird auch die reduzierte Belegungsfähigkeit von den Justizvollzugsanstalten oft nicht ausgeschöpft. Maßgeblicher Anlass und Grund für den Rückgang der Belegungszahlen in den rheinland-pfälzischen Freigängerhäusern ist eine fatale Fehlentscheidung des Landgerichts Limburg. Nachdem ein Freigänger der JVA Diez einen Mord begangen hatte, wollte man drei Bedienstete – zwei aus der JVA Wittlich, von der der Gefangene nach Diez verlegt worden war, und einer aus der Diezer Einrichtung – wegen fahrlässiger Tötung zur Verantwortung ziehen, da sie an der Entscheidung über den Freigang und die Verlegung in den offenen Vollzug beteiligt waren.

Ein mehrfach wegen Fahrens ohne Fahrerlaubnis vorbestrafter Gefangene setzte sich unerlaubt im Rahmen eines

Ausgangs ans Steuer und geriet in das Visier der Polizei, die ihn verfolgte. Nachdem er zunächst vorgetäuscht hatte, auf einem Parkplatz anzuhalten, fuhr er als Geisterfahrer in die entgegengesetzte Richtung. Dennoch setzte die Polizei mit zwei zivilen Fahrzeugen die Verfolgung bis zu einem von dem Freigänger verursachten tragischen Unfall fort, bei dem eine junge Frau zu Tode kam. Ein mit bedingtem Vorsatz begangener Mord, da der Fahrer mit seiner Geisterfahrt den Tod anderer Verkehrsteilnehmer in Kauf genommen hatte, stellte das Gericht zu Recht fest und verurteilte den Täter zu einer lebenslangen Freiheitsstrafe. Da die von dem Freigänger begangene Straftat in Hessen begangen wurde und damit auch die den Bediensteten vorgeworfene fahrlässige Tötung, wurde das Landgericht Limburg und nicht ein rheinland-pfälzisches Gericht zuständig. Das erstinstanzliche Gericht hat daraufhin zwei Bedienstete, die an der Entscheidung über die Verlegung in den offenen Vollzug und den Freigang beteiligt waren, jeweils zu neunmonatigen Freiheitsstrafen auf Bewährung verurteilt. Hier sollte offenbar ein Exempel statuiert werden. Ein bis zu diesem Zeitpunkt einmaliger Vorgang. Die Bediensteten hätten, wäre das Urteil rechtskräftig geworden, mit hoher Wahrscheinlichkeit ihren Beamtenstatus und ihre Arbeitsstelle verloren. Sie hätten zudem die hohen Prozesskosten zu tragen gehabt. Auch zivilrechtliche Forderungen der Angehörigen des Opfers wären wohl auf die Beamten zugekommen. Ein bedrohliches Damoklesschwert, das über den beiden schwebte und eine äußerst schwere psychische Belastung darstellte. Das Fehlurteil wurde vom Bundesgerichtshof mit seiner Entscheidung 26.11.2019, AZ 2 StR 257/18, aufgehoben und die Beamten freigesprochen. Das Gericht führte unter anderem Folgendes aus: „Daraus ergibt sich ein bedingtes Recht der Strafgefangenen auf vollzugsöffnende Maßnahmen als Teil des verfassungsrechtlich gesicherten Anspruchs auf Resozialisierung, der die Justizvollzugsanstalt berechtigt, bei Vollzugslockerungen vertretbare Risiken einzugehen. Auch die Verfassung gebietet, den Strafvollzug auf das Ziel der Resozialisierung der Gefangenen hin auszurichten. Der Gefangene hat aus Art. 2 Abs. 1 i. V. m. Art. 1 Abs. 1 GG einen Anspruch darauf, dass dieser Zielsetzung genügt wird (vgl. BVerfG, Urteil vom 1. Juli 1998 – 2 BvR 441, 493/90, 618/92, 212/93 und 2 BvL 17/94, BVerfGE 98, 169, 200). Allerdings besteht zwischen dem rechtsstaatlichen Interesse, die Vollstreckung rechtskräftig erkannter Freiheitsstrafen sicherzustellen und die Allgemeinheit vor Straftaten zu schützen, und dem Resozialisierungsinteresse des Gefangenen ein Spannungsverhältnis (vgl. BVerfG, Beschluss vom 28. Juni 1983 – 2 BvR 539, 612/80, BVerfGE 64, 261, 276). Der Gewährung vollzugsöffnender Maßnahmen sind Grenzen dort gesetzt, wo die Befürchtung besteht, der Gefangene werde sich dem Vollzug der Freiheitsstrafe entziehen oder eine Lockerung des Vollzugs zu Straftaten missbrauchen (vgl. BVerfG, Beschluss vom 1. April 1998 – 2 BvR 1951/96, NStZ 1998, 430)."

Diese Grenze wurde nach Auffassung des Gerichtes bei den Entscheidungen der Justizvollzugsanstalten beachtet. Die Entscheidungsträger der beiden Einrichtungen hatten den rechtlichen Beurteilungsspielraum bei der Frage, ob eine Missbrauchsgefahr vorliegt, nicht überschritten. Der Freigänger, der zum Mörder wurde, hatte kein Suchtproblem, lebte in einer festen Beziehung und hatte Straftaten eher niedriger Kriminalität begangen. Ein Restrisiko ist letztlich bei keinem Gefangenen auszuschließen, daher auch nicht dem Freigänger, der „nur" Vorstrafen wegen Fahrens ohne Fahrerlaubnis hatte. Müsste man dies tun, wären vollzugsöffnende Maßnahmen gänzlich abzuschaffen. Würde man den Gedanken weiterspinnen, wären auch keine positiven Entscheidungen der Richter über die bedingte Entlassung eines Gefangenen mehr möglich, denn auch die hierfür erforderliche gute Kriminalprognose kann sich im Nachhinein als falsch herausstellen.

Das zweitinstanzliche Urteil des Bundesgerichtshofes, wenngleich im konkreten Fall den Bediensteten kein Vorwurf gemacht werden konnte, enthielt jedoch die deutliche Botschaft, dass eine Fehlentscheidung einen hierfür Verantwortlichen um die Existenz bringen kann. Trotz aller Sorgfalt und des zweifelsohne vorhandenen Verantwortungsbewusstseins der Mitarbeiter bei Entscheidungen über vollzugsöffnende Maßnahmen sind Fehler nie gänzlich ausgeschlossen ebenso wie bei dem Führer eines LKW, der 500.000 Kilometer konzentriert fährt und in einem Moment der Unachtsamkeit einen folgenreichen Verkehrsunfall verursacht. Solche Fehler können beispielsweise sein, dass ein wesentlicher Gesichtspunkt übersehen oder unzureichend gewichtet wurde oder ein unvollständiger Sachverhalt bei der Entscheidung über vollzugsöffnende Maßnahmen zugrunde gelegt wurde, das heißt ein maßgeblicher Aspekt übersehen wurde.

Trotz der Freisprüche der Bediensteten hat das Strafverfahren zu einer erheblichen und nachhaltigen Verunsicherung insbesondere der rheinland-pfälzischen Bediensteten, die das Gerichtsverfahren intensiv verfolgt hatten, geführt und eine übermäßige Zurückhaltung bei vollzugsöffnenden Maßnahmen bewirkt. Die Bereitschaft, die Gefangenen angemessen und effizient mit Vollzugslockerungen und dem offenen Vollzug auf die Freiheit vorzubereiten, ist deutlich geringer geworden. Indem viele Gefangene aus dem geschlossenen Vollzug heraus wenig vorbereitet und kaum erprobt entlassen werden, vermeidet man zwar Straftaten während der Haft, verschiebt aber das Kriminalitätsrisiko umso mehr auf die Zeit nach der Entlassung. Dadurch, dass man die Messlatte für Gefangene, bei denen vollzugsöffnende Maßnahmen verantwortbar zur Entlassungsvorbereitung geboten gewesen wären, schleichend höhergelegt hat, wird dem Bürger eine trügerische Scheinsicherheit suggeriert. Selten kommt es im offenen Vollzug zu einer Flucht und noch weniger zu Straftaten. Im Verhältnis zu der Anzahl der gewährten Vollzugslockerungen liegt die Anzahl der Gefangenen, die nicht oder deutlich verspätet aus einem Urlaub oder Ausgang zurückkehren, im Promillebereich. Eine Flucht erstreckt sich kaum über einen längeren Zeitraum. Zumeist werden Gefangene bald gefasst oder kehren freiwillig in die Anstalt zurück. Während meiner Diezer Zeit war ich recht überrascht über einen Telefonanruf eines flüchtigen Inhaftierten, der mit mir über die Rückkehrmodalitäten verhandeln wollte. Er erklärte treuherzig, er habe nichts Böses angestellt und lediglich familiäre Probleme regeln wollen, denn er sei davon ausgegangen, dass seine deutlich jüngere Frau sich einem anderen Mann zugewandt hätte. Dies sei aber nun geklärt. Der Gefangene forderte als Gegenleistung für die freiwillige „Rückkehr" nach dem Motto „Man kann es ja mal versuchen" seinen Verbleib im offenen Vollzug. Ich ließ mich auf diesem Kuhhandel nicht ein, sondern signalisierte ihm lediglich, dass er seine Situation mit der Rückkehr nur verbessern könne, im Falle der weiteren Abwesenheit jedoch nicht mehr die geringste Chance bestehen würde, dass das Gericht noch einen kleinen Strafrest zur Bewährung aussetzen würde. Jedenfalls müsse er zunächst in den geschlossenen Vollzug zurück. Meine ehrliche Antwort hielt ihn erfreulicherweise nicht von der Rückkehr ab. Ich hatte den Eindruck, dass er sich bereits vor dem Gespräch entschlossen hatte, zur JVA zurückzukehren. Ein Leben in der Illegalität bedeutet für Gefangene wie den noch nicht kriminell verfestigten Anrufer einen enormen psychischen Druck. Ihm war zudem bewusst, dass er nicht um die Verbüßung des Strafrestes herumkommt. Es wäre nicht sinnvoll gewesen, dem Gefangenen falsche Versprechungen zu machen. Es ist für die Akzeptanz eines Anstaltsleiters und einen Mitarbeiter wichtig, dass man als geradlinig und ehrlich erlebt wird. Hätte ich dem Gefangenen unrealistische Hoffnungen gemacht, hätte sich dies in Windeseile im Gefängnis herumgesprochen.

Kapitel 44: Die Psychologen

In Justizvollzugsanstalten wie Diez, wo zumeist langjährige Freiheitsstrafen vollzogen werden, hört man noch häufiger den Knast-Slang. Beispielsweise bezeichnen Gefangene Psychologen gerne als Dachdecker. Mitarbeiter, die die undichten Stellen im Kopf eines Gefangenen zu verschließen suchen, ist das Bild, das manche Inhaftierten vor sich haben, die einen Psychologenbesuch als Ehrkränkung ansehen. Zu dieser Gruppe gehören die „alten Knackis“, wie sich Hafterfahrene selbst sehen. Sie werden ohne Not keinen dieser Fachkräfte von sich aus aufsuchen, es sei denn, sie möchten irgendwelche Vorteile erzielen. Der Psychologe wird dann als Hürde wahrgenommen, die zu überwinden ist, um Vollzugslockerungen zu erhalten oder früher entlassen zu werden. Ein erheblicher Teil der Gefangenen nimmt jedoch gerade in Krisensituationen die Hilfe dieser Fachkräfte in Anspruch. Wie außerhalb der Gefängnismauern sind Inhaftierte anders als früher vermehrt bereit, die Hilfe eines Psychologen anzunehmen. Einem Gefangenen, der eine Gewalt- oder Sexualstraftat begangen hat, vielleicht zusätzlich eine ausgeprägte Drogenproblematik oder eine schwere Persönlichkeitsstörung besitzt, schreibt man bereits zu Beginn der Strafhaft ins Stammbuch, dass er sich einer Therapie unterziehen soll. In den Vollzug- und Eingliederungsplänen, die für nahezu alle Gefangenen nach dem Landesstrafvollzugsgesetz zu erstellen sind und regelmäßig fortgeschrieben werden, wird man dies Vorgabe häufig finden. Ignoriert dies ein Gefangener, wird er weiter auf der Stelle treten. Vor allem aber wird sich zu Lasten der Allgemeinheit seine Kriminalprognose nicht bessern. „Dann mach ich eben Endstrafe. So seh’ ich auch keinen Bewährungshelfer mehr“, ist die trotzige Reaktion des ein oder anderen, dem es wichtig ist, unabhängig zu bleiben, und der die Freiheitsstrafe bis zum letzten Tag absitzt. Von einer therapeutischen Maßnahme sollte man einerseits keine Wunderdinge erwarten. Eine Therapie ist zwar kein Radiergummi, mit dem man dunkle Flecken restlos wegrubbeln kann. Sie ist aber ein Mittel, um Persönlichkeitsdefizite zu reduzieren und Halt gebende Stärken zu entwickeln. Nicht selten begibt sich ein Gefangener mit Widerwillen in eine Behandlungsmaßnahme oder nur wegen der genannten erhofften Vorteile. Andererseits gerät diese Sekundärmotivation mehr in den Hintergrund, wenn der Inhaftierte im Laufe der Behandlungsmaßnahme erkennt, dass die Therapie ihm persönlich etwas bringt und er bei sich eine Weiterentwicklung wahrnimmt.

Einer meiner ehemaligen Mitarbeiter aus dem psychologischen Dienst beschrieb die Aspekte, die für seine Arbeit mit den Gefangenen prägend sind: „Wesentliche Grundlage und Voraussetzung dafür, dass ein Zugang zu den Gefangenen gefunden wird, ist eine respektvolle Begegnung mit der Gefangenen. Dies ist Grundlage für vertrauensvolle Gespräche, die nicht moralisierend sein dürfen. Auf dieser Basis muss der Psychologe motivieren, über das bisherige Leben nachzudenken und darüber, was zu der Straftat und Haft geführt hat. Die Straftataufarbeitung erfolgt in Einzelgesprächen mit therapeutischem Charakter oder auch unterstützenden Gesprächen."

Die Erfolge einer therapeutischen Intervention sind nur schwer messbar. In welchem Umfang sie kausal sind für die spätere Straffreiheit, lässt sich kaum eindeutig feststellen. Auch dem eben zitierten Anstaltspsychologen fehlt eine unmittelbare Erfolgskontrolle, die über die Zeit der Inhaftierung hinausgeht: „Erfolge der Tätigkeit des psychologischen Dienstes sind nicht messbar, da wir auch im Einzelfall keine Rückmeldung über das Verhalten nach der Inhaftierung erhalten. Erfolge muss man eher selbst sichtbar machen. Wird eine längere Gesprächsreihe geführt, kann ein Gefangener gebeten werden, uns nach der Entlassung anzurufen, insbesondere wenn Hilfe notwendig ist. Wir erhalten gelegentlich Anrufe, in denen sich Entlassene insbesondere dafür bedanken, dass man sich ihnen gegenüber respektvoll verhalten und sie als Mensch ernst genommen hat. Dies ist eine ganz zentrale Botschaft. Nicht alle Gefangenen erleben diesen Respekt beziehungsweise nehmen ihn wahr. Insbesondere ein Teil der im stärkeren Maße persönlichkeitsgestörten Gefangenen ist hierzu nicht in der Lage. Ein respektvoller Umgang mit der Inhaftierten kann im ein oder anderen Fall auch sicherlich deren Selbstvertrauen gestärkt haben. Natürlich ist nicht ausschließbar, dass sich nur die Inhaftierten bei uns wieder melden, deren Wiedereingliederung einen positiven Verlauf genommen hat."

Psychologen einer JVA definieren ihre Rolle innerhalb des Personalkörpers entscheidend dadurch, welche Schwerpunkte sie bei der Tätigkeit setzen. Sitzen sie weit entfernt von anderen Mitarbeitern in einem akademischen Elfenbeinturm, um vorzugsweise aufwändige und scheinbar perfekte Begutachtungen von Inhaftierten zu erstellen, wird die Akzeptanz der Kolleginnen und Kollegen aus dem allgemeinen Vollzugsdienst überschaubar sein. Doch solche Psychologen sind die Ausnahme. Mitarbeiter erwarten, dass der Psychologe hingeht, wenn es irgendwo brennt; wenn ein Gefangener in eine Krise gerät, etwa suizidgefährdet erscheint oder es Anhaltspunkte dafür gibt, dass sich ein psychiatrisches Krankheitsbild entwickelt. Der allgemeine Vollzugsdienst erwartet professionelle Unterstützung, wenn ein schwer persönlichkeitsgestörter Inhaftierter kaum noch führbar ist und Mitarbeiter ständig provoziert. Ich erinnere mich an einen Strafgefangenen mit einer Borderline-Persönlichkeitsstörung, die unter anderem durch plötzliche Stimmungsschwankungen und Impulsivität gekennzeichnet ist. Die für dieses Störungsbild auch typische extreme Angst vor Zurückweisung durch andere Menschen führte dazu, dass er Signale im Verhalten anderer Menschen fehlinterpretierte. So beleidigte er einen Mitarbeiter wütend mit Schimpfworten, der ihn vermeintlich im Flur des Haushauses übersehen und nicht zurückgegrüßt hatte. Ein Psychologe griff dies auf und erklärte den Mitarbeitern des allgemeinen Vollzugsdienstes anschaulich das Störungsbild eines Borderliners und wie man am besten damit umgeht. Hierdurch fiel es den Mitarbeitern leichter, mit dem Inhaftierten zurechtzukommen, sein Verhalten nicht persönlich zu nehmen, aber ihm auch adäquat und ruhig Grenzen zu setzen.

Ein Anstaltspsychologe gehört zum Stab eines Anstaltsleiters. Er ist ein geschätzter und gefragter fachlicher Ratgeber, der den Behandlungsauftrag im Blick hat. Er sollte jedoch das Gesamte sehen und zum Beispiel auf atmosphärische Störungen innerhalb eines Gefängnisses hinweisen, Verbesserungsvorschläge machen, Initiative und Kreativität zeigen. Er sollte sich trauen, scheinbar positive Veränderungen noch kritisch zu hinterfragen und nicht als gegeben hinzunehmen. Zum Beispiel hatte die JVA Diez in den Jahren 1996 bis 2002, als ich dort bereits in der Anstaltsleitung tätig war, nach und nach eine Zellenrufanlage erhalten. Es handelte sich um eine Gegensprechanlage. Dies überfällige Baumaßnahme entlastete die Mitarbeiter des allgemeinen Vollzugsdienstes einerseits sehr. Gefangene und Bedienstete konnten nunmehr ohne viele Laufwege mit Hilfe der neuen Technik miteinander kommunizieren. Seitdem befindet sich in den Zellen ein Druckknopf, um den Gesprächswunsch zu signalisieren, ein zweiter dient als Notrufknopf. Zuvor mussten sich die Gefangenen per Knopfdruck mit Hilfe eines Lichtsignals bemerkbar machen, wenn sie ein Anliegen hatten. Der Bedienstete musste sich dann stets auf den Weg zum Haftraum machen, um dem Inhaftierten die Möglichkeit zu geben, sich zu äußern. Die Gegensprechanlage besitzt allerdings den Nachteil, dass der Kanal nicht offen ist, sondern stets nur einer sprechen kann. Anders als bei einem unmittelbaren persönlichen Kontakt kann man sich daher nur nacheinander äußern. Jedes Gespräch hat deshalb einen etwas sperrigen Charakter. Einem der Psychologen war zwar bewusst, dass die Gegensprechanlage zur Entlastung des allgemeinen Vollzugsdienstes notwendig war. Er befürchtete andererseits, mit dem Einbau der neuen Anlage werde eine größere Distanz zwischen Bediensteten und Gefangenen entstehen. Als Fachmann wusste er, dass infolge der Verringerung der unmittelbaren Begegnung wesentliche Aspekte der Kommunikation wegfallen, die zu 80 % von nonverbalen Anteilen wie Mimik und Gestik bestimmt wird. Dagegen machen die sprachlichen Botschaften nur 20 % aus.

Doch bewahrheitete sich seine Befürchtung in der Praxis nicht. Zwar wurde mancher Weg zur Zelle bei alltäglichen kleinen Anliegen entbehrlich. Den Diezer Beamten waren jedoch die Nachteile der Gegensprechanlage bewusst und sie pflegten nach wie vor einen guten unmittelbaren Kontakt zu den Inhaftierten. Den Gefangenen wie auch den Bediensteten war in dieser Einrichtung bewusst, dass sie eine große Strecke ihres Lebens gemeinsam gehen und daher auch bewältigen mussten. Bedienstete wie auch Gefangenen machen die Erfahrung, dass ein guter Umgang miteinander allen das Leben erleichtert. Dass der kritische Psychologe auf die möglichen Folgen einer geringeren unmittelbaren Kommunikation mit den Inhaftierten hingewiesen hatte, war hilfreich. Tritt anhaltendes Schweigen an die Stelle der Kommunikation, wird man kaum noch einen Draht zu den Inhaftierten finden können. Ist das Tischtuch zwischen einem Mitarbeiter und einem Bediensteten einmal zerschnitten, besteht die Gefahr eines dauerhaften Konfliktpotentials. Angesichts der langen Aufenthaltszeiten in der JVA Diez kann ein Problem nicht, wie dies bisweilen in Gefängnissen mit kürzeren Strafen vorkommt, bis zur zeitlich eher überschaubareren Entlassung ausgesessen werden.

Leider hat schon seit einigen Jahren das Zeitfenster, das Psychologen für die unmittelbare Arbeit mit den Gefangenen zur Verfügung steht, abgenommen. Die Gewichte haben sich trotz oft personeller Verbesserungen verschoben. Mancher Therapeut wurde in die Rolle des „Absicherungspsychologen" gedrängt, der ausführliche und wissenschaftlich exakte Stellungnahmen und Gutachten abgibt. Vermehrt wird geschrieben statt betreut und behandelt. Gerade in Einrichtungen mit längeren Freiheitsstrafen und schwereren Delikten wird auf der Basis anerkannter Testungen, Explorationsgespräche und eines Aktenstudiums eine Vielzahl an Stellungnahmen und Gutachten unter anderem zur Vertretbarkeit von Vollzugslockerungen und einer bedingten Entlassung erstellt. Sie erreichen häufig den Umfang von Masterarbeiten. Doch sollte bei den Verfassern eine gewisse Demut über die Treffsicherheit der Werke vorhanden sein. Zum Beispiel sind bei einem gängigen Test, mit dem Psychopathiewerte ermittelt werden, für jedes Merkmal wie zum Beispiel „fehlende Empathie" ein Wert von 0 (keine Ausprägung), 1 (teilweise Ausprägung) und 2 (volle Ausprägung) anzugeben. Zwischen einem Punktwert von 1 und 2 sind die Übergänge fließend. Zudem obliegt es auch dem Beurteilungsspielraum des Psychologen, wie er die Grenzen zieht. Ist ein Mitarbeiter noch weniger berufserfahren, wird er eher zur Vorsicht neigen und schneller zu dem höheren

Psychopathiewert und damit zu einem negativeren Ergebnis kommen.

Übergroße Vorsicht und Ängstlichkeit werden allerdings vermehrt dazu führen, dass auf eigentlich vertretbare Entlassungsvorbereitung mit Hilfe von Vollzugslockerungen verzichtet wird. Ein Anstaltsleiter oder Vollzugsabteilungsleiter, der hierüber befindet, wird sich kaum über das Votum des Psychologen hinwegsetzen. Der psychologische Dienst wird daher von vielen Gefangenen als eine sehr mächtige Instanz erlebt. Dieser Verantwortung sollte sich diese Berufsgruppe bewusst sein.

Je mehr sich die Bürger gerade in als unsicherer erlebten Zeiten der Illusion eines hundertprozentig sicheren Strafvollzuges hingeben, umso mehr steht das Scheitern eines Inhaftierten während der Haft im Blickpunkt der Öffentlichkeit. Wenn der Gefangene während des Ausgangs eine Straftat begeht, war zweifelsohne die Prognose der Anstalt und des beteiligten Psychologen falsch, lautet das Urteil. Dass menschliches Verhalten nur begrenzt vorhersehbar, nicht mathematisch messbar ist und eine Persönlichkeit nicht in allen Facetten erfassbar ist, wird hierbei tunlichst übersehen.

Ich habe noch das Bild eines Psychologen in besonders guter Erinnerung, der sich schon seit einiger Zeit im Ruhestand befindet. Er verfasste kurze knackige, aber dennoch treffsichere Stellungnahmen, engagierte sich aber sich umso mehr als Betreuer und Therapeut, weil er dies als seine wesentliche Aufgabe ansah. In der Zeit eines Engpasses war er sich nicht einmal zu schade, die zusätzlich die überwiegend administrative Aufgabe des Vollzugsabteilungsleiters einer Gefangenenabteilung zusätzlich zu übernehmen. Für seine Stellungnahmen musste er sich nicht nur auf die oben genannten Grundlagen stützen, weil er einen intensiven Kontakt zu den Gefangenen seiner Vollzugsabteilung pflegte. Bei vielen Gelegenheiten hatte er bereits in seinem Berufsalltag einen unmittelbaren Eindruck von den Inhaftierten gewonnen. Der engagierte Psychologe führte einzeltherapeutische Maßnahmen wie auch Gruppenangebote durch. Sein Büro lag innerhalb dieser Vollzugsabteilung. In dem Bereich standen tagsüber und abends zumeist die Haftraumtüren offen, so dass die Gefangenen ohne große bürokratische Hindernisse Kontakt zu dem Mitarbeiter aufnehmen konnten.

Kapitel 45: Sexualstraftäter und Grenzen der Resozialisierung

Die Rückfallgefahr bei Sexualstraftätern ist unterschiedlich hoch. Sie ist auch bei dieser Tätergruppe von der Art der Delikte, der Persönlichkeit der Gefangenen und deren Änderungsbereitschaft abhängig. Nicht jeder Täter ist zudem therapiefähig. Erstmals begegnete ich diesen Inhaftierten während meiner Referendarzeit Ende der achtziger Jahre. Ein Gefangener, der wegen versuchten Mordes und Vergewaltigung eines kleinen Mädchens eine langjährige Freiheitsstrafe zu verbüßen hatte, wurde vom geschlossenen Vollzug in den offenen zurückverlegt. Da sich seine Haftzeit dem Ende zuneigte und er eine Therapie bei einem Anstaltspsychologen absolviert hatte, kam man zu der Überzeugung, es sei verantwortbar, ihn im letzten Haftjahr im offenen Vollzug zu erproben. Eine Entscheidung, die sehr gründlich abgewogen worden war. Der Gefangene hatte, wie es schien, erfolgreich eine Therapie absolviert. Doch besaß er keinerlei Außenkontakte. Er sollte ins Erwerbsleben integriert werden, um nach der Entlassung seinen Lebensunterhalt selbst bestreiten zu können. Eine überschaubare Zeit der Vorbereitung im offenen Vollzug war jedenfalls notwendig. Wenige hundert Meter vom Freigängerhaus entfernt liegt ein Kinderspielplatz. Eine Mitarbeiterin der Anstalt machte einen Spaziergang in unmittelbarer Nähe. Plötzlich fiel ihr auf, dass ein Mann etwas verdeckt hinter den Büschen stand, die den Spielplatz umsäumten, und augenscheinlich die Kinder begaffte. Die Mitarbeiterin meldete dies unmittelbar der Anstaltsleitung, die eine intensive Untersuchung des Zimmers des Gefangenen im Freigängerhaus veranlasste. Dort wurde ein Bündel mit Fotografien und Bildern von nackten Kindern entdeckt, die der Gefangene aus Zeitschriften und Katalogen ausgeschnitten hatte und offenbar der sexuellen Stimulation dienten. Der Gefangene wurde in den geschlossenen Vollzug zurückverlegt, wo er bis zu seiner Entlassung untergebracht war. Dieser fehlgeschlagene Versuch, einen pädophilen Sexualstraftäter zu resozialisieren, stimmte mich sehr nachdenklich. Ich fragte mich, ob es möglich ist, solche triebgesteuerten Straftaten mit einer ausreichenden Sicherheit zu verhindern. Wie ich Jahre später erfahren habe, wurde der Mann einige Zeit nach der Entlassung erneut einschlägig straffällig. Häufig fehlt diesen Tätern bereits jegliches Unrechtsbewusstsein. Ein in der JVA Diez inhaftierter Gefangener, der ausgeprägte pädophile Neigungen besaß, rechtfertigte seine Straftaten damit, bei den Griechen sei die Knabenliebe kulturell akzeptiert gewesen. Der Inhaftierte zeigte keinerlei Bereitschaft, an therapeutischen Maßnahmen teilzunehmen. Ihm fehlte jegliche Opferempathie. Beide Gefangenen gehörten zur Gruppe der pädophilen Delinquenten, deren sexuelle Orientierung auf Kinder fixiert ist. Die Rückfallrate ist bei diesen Straftätern hoch. Therapeutische Maßnahmen zeigen nur im Einzelfall einen begrenzten Erfolg. Die sexuelle Orientierung ist nicht „wegtherapierbar". Ziel einer Therapie von pädophilen Straftätern ist vor allem, dass sie Unrechtsbewusstsein und Opferempathie entwickeln sowie die Fähigkeit erwerben, ihr triebhaftes Verhalten zu steuern. Sie müssen bereit sein, Versuchungssituationen aus dem Weg zu gehen, daher jegliche reizauslösenden Situationen wie den Besuch von Spielplätzen und Schwimmbädern zu meiden. Ein Therapeut darf sich nicht dadurch täuschen lassen, dass ein Gefangener auch eine Beziehung zu einer erwachsenen Frau unterhalten hat. Nicht selten versucht er damit seine pädophile Orientierung zu verdecken. Die Partnerschaft zu einer Frau begründet ein solcher Täter in diesen Fällen ausschließlich mit dem Ziel, deren Kinder sexuell zu missbrauchen.

Nur bei einem kleinen Teil der Täter, die wegen sexuellen Missbrauchs von Kindern verurteilt worden, liegt allerdings eine pädophile Fixierung vor. Sind die Opfer Mädchen, deren körperliche Entwicklung bereits das Stadium der Vorpubertät oder Pubertät erreicht hat, spricht dies gegen eine pädophile Fixierung. Befinden sich die Opfer in einem früheren Entwicklungsstadium, in dem die sekundären Geschlechtsmerkmale noch nicht erkennbar sind, liegt dagegen eine Pädophilie näher. Die allermeisten der nichtpädophilen Delinquenten fühlen sich durchaus eher von erwachsenen Frauen angezogen. Kinder werden von diesen Tätern als im Vergleich zu erwachsenen Frauen leichter manipulierbarere und verfügbare Ersatzobjekte benutzt. Während bei pädophilen Sexualstraftätern eine abweichende sexuelle Orientierung im Sinne einer ausgeprägten Perversion vorliegt, gilt dies nicht in gleichem Maße für diese Straftäter. Die Chancen, sie mit therapeutischen Maßnahmen so zu beeinflussen, dass keine Gefahr mehr für potentielle Opfer besteht, sind bei dieser Gruppe größer. Bei diesen Gefangenen handelt es sich, wie eine ehemalige Kollegin aus dem psychologischen Dienst es einmal formulierte, um „Grenzüberschreiter". Es sind Menschen mit gravierenden Persönlichkeitsstörungen, jedoch nicht um „Kranke" im Sinne einer Perversion. Laien sprechen fälschlicherweise von Krankhaften bei diesen Straftätern. Der Stempel einer Erkrankung ist hier jedoch fehl am Platz, zudem er etwas Entschuldigendes suggeriert. Die oft narzisstischen Täter setzten zielgerichtet ihre körperliche und psychische Dominanz ein, um ihre sexuellen Bedürfnisse zu befriedigen. Sie operieren zum Teil mit unmittelbarer Gewalt, noch mehr jedoch psychischem Druck und den

Ängsten des Kindes. Die Täter stammen zu mehr als neunzig Prozent aus dem nahen sozialen Umfeld, wie Vater, Stiefvater, Großvater, Onkel oder der Freund der Mutter, sind Trainer im Sport, Lehrer und auch Priester. Nicht selten schauen die Mütter weg oder wollen es nicht wahrhaben, dass ihr Partner oder ein Familienmitglied ihr Kind missbraucht. Die Kinder bleiben ihr Leben lang Opfer dieser traumatischen Erfahrungen. Sofern solche Erlebnisse überhaupt ausreichend aufgearbeitet werden, geschieht dies oft viel zu spät. Die Beweislage vor Gericht ist bisweilen schwierig, sofern der Täter kein Geständnis ablegt. Eine oft entscheidende Rolle spielen Glaubwürdigkeitsgutachten, die erfahrene Sachverständige über das Opfer abgeben. Über ein Drittel der Inhaftierten, die wegen sexuellen Missbrauchs verurteilt wurden, versucht die Legende des unschuldig Verurteilten gegenüber ihren Bezugspersonen aufrechtzuerhalten, um deren Zuwendung nicht zu verlieren. Ein gewisses Schamgefühl mag in dem ein oder anderen Fall auch eine Rolle spielen. Zumeist halten die Tatleugner ihre Verweigerungshaltung bis zum letzten Hafttag durch, obwohl sie sich dadurch die Chance auf eine bedingte Entlassung oder die Verlegung in den offenen Vollzug verscherzen. Nur in einem einzigen Fall hatte ich ansatzweise Zweifel an der Täterschaft eines Gefangenen, die auf seinem Verhalten und meinem persönlichen Eindruck basierten. Ich war damals noch Rechtsreferendar und nahm während meiner Ausbildungszeit an einem Gespräch teil, das einer der Anstaltspsychologen mit dem neu in die Anstalt gekommenen Gefangenen führte. Der schmächtige, aus Südeuropa stammenden Mann saß wie ein Häufchen Elend auf dem Stuhl, beteuerte ununterbrochen seine Unschuld und weinte hemmungslos. Von seinen stammelnden Äußerungen war kaum ein Satz zu verstehen. Es gibt allerdings Gefangene, die solche Emotionen auf Knopfdruck erzeugen können und Tränen vergießen, weil sie sich in ihr Selbstmitleid hineinsteigern. Ich fragte mich, ob der Gefangenen eine schauspielerische Glanzleistung abgegeben hatte oder wirklich etwas an seinen Unschuldsbeteuerungen dran war. Ich war mir nicht ganz sicher. Der Mann, der erst Anfang 40 war, verstarb nur wenige Tage nach diesem Gespräch an einem Herzinfarkt. Es ist für einen Mitarbeiter des psychologischen Dienstes äußerst schwierig, bei Straftätern, die ihre Delikte leugnen oder verharmlosen, einen Therapieansatz zu finden. Dennoch ist dies auch in solchen Fällen nicht ausgeschlossen. Die Psychologen versuchen hier herauszufinden, welche Bedeutung das Leugnen für den Straftäter besitzt. Sind die Wurzeln für diese Abwehr in einer Scham über die schweren Verfehlungen und dem Versuch, das Selbstwertgefühl zu erhalten, zu suchen, steht die Tür für therapeutische Maßnahmen zumindest einen Spalt offen. Die Strategie des Psychologen besteht dann darin, all das, was der Gefangenen nach der Tat auch noch in Haft erklärt, in dem Sinne zu akzeptieren, dass er zwar nicht Zweifel an den begangenen Delikten hat, jedoch die vom Täter geschilderte Version so stehen lässt. Behandlung mit dem Ziel der Kriminalprävention setzt an den Haltungen und Einstellungen des Inhaftierten an, indem der Therapeut verlangt, sich diesen zu stellen. Ausgeklammert wird aufgrund der Leugnungshaltung zwangsläufig die Tat. Thematisiert werden dagegen Einstellungen zum Beispiel zu Kindern und Frauen, eventuelle eigene Erfahrungen mit sexueller Gewalt in der Kindheit, da diese Faktoren regelmäßig mit der Tat unmittelbar in Verbindung stehen. Voraussetzung für dieses therapeutische Vorgehen ist, dass der Täter, obwohl er die ihm vorgeworfenen Straftaten leugnet, bereit ist, seine Einstellungen zu hinterfragen. Ein Psychologe macht hierbei eine Gratwanderung. Eine Notlösung, um die er jedoch nicht umhinkommt, da man jede Chance nutzen muss, um die Kriminalprognose zu verbessern. Irgendwann, sofern das Gericht nicht neben der Freiheitsstrafe die Sicherungsverwahrung verhängt hat, kommt der letzte Hafttag. Jedes Versäumnis der Anstalt vergrößert die Gefahr für potentielle Opfer. In einem Fall stieß ein externer Therapeut, der außerhalb der JVA eine Praxis betrieb, bei einem Tatleugner an seine Grenzen. Er behandelte einen Strafgefangenen, der zu einer langjährigen Freiheitsstrafe wegen eines sexuell motiviertes Gewaltdeliktes verurteilt worden war. Da der Inhaftierte die Straftat abstritt, nahm der Psychologe die Delikte in den Fokus, die dem Gewaltdelikt vorausgegangen waren, ebenso wie die Grundhaltungen und Einstellungen hierzu. Der Inhaftierte, der in den Nachtstunden als Spanner aufgefallen war, hatte bereits einige Vorstrafen wegen exhibitionistischer Handlungen. Jedoch gab es während der therapeutischen Gespräche einen Kippmoment, ab dem der Therapeut an der Schuld des Gefangenen ernsthafte Zweifel hatte und der Gefangenen diese Zweifel auch wahrnahm. Die Behandlungsmaßnahme wurde deshalb beendet. Eine hohe Rückfallgefahr von mehr als einem Drittel der Täter besteht bei Vergewaltigungsdelikten, bei denen das erwachsene Opfer dem Täter unbekannt war und es ihm überwiegend auf das Ausüben von sexualisierter Macht und Aggression ankommt. Therapeutische Maßnahmen stellen hier besonders hohe Anforderungen an die Fachkräfte. Auch bei dieser Tätergruppe ist die Rückfallrate vergleichsweise hoch, da eine schwere Persönlichkeitsstörung vorliegt. In den letzten Jahrzehnten hat man große Anstrengungen unternommen, um Sexualstraftäter so auf die spätere Freiheit vorzubereiten, dass das Rückfallrisiko so weit wie möglich reduziert ist. Die Sozialtherapeutische Anstalt in Ludwigshafen nimmt Strafgefangene auf, die sich für eine solche Behandlungsmaßnahme, die unter anderem aus Einzel- und Gruppentherapie besteht, eignen. In der JVA Diez gibt es eine vergleichbare Sozialtherapeutische Abteilung. Gemäß § 24 LJVollzG ist bei den Adressaten dieses Behandlungssettings Voraussetzung, dass bei ihnen „eine erhebliche Gefährlichkeit" vorliegt. Damit ist gemeint, dass schwerwiegende Straftaten gegen Leib oder Leben, die persönliche Freiheit oder die sexuelle Selbstbestimmung zu erwarten sind. Die überwiegende Anzahl der Sexualstraftäter gehört hierzu. Allerdings ist nur ein Teil für die sozialtherapeutischen Maßnahmen geeignet. Oft fehlt die Therapiefähigkeit wie bei Tatleugnern und Inhaftierten mit mangelnden Sprachkenntnissen oder zu geringen intellektuellen Fähigkeiten.

Seit 2009 bieten in Rheinland-Pfalz die Psychotherapeutische Ambulanz der Justiz in Ludwigshafen (PAJu Ludwigshafen) und die Psychotherapeutische Ambulanz der Justiz in Trier (PAJu Trier) ambulante Straftätertherapien für die Zeit nach der Entlassung an. Grundlage hierfür sind gerichtliche Weisungen, die im Rahmen der Führungs- und Bewährungsaufsicht erteilt werden. Trotz dieser wichtigen und sinnvollen Anstrengungen der Justiz kann nur mit einer begrenzen Aussagekraft prognostiziert werden, in welchem Umfang Behandlungsmaßnahmen erfolgreich sind. Wissenschaftliche Untersuchungen sind insoweit nur von einer begrenzten Treffsicherheit, da bei Sexualstraftaten von einer hohen Dunkelziffer ausgegangen werden muss. Viele Straftaten werden nicht oder sehr verspätet nach Jahren bekannt. Auch die Dunkelfeldforschung besitzt insofern nur eine begrenzte Aussagekraft. Unter dem Gesichtspunkt des Schutzes der Allgemeinheit kann das Gericht bei Sexualstraftätern unter bestimmten Voraussetzungen die Maßregel der Sicherungsverwahrung neben einer Freiheitsstrafe auch ohne eine frühere Verurteilung oder Freiheitsentziehung bereits nach der ersten schweren Tat anordnen. Bei Tatleugnern oder aus anderen Gründen nicht therapierbaren Sexualstraftätern bejahten die Gerichte in den letzten Jahrzehnten immer häufiger, dass die Voraussetzungen der Sicherungsverwahrung, nämlich eine Gefahr für die Allgemeinheit, vorliegt. Es handelt sich zweifelsohne um zum Schutz der Gesellschaft notwendige gerichtliche Entscheidungen.

Sexualstraftäter fallen in Justizvollzugsanstalten zumeist nicht mit Regelverstößen auf. Sie beanspruchen jedoch in besonderem Maße die Aufmerksamkeit des Personals, da sie in der Gefangenenhierarchie regelmäßig auf der untersten Stufe stehen und nicht selten von Mitgefangenen unterdrückt und schikaniert werden. Die Haft stellt daher für sie eine besondere Härte dar. So wunderte sich einer der Gefängnispfarrer, der einen Gefangenenchor ins Leben gerufen hatte, darüber, dass es so wenig Interessenten gab. Schließlich erfuhr er von einem der Sänger den Hintergrund. Er berichtete, dass manche Gefangene davon abgehalten werden, sich dem Chor anzuschließen, weil einer der Sänger wegen einer Sexualstraftat verurteilt sei.

Warum jemand in Haft ist, bleibt häufig nicht geheim. Gefangene, die in der Knasthierarchie höher stehen, verlangen nicht selten, dass andere Gefangene ihnen einen Nachweis über die begangenen Straftaten vorzeigen. Hierzu eignen sich Aktenmaterial wie etwa das Urteil oder der Aufnahmebogen, der von der JVA erstellt wird und alle Straftaten aufführt. In einem Fall wurde einem Gefangenen sogar ein gefakter Aufnahmebogen seitens der Anstalt ausgehändigt, um ihn zu schützen. Alternative Reaktion auf die Situation des Gefangenen wäre eine Verlegung in eine andere Anstalt gewesen. Dort hätte sich allerdings die problematische Situation möglicherweise von Neuem entwickelt. In englischen Gefängnissen werden Gefangene, die Sexualstraftaten begangen haben, in separaten Einrichtungen untergebracht. Dies ist einerseits eine sinnvolle Maßnahme, um diese Tätergruppe vor Anfeindungen anderer Inhaftierter zu schützen. Andererseits kann eine Zusammenballung dieser Strafgefangenen dazu führen, dass außerhalb des Blickfeldes der Bediensteten problematische gruppendynamischen Prozesse gefördert werden. Es besteht die Gefahr, dass Mitglieder dieser Gefangenengruppe sich mit in der Nähe der spezifischen Sexualdelinquenz gemeinsam mit sexuellen Inhalten beschäftigen oder zugänglich machen. Letztlich handelt es sich um eine Abwägung zwischen beiden Gefahrenfeldern.

Kapitel 46: Fesselungen und zerbrochene Menschen in der Einzelhaft

Zu den am häufigsten angeordneten besonderen Sicherungsmaßnahmen gehört die Fesselung. Die Gefangenen des geschlossenen Vollzuges werden bei Ausführungen gefesselt, wenn eine Fluchtgefahr angenommen wird. Zumeist wird nur eine Handfessel angelegt, selten kommt eine Fußfessel hinzu. Bei der Entscheidung darüber, ob eine Fessel angelegt wird, ist Augenmaß gefragt und der Grundsatz der Verhältnismäßigkeit zu berücksichtigen. Bei einer Ausführung wird der Gefangene anders als in der JVA der öffentlichen Wahrnehmung ausgesetzt. Die Fesselung an Händen und Füßen signalisiert Außenstehenden, dass es sich um eine gefährliche Person handelt, und enthält daher eine Botschaft, die auch der Inhaftierte wahrnimmt. Eine Ausführung, bei der ein Gefangener den Blicken anderer Menschen ausgesetzt ist, wird so zu einer Vorführung. Die Fesselung tangiert daher in besonderem Umfang die Persönlichkeitsrechte eines Gefangenen und darf daher keinesfalls leichtfertig angeordnet werden. Ein Anstaltsleiter muss dies seinen Mitarbeitern signalisieren. Während Voraussetzung für eine Fesselung innerhalb der JVA eine konkrete erhöhte Fluchtgefahr ist, liegt die Hürde, wenn sich ein Inhaftierter des außerhalb der Gefängnismauern befindet und somit alle baulichen und technischen Sicherungen des geschlossenen Vollzuges fehlen, deutlich niedriger. Dann genügt dem Gesetzgeber bereits die aufgrund der äußeren Umstände typischerweise erhöhte Gefahr der Entweichung.[113] An die Stelle von Mauern mit S-Draht, Kameras und verschlossener Räume treten zwei Beamte des allgemeinen Vollzugsdienstes und eben die Fesselung. Die Fesselung an den Händen ist bei Gefangenen des geschlossenen Vollzuges daher die Regel, sofern nicht eine Fluchtgefahr als gering eingeschätzt wird und man es bei der Aufsicht durch zwei Bedienstete belässt. Zwangsläufig haben die beiden Beamten, die den Gefangenen nach draußen zum Beispiel zu einem Gerichtstermin oder einem Facharzt begleiten und vor der Ausführung gründlich durchsuchen, sofern diese Aufgabe nicht von Kollegen übernommen wird, eine besonders hohe Verantwortung. Die Sicherheit hängt nahezu ausschließlich von ihnen ab. Gelingt es einem Gefangenen zu fliehen, spricht auf den ersten Blick alles dafür, dass Fehler gemacht wurden und Versäumnisse begangen wurden. Bei der hohen Zahl der Ausführungen ist es nahezu überraschend, dass es äußerst selten einem Gefangenen gelingt, bei einer Ausführung, bei der er gefesselt war, zu fliehen. In den 21 Jahren meiner Tätigkeit als Anstaltsleiter wäre dies ein einziges Mal beinahe einem Gefangenen gelungen, nachdem kurzzeitig dessen Handfessel gelöst worden waren. Nach etwa 200 Metern konnte er mit Hilfe eines Beamten des Gerichtes, der in der Freizeit Langstreckenläufer war und den Fluchtversuch zufälligerweise beobachtet hatte, wieder festgenommen werden. Von diesem „Beinahe-Fall“ abgesehen, waren die unzähligen beanstandungsfrei abgelaufenen Ausführungen ein deutliches Zeichen dafür, wie professionell und zuverlässig der allgemeine Vollzugsdienst arbeitet. Als noch erstaunlicher habe ich die geringe Missbrauchsquote bei Ausführungen im genannten Zeitraum erlebt, bei der die Gefangenen ungefesselt waren, weil die Entscheidungsträger der Anstalt eine Fluchtgefahr verneint hatten. Es ist eine Binsenweisheit, dass man in den Kopf eines Inhaftierten nicht hineinschauen kann und im Nachhinein stets schlauer ist. Dennoch gelang es einem Gefangenen nur in einem einzigen Fall zu fliehen. Der Mann hatte nur einen überschaubaren Strafrest wegen Eigentumsdelikten. Er war zum Grab des verstorbenen Vaters wenige Tage nach dessen Begräbnis ausgeführt worden. Die Bediensteten hielten einige Meter Abstand zu dem Gefangenen, um ihn seiner Trauer zu überlassen. Plötzlich rannte der Inhaftierte los und gelangte in dem unübersichtlichen und hügeligen Waldfriedhofsgelände innerhalb von Sekunden außer Sichtweite der Beamten. Der Gefangene hatte seine Flucht offenbar geplant und wohl auch Hilfe von außen. Ich vertraute den Angaben der Bediensteten in dem Wissen, dass es sich um ansonsten pflichtbewusste Mitarbeiter handelte und sie sich selbst am meisten über die Entweichung ärgerten. Erst einige Monate später, als ich zufälligerweise einem Sonntagsspaziergang in der Nähe des Friedhofes machte, schaute ich mir spontan das Gelände noch einmal an und stellte fest, dass die Angaben der Mitarbeiter über die Örtlichkeiten zutreffend waren. Nach einigen Monaten wurde der Gefangenen gefasst.

Neben der Fesselung gehört die Einzelhaft zu den einschneidensten besonderen Sicherungsmaßnahmen. Nur bei einer besonders hohen Gefahr ist sie vertretbar. Ein Anstaltsleiter muss täglich einen Blick darauf richten und prüfen, ob diese weitgehende Isolierung eines Inhaftierten zwingend erforderlich ist. Wie bei allen Entscheidungen über Sicherungsmaßnahmen bewegt man sich ständig zwischen den Polen Sicherheit und einem humanen Umgang mit den Gefangenen. Geht ein Entscheidungsträger den vermeintlich sicheren Weg und verhängt Sicherungsmaßnahmen bis zum Anschlag, um jegliche Gefahr auszuschließen, erhöht sich die Gefahr eines Suizides oder einer psychiatrischen Reaktion des in die Enge getriebenen und isolierten Gefangenen.

Der Gefangene, der in der JVA Diez eine lebenslange Freiheitsstrafe wegen Mordes verbüßte, war ein äußerst kränkbarer Mensch. Da Mitgefangene seine Schwäche erkannt hatten, war er das geborene Mobbingopfer für den ein oder anderen Inhaftierten. Wird ein Inhaftierter schikaniert, geschieht dies im Gefängnis regelmäßig nicht unter den Augen der Beamten. Der betroffene Mann wusste, dass das Verpetzen eines Mitgefangenen die Situation noch hätte verschlechtern können. Eine Ratte, wie die Gefangenen einen Verräter nennen, hat im Knast ein schweres Leben. Als der betroffene Gefangene, der die Situation nicht mehr ertrug, seinem Peiniger im Hafthausflur begegnete, zückte er das zu seinem Essensbesteck gehörende Messer, das zwar aus Weichstahl besteht, nur eine stumpfe Klinge hat und auch keine Spitze besitzt, jedoch dennoch angeschärft werden kann. Er näherte sich dem verhassten Mitgefangenen von hinten und schnitt ihm in den Hals Die Halsschlagader verfehlte er nur um einen Zentimeter. Das nicht sehr scharfe Messer führte glücklicherweise nicht zu schwerwiegenden Verletzung.

Damit hatte der junge Gefangene einen versuchten Totschlag, wenn nicht sogar versuchten Mord begangen. Er hätte zusätzlich zur lebenslangen noch eine weitere langjährige Freiheitsstrafe erhalten. Vollzugslockerungen und eine bedingte Entlassung wären bei dem Gefangenen für Jahrzehnte in weite Ferne gerückt. Dies wird ihm wohl bewusst geworden sein.

Um kein Risiko einzugehen, erhielt der Gefangene sehr weitgehende Sicherungsmaßnahmen, wurde von den Mitgefangenen isoliert und durfte nur die notwendigsten Gegenstände in seinem Haftraum besitzen. Der Gefangene sollte schnellstmöglich in eine psychiatrische Einrichtung des Justizvollzuges eines anderen Bundeslandes gebracht werden. Der damalige Anstaltsarzt ging zwar nicht von einem entsprechenden Krankheitsbild aus. Ich hatte dagegen Zweifel, ohne dies an irgendetwas festmachen zu können. Daher habe ich den Mediziner gebeten, Kontakt mit den Ärzten der psychiatrischen Einrichtung des Justizvollzugskrankenhauses Hohenasperg, Baden-Württemberg, aufzunehmen, die den rheinland-pfälzischen Einrichtungen in Einzelfällen geholfen haben. Rheinland-Pfalz hatte damals noch keine psychiatrische Abteilung. Erst Jahre wurde das Wittlicher Justizvollzugskrankenhaus damit ausgestattet. So waren wir auf den guten Willen der Baden-Württemberger Justiz angewiesen und die entsprechenden Aufnahmekapazitäten dort. Die Aufnahme in Baden-Württemberg verzögerte sich und wurde erst für Anfang Januar avisiert. Zwischen den Jahren wollte man niemand aufnehmen. Während dieser Wartezeit betrat ein Bediensteter eines Morgens die Zelle des Gefangenen, um die sogenannte morgendliche Rundumschau, eine erste Sicherheitskontrolle, die mit einer Kontrolle der Verfassung des Gefangenen verbunden ist, vorzunehmen. Im Vollzug bezeichnet man diese Kontrolle oft als Lebendkontrolle. Der Bedienstete betritt hierbei den Haftraum und wollte den Gefangenen begrüßen. Die Inhaftierten wissen, dass sie sich möglichst bemerkbar machen sollen. Es genügt ein leichtes Anheben des Armes. Doch der junge Gefangene hing leblos am Haftraumgitter.

Wir gingen zwar nicht von einer konkreten Suizidgefahr bei dem Inhaftierten aus. Ausschließbar war eine Kurzschlusshandlung oder auch ein Bilanzselbstmord angesichts der Perspektive, die ihm drohte, allerdings nicht. An der Zellenaußenwand war ein Artikel angeklebt, den er einer Illustrierten entnommen hatte. Der esoterisch angehauchte Text handelte von dem Astralkörper eines Menschen, der nach dem Tod des Körpers weiterlebe. Der Gefangene hat sich hiermit die Angst vom Sterben genommen, der für ihn offenbar der einzige Ausweg war. Ich fragte mich, ob man den Tod des jungen Mannes hätte verhindern können, wäre er zu einem früheren Zeitpunkt in eine psychiatrische staatliche Einrichtung gekommen. Ich fragte mich auch, ob die Betreuungsdichte zwischen den Jahren, wo viele Mitarbeiter wie auch die Sozialarbeiter und Psychologen Urlaub haben und der Personalbestand in der Anstalt regelmäßig knapp bemessen ist, ausreichend war. Vor allem fragte ich mich, ob die weitgehenden Sicherungsmaßnahmen einen Beitrag zu seinem Tod verursacht haben. Bis heute. Gerade bei Gefangenen, die als gefährlich zu betrachten sind, muss ein Anstaltsleiter Augenmaß bei der Verhängung von Sicherheitsmaßnahmen zeigen. Vor allem aber, wenn besondere Sicherungsmaßnahmen wie eine vorübergehende Einzelhaft notwendig sind und der Kontakt zu Mitgefangenen vorübergehend unterbrochen wird, muss ein Ausgleich geschaffen werden, um die Belastungen durch die Einzelhaft zu reduzieren. Dies geschieht etwa dadurch, dass Mitarbeiter der Anstalt einen regelmäßigen Kontakt zu den Gefangenen halten oder ein Kontakt mit ausgesuchten und besonders zuverlässigen Mitinhaftierten genehmigt wird. Ein Mitarbeiter aus dem allgemeinen Vollzugsdienst tat sich im Kontakt mit einem ehemaligen Geiselnehmer während dessen langer Phase der Einzelhaft besonders positiv hervor. Der Inhaftierte hatte Vertrauen zu ihm und spürte, dass der Beamte sich ernsthaft um ihn bemühte. Die Erfahrung des gegenseitigen Respektes war wie so häufig Grundlage dafür, dass es trotz oft sehr problematischer Konstellationen selten zu Eskalation und völligem Scheitern kommt. In vielen kleinen Schritten wurden die Sicherungsmaßnahmen bei dem Gefangenen zurückgefahren, bis er wieder normale Haftbedingungen hatte. Er missbrauchte seine Freiheiten nicht mehr. Ein Mitarbeiter sollte insbesondere bei restriktiven Maßnahmen, die die Gefangenen betreffen, wie der Fesselung und vor allem auch der Einzelhaft, in der Lage sein, sich in den Betroffenen hineinzuversetzen. Als Anstaltsleiter sollte man insoweit Vorbild sein.

Der evangelische Gefängnisseelsorger Fritz Philippi beschäftigte sich intensiv damit, welche Auswirkungen Sicherungsmaßnahmen wie Einzelhaft auf Gefangene haben, und stieß hierbei an die Grenzen seiner Belastbarkeit. Er war von 1904 bis 1911 im Diezer Zuchthaus, einer mittelalterlichen Höhenburg und Vorläuferin der 1912 erbauten JVA Diez tätig. Der auch schriftstellerisch tätige Pastor schrieb unter dem Pseudonym Gottlieb Hämmerling seine Erlebnisse auf, zu denen auch seine Erfahrungen mit isolierten Gefangenen gehörten. Der emphatische Seelsorger besaß eine kritische liberale Einstellung gegenüber dem damaligen Strafvollzug. Offenbar empfand er ein ausgesprochenes Mitleid mit den Häftlingen, das ihn bisweilen regelrecht zermürbt zu haben schien. So sperrte er sich in einem Selbstversuch in eine Zelle, um sich in die Situation eines Gefangenen besser hineinversetzen zu können. Er war jedoch derart von dieser Erfahrung berührt und erschüttert, dass er völlig apathisch geworden nicht mehr die Kraft hatte, die Zelle zu öffnen und eigenständig zu verlassen. Nachdem er bereits zu Hause vermisst worden war, fand ihn ein Mitarbeiter des Zuchthauses und brachte ihn wie einen Kranken aus der Anstalt.[114]

In der Erzählung „Hans im Glück" berichtet Fritz Philippi von einem Gefangenen, der in der langen Zeit einer Einzelhaft den Verstand verloren hatte.[115] Er lebt in einer völlig abgelegenen Zelle hoch oben in der Zuchthausburg „in nächster Nachbarschaft der Wetterfahne", nachdem er angeblich Mitgefangene angestiftet haben sollte, lauthals gemeinsam gegen einen ausgegebenen ungenießbaren Käse zu protestieren.[116] Die Zelle hatte die Nummer 199. Schon zweimal hintereinander seien Menschen ins Irrenhaus abgeliefert worden, schreibt Philippi. „Sie ist der einsamste Ort in der alten Verbrecherburg und heißt der Taubenschlag."[117] In seiner langen Einzelhaft durfte der Eingeschlossene nur in der Zelle arbeiten und webte sich nach einiger Zeit das Hirngespinst, er sei ein genialer Erfinder, der einen Flugapparat entwickelt habe.

Ein Gefangener der JVA Diez, der sich lange Zeit in Einzelhaft befand, nachdem er einen Beamten niedergeschlagen hatte, zeigte eine ähnliche Reaktion und vertrieb sich die Zeit, indem er auf dem Bett liegend Maschinen in seinem Kopf konstruierte. Nachdem er nach und nach wieder in die Gemeinschaft integriert werden konnte, beendete er seine bedenkliche geistige Aktivität.

Ein Untersuchungsgefangener der JVA Koblenz, der selten die Zelle verließ und auch keine Arbeitsstelle in der Anstalt besaß, verfasste Texte, in denen er mit einem Gnom kommunizierte, der sich in seinem Haftraum befinden sollte. Darauf angesprochen erwiderte der Inhaftierte, er habe ausschließlich nach Abwechslung gesucht und wisse, dass er allein im Haftraum sei. Wir waren uns nicht ganz sicher, ob diese Erklärung zutraf oder doch Hinweise auf eine psychiatrische Entwicklung gab. Bisweilen handelt es sich um vorübergehende Haftreaktionen, die wieder verschwinden. Dies geschah bei einem Lebenslangen der JVA Diez, der sich nach Jahrzehnten der Haft einen mit Aluminiumfolie verkleideten Helm bastelte in dem Glauben, sein Gehirn werde verstrahlt. Die Strahlen kämen aus der Toilette. Glücklicherweise handelte es sich tatsächlich nur um eine vorübergehende Episode.

Eine andere Entwicklung gab es bei den Gefangenen im Taubenschlag, von dem Fritz Philippi berichtete. Er verließ die Diezer Zuchthausburg am Entlassungstag nach wie vor mit der Vorstellung, er habe einen Flugapparat erfunden. Nach der Entlassung, wie die Anstalt erfahren hatte, erschoss sich der vermeintliche Erfinder vor dem Berliner Reichskanzlerpalast. Auch an den Reichskanzler hatte er seine Idee noch in Haft schriftlich herangetragen. Seine Erfindung war nicht auf Interesse gestoßen. Philippi führt am Ende der Erzählung aus: „In der Beamtenkonferenz scheuerte der Vorsteher seine Brille. Wir wollen doch den Taubenschlag eingehen lassen. Er liegt so einsam.' Und scheuerte seine Brille."[118]

Kapitel 47: Schlussgedanken

Bereits im Ruhestand habe ich mich mit einem ehemaligen Kollegen in einem Limburger Café unterhalb des spätromanischen Domes getroffen, der die kleine Stadt mit dem mittelalterlichen Flair überragt. Er fragte mich, was denn das Motiv gewesen sei, dieses Buch zu schreiben. Ich zögerte ein wenig mit der Antwort. Ein Journalist, der anlässlich meines Ruhestandsbeginns einen Artikel über meinen Abschied vom Gefängnis geschrieben hatte, habe mir den Anstoß hierzu gegeben, entschuldigte ich mich fast. Ich ergänzte, es ginge mir darum, die Erfahrungen meines zumeist hinter Mauern versteckten Berufslebens festzuhalten und weiterzugeben.

Mein langer Lebensabschnitt hinter Gittern sollte nicht lautlos abgeschlossen und wie ein abgetragenes Kleidungsstück in einen Altkleidersack gesteckt werden. 31 Jahre, die in einen Text gegossen und als Vermächtnis erhalten bleiben sollten. Es sollte dabei kein reines Sachbuch auf den Büchermarkt geworfen werden. Vielmehr sollten meine ganz persönlichen Erlebnisse und Auffassungen die Texte und die manchmal direkt, manchmal zwischen den Zeilen versteckten Botschaften prägen. Botschaften, die trotz der ein oder anderen trockeneren Sachinformation in ein möglichst unterhaltsames Gewand gekleidet werden sollten.

Ich mache mir angesichts vieler aktueller Krisen und drückender Probleme in anderen Bereichen unseres Staates nicht vor, dass die kargen finanziellen Mittel in den wenig geliebten Justizvollzug investiert werden. Dennoch möchte ich es nicht unterlassen, als langjähriger Insider Mängel im Strafvollzug anzusprechen und auf notwendige Verbesserungen hinzuweisen.

Obwohl ich die Haftgebäude mit Beginn des Ruhestandes hinter mir gelassen hatte, ist es mir noch nicht gelungen, dieses wichtige Lebenskapitel abzuschließen. Mein Buch mag deshalb auch eine verspätete und hiermit nachgeholte Öffentlichkeitsarbeit sein, für die ich während des Berufslebens – jedenfalls in dieser Form – zu wenig Zeit gefunden habe.

Die Texte sollen ein Appell sein, den Strafvollzug als Chance zu begreifen, Menschen wieder in die Gesellschaft einzugliedern und hierfür mehr zu investieren. Resozialisierung ist Opferschutz und zugleich ein Wesensmerkmal eines den Grundrechten verpflichteten Rechts- und Sozialstaates.

Darüber hinaus soll das Buch eine Lanze für die Tausenden von Mitarbeiterinnen und Mitarbeitern in den deutschen Justizvollzugsanstalten brechen, denen viel zu wenig Wertschätzung von unserer Gesellschaft entgegengebracht wird. Zum Teil ist dies auf Unkenntnis der Materie zurückzuführen, zum Teil ist dies weit verbreiteten Grundeinstellungen zu Sinn und Zweck der Gefängnisse geschuldet. Sie werden allzu oft noch überwiegend als Wegsperrinstitutionen und Häuser der Vergeltung begriffen. Gerade in Krisenzeiten wie den heutigen ist dies eine Reaktion, um wenigstens in einem gesellschaftlichen Teilbereich ein größeres Gefühl der Sicherheit und Kontrolle zu haben.

Abschließend greife ich einige Themen heraus, die mir besonders wichtig erscheinen:

Das Personal sollte angesichts der deutlich gestiegenen Anforderungen besser und angemessener entlohnt werden. Insbesondere für die Mitarbeiter des allgemeinen Vollzugsdienstes muss der Beruf attraktiver gestaltet werden. Die Bewerbersituation ist sehr schlecht. Unterbesetzung belastet die Mitarbeiter dauerhaft und führt vermehrt zu Erkrankungen. Die psychischen und physischen Belastungen sind erheblich gestiegen. Der Schichtdienst, den die meisten Mitarbeiter des allgemeinen Vollzugsdienstes leisten müssen, ist gesundheitsschädlich. Eine angemessene Reduzierung der wöchentlichen Arbeitszeit von derzeit 40 Stunden erscheint notwendig, um die Gesamtbelastung zu verringern.

Die Mitarbeiter des allgemeinen Vollzugsdienst müssen mehr Zeit für die pädagogische Begleitung der Gefangenen zur Verfügung haben und nicht überwiegend durch die Abwicklung organisatorischer und Sicherheitsaufgaben gebunden sein.

Die Leiter der Vollzugsabteilungen müssen größere Zeitfenster für die Anleitung und Führung ihrer Mitarbeiter und die Kommunikation mit den Gefangenen besitzen. Dies setzt eine ausreichende Personalstärke voraus sowie die Entlastung von ausufernden Verwaltungsaufgaben wie der übermäßigen Dokumentation der Tätigkeit. Für die Verwaltungsabteilungsleiter gilt dies entsprechend.

Voraussetzung für die Wiedereingliederung der Strafgefangenen sind Behandlungs- und Betreuungsangebote durch Fachkräfte wie Sozialarbeiter und Psychologen. Sie dürfen nicht übermäßig durch schriftliche Tätigkeiten wie Stellungnahmen und die Mitwirkung an Vollzugs- und Eingliederungsplänen gebunden werden. Die Personalausstattung ist auch insoweit auf Kante genäht und sollte erheblich verbessert werden.

Eine stärkere Verzahnung der Tätigkeit des Sozialdienstes der Justizvollzugsanstalten mit der Bewährungshilfe ist geboten, um Synergieeffekte auszunutzen. Die Klientenzahl der Bewährungshelfer ist zu hoch. Auch dort müssen mehr Mitarbeiter zum Einsatz kommen.

Die Mitglieder der der Anstaltsleitungen, daher der Anstaltsleiter, dessen Vertreter sowie die Dezernenten müssen einen deutlich größeren Zeitraum für ihre Leitung- und Gestaltungsaufgabe zur Verfügung haben. Eine JVA ist mit einer selbständigen Gemeinde zu vergleichen, der vielfältige Aufgabenfelder zugeordnet sind. Der Umfang der Verwaltungsaufgaben ist zu umfangreich und lässt zu wenig Zeit für Steuerungsaufgaben wie Personalentwicklung und Mitarbeiterführung sowie zum Nachdenken und zur Kreativität. Dies behindert eine Weiterentwicklung der Justizvollzugseinrichtungen.

Die Unterbringung von psychisch Auffälligen und zum Teil psychisch Kranken oder von Inhaftierten, die kriminell verfestigt sind, gemeinsam mit Gefangenen, die erstmals in Haft sind und aktiv an ihrer Wiedereingliederung mitarbeiten wollen, ist nicht vertretbar.

Es ist eine größere Differenzierung zwischen den Gefangenen in den Justizvollzugsanstalten geboten. Es ist unverhältnismäßig, den Umfang der zwangsläufig mit der Haft verbundenen Grundrechtseingriffe und Einschränkungen unterschiedslos den meisten Inhaftierten im gleichen Umfang aufzulasten. Daher sind mehr spezialisierte Einrichtungen, das heißt eigenständige kleinere Justizvollzugsanstalten oder Vollzugsabteilungen innerhalb der Anstalten sind erforderlich.

Die in den letzten Jahren immer ausgeprägtere Dominanz des geschlossenen Vollzuges zu Lasten der Freigängerhäuser kommt einem Verzicht auf eine sinnvolle Entlassungsvorbereitung gleich. Die Entlassung der Strafgefangenen aus dem geschlossenen Vollzug statt dem offenen wird immer mehr zur Regel. Eine Umkehr dieser Tendenz setzt einen Mut der Politiker voraus und den Willen, das rechtspolitische Bewusstsein der Bevölkerung zu prägen.

Eine Abschaffung der Geldstrafen und damit der die Gefängnisse sehr belastenden Ersatzfreiheitsstrafen wegen Armutsdelikten wie Schwarzfahren ist überfällig.

Sucht ist als Krankheit zu begreifen. Strafgefangenen mit einer ausgeprägten Drogenproblematik sollten mehr

Angebote erhalten, um ihre Abhängigkeit zu bearbeiten. In den Justizvollzugsanstalten sollten sie intensiv auf eine Suchttherapie in einer externen Einrichtung vorbereitet werden. Die zum Teil hohe Belegung der Justizvollzugsanstalten darf nicht die Einrichtung von separaten Wohneinheiten für diese Gefangenengruppe behindern.

Für Strafgefangene mit Migrationshintergrund müssen die Anstrengungen verstärkt werden. Integrationskurse sollten ausgebaut werden. Vor allem das Erlernen der deutschen Sprache sollte mit Hilfe von Deutschkursen ermöglicht werden.

In den Justizvollzugsanstalten muss ein ausgewogenes Verhältnis zwischen der Sicherheits- und der Resozialisierungsaufgabe herrschen. Sicherheit hat eine dienende Funktion, indem sie einen Rahmen gewährleistet, innerhalb dessen die Betreuung und Behandlung der Strafgefangenen möglich ist. Dominiert einseitig die Sicherheit, vergrößern sich die Restriktionen innerhalb einer Einrichtung zu Lasten des Wiedereingliederungsauftrages. Ein Klima der Einengung und Beschränkung ist die Folge.

Ein behandlungsfreundliches Klima setzt einen gegenseitigen dem Gebot der Menschenwürde verpflichteten Respekt zwischen Bediensteten und Gefangenen voraus. Dieser Leitsatz sollte den Alltag in den Justizvollzugsanstalten prägen.

Anmerkungen

1 Stichtag 31.03.2022; die Zahlen basieren auf den Daten des Statistischen Bundesamtes Fachserie 10, Reihe 4.1; https://www.destatis.de/DE/Service/Bibliothek/_publikationen-fachserienliste-10.html#634146

2 Ausgehend von einem Rückfallzeitraum von 9 Jahren nach der Entlassung aus Strafhaft; siehe „Legalbewährung nach strafrechtlichen Sanktionen – Eine bundesweite Rückfalluntersuchung – 2010 bis 2013 und 2004 bis 2013", Jörg-Martin Jehle u. a., Hrsg. Bundesministerium der Justiz und für Verbraucherschutz, Berlin 2016, S. 17

3 1992 nahmen drei Gefangenen der JVA Werl sechs Bedienstete, die im Sanitätsbereich der Anstalt tätig waren, als Geisel. Bevor ein Sondereinsatzkommando der Polizei die Geiselnahme beenden konnte, hatten die Täter zwei Geiseln mit einer brennbaren Flüssigkeit übergossen und angezündet. Sie erlitten schwerste Verbrennungen.

4 Expertenkommission Hessischer Justizvollzug in dem Abschlussbericht von 1993, zitiert von Wolfgang Suhrbier, Fachvortrag in: Dokumentation über die 6. Große Juristenwoche – Behandlung im Justizvollzug – Anforderung und Herausforderung – 13. bis 16. November 2000, S. 204

5 Am 27.03.1993 legten Angehörige der RAF die JVA Weiterstadt fünf Tage vor der Eröffnung mit Hilfe von 200 kg Sprengstoff in Schutt und Asche.

6 vgl. Wolfgang Suhrbier, a. a. O., S. 202 u. 203

7 vgl. Wolfgang Suhrbier, a. a. O., S. 204 u. 205

8 Wolfgang Suhrbier, a. a. O., S. 206; Suhrbier war zum Zeitpunkt der Äußerung (November 2000) Referatsleiter Sicherheit und stellvertretender Abteilungsleiter im Justizministerium Mecklenburg-Vorpommern.

9 Anmerkung: Zwar hat sich die Anzahl der Geiselnahmen in den vergangenen Jahren deutlich reduziert, da sie nicht erfolgreich waren und zumeist vor einer weiteren Eskalation beendet werden konnten. Wie viele Vorkommnisse zeigen, drängen emotionale Überdrucksituationen auf andere Art und Weise zu gefährlichen Entladungen. Dies zeigt allein die Zunahme der Verlegungen von Gefangenen in besonders gesicherte Hafträume nach gewalttätigen Übergriffen. Auch die Zunahme der Anzahl der Inhaftierten mit psychischen Störungen wirkt sich insoweit aus. Vermehrt kam es in den letzten Jahren auch zu Fixierungen von Gefangenen auf dem Fesselbett, für die die Zustimmung eines Richters notwendig ist. Es besteht jedoch erneut eine größere Gefahr von

Geiselnahmen, da wieder häufiger politisch motivierte Gewalttäter, die den deutschen Staat und die Justiz nicht anerkennen, inhaftiert wurden. So hat der Attentäter, der in Halle ohne Erfolg eine Synagoge stürmen wollte und, nachdem es ihm nicht gelungen war, eine Passantin sowie den Gast eines Döner-Imbisses zu ermorden, am 12.12.2022 zwei Bedienstete der JVA Burg – Sachsen-Anhalt – als Geisel genommen. Die Geiselnahme konnte nach einer Stunde beendet und die Geiseln körperlich unversehrt befreit werden.

10 Seit 1969 gibt es nicht mehr die verschiedenen Typen der Freiheitsstrafe, sondern die Einheitsfreiheitsstrafe. Im Reichsstrafgesetzbuch von 1871 wird zwischen dem Zuchthaus als schwerster Haftart für Verbrechen und dem Gefängnis für Vergehen differenziert. Soweit es in einer JVA beide Haftarten gab, erfolgte jedoch keine Trennung. Mit der Zuchthausstrafe verbunden war der Verlust der bürgerlichen Ehrenrechte wie die dauernde Unfähigkeit zur Bekleidung öffentlicher Ämter. Außerdem durfte ein zur Gefängnisstrafe Verurteilter nicht ohne dessen Einwilligung außerhalb der Anstalt zur Arbeit eingesetzt werden. Diese Einschränkung galt nicht für Zuchthausgefangene. Ansonsten machte das Reichsstrafgesetzbuch keine konkreten Vorgaben zur Ausgestaltung und den Haftbedingungen der Strafarten. So variierten teilweise die Regelungen der einzelnen Bundesländer. Nach der rheinland-pfälzischen „Vorläufigen Strafvollzugsordnung“ vom 24.01.1951 (Stand 01.10.1956) mussten Zuchthausgefangene 9 Stunden, Gefängnisgefangene 8 Stunden arbeiten. Weitere Restriktion für Zuchthausgefangene war ein besonders strenger Vollzug in Einzelhaft in den ersten sechs Haftmonaten, während dies für Gefängnisgefangene nur für drei Monate galt. Einzelhaft bedeutetet, dass ein Gefangener, wie es in Nr. 54 Abs. 2 der Vorschrift hieß, „Tag und Nacht in einer Zelle allein“ untergebracht wurde. Eine Ausnahme galt lediglich für die tägliche damals nur halbe Hofstunde und die Teilnahme am Unterricht. Darüber hinaus hatten die Zuchthausgefangene weniger Besuch und durfte auch weniger schreiben. In Nr. 49 hieß es zur Zuchthausstrafe: „Beim Vollzug der Zuchthausstrafe soll mit der Gewährung von Vergünstigungen zurückhaltender als bei dem der Gefängnisstrafe verfahren werden. Der Vollzug der Gefängnisstrafe dient vorwiegend der Wiedereingliederung des Gefangenen in die Gemeinschaft.“ Das Resozialisierungsziel bezog sich damals demzufolge in erster Linie auf die Gefängnisinsassen.

11 Die Vollzugsabteilungsleiter und die Verwaltungsabteilungsleiter bilden die mittlere Führungsebene einer JVA. Sie haben ein duales

Studium mit dem Abschluss Diplom-Verwaltungswirt (FH) absolviert. Die Vollzugsabteilungsleiter leiten einen Hafthausbereich – Gefangenenvollzugsabteilung – mit etwa 60 bis 100 Gefangenen, ca. 12 Beamte des allgemeinen Vollzugsdienstes und einem Sozialarbeiter. Hinzu kommt ein Psychologe, der oft noch für eine weitere Abteilung zuständig ist. Man kann diese Mitarbeiter als „kleine Anstaltsleiter", wie sie einmal ein Kollege genannt hat, betrachten. Sie tragen in ihrem Bereich die Verantwortung für die Organisation und Sicherheit sowie dafür, dass die Betreuung und Behandlung der Gefangenen gewährleistet ist. Sie leiten die Konferenz, in der die Vollzugs- und Eingliederungspläne für die Strafgefangenen erstellt werden. In diesen Plänen wird festgehalten, wie der Strafvollzug für den Inhaftierten gestaltet wird. Dazu gehört u. a., welche Behandlungsmaßnahmen bei dem Gefangenen sinnvoll sind, wann Vollzugslockerungen geplant sind, wo er arbeiten soll oder ob er an einer Bildungsmaßnahme teilnehmen soll. Der Plan wird mit dem Gefangenen erörtert und ihm ein Exemplar ausgehändigt. Er wird regelmäßig fortgeschrieben. Die Verwaltungsabteilungsleiter stehen verschiedenen Verwaltungsabteilungen vor. Mögliche Einsatzbereiche sind die Verwaltungsabteilungen wie der Arbeit, Wirtschaft, Personal, Organisation, Sicherheit, Bau- und Grundstücksangelegenheiten.

12 Die Länder operierten in der frühen Nachkriegszeit mit Strafvollzugsordnungen. Gsetzliche Vorschriften gab es nicht zum Justizvollzug. So galt in Rheinland-Pfalz die Vorläufige Strafvollzugsordnung (VStr. VollzO.) vom 24.01.1951. Eine Einheitlichkeit wurde erst mir der als Verwaltungsabkommen vereinbarten Dienst- und Vollzugsordnung (DSVollO) vom 01.12.1961 geschaffen, die bundeseinheitlich gelten sollte und am 01.07.1962 in Kraft getreten war. Man ging damals noch von der rechtlichen Konstruktion eines „besonderen Gewaltverhältnisses" aus. Erst nachdem das Bundesverfassungsgericht dies angemahnt und sogar eine Frist gesetzt hatte, binnen derer eine gesetzliche Regelung zu erlassen sei, wurde das Strafvollzugsgesetz am 16.03.1976 als Bundesgesetz erlassen, das am 01.01.1977 in Kraft trat. Die Gesetzgebungskompetenz ging am 01.09.2006 gemäß Art. 70 Absatz 1 Grundgesetz vom Bund am 01.09.2006 auf die Länder über. Rheinland-Pfalz schuf die geforderten gesetzlichen Regelungen mit dem Landesjustizvollzugsgesetz, das am 08.05.2013 erlassen und am 01.06.2013 in Kraft trat.

13 Ende des 19. Jahrhunderts betrachtete Karl Krohne, Leiter des Preußischen Strafvollzuges – (Lehrbuch der Gefängniskunde, Verlag von

Ferdinand Enke, 1889, S. 253 u. 254; als Reprint von EOD Reprint) Onanie als Zeichen dafür, dass „ein sehr großer Teil der Verbrecher schon vor der Einlieferung geschlechtlichen Ausschweifungen ergeben gewesen" seien. Dem sei „durch strenge Aufsicht und vernünftiges Zureden" entgegenzuarbeiten. Der Strafvollzug war damals offenbar noch von einer sexualfeindlichen Bigotterie geprägt.

14 Bevor die seit 2013 geltende landesrechtliche Norm an die Stelle der zuvor geltenden bundesrechtlichen Vorschrift getreten war, war das Institut einer regelmäßigen Anstaltsleitersprechstunde verpflichtend. Im Kommentar zum Strafvollzugsgesetz (Schwind/Böhm, de Gryter, Berlin – New York, 1991, 2. Aufl., S. 650, Rdnr. 3 zu § 108) wird hierzu ausgeführt, dass der Anstaltsleiter einen Gefangenen von Ausnahmefällen abgesehen (Urlaub, Krankheit, sehr große Justizvollzugsanstalten) in der Sprechstunde persönlich anhören muss. Die Vorgabe einer Sprechstunde wurde allerdings abgeschafft. Hierbei hatte man offenbar den hohen Zeitaufwand für den Anstaltsleiter im Auge, verkannte jedoch meines Erachtens den Nutzen dieser sinnvollen Einrichtung.

15 vgl. Drucksache 16/1910, Landtag Rheinland-Pfalz – 16. Wahlperiode, S. 44, 151 u. 152

16 Da nahezu alle Justizvollzugsanstalten im Lauf der Jahre mit unter Sicherheitsaspekte hochwertigeren Gittern ausgestattet wurden, sind Feilen nahezu nutzlos geworden.

17 vgl. https://www.ardmediathek.de/video/Y3JpZDovL3N3ci5kZS9hZXgvbzE3NTQ2ODQ

18 vgl. Faltblatt Justiz in Zahlen, Stand 01.01.2022, Ministerium der Justiz Rheinland-Pfalz

19 Gemäß § 57 Absatz 1 Satz 1 Strafgesetzbuch scheidet eine Strafaussetzung aus, wenn die Freiheitsstrafe unter 3 Monaten liegt. Ist sie höher, erfolgt bei kürzeren Strafen zumeist keine bedingte Entlassung mehr. Es handelt sich insoweit um Freiheitsstrafen, die bereits das Gericht wegen ungünstiger Kriminalprognose bereits im Strafverfahren nicht zu einer Bewährungsstrafe veranlasst hat. Bei kürzeren Haftzeiten ist eine wesentliche Verbesserung der Kriminalprognose mit den Mitteln des Justizvollzuges angesichts des zu geringen Zeitfensters kaum erreichbar.

20 Nach den Strafvollzugsgesetzen dürfen die Gefangenen in allen Anstalten eine Interessenvertretung (IVG) wählen, die Vorschläge und Anregungen zu Anliegen, die alle Gefangenen oder wenigstens eine Mehrzahl von ihnen betrifft, machen. Hierzu gehört auch die Äußerung von Kritik. Sie äußern sich in der Praxis schriftlich sowie in regelmäßigen Treffen

mündlich gegenüber dem Anstaltsleiter. Entscheidungsbefugnisse besitzt dieses Gremium nicht.

21 Bei der Verlegung in einen besonders gesicherten Haftraum handelt es sich um eine sogenannte besondere Sicherungsmaßnahme, die nur bei hoher und konkreter Gefahr entweder für den Gefangenen selbst oder andere vorübergehend zulässig ist. Der Raum enthält außer einer Matratze keine anderen Gegenstände, der Gefangene erhält zumeist eine besondere Kleidung, die er nicht dazu verwenden kann, sich selbst zu schädigen wie zum Beispiel, sich zu strangulieren.

22 In der JVA Diez findet alljährlich ein großes Sportfest, genannt Knastkirmes, statt, bei dem es auch eine Tombola gibt. Hauptpreis war ein kleines Fernsehgerät. Als sich auf die ausgerufene Losnummer der Gefangene mit dem Haarteil als Gewinner meldete, erhob sich ein lautes Pfeifkonzert.

23 Chronik 100 Jahre Strafanstalt/JVA Diez, S. 272

24 Chronik 100 Jahre Strafanstalt/JVA Diez; S. 272 u. 273

25 a. a. O., S. 273

26 vgl. https://www.spiegel.de/panorama/justiz/spektakulaere-gefaengnisausbrueche-mit-panzer-bettlaken-und-essbesteck-a-1185868.html; Artikel im SPIEGEL vom 02.01.2018 „Spektakuläre Gefängnisausbrüche – Mit Panzer, Bettlaken und Essbesteck“

27 vgl. https://www.hna.de/lokales/schwalmstadt/vor-25-jahren-wurde-ein-moerder-aus-ziegenhainer-gefaengnis-befreit-9749478.html; Artikel von Silke Grede vom 04.04.2018 in der HNA „Vor 25 Jahren – Mörder aus dem Ziegenhainer Gefängnis befreit“

28 vgl. https://www.unodc.org/unodc/press/releases/2022/June/unodc-world-drug-report-2022-highlights-trends-on-cannabis-post-legalization--environmental-impacts-of-illicit-drugs--and-drug-use-among-women-and-youth.html

29 https://www.welt.de/wissenschaft/article245338646/Cannabis-Schizophrenie-bei-jungen-Maennern-nach-Drogenkonsum.html

30 ebenda

31 Hinsichtlich des gefängnisinternen Verbotes des Alkoholkonsums gilt im Einzelfall eine Ausnahme für Gefangene während mehrtägiger Beurlaubungen. Sofern bei ihnen keine Suchtgefahr vorhanden ist, erhalten sie für diese Vollzugslockerung lediglich die Weisung, in den letzten 24 Stunden vor der Rückkehr in die JVA keinen Alkohol zu konsumieren.

32 vgl. Tag des Strafvollzugs in Rheinland-Pfalz am 05. Dezember 2000 mit der Abschlussveranstaltung Forum Strafvollzug in Mainz, Hrsg. Staatsminister Herbert Mertin, Ministerium der Justiz, 2000, Mainz, S. 29

33 ebenda

34 Die Aufzeichnungen wurden in der Chronik der Justizvollzugsanstalt Diez „Strafvollzug in Diez – 100 Jahre Strafanstalt Freiendiez", Justizvollzugsanstalt Diez, 1912–2012, Hrsg. JVA Diez, 2012, verwertet, S. 231 bis 233 und 253 bis 256

35 a. a. O., S. 232

36 Strafvollzug in Diez – 100 Jahre Strafanstalt Freiendiez und Justizvollzugsanstalt Diez 1912–2012, Hrsg. JVA Diez, 2012, S. 121

37 Mein verstorbener Vater stammte aus dem Sudetenland, das in Tschechien – damals Tschechoslowakei – liegt. Nach der von Hitler erzwungenen Abtretung dieses Gebietes, in dem die deutsche Minderheit lebte, wurde mein Vater nach einem Jahr Reichsarbeitsdienst von der Wehrmacht eingezogen und in Russland eingesetzt. Zum Kriegsende wurde er in Hechtsheim, heute Mainz-Hechtsheim, in einem der von den Besatzungsmächten betriebenen sogenannten Rheinwiesenlager eingesperrt. Von dort konnte er fliehen. Da er nicht in seine Heimat zurückkehren konnte, blieb er in Hechtsheim, arbeitete dann im landwirtschaftlichen Betrieb meiner Großmutter und heiratete deren Tochter, meine Mutter. Mein Vater machte bald eine Ausbildung als Kraftfahrzeugmechaniker und absolvierte später die Meisterprüfung. In diesem Gewebe fühlte er sehr wohl und wurde von den Inhabern der Firmen, wo er tätig war, unter anderem aufgrund seiner fachlichen Kompetenz sehr geschätzt.

38 94,1 % der inhaftierten Strafgefangenen in Deutschland sind männlich, die Frauen dagegen nur 5,9 %; von insgesamt 38.458 männlichen Strafgefangenen besaßen 13.461 und damit 35 % eine ausländische Staatsangehörigkeit (Statistisches Bundesamt; Stichtag 31.03.2021). 24.997 und somit besitzen 65 % der in Deutschland inhaftierten Strafgefangenen die deutsche Staatsangehörigkeit. Dies entspricht den Zahlen der JVA Rohrbach.

39 Der Besuch fand Mitte 2020 statt. Ich habe in diesem Text die Zahlen des Statistischen Bundesamtes vom Stichtag 31.03.2021 verwendet, um ein aktuelleres Ergebnis zu haben. Die mir nach dem Besuch vorliegenden Zahlen vom Stichtag 31.03.2020 bewegten sich jedoch im Bereich vom Stichtag 31.03.2021.

40 vgl. Landtag Rheinland-Pfalz, Drucksache 18/6204 vom 27.04.2023

41 Lebenslange Haft für Mord an Tankstelle in Idar-Oberstein, SWR aktuell, Interview – Video – Mutter des Tankstellenmord-Opfers am 13.09.2022, https://www.swr.de/swraktuell/rheinland-pfalz/mainz/lebenslange-

haft-im-prozess-um-tankstellenmord-in-idar-oberstein-100.html, Stand 13.09.2022, 1945 Uhr

42 SWR Aktuell Rheinland-Pfalz, Interview – Video – Mutter am 13.09.2022, 19:30 Uhr, https://www.ardmediathek.de/video/Y3JpZDovL3N3ci5kZS9hZXgvbzE3MjUxMTk

43 vgl. Allgemeine Zeitung Mainz vom 01.12.2022, S. 32

44 ebenda

45 vgl. Drucksache 16/1910, Landtag Rheinland-Pfalz – 16. Wahlperiode, Gesetzentwurf der Landesregierung vom 18.12.2012: Landesgesetz zur Weiterentwicklung von Justizvollzug, Sicherungsverwahrung und Datenschutz, S. 127 u. 128

46 Allgemeine Zeitung Mainz – Rheinhessen vom 15.03.2022, S. 15

47 Allgemeine Zeitung Mainz – Rheinhessen vom 09.12.2022, S. 9

48 https://www.tagesschau.de/inland/weihnachtsamnestie-101.html

49 Chronik der Justizvollzugsanstalt Diez „Strafvollzug in Diez – 100 Jahre Strafanstalt Freiendiez", a. a. O., S. 22

50 vgl. Carl Zuckmayer: Der Hauptmann von Köpenick, Frankfurt am Main, S. Fischer Verlag, 81. Auf. 2017, S. 58 (Zweiter Akt, Achte Szene, Regieanweisungen)

51 Zuckmayer, ebenda

52 Der Sedantag war ein Gedenktag am 02. September. Er wurde vom Kaiserreich eingeführt und bis zum Ende des 1. Weltkrieges 1918 begangen. An diesem Tag erfolgte die Kapitulation der französischen Armee nach dem entscheidenden Sieg der preußischen, bayrischen, baden-württembergischen und sächsischen Truppen in einer Schlacht, die im Deutsch-Französischen Krieg in der Nähe der französischen Stadt Sedan 1870 errungen wurde.

53 vgl. Friedrich Küppersbusch, Oliver Becker: Lebenslänglich Todesstrafe, 1. Aufl., Konkret Literatur Verlag, Hamburg, 2000, S. 131

54 Gefängnisordnung für die Justizverwaltung vom 21. Dezember 1898, Freiendiez, Druckerei des Zentralgefängnisses

55 Über Land und Leute (Zeitschrift), Oktav-Ausgabe. XXV. 2, Deutsche Verlagsanstalt Stuttgart, 1908, S. 203

56 vgl. Sprechvermerk des Ministers der Justiz vom 21.11.2022 zu TOP 8 der Sitzung des Rechtsausschusses des Landtags Rheinland-Pfalz am 17.11.2022 „Therapeutische Versorgung von psychisch kranken Gefangenen" Antrag der Fraktion BÜNDNIS 90/DIE GRÜNEN nach § 72 Abs. 2 GOLT – Vorlage 18/2731 –

57 vgl. Sprechvermerk, a. a. O.; Im Konzept wird von zwei Säulen der Behandlung gesprochen, nämlich – wie bislang – die stationäre

Behandlung im Justizvollzugskrankenhaus Wittlich. Zweite Säule ist eine lokale ambulante Behandlung in den Justizvollzugseinrichtungen über externe Konziliarpsychiater. Auch dies gab es mehr oder weniger schon. Die beiden Behandlungsschwerpunkte sollen jedoch intensiviert und professionalisiert werden. Dies bedeutet, das Justizvollzugkrankenhaus nach wie vor seine Zuständigkeit für die Akutversorgung behält, darüber hinaus soll dort eine intensive Vorbereitung auf die Weiterbehandlung in der Justizvollzugsanstalt vorgenommen werden. In den Anstalten soll in einer Tageskliniken ähnlichen Struktur ein regelmäßig nicht länger als 12 Wochen dauerndes Behandlungsprogramm durchgeführt werden. Zielgruppe sind überwiegend Gefangene mit affektiven oder schizophrenen Störungen sowie Persönlichkeitsstörungen. Vor allem wird dieses Setting für Inhaftierte angeboten, bei denen ein sehr hohes Risiko einer Verschlechterung des Zustandes zu besorgen ist. Zugleich soll mit einer frühzeitigen Prävention eine stationäre Aufnahme vermieden werden. Das Behandlungsprogramm der Justizvollzugsanstalten soll auf ein langsames Ausschleichen der Behandlung, therapeutischen Maßnahmen und sozialen Anbindung gerichtet sein, um nicht eine erneute Destabilisierung des Zustandes zu provozieren. Zum Behandlungsteam gehören die bereits bislang zuständigen Mitarbeiter wie Vollzugsabteilungsleitung, Sozialdienst, psychologischer Dienst, Anstaltsarzt und allgemeiner Vollzugsdienst. Hinzukommen – jedenfalls anteilig – Fachärzte für Psychiatrie, Gesundheits- und Krankenpfleger sowie Ergotherapeuten. Dies sind Stellen, die nach und nach neu geschaffen werden sollen.

58 vgl. Sprechvermerk, a. a. O.: Dort wird darauf hingewiesen, dass die räumlichen Gegebenheiten und die Ausstattung der Räume in den Gefängnissen häufig – man müsste wohl deutlicher ausführen „stets" – nicht für psychiatrische erkrankte Gefangene geeignet ist.

59 vgl. Sprechvermerk: Zur Tagesklinikstruktur siehe dort Fußnote 2

60 Michael Matzke, Kommentar zum Strafvollzugsgesetz, Hg. Schwind/Böhm, 1991, Berlin, 2. Auflage, § 198, S. 898

61 vgl. Faltblatt Justiz in Zahlen, Stand 01.01.2022, Ministerium der Justiz Rheinland-Pfalz

62 vgl. Strafvollzug in Diez, 100 Jahre Strafanstalt Freiendiez – Justizvollzugsanstalt Diez 1912–2012, Hrsg. JVA Diez, Diez, 2012, S. 71

63 vgl. Adolf Morlang: Zwischen „Schutzhaft" und KZ, Strafvollzug im „3. Reich" am Beispiel der Strafanstalt Freiendiez – heute JVA Diez, Diez, 2007, S. 53

64 vgl. Strafvollzug in Diez, a. a. O., S. 52
65 vgl. Adolf Morlang, a. a. O., S. 56
66 vgl. Strafvollzug in Diez, a. a. O., S. 45 u. 46
67 vgl. Adolf Morlang, a. a. O., S. 57
68 vgl. Adolf Morlang, a. a. O., S. 51
69 vgl. Adolf Morlang, a. a. O., S. 53
70 vgl. Adolf Morlang, a. a. O., S. 57
71 vgl. Strafvollzug in Diez, a. a. O., S. 52
72 vgl. Adolf Morlang, a. a. O., S. 56
73 vgl. Adolf Morlang, a. a. O., S. 61
74 vgl. Adolf Morlang, ebenda
75 vgl. Adolf Morlang, a. a. O., S. 57
76 vgl. Nikolaus Wachsmann, Gefangen unter Hitler, 1. Auf., Siedler Verlag, München, 2004, S. 69
77 vgl. Nikolaus Wachsmann, Gefangen unter Hitler, 1. Auf., Siedler Verlag, München, 2004, S. 66 ff.
78 vgl. Nikolaus Wachsmann, a. a. O., S. 66 u. 320
79 vgl. Nikolaus Wachsmann, a. a. O., S. 71
80 vgl. Nikolaus Wachsmann, a. a. O., S,393
81 vgl. Nikolaus Wachsmann, a. a. O., S. 314 ff.
82 vgl. Nikolaus Wachsmann, a. a. O., S. 315 u. 316
83 vgl. Nikolaus Wachsmann, a. a. O., S. 316–318
84 vgl. Nikolaus Wachsmann, a. a. O., S. 311 u. 312
85 vgl. Nikolaus Wachsmann, a. a. O., S. 395
86 vgl. Nikolaus Wachsmann, a. a. O., S. 393
87 Vorläufige Strafvollzugsordnung für das Land Rheinland-Pfalz vom 24.01.1956, § 58 Abs. 4, S. 30
88 Vorläufige Strafvollzugsordnung, § 58 Abs. 3, S. 30
89 Vorläufige Strafvollzugsordnung, § 106, S. 45
90 vgl. Hubert-Georg Quarta: Der Fall Angerstein, Dillenburg 1996, 2. Aufl., S. 9
91 vgl. Quarta, a. a. O., S. 10
92 vgl. Quarta, a. a. O., S. 193
93 Richard J. Evans, Rituale der Vergeltung – Die Todesstrafe in der deutschen Geschichte, Kindler Verlag (und Hamburger Edition), Berlin, 1. Aufl., S.484 u. 805
94 vgl. Richard J. Evans, a. a. O., S. 83, 484, 804
95 vgl. Richard J. Evans, a. a. O., S. 803
96 vgl. Richard J. Evans, ebenda

97 Freiendiez war damals noch eine selbständige Gemeinde und wurde 1938 als Ortsteil von Diez eingemeindet.

98 vgl. Strafprozeßordnung, Textausgabe bearbeitet von Eduard Kohlrausch, Verlag Walter de Gryter, Berlin und Leipzig, 1927, 21. Aufl., S. 376

99 vgl. Quarta, a. a. O., S. 192 u. 193

100 vgl. Quarta, a. a. O., S. 194

101 vgl. Quarta, a. a. O., S. 193

102 ebenda

103 vgl. Quarta, a. a. O., S. 10

104 vgl. Wolfgang Stumme, Die letzte Guillotine in Mainz, Kap. 7 Der Fall Irmgard K. – Ein rheinland-pfälzischer Mordprozess nach 1945, in regionalgeschichte.net, Hg. Institut für Geschichtliche Landeskunde Rheinland-Pfalz e. V., (https://www.regionalgeschichte.net/rheinhessen/mainz/einzelaspekte/die-letzte-guillotine-in-mainz.html),

105 Friedrich Küppersbusch, Oliver Becker: Lebenslänglich Todesstrafe – Deutschlands letzte Todeskandidatin, 1. Aufl., Konkret Literatur Verlag, Hamburg, 2000, S. 31

106 vgl. Stumme, a. a. O., Kap. 7.1

107 vgl. Friedrich Küppersbusch, Oliver Becker, a. a. O., S. 41

108 vgl. Küppersbusch und Becker, a. a. O., S. 109

109 vgl. Küppersbusch und Becker, a. a. O., S. 118

110 vgl. Küppersbusch und Becker, a. a. O., S. 141

111 vgl. Statistisches Bundesamt, Rechtspflege/ Bestand der Strafgefangenen und Verwahrten in den deutschen Justizvollzugsanstalten nach ihrer Unterbringung auf Haftplätzen des geschlossenen und offenen Vollzugs, erschienen 09.08.2016, Wiesbaden, 2016,01. 2016; https://www.statistischebibliothek.de/mir/receive/DEHeft_mods_00136767

112 vgl. Statistisches Bundesamt, Rechtspflege/ Bestand der Strafgefangenen und Verwahrten in den deutschen Justizvollzugsanstalten nach ihrer Unterbringung auf Haftplätzen des geschlossenen und offenen Vollzugs, erschienen 26.04.2022, Wiesbaden, 2021,02. 2022; https://www.statistischebibliothek.de/mir/receive/DEHeft_mods_00143126

113 siehe Drucksache 16/1910, Landtag Rheinland-Pfalz – Gesetzentwurf der Landesregierung zur Weiterentwicklung von Justizvollzug, Sicherungsverwahrung und Datenschutz, S. 39 und 146

114 vgl. Chronik der Justizvollzugsanstalt Diez „Strafvollzug in Diez – 100 Jahre Strafanstalt Freiendiez“, Justizvollzugsanstalt Diez, 1912–2012, Hrsg. JVA Diez, 2012, S. 20

115 Fritz Philippi, Auf der Insel – Zuchthausgeschichten, Verlag Hilfe, Berlin-Schöneberg, 1910, S. 71–84.

116 Fritz Philippi, a. a. O., S. 78

117 Fritz Philippi, a. a. O., S. 72

118 Fritz Philippi, a. a. O., S. 84